Michael Jürgs

Der Fall Romy Schneider

Michael Jürgs

Der Fall Romy Schneider

List
München · Leipzig

4. Auflage · 1991

ISBN 3-471-77885-3

Gesamtherstellung: Mohndruck, Gütersloh

Gewidmet
meinem Vater
und Nikola, Florian und Kimble

»Nicht soll Titania unter Menschen gehen
In diese Welt, wo niemand sie versteht,
Wo hunderttausend Gaffer sie umstehen,
Neugierig flüsternd: ›Seht, die Närrin, seht!‹
Wo Mißgunst neidisch pflegt ihr nachzuspähen,
Die jede ihrer Handlungen verdreht,
Sie kehre heim in jene Regionen,
Wo ihr verwandte schön're Seelen wohnen.«

Gedicht der Kaiserin Elisabeth von Österreich, genannt Sissi

I

Die Morgendämmerung hat sich durch die Jalousien geschlichen und das Zimmer in ein fahles Licht getaucht. In einem Sessel liegt zusammengekrümmt eine Frau. Sie scheint eingeschlafen zu sein, denn auf dem kleinen Schreibtisch brennt noch eine Lampe. Ihr linker Arm hängt über eine Lehne, die Hand berührt fast den Boden, auf dem hellen Teppich steht ein voller Aschenbecher, eine leere Flasche Rotwein. Das Glas ist umgekippt und hat auf einem nicht zu Ende geschriebenen Brief, der bei dem Wort *faire* nach dem »i« in einem langen Strich endet, einen dunklen Fleck hinterlassen. Der Füller liegt in ihrem Schoß auf der rosafarbenen Satinhose.

Von draußen dringen nur wenige Geräusche der erwachenden Stadt herein. Ein paar Autohupen, in der Ferne ein startendes Flugzeug. Es ist Sonnabend, und für Paris wurde ein sonniges, warmes Wochenende vorhergesagt. Die Frau im Sessel bewegt sich nicht, als die Tür aufgeht und ein dunkelhaariger, schmaler junger Mann in Boxershorts und T-Shirt den Raum betritt. Er gähnt verschlafen. Als er die Frau sieht, lächelt er, geht zu ihr hin und fährt ihr mit einer Hand leicht über die Haare – »Bist ja wieder mal hier eingeschlafen. Komm, ich bring' dich ins Bett, ein paar Stunden hast du noch. Es ist erst sieben.« Die Frau rührt sich nicht. Er blickt seufzend auf die leere Weinflasche, beugt sich zu der Frau hinunter und hebt sie vorsichtig hoch, um sie ins Bett zu tragen. Er hat das schon oft getan, wenn sie wieder mal nicht schlafen konnte, in das andere Zimmer gegangen und dann irgendwann dort doch eingeschlafen war. Als er sie hochhebt, knickt ihr Kopf nach hinten weg. Er greift fester zu und spürt, daß ihre Haut feucht ist und kalt. Er schüttelt die Frau, legt sie wieder auf den Boden, umarmt sie in einer hilflosen Geste, schlägt immer wieder an ihre Wangen, Romy, Romy, wach auf, wach auf, was ist denn, wach auf. Er fühlt ihren Puls, läßt die Hand wieder fallen, küßt sie auf den Mund.

Der Mann erstarrt. Langsam begreift er, daß die Frau nicht schläft. Wieder hebt er sie hoch vom Boden, hält sie in seinen Armen. Er bleibt mitten im Raum stehen, Tränen laufen über sein Gesicht. Dann trägt er sie behutsam, als hielte er ein schlafendes Kind, zu einer Couch. Dort legt er sie hin. Er kauert neben der Frau, streichelt ihr immer wieder mit den Fingerspitzen über das Gesicht, über die geschlossenen Augen und weint. Nach einer Weile steht er auf, geht zum Telefon, neben dem silbergerahmte Fotos von einem älteren Mann und einem etwa zwölfjährigen Jungen stehen, und wählt eine Nummer. Er muß es lange klingeln lassen, bevor sich eine verschlafene Stimme meldet. »Ich glaube, Romy ist tot«, flüstert er, »komm bitte schnell.« Dann lauter, schreiend: »Romy ist tot, Romy ist tot.«

Er will auflegen, doch der Hörer rutscht ab. Er drückt hektisch auf die Gabel und wählt, immer wieder von Schluchzen geschüttelt, die Nummer der Polizei. »Hier ist Laurent Pétin, Rue Barbet-de-Jouy 11. Ich brauche einen Krankenwagen... und einen Arzt... und dringend... Rue Barbet-de-Jouy 11... ja...«

Dann setzt er sich neben die tote Romy Schneider, nimmt ihre Hand und wartet. Er entdeckt ein Stück Papier, das sie zwischen den Fingern hält. Ein Zettel, fast schon vergilbt... Darauf in einer steilen Schrift, in einer Sprache, die er nicht versteht, ein einziger Satz. Er liest stockend und laut auf Deutsch: »Steck deine Kindheit in die Tasche und renne davon, denn das ist alles, was du hast.« Er nimmt den Zettel, geht ins Schlafzimmer und zieht sich automatisch an. Das Stück Papier steckt er in die Tasche seiner Jeans.

Es klingelt. Der Mann rennt zur Tür und öffnet. Draußen stehen Polizisten und ein Arzt. Wortlos führt er sie herein, zeigt auf die Couch und wendet sich ab. Er geht zum Fenster, zieht die Jalousie hoch und blickt hinaus in die Sonne. Vor kurzem noch waren sie draußen gewesen auf dem Land, in der Nähe von Paris, in Boissy Sans Avoir. Ein Haus hatten sie gesucht, in dem sie zusammen leben wollten, weit weg von der Großstadt, weit weg von den Nächten, in denen sie mit den Menschen auf jenen Fotos geredet hatte, mit ihrem toten Sohn David und dessen totem Vater Harry Meyen, ihrem ehemaligen Mann. In diesen Nächten war sie eine unerreichbare Fremde für ihn gewesen, gefangen in einer Welt der Finsternis und Hoffnungslosigkeit, aus der er sie nicht reißen konnte. Aber vor ein paar Wochen schien sie plötzlich wieder wie früher, da hatte sie ihn mit ihrer Begeisterung für das große, schöne Haus auf dem Land angesteckt, immer wieder war sie im wilden Garten herumgelaufen und hatte gerufen: »Hier bleiben wir.« Er hatte sie in die Seite gepufft, um sie zu stoppen. Der Makler stand direkt daneben und registrierte genau, wie groß die Begeisterung war und wie gut die Gelegenheit für ihn, jeden Preis zu fordern. Laß mich reden, hatte Laurent geflüstert, sonst zahlen wir das Doppelte, verdirb nicht die Verhandlungen. Ja, ja, hatte sie versprochen und gleich anschließend auf der Terrasse einen Walzer gedreht vor Glück. Er hatte den Makler nach draußen gezogen, und der hatte prompt 2,4 Millionen Francs gefordert und immer wieder betont, wie sehr Madame sich hier wohlfühlen würde. Zwei Millionen und keinen Franc mehr, hatte Laurent ihm gesagt. Das Angebot gilt jetzt und morgen schon nicht mehr. Da hatte der Makler genickt, und Laurent hatte im selben Augenblick gewußt, daß er zuviel bezahlt hatte. Aber Romy war nicht zu bremsen gewesen. Sie war aus der Küche gestürzt und hatte ihn umarmt, und am liebsten hätte sie den Makler auch noch geküßt. Schon auf der Rückfahrt nach Paris hatte sie nur noch überlegt, wie man die Zimmer einrichten konnte und wie schön es für ihre Tochter Sarah sein würde, in dem großen Garten zu spielen. Und er hatte sich gefreut, daß sie endlich aus ihrer Apathie aufgewacht war.

Bevor er sich wieder umdreht – der Arzt schließt neben der Couch gerade seinen Koffer –, blickt er nach unten auf die Straße. Dort parken neben dem Krankenwagen und der Polizeilimousine mehrere Autos. Menschen stehen herum, diskutieren, reden mit einem Polizisten, schauen nach oben. Ein Mann hebt seine Kamera und drückt ab.

Das Foto wird wenige Stunden später in *France Soir* erscheinen, auf der zweiten Seite mit der Bildunterschrift: »Ihr letzter Lebensgefährte Laurent Pétin am Fenster der Wohnung, in der heute morgen Romy Schneider tot aufgefunden wurde.« Die Schlagzeile der Zeitung lautet: »Romy Schneider s'est suicidée«, Romy Schneider hat sich umgebracht.

Es ist der 29. Mai 1982.

Als Alain Delon eintrifft, begleitet von Leibwächtern, hat sich in der stillen Straße im siebten Arrondissement von Paris schon eine schweigende Menge versammelt, die in den Frühnachrichten um acht Uhr die Todesmeldung gehört hatte. Manche weinen, andere haben Blumen in der Hand. Delon reagiert nicht auf die Zurufe der Reporter. In der Wohnung oben sind die Jalousien wieder heruntergelassen. Romy Schneider liegt wie aufgebahrt immer noch auf der Couch. Der Arzt ist mit seiner Untersuchung fertig und schreibt den Totenschein aus. »Natürlicher Tod aufgrund eines Herzversagens.« Dr. Emile Deponge schätzt, daß morgens gegen fünf Uhr das Herz aufgehört hat zu schlagen. Delon hat Laurent umarmt und sich dann über Romy gebeugt und sie angeschaut, als wolle er sich ihr Gesicht für immer einprägen. Die anderen Menschen im Raum sind ein Stück zurückgewichen, sie gehörten plötzlich nicht mehr dazu, sie spürten, daß sie mit ihrer Gegenwart eine Einheit störten.

Und da liegst du, dachte Delon, und du bist so schön wie nie, und ich glaube, es ist zum erstenmal in meinem Leben, daß ich dich heiter und entspannt sehe. Wie ruhig du da liegst, wie zerbrechlich. Man könnte denken, daß eine Hand ganz sanft alle Spannungen von deinem Gesicht genommen hat, all deine Ängste vor dem Unglück. Wo habe ich mich schuldig gemacht? Nein, ich bin nicht schuldig. Aber verantwortlich. Sie sagen, ich hätte kein Herz, aber du weißt es besser. Ich weiß als einziger, wer du bist und warum du gestorben bist. Wir beide sind uns so ähnlich. Wir hatten beide Angst vor dem Leben. Wie soll man den anderen erklären, wer wir sind und wie wir sind, wir Schauspieler. Wie soll man ihnen erklären, daß wir eigentlich verrückt werden, wenn wir darstellen, was wir eigentlich nicht sind. Ich schreie es hinaus, aber nur du kannst es hören. Wir sind beide vom selben Stamm. Wir sprechen dieselbe Sprache. Aber ich bin ein Mann, und ich habe überlebt. Wenn man eine Frau ist wie du, dann kann man daran sterben. Weil ein Mythos an seiner Einsamkeit zugrunde geht. Es ist zu sehr geschüttelt worden, dein Herz. Nein, Davids Tod hat dich nicht getötet, er hat dich grausam umgebracht, dein Herz gebrochen. Du bist am Ende des Tunnels angekommen. Das Leben, das niemanden etwas angeht, hat uns fünf Jahre gegeben, und dann hat es uns getrennt. Aber ich blieb dein Bruder und du meine Schwester. Alles ist rein und klar zwischen uns, keine Leidenschaft mehr. Habe ich mit dir oder nur neben dir gelebt? Ich sehe dich an, während du schläfst. Ruh dich jetzt aus. Ich sehe dich immer wieder an. Ich bin da. Ich bin wieder allein.

Ein paar Tage später wird er diese Gedanken seinem Freund Jean Cau, der in Frankreich zu den bekanntesten Journalisten gehört, aufs Band diktieren. Der wird daraus den berühmten Abschiedsbrief von Alain Delon an Romy Schneider formen. Unter dem Titel »Adieu ma Puppele« erscheint der Nachruf in *Paris Match* und danach in vielen anderen Magazinen in anderen Ländern. »Puppele« ist der Kosename, den Delon der jungen Romy gegeben hatte, damals, in Paris.

Delon tritt zögernd zurück, so, als könnte er sich nicht von der Toten trennen, und geht zu Laurent. »Hast du ihren Bruder angerufen?« Laurent nickt nur. »Überlaß alles mir, Laurent, ich werde das so arrangieren, daß die Meute da unten wenigstens die tote Romy nicht mehr zu fressen bekommt.« Er geht zu einem seiner Leibwächter, redet kurz auf ihn ein, der Mann nickt und verschwindet.

Der Staatsanwalt unterzeichnet den Bericht des Gerichtsmediziners und gibt die Leiche zur Beerdigung frei. Der Filmagent Jean-Louis Livi, ein älterer Mann, einer von Romy Schneiders Freunden, die nach der Todesnachricht sofort in die Rue Barbet-de-Jouy gefahren sind, macht sich am Küchentisch ein paar Notizen, geht nach unten und verliest eine Erklärung. Er beantwortet keine Fragen und dementiert die Gerüchte, Romy Schneider habe Selbstmord begangen. Die Journalisten glauben ihm nicht, sie versehen später in ihren Berichten das Wort Selbstmord allenfalls mit einem Fragezeichen. Als Michel Piccoli und Jean-Claude Brialy eintreffen, lassen sie den alten Mann einfach stehen und bestürmen die beiden Stars mit Fragen. Beide wehren mit versteinerten Gesichtern ab und gehen zwischen den Polizisten, die den Eingang bewachen, nach oben in die Wohnung.

Laurent Pétin sitzt zusammengesunken am Schreibtisch, die Lampe hat er gelöscht. Was um ihn herum passiert, scheint er nicht zu registrieren. Er hat nicht einmal gemerkt, daß Bernadette, das Kindermädchen, mit Sarah die Wohnung verlassen hat, um aufs Land zu Biasinis Eltern zu fahren. Die Kleine soll nicht ihre tote Mutter sehen. Da die Sonne scheint, hat sie nicht viele Fragen gestellt, sie freut sich auf den Garten. Laurents Bruder Jérôme und dessen Frau Claude, die er morgens zuerst angerufen hatte, huschen hilflos-geschäftig durch die Wohnung, räumen die Weinflasche weg und den vollen Aschenbecher, laufen mit einer Kaffeekanne herum, bieten dem Arzt etwas an und den Freunden von Romy. Delon lehnt mit einer kurzen Handbewegung ab, er hat sich neben Jean-Claude Brialy gestellt, der weinend die tote Romy anschaut und dann eine Rose auf sie legt. Claude stellt Laurent eine Tasse Kaffee hin. Als er aufschluchzt, drückt sie minutenlang seinen Kopf an ihre Brust und hält ihn fest. Sein Schluchzen wird leiser. Er greift nach einer Zigarette und sucht das Feuerzeug in seiner Hosentasche. Mit dem Feuerzeug zieht er den Zettel heraus, den er in der Hand der Toten gefunden hat. Er steckt sich die Zigarette an, legt den Zettel vor sich hin und wählt eine Nummer in Deutschland, die er offensichtlich auswendig kennt. Niemand achtet auf ihn, als Delons Leibwächter zurückkommt und nur kurz in Richtung seines Chefs nickt. Nach dem dritten Klingeln hebt jemand ab.

»Anna Wendtlin –«

»Anna, ich bin's, Laurent...«

»Laurent, so früh? Ich sitze hier gerade an einem Artikel, mir fällt kein Schluß ein. Und denke an euch, denn in der Zeitung steht, daß Romy bald wieder einen Film macht mit Alain und daß...«

»Anna, Romy ist tot. Sie ist tot. Sie liegt hier tot, verstehst du? Tot...«

Am anderen Ende hört man erst nichts, dann ein geflüstertes Nein, nein.

»Anna, bist du noch dran?«

»Ja, ja. Wie...?«

»Ich habe sie heute morgen tot im Sessel gefunden. Herzversagen. Ich...«, und er schluchzt ins Telefon.

»Ich komme mit der nächsten Maschine, Laurent, ich komme, o Gott, Laurent –«

»Anna, ich habe einen Zettel bei ihr gefunden. Ich verstehe ihn nicht. Es ist deutsch. Ich lese ihn dir vor.« Und er greift zu dem Zettel und spricht langsam ins Telefon: »›Steck deine Kindheit in die Tasche und renne davon, denn das ist alles, was du hast.‹ Was heißt das, Anna?«

»Das ist ein Satz, den Romy von ihrem Vater hat. Den hat er ihr aufgeschrieben, als sie ihren ersten Film drehte. Den hat sie immer bei sich gehabt. Bezieht sich auf eine Äußerung von Max Reinhardt. Der war ein berühmter Theatermann in Deutschland vor dem Krieg. Und so ähnlich hat der es wohl gesagt, in seiner Rede an die Schauspieler. Wir haben oft darüber gesprochen. Warte mal, ich versuche es möglichst genau zu übersetzen ...Es heißt etwa, daß es im Leben nie wieder so schön ist wie in der Kindheit und daß man die Erinnerung daran behalten muß und daß dies etwas ist, was einem niemand wegnehmen kann, und...«

»Ja, Anna?«

»Ach, Laurent, ich bin völlig durcheinander, ich kann das alles nicht fassen... ich... mir fällt nur ein, warum sie diesen Satz so liebt... so liebte... weil sie ja nie eine Kindheit hatte... und...« Anna weint.

»Komm nach Paris, schnell«, sagt Laurent und legt den Hörer vorsichtig auf. Dann starrt er auf den Zettel, liest ihn noch einmal und steckt ihn wieder in seine Tasche. Er dreht sich um.

»Alains Leute sind jetzt in der Tiefgarage«, sagt sein Bruder, und dann schaut er zu der Frau hinüber, die wie schlafend auf der Couch liegt. »Wir müssen sie jetzt wegbringen, Laurent. Laurent, hörst du mich? Wir müssen sie jetzt wegbringen. Die Fotografen sollen sie nicht sehen. Alain wird eine Erklärung abgeben und alle ablenken. Wir fahren dann durch die Garage weg. Komm, Laurent, komm bitte.« Er nimmt Pétin an die Hand wie ein Kind, und beide folgen den Männern mit der Tragbahre. Sie haben eine Decke über Romy Schneider gebreitet, auch über ihren Kopf. Die Rose, die Brialy auf die Tote gelegt hatte, ist auf den Boden gefallen. Pétin hebt sie auf und hält sich an ihr fest.

Am Vordereingang stürzen sich die Journalisten auf Alain Delon, der in die vorgehaltenen Mikrophone spricht, davon, daß Romy Schneider an gebrochenem Herzen gestorben sei und daß sie jetzt endlich ihre Ruhe gefunden habe. Keiner achtet auf den großen amerikanischen Kombi, der aus der Garageneinfahrt kommt und wegfährt. Nach ihm stellt sich ein blauer Citroën quer auf die Straße, zwei Männer steigen aus, machen die Motorhaube auf und warten. Die Leibwächter bahnen Delon einen Weg durch die Menge, an dem Citroën vorbei zu einem kleinen Auto, dessen Motor läuft. Delon steigt ein und fährt sofort los.

II

Rosemarie Magdalena Albach wurde am 23. September 1938 in Wien geboren. Wenige Monate zuvor war Österreich als souveräner Staat gestorben. Romys Vater, der Schauspieler Wolf Albach-Retty hatte schon vor dem sogenannten Anschluß die deutsche Staatsbürgerschaft beantragt und erhalten. Als einer der Stars des gleichgeschalteten und den Prinzipien des Nationalsozialismus verpflichteten deutschen UFA-Films hielt er das für seiner Karriere förderlich. Nach der Befreiung 1945 mußte er kurzfristig für seinen ganz persönlichen Anschluß büßen; er bekam keine Engagements, aber schon nach wenigen Monaten war im allgemeinen Verzeihen auch diese (im Vergleich zu anderen läßliche) Sünde vergessen, er wurde wieder Mitglied im Ensemble des Wiener Burgtheaters, das allerdings in Trümmern lag und erst 1955 wieder eröffnet wurde. Doch in Wien gab es ja genügend andere Theater, die sich um den berühmten Wolf Albach-Retty rissen. Seine Frau Magda, geborene Schneider, mit der er viele Filme gedreht hatte (»Wir haben alles gespielt, wie es halt so kam«), brachte Rosemarie vier Wochen nach ihrer Geburt in das Haus der Familie, nach Mariengrund bei Berchtesgaden. Dort blieb Rosemarie, die bald alle Romy nannten, während ihrer Kindheit.

Die Eltern hatten nur selten Zeit für Rosemarie und ihren 1941 geborenen Bruder Wolf, weil sie immer wieder zu Dreharbeiten abreisen mußten. In der Gunst des Publikums lagen sie zeitweise sogar vor dem Traumpaar des deutschen Films, Lilian Harvey und Willy Fritsch. Aber schon damals zeigte sich, daß dieser Wolf Albach-Retty (eigentlich Wolf Albach, Retty war der künstlerische Zusatz nach dem Mädchennamen seiner Mutter, der berühmten k. u. k.-Hofschauspielerin Rosa Albach-Retty) nicht nur im Film der beste Liebhaber seiner Zeit war. Oder, wie später Magda Schneider in einer ihrer zahlreichen Erinnerungen bitter bemerkte: »Er war ein Mann zum Verlieben, aber kein Mann für eine Familie.« Zwei Jahre vor Kriegsende trennten sich die beiden, Magda blieb mit den Kindern und ihren Eltern in Mariengrund. Die Trennung – und die Scheidung 1945 – hat sie lange nicht überwunden. Wie Romy Schneider einmal erzählte, gehörte zu ihren Kindheitserinnerungen das Bild, wie die Mutter über viele Jahre die Anzüge des Vaters auf dem Dachboden pflegte – man wußte ja nie, ob er zurückkäme – und dabei regelmäßig in Tränen ausbrach. Einen neuen Verehrer hatte sie dennoch bald gefunden, den Kölner Gastronomen Hans Herbert Blatzheim, der angeblich schon 1934 in Frankreich um ihre Hand angehalten hatte, damals aber verschmäht wurde, weil sie ja Wolf Albach-Retty an ihrer Seite wußte, der der Mann ihres Lebens war.

Aber auch für Romy Schneider wird der Mann, der nie da war, zu einem Trauma, das sie erst spät überwindet. Als sie schon mit Alain Delon verlobt ist, stellt sie ihn eines Tages einem gemeinsamen Freund mit der Bemerkung vor: »Sieht er nicht aus wie das Papili?« Auch ihre Schwärmereien für Curd Jürgens oder Herbert von Karajan, über die später viel spekuliert wurde, sind nach Meinung einer Freundin nur dadurch zu erklären, daß sie stets den fernen, nie gehabten Vater gesucht hat. Der war nach der Trennung von Magda Schneider zu der jungen Schauspielerin Trude Marlen gezogen, die er später auch heiratete. Romys Mutter kämpfte sich alleine durch. Den festen Willen, etwas auch dann zu schaffen, wenn es unmöglich schien, hatte sie schon als junges Mädchen bewiesen. Sie stapfte, erzählt ein Freund der Familie, durchs Leben wie ein kleiner Soldat, unbeirrt und ohne Furcht. Diesen Gang zumindest, kurze feste Schritte, hat Romy von ihrer Mutter geerbt. Die Augsburger Stenotypistin Maria Magdalena Schneider bewies Durchsetzungskraft, als sie gegen den Willen ihrer Eltern die Ausbildung am Konservatorium schaffte, auch gleich ein Engagement bekam in ihrer Heimatstadt und dann als Soubrette am Münchner Theater am Gärtnerplatz für eine lächerliche Gage bis zu achtundvierzigmal mal im Monat auf der Bühne stand. In unbedeutenden deutschen Filmchen wurde sie erst ab 1930 eingesetzt. Zu den vielen Verehrern ihrer Münchner Zeit gehörte übrigens ein Mann namens Adolf Hitler, der bei ihren Auftritten manchmal in der ersten Reihe saß und anschließend Blumen in die Garderobe schickte. Von einer Begegnung zwischen Hitler und Magda Schneider aus späteren Jahren ist zweierlei überliefert – ein Satz des weiland Führers: »Ich hoffe, Sie wissen, daß ich damals in München nur Ihretwegen ins Theater gegangen bin«, und ein sanftes Erröten der Magda Schneider.

Nach Kriegsende hat sie, wie so viele andere Schauspieler auch, mit Gastspielen und bunten Abenden bei den Amerikanern überlebt, denn Filmrollen gab es kaum. Und wie viele andere auch hat sie sich in Naturalien bezahlen lassen. Eigentlich bekam man für einen Auftritt vor der US-Army bei zwei oder drei Liedern eine Stange Zigaretten und ein paar Konserven. Nach mehreren solcher Kurzgastspiele in Salzburg hat sie sich Schokolade statt Zigaretten geben lassen und war mit einem Rucksack voller Süßigkeiten zurückgekehrt nach Mariengrund. Auch daran hat sich Romy Schneider später erinnert, »daß ich mit meinem Bruder Wolfi der Mama entgegengerannt bin und wir gerufen haben: Hast Du Schokolade?«. Rosemarie Albach damals: ein blondgelocktes, rundliches Kind. Als sie zehn Jahre alt ist, im Sommer 1949, wird sie von ihrer Mutter, die alle Träume von der Fortsetzung ihrer einst stolzen Filmkarriere schon begraben hat, nach einem kurzen Zwischenaufenthalt in einer Schule in Traunstein im Internat Goldenstein in der Nähe von Salzburg eingeschult. Magda Schneider hat wegen ihrer Theaterauftritte keine Zeit mehr, sich zu Hause um die Kinder zu kümmern; nur der jüngere Wolfi bleibt in Obhut der Großeltern Schneider.

Die Schule der katholischen Nonnen wirkt nicht unbedingt wie ein Haus, in dem Kinder fröhlich sein können. Das Internat ist eine ehemalige Raubritterburg aus dem 13. Jahrhundert und sieht auch heute noch aus wie eine abweisende, bedrohliche Festung. Rosemarie schläft mit vierzehn anderen Mädchen in einem der sieben kargen Schlafsäle des Internats, im Rittersaal. Die gleichaltrigen Margit und Monika sind ihre besten Freundinnen. Einmal im Monat dürfen die Kinder nach Hause fahren, aber Zögling Nummer 144 bleibt meistens da. Zu Hause ist niemand, der auf sie wartet, allenfalls trifft sie manchmal Onkel Eugen und Tante Marianne in Salzburg. Ihre Mutter ist meist unterwegs auf Tournee, sie muß die Familie ernähren, ihr Vater steht fast jeden Abend auf der Bühne. Auch Besuch bekommt das Kind selten. Magda Schneider schaut ein paarmal vorbei, ist aber Jahrzehnte später stolz darauf, ihr zumindest immer regelmäßig geschrieben zu haben. Auch Romy Schneider muß später als Schauspielerin ihre Kinder oft allein lassen, auch Romy Schneider schreibt ihren Kindern lange Briefe voller Liebe und Sehnsucht, aber sie ist nie stolz darauf, sie wird immer darunter leiden, daß sie nicht beides haben kann, den Ruhm als Filmstar (der aber nur dann bleibt, wenn man immer weiter dreht) und den Alltag als Mutter, die sich die vielen kleinen Begebenheiten im Tagesablauf ihrer Kinder nicht erzählen lassen muß, sondern sie selbst erlebt.

Rosemarie Albachs Vater kommt nie nach Goldenstein, nur einmal darf die Tochter mit ihm in Salzburg Schuhe einkaufen gehen, aber auch da ist er schon nach wenigen Stunden genervt, weiß er mit der Kleinen nichts zu reden. Magda Schneider unterläßt alles, um das Bild des Vaters bei den Kindern zu erhalten. Als er sie verlassen hat, gab es sogar Erklärungen an die beiden, daß der Papi tot sei und deshalb nicht mehr kommen könne. Umgekehrt legt auch Albach-Retty wenig Wert darauf, seine Kinder zu sehen. Er ist halt ein Mann für Frauen, nicht für Kinder. Einmal schickt er seinem »Mausi« aus dem Fundus des Wiener Burgtheaters ein Mephisto-Kostüm für den Kinderfasching. Romy findet es toll, die frommen Schwestern weniger – für katholische Nonnen beim Anblick eines kleinen Satans eine verständliche Reaktion. Romy wünscht sich während der Faschingsaufführung, ihr Vater möge in der ersten Reihe sitzen. Natürlich sitzt er nicht dort. Und auch das Kostüm ist kein Geschenk des Vaters, es muß an das Burgtheater zurückgegeben werden.

In der alltäglichen Tristesse, in dem erzwungenen Alleinsein erfindet sich das Mädchen Rosemarie eine Traumwelt und erzählt den staunenden Mitschülerinnen, die sehr wohl wissen, wie berühmt Romys Eltern sind, welche Prominenten sie alle persönlich kennt, ja sogar die Rita Hayworth und den Aga Khan, die hätte sie mal beim Essen gesehen, und Theater habe sie auch schon gespielt, im Salzburger Landestheater bei *Peterchens Mondfahrt*. Nichts davon stimmt. Rosemarie gilt als begabte Lügnerin, was nach ihrem Tod natürlich keine der befragten Schwestern mehr erwähnt. Da ist sie in den Erinnerungen der Schwester Augustina, bei der Rosemarie Englisch und Zeichnen und Musik hatte, zwar »liederlich gewesen«, was die Ordnung im Schlafsaal betrifft, aber ansonsten nett, freundlich und natürlich für alles mögliche begabt. »Sie hätte sicher auch Malerin werden können.« Tatsächlich hat Romy Schneider, wie aus den Aufzeichnungen ihres kindlichen Tagebuches aus dieser Zeit hervorgeht – Teile davon wurden in den fünfziger Jahren in der damaligen *Deutschen Illustrierten* veröffentlicht, andere Teile nach ihrem Tod geklaut, verkauft und auch gedruckt –, immer nur von einem geträumt: Schauspielerin zu werden wie »die Mammi«. Das wollte sie selbst dann noch, als sie 1953, nach den Jahren in Goldenstein, mit einer Eins in Malen und Zeichnen angemeldet war für eine Kunstfachschule in Köln, wo Magda Schneiders neuer Lebensgefährte Hans Herbert Blatzheim lebte.

Wenn sie Theater spielen oder gar in der Rolle eines Cowboys (den sie lieber verkörperte als die Prinzessin) »My Heart Is In The Highlands« singen darf, geht es ihr gut, da steckt sie alle mit ihrer fröhlichen Laune an. Aber oft war sie »unausgeglichen und innerlich mit sich selbst unzufrieden«, erzählt Schwester Esmelda, die ihr gleichzeitig »eine gute Sprachbegabung und ein außergewöhnliches Gedächtnis« bescheinigt. Diese Schwester deutet zumindest an, daß Rosemarie Albach auf dem Internat große Schwierigkeiten hatte: »Ich habe sie immer gegen andere Lehrerinnen verteidigt.« Am meisten hat Rosemarie unter der Präfektin zu leiden, die schon Unkeuschheit vermutet – und entsprechend bestraft –, wenn eines der Mädchen länger als eine Minute allein auf der Toilette ist. Zum Waschen, natürlich mit kaltem Wasser, muß man angezogen sein. Wenn es im Sommer zum Schwimmen in den Dorfteich geht, tragen die Mädchen ihre Turntrikots. Die Wäsche im Schrank hat akkurat auf Kante zu liegen, sie wird jeden Abend inspiziert.

Im Gartenhäuschen, das von der Präfektin unkontrolliert bleibt, schreibt Rosemarie Albach in ihr Tagebuch, das sie mal Peggy und mal Gabi nennt, rührende Zeugnisse kindlicher Träume und Ängste, die nach Romy Schneiders Tod einige Amateurpsychologen zu gewagten Schlüssen anregten. Nach der simplen Erkenntnis, daß »so was halt von so was kommt«, seien Romy Schneiders Lebensängste in dieser Phase ihrer Kindheit entstanden, als sie getrennt war von der Familie. Nie hätte sie es später als erwachsene Frau geschafft, diese Probleme aufzuarbeiten. Was wiederum Freunde von Romy Schneider, die sie als Kind schon kannten und bis zu ihrem Tod (wenn auch nur gelegentlichen) Kontakt zu ihr hatten, in den Bereich der Phantasie verweisen, denn sehr wohl habe sie später begriffen, was ihr damals gefehlt hat. Eben weil sie es begriffen hatte, versuchte sie in ihren beiden Ehen den Kindern zuliebe immer wieder, möglichst lange eine Familie zu erhalten, auch wenn die Beziehung der Erwachsenen schon kaputt war. Daß diese Versuche in Normalität jedesmal in einem Gefühlschaos endeten, war sicher mit ein Grund für die von ihr selbst so formulierte Einsicht, eigentlich für andere recht unlebbar zu sein.

Rosemarie, die auf Kommando weinen kann und dies auch in vielen Situationen ausnutzt (was ihre Mitschülerinnen bald erkennen, die nicht mehr darauf reagieren), spielt in den Theaterstücken, die von den Englischen Fräulein ausgesucht werden, am liebsten Bubenrollen. Tagebucheintrag nach der *Kolibri*-Aufführung, in der sie den Kasperl darstellt: »Schade, daß Mammi nie Zeit hat, um zur Premiere herzukommen und mich zu sehen. Die Eltern von den anderen sind immer da.« Daß sie auf der Bühne des Internats im Gegensatz zu einem Fach wie Mathematik so erfolgreich ist, verwundert niemanden. War doch ihre Großmutter Rosa Albach-Retty eine der ganz großen Schauspielerinnen des Burgtheaters, war ihr Vater Wolf Albach-Retty doch einer der beliebtesten Charmeure des UFA-Films gewesen und ihre Mutter Magda seit Max Ophüls' *Liebelei*-Verfilmung zumindest für einige Jahre ein großer Star, der nach eigenen Angaben nur »deshalb nicht nach Hollywood gegangen war, weil meine Heimatliebe so groß war«. Die Kleine, heißt es, setzt einfach die Tradition der Familie fort.

Einmal im Jahr, an Weihnachten, darf das bravste Mädchen der Schule die Wachsfigur des Jesuskindes in die Krippe am Altar tragen – eine Auszeichnung, der alle Kinder entgegenfiebern. Für jede gute Tat in der Vorweihnachtszeit gibt es einen Strohhalm, der in die Krippe gelegt wird. Wer am meisten gesammelt hat, bekommt als Belohnung den Auftrag, Jesus in die Krippe zu betten. Rosemarie schafft es nie. Einmal aber schenkt ihr Edith, die beste Freundin während der Internatszeit, weil sie das Jammern nicht mehr ertragen kann, die eigenen Strohhalme. Und das Mädchen Rosemarie nimmt Jesus in die Arme. Die Präfektin, die später fromme katholische Ermahnungen an die berühmt gewordene Romy Schneider schrieb und sich in einem Brief vom 1. März 1964 mit »1000 Dank mit 1000 Gruß und 1000 Kuß« bedankte, nachdem die ehemalige Schülerin dem Internat einen Fernsehapparat geschenkt hatte, entreißt Rosemarie die Wachsfigur: »Du trägst ihn nicht. Wahrscheinlich hast du die Strohhalme erschwindelt. Du bleibst eh nicht mehr lange hier. Du wirst ganz bös enden. Bei dir ist all mein Beten verloren. Hast nicht mal eine intakte Familie und blöd bist du auch. Kannst froh sein, daß du überhaupt hier sein darfst.«

Romy Schneiders Briefe an die Präfektin gibt es nicht mehr, von den Antworten aus Goldenstein allerdings sind einige erhalten, weil der Filmstar fast alle Briefe aufhob, auch die vielen Zettel, die sie im Laufe ihres Lebens bekommen hat. Ein Brief der Präfektin (»Sei tausendmal gegrüßt von deiner getreuen Theresia«) vom 29. Juli 1959, geschrieben also sechs Jahre, nachdem Romy Schneider das Internat verlassen hat, läßt etwas von den Konflikten ahnen, die es damals zwischen Romy und ihrer Mutter Magda gegeben haben muß, weil die behütete Tochter dem Einfluß der Königinmutter entronnen und ausgebrochen war zu Alain Delon nach Paris. Neben dem Ratschlag, die ehemalige Schülerin möge sich »hoch über den Schmutz der Gesellschaft« halten und stets »sauber im Film und vornehm Deinem Bräutigam gegenüber« sein, damit sie sich nichts vorwerfen müsse, geht die einstige Lehrerin auch ein auf offensichtliche Klagen von Romy Schneider über ihre Mutter. Die Präfektin schreibt: »Schade, daß Du Dich derzeit mit Mutter nicht mehr so gut verstehst wie bisher. Sie hat Dir weitgehendst die Wege geebnet zu Deinem Beruf, und Du hast Dich doch immer gut und leicht getan mit ihr. Glaubst Du wirklich, daß sie Dich festbinden will, um Dich nicht zu verlieren? Sie muß und mußte doch damit rechnen, daß Du Deinen eigenen Weg einmal gehen wirst – für so klug halte ich sie. Oder meint sie vielleicht, daß diese Verlobung – Heirat – nicht von Dauer sein wird? Glaubst, sie hat dunkle Brillen auf – das glaube ich aber auch nicht von ihr – vielleicht hast Du Rosa-Brillen auf?«

Am 12. Juli 1953 verläßt Rosemarie Albach das düstere Internat (in dem ihr Foto entfernt wird, als sie im Sommer 1971 gegen den Paragraphen 218 protestiert und öffentlich bekennt, abgetrieben zu haben); sie ist vierzehn Jahre alt, und ihre Träume, Schauspielerin zu werden, sind ungebrochen. Als sie auf der Heimfahrt nach Hause, nach Mariengrund bei Berchtesgaden, dem Zöllner an der deutsch-österreichischen Grenze ihren Koffer zeigt, will er nicht glauben, daß die beiden Holzteller von ihr selbst bemalt wurden und nicht als »Ware eingeführt«, also verzollt werden müssen. Er läßt sie aber ohne Beanstandungen durch, als sie ihm anvertraut, daß dies Geschenke für ihre Mutter, die berühmte Magda Schneider seien. Fünfundzwanzig Jahre später noch erzählt sie voller Stolz, daß sie »mit bloßem Augenmerk« auf diesen Holztellern ein Siebeneck mit Ornamenten hat malen können. Ihre Mutter ist nicht da, als Rosemarie nach Hause kommt; sie hält sich zu Filmverhandlungen in München auf, der Produzent Kurt Ulrich hat ihr eine Rolle angeboten. Von dort kommt am 14. Juli abends ein Anruf: die Tochter solle am nächsten Morgen den Frühzug nehmen nach München, nein, sie könne nicht verraten, worum es geht, das sei ein Geheimnis.

Das Geheimnis: Bei den Vorgesprächen zum Film *Wenn der weiße Flieder wieder blüht*, in dem Magda Schneider neben Willy Fritsch eine Hauptrolle spielen soll, war eine Rolle noch nicht besetzt worden, die der Filmtochter von Magda Schneider. Ganz beiläufig, in der Halle des Hotels Bayerischer Hof, hatte Kurt Ulrich seine Hauptdarstellerin gefragt, ob sie nicht ein Mädchen kenne, so etwa vierzehn Jahre alt, das ihre Filmtochter spielen könnte. Magda Schneider versprach, darüber nachzudenken. Erst einmal müsse sie nach Hause zu ihrem Sohn und zu ihrer Tochter. Wie alt denn das Kind sei? Na, vierzehn ist sie jetzt. Der Rest ist Legende: Ja, wenn das so ist, könnte doch vielleicht die eigene Tochter die Filmtochter spielen. Vorausgesetzt natürlich, die Probeaufnahmen ließen zumindest den Hauch von Talent erkennen.

Regisseur Hans Deppe, der mit einem gebrochenen Bein in München im Bett lag, soll einige Tage darauf beim Anblick der Kleinen gerufen haben: »Det isse.« Verdächtigungen, die viel später hochkamen, als man Magda Schneider schon alles zutraute, sie habe ihre Tochter benutzt, um selbst wieder ins Geschäft zu kommen, hält der Regisseur Hermann Leitner, ein enger Freund der Familie, für böse Nachrede: »Das kann schon deshalb nicht stimmen, weil der damalige Produzent Kurt Ulrich gar nicht wußte, daß die Magda eine Tochter hatte. Er wußte zwar, daß die Magda Kinder hatte, aber das war dem völlig wurscht. Der Ulrich war ein cleverer Mann und hat sich gesagt, die Frau hat einen guten Namen. Die hat jetzt eine Zeitlang nichts gespielt, die hole ich mir wieder. Der hat in München gesagt, ich habe eine schöne Rolle für dich. Und da kam es eben zufällig zu dem Gespräch.«

Rosemarie Albach ist ein Mädchen wie viele andere, und genau das, was man in den fünfziger Jahren einen Backfisch nennt. Ganz hübsch, immer fröhlich, ein wenig pausbäckig. Sie leidet darunter, daß sie ihrer Meinung nach zu wenig Busen hat, was sich aber bald gibt (als später in einem der Restaurants ihres Stiefvaters Blatzheim Hühnerbrüstchen à la Romy angeboten werden, findet sie das übrigens gar nicht komisch). Die Probeaufnahmen, die Anfang September 1953 in den Studios der Berolina in Berlin-Tempelhof gemacht werden, nimmt sie äußerlich ganz locker, als handele es sich um eine ihrer Schüleraufführungen in Goldenstein. Vielleicht überzeugt sie gerade deshalb und bekommt die Rolle. Während der Dreharbeiten (Willy Fritsch: »Die Romy spielte uns alle an die Wand.«) wird sie fünfzehn Jahre alt. Sie ahnt nicht, daß dieses Zwischenspiel Film von nun an ihr Leben sein wird, daß »Shirley Tempelhof« nie wieder zurückkehren wird auf eine Schule. Daß ihre Kindheit vorbei ist.

Die Geschichte des Films, bieder, aber eben deshalb typisch für den damaligen deutschen Film, hat verblüffende Ähnlichkeiten mit der eigenen Biographie. Willy Fritsch spielt einen Charmeur und Sänger, der seine Frau (Magda Schneider) und seine Tochter zugunsten einer großen Karriere verläßt. Mühsam fristet die Mutter ihr Dasein als Näherin, begleitet von einem treuen, aber nicht sehr aufregenden Freund. Nach fünfzehn Jahren kehrt der Treulose, inzwischen berühmt, für einen Auftritt zurück in die Provinzstadt Wiesbaden (wo der *Weiße Flieder* auch gedreht wird), in der er einst seine Frau zurückgelassen hat. Er will das Rad der Geschichte zurückdrehen, noch mal von vorne anfangen, seine Schuld wiedergutmachen, aber seine Tochter, von deren Existenz er natürlich nichts weiß, überzeugt ihn davon, daß er kein Recht mehr habe, den Frieden zu stören und wieder alles durcheinanderzubringen. Die Mutter wird den treuen Freund heiraten, der Vater zeigt sich einsichtig. Er singt »Wenn der weiße Flieder wieder blüht« und holt zu diesem Lied auch seine Tochter auf die Bühne, wobei sich herausstellt, daß sie seine Begabung geerbt hat. In den Kritiken heißt es, daß der Film eine merkwürdige Mischung aus Gefühlsduselei, aufgetragener Lustigkeit und falscher Volkstümlichkeit sei, es bleibe »lediglich das Vergnügen an dem unbefangenen Spiel einer reizenden Fünfzehnjährigen. (...) Ob Romy Albach-Schneider eine Schauspielerin ist, läßt sich noch nicht übersehen. Hier ist sie eben reizend, ganz besonders reizend«.

Die Filmindustrie braucht dringend neue Gesichter und ebenso dringend neue Legenden. Gefragt sind nicht Filme wie *Die Mörder sind unter uns* von Wolfgang Staudte, die nach der Befreiung gedreht wurden, die man in Deutschland noch jahrzehntelang Kapitulation nennen wird, als hätte eine an sich gute Sache leider nicht den verdienten Erfolg gehabt. Gefragt sind Filme, die in der noch fast fernsehfreien Zeit das Bedürfnis der Menschen nach Geborgenheit, nach privatem Glück, nach überschaubaren Konflikten im zwischenmenschlichen Bereich (und möglichst mit Happy-End) erfüllen. Die Verdrängungsmechanismen der Gesellschaft funktionierten auch im Filmgeschäft. Ein Veit Harlan (*Jud Süß*) war zwar nicht mehr opportun, aber all die vielen kleinen und großen Mitläufer trafen sich bald wieder in den Studios, in denen sie auch während des Dritten Reiches ihre Arbeit gemacht hatten. Keiner warf den ersten Stein, denn alle saßen sie im Glashaus.

Die neuen Gesichter waren zum Teil die Kinder der alten, die man natürlich auch noch brauchte, weil sie populär waren. So spielte nicht nur Magda Schneiders Tochter Romy eine (und nach *Sissi* die entscheidende) Rolle im deutschen Nachkriegsfilm, sondern auch Heinrich Georges Sohn Götz, Paul Hörbigers Sohn Thomas, Johannes Heesters Tochter Nicole, Otto Gebührs Sohn Michael, usw. Und da die Drehbücher der Unterhaltungsfilme in der Hauptsache Familiengeschichten aus einer kleinen, nur manchmal nicht heilen (aber stets heilbaren) Welt erzählten, waren die jungen Träger sogenannter großer alter Namen jenseits von Begabungen geradezu eine Idealbesetzung. Auch für die Journalisten, die mit rührenden Geschichten gefüttert werden konnten.

»In unseren eigenen erlebnisreichen Tagen, in denen die Welt eine neue Ordnung bekommt, steht auch der Schauspieler nicht beiseite, denn in solchen Zeiten gibt es keine Kunst im luftleeren Raum. Zudem ist jede echte, auf seelische Erhöhung gerichtete Kunst seit jeher zweckbedingt gewesen. Gerade der Film als letzte und stärkste Ausdrucksform dramatischer Gestaltung hat die Aufgabe, eine nationale Gemeinsamkeit durch seine Stoffwahl zu fördern.« Emil Jannings meinte mit der nationalen Gemeinsamkeit nicht die junge Demokratie im Nachkriegsdeutschland, die ihre Identität im kollektiven Vergessen suchte, seine Rede hat er schon 1942 gehalten, seine seelische Erhöhung bezog sich auf den Führer, und die neue Ordnung war die der Nazis. Dennoch hätte man das Zitat mit geringen Änderungen auch auf das Jahr 1953 beziehen können. Waren es im Großdeutschen Reich die aufbauenden Unterhaltungsfilme, die für wenige Stunden den Kriegsterror vergessen ließen, so waren es nach dem Krieg Unterhaltungsfilme ähnlichen Strickmusters, die eine Flucht aus der Wirklichkeit des zerstörten Deutschlands ermöglichten. Das Kino fabrizierte die Träume, mit denen man sich über die Realität hinweglügen konnte.

Romy Albach-Schneider ist mit dem *Weißen Flieder* von dieser nur vordergründig unpolitischen Filmindustrie entdeckt worden, und die läßt sie nicht mehr los. Den nächsten Film, *Feuerwerk*, spielt sie ohne ihre Mutter, und von diesem Film an ist auch Rosemarie Albach Vergangenheit, fortan heißt sie Romy Schneider (erst die tote Romy Schneider wird wieder so heißen wie das Kind, denn Rosemarie Albach steht auf dem Grabstein des kleinen Friedhofes von Boissy Sans Avoir, auf dem sie begraben liegt). Ihr Vater schreibt ihr zu den Dreharbeiten einen Brief, in dem er sie zu ihrer beginnenden Karriere beglückwünscht. Er sei »stolz auf Mausilein«. In den Brief legt er einen Zettel, der besser ausdrückt, was er eigentlich meint, aber so nicht sagen oder schreiben kann: »Steck Deine Kindheit in die Tasche und renne davon, denn das ist alles, was Du hast«, ein von ihm verändertes Zitat aus Max Reinhardts »Rede über den Schauspieler«. Den Brief liest Magda Schneider, die wie selbstverständlich (und von Romy auch gewünscht) ihre Tochter auch außerhalb der Studios nicht aus den Augen läßt. Den Zettel aber hat Romy vorher versteckt, der war ja ganz persönlich nur für sie vom geliebten, fernen Vater.

Magda Schneider hat keinen Kontakt mehr zu ihrem ehemaligen Ehemann; der Erfolg der Tochter gehört ihr ganz allein, und sie will ihn auch nicht teilen. Erst 1967, als Romy Schneider ihren sterbenden Vater in einem Wiener Krankenhaus besucht, erfährt sie von ihm, daß er seine Scheu vor Konflikten damals nach Romys erstem Film überwunden und sich mit Magda Schneider in einem Wiener Café getroffen hat. Und daß er ihr heftige Vorwürfe gemacht habe, weil sie die Tochter schon so früh vor die Kamera gezerrt hatte. Seine Bitten aber, die Tochter weiter zur Schule gehen zu lassen, hätte Magda schlicht abgelehnt, mit dem nicht ganz unberechtigten Argument, daß er sich bisher ja auch nicht um die Tochter gekümmert habe und es nun wirklich zu spät sei, den treusorgenden Vater zu spielen. Offiziell, auch durch Fotos belegbar, hat es ein Treffen zwischen Magda Schneider und Wolf Albach-Retty erst viele Jahre später gegeben, bei den Dreharbeiten zu Otto Premingers Film *Der Kardinal* in Wien, in dem Romy Schneider ihrem Vater eine winzige Nebenrolle besorgt hatte. Romy Schneider war sich nie sicher, ob die Erzählung des Vaters, wie er sich mit ihrer Mutter um sie gestritten habe, nur eine seiner vielen kleinen Geschichten war oder Wirklichkeit. Hatte nicht auch sie in ihren Gesprächen mit den Mitschülerinnen in Goldenstein sich immer dann eine Traumszene erfunden, wenn sie das Gefühl nicht los wurde, in der Wirklichkeit versagt zu haben? Magda Schneider jedenfalls bestreitet, daß es ein solches Treffen mit ihrem Ex-Mann gegeben habe, und gerade weil es so schön in die vielen Romy-Schneider-Legenden paßt, als sei es von einem Drehbuchautor erfunden, ist ihre Aussage glaubhaft.

In den Kulissen steht, rote Nelke im Knopfloch, in dieser Zeit schon ein ganz anderer Mann, der erwartet, daß die Fünfzehnjährige ihn »Daddy« nennt: Hans Herbert Blatzheim, gelernter Bankkaufmann aus Köln und nach eigenen Angaben »größter deutscher Gastronom«. In der Tat liegt der Besitzer von später mal insgesamt sechzig Hotels, Bars und Restaurants hinter der Steigenberger-Gruppe mit einem Jahresumsatz von 14 Millionen Mark an zweiter Stelle in Deutschland. Magda Schneider, die Blatzheim seit 1934 kennt, hat den Millionär »in schweren Zeiten als Fels in der Brandung« empfunden. Sie wird ihn bald heiraten. Die Vierundvierzigjährige kann absehen, wann ihre Zeit als Filmschauspielerin vorbei sein wird, und sie will, verständlich nach den harten Tingeljahren, ein Stückchen Sicherheit für sich und ihre Kinder. Daß es eine leidenschaftliche Liebe ist, behauptet außer den Journalisten niemand. Die große Liebe der Magda Schneider bleibt Wolf Albach-Retty, aber sie weiß genau, und viel besser als später ihre Tochter, zwischen Wirklichkeit und Träumen, zwischen Alltag und Kino zu unterscheiden. Romy Schneider fällt das Wörtchen Daddy schwer, sie wird ein paarmal ins Badezimmer eingesperrt, als sie sich weigert, den Stiefvater so zu nennen. Er erinnert sich in seinen geschwätzigen Memoiren so an die erste Begegnung mit seiner späteren Stieftochter im Haus Mariengrund bei Berchtesgaden: »Es muß am 20. oder 21. Dezember 1949 gewesen sein, als ich nachmittags im Wohnzimmer saß und plötzlich ein kleines Mädchen mit dem Schrei Mami, Mami durch die Tür hereinwirbelte. Das kleine Mädchen fiel Magda um den Hals und küßte sie. So sah ich Romy zum erstenmal. Sie war damals elf Jahre alt und besuchte das Internat der Englischen Schwestern in Goldenstein in der Nähe von Salzburg. Sie wirkte ein bißchen verwahrlost, zu klein und zu dürr für ihr Alter. Das machte wohl die sparsame Verpflegung im Kloster. Und mein allererster Eindruck: Romy stank furchtbar. Magda nahm ihre Tochter sofort bei der Hand, so, jetzt geht es erst mal rauf in die Badewanne, jetzt wirst du abgeschrubbt. Eine Stunde später erschien Romy wieder bei uns, ein wohlriechender, süßer Marzipanengel.«

Natürlich sagt Romy Schneider zum neuen Mann ihrer Mutter irgendwann doch Daddy, vor allem in der Öffentlichkeit. Nichts soll die veröffentlichte Idylle der neuen Familie trüben, die so recht nach dem Herzen des Publikums ist: erfolgreicher Geschäftsmann, passend zum beginnenden Wirtschaftswunder im neuen Deutschland, eine berühmte UFA-Schauspielerin, die alle Mütter und Großmütter noch kennen, der fünfzehnjährige Idealbackfisch, der die Tradition fortsetzt und dessen Name als Backfischidol schon groß auf den Filmplakaten zu lesen ist. Böser Spruch in Schauspielerkreisen Mitte der fünfziger Jahre: »Für Romy allein zahlen die Produzenten fünfzigtausend pro Film, für Mutter und Tochter zusammen vierzigtausend.«

Die Frohnatur vom Rhein nennt Magda Schneider »Liebchen« und seine neue Stieftochter »Möpschen«. Er ist der Prototyp des neuen Wirtschaftswunderdeutschen, mit besten Beziehungen auch in die Politik, was bedeutet zur CDU. Seine Philosophie ist ziemlich simpel, aber allgemein anerkannt in jener Zeit: Geld verdienen, viel Geld verdienen, schnell viel Geld verdienen. In einer Hauszeitschrift zu seinem fünfzigsten Geburtstag hat Blatzheim sich so feiern lassen, wie es sich seiner Meinung nach geziemt für einen der Großen der neuen Republik. Auf vielen Fotos wird er gezeigt, umgeben von den äußeren Zeichen seines Reichtums, dem Rennboot auf dem Lago Maggiore, wo er für 30 000 Mark Jahresmiete eine Villa am See bewohnt, im offenen amerikanischen Sportwagen, mit Chauffeur im Rolls-Royce, im Frack mit schönen Damen an der Seite, die den selbstgefällig in die Kamera lächelnden Unternehmer natürlich anhimmeln. Nicht nur in Köln in seinen Geschäften ist er der große Zampano, der alles besser weiß, auch wenn er zu Besuch in Mariengrund bei Berchtesgaden ist, müssen alle nach seiner Pfeife tanzen. Hans Herbert Blatzheim, in seinen Kreisen gefürchtet als knallharter, schlauer Geschäftsmann, wird in der Filmbranche als Emporkömmling belächelt. Man hält ihn für ein besonders widerliches Exemplar eines neureichen Deutschen, wie sich der Hamburger Filmkaufmann Hubertus Wald erinnert. Doch wenn der gewichtige Schlemmerfürst zu einem seiner Kölner Feste ruft, kommen sie alle gern. Er wiederum hält die Filmproduzenten für »schlimmer als Viehhändler« und ist fest entschlossen, den jungen Ruhm seiner anfangs noch widerborstigen Stieftochter auf seine Art zu einem großen Geschäft zu machen. Oft hat sie vor Wut geheult, wenn sie, so bei den Dreharbeiten zu *Kitty und die große Welt*, schon fast achtzehn Jahre alt, abends nicht mit ihren Filmkollegen ausgehen durfte, sondern von »Daddy« zu irgendeinem Empfang geschleppt wurde, um dort PR-wirksam in die Kamera zu lächeln. Über Blatzheims Vermarktungsstrategie wird es in den kommenden Jahren noch heftige Auseinandersetzungen mit »Möpschen« geben und am Ende juristische Konflikte, als Blatzheims Pleiten auch Romy Schneiders Gagen zu verschlingen drohen. Aber auch seine Versuche, sich zum »Daddy« über ihr Privatleben aufzuspielen oder gar sein Glück als Mann bei ihr zu versuchen, hat Romy Schneider nie vergessen und sich noch Jahrzehnte später vor Ekel zitternd daran erinnert.

Heute, in den neunziger Jahren der Republik, kann man sich nicht mehr so recht vorstellen, warum Typen wie Blatzheim damals so erfolgreich sein konnten und trotz ihrer Großmannssucht noch ernst genommen wurden. Doch gerade die vielen Blatzheims in der Nachkriegsgesellschaft waren Garanten dafür, daß in der Adenauer-Ära die kollektive Verdrängung der Naziherrschaft als bedauerlicher Unfall deutscher Geschichte funktionierte. Von Vergangenheit wollte man nichts hören, als es um Geldmachen in der Gegenwart ging. Die neuen Aufsteiger waren bar jedweder Ideologie. Sie machten Geschäfte. Ihr Ziel, und für dieses Ziel brauchte man keine Ideale, war der möglichst unverzügliche und von keiner Trauerarbeit gestörte Aufstieg im vom Krieg zerstörten Land. Unternehmer wie Blatzheim, die man heute als Sumpfblüten der damaligen deutschen Spießer-Gesellschaft belächelt (obwohl – was unterscheidet schon Blatzheim vom immer noch allseits gefeierten Konsul Weyer?), paßten mit ihrer Vorwärts-Mentalität geradezu ideal zu den Kulturschaffenden des deutschen Films und des deutschen Theaters. Die einen hatten das Geld, die anderen den Ruhm. Man ergänzte sich prächtig, denn auch die kleinen und großen Stars wollten nicht an das erinnert werden, was sie während der zwölf Jahre des Tausendjährigen Reichs gemacht und gedreht hatten. Auch die waren insgeheim immer dagegen gewesen, sozusagen im inneren Widerstand, auch die hatten nur den einen Wunsch, möglichst schnell wieder ins Geschäft zu kommen. Die wahre deutsche Kultur war ja emigriert, vertrieben, ermordet worden, wie der Berliner Schriftsteller Gundolf S. Freyermuth in seinem Buch *Reise in die Verlorengegangenheit* eindrucksvoll beschrieben hat.

Blatzheim macht es sich zur Aufgabe, so lange wie möglich das Image vom sauberen, netten Mädel Romy zu erhalten, denn das verspricht Geschäfte. Seine beiden Söhne aus erster Ehe fühlen sich ihrer neuen Schwester gegenüber benachteiligt. Romy ist der Star der Familie, um sie dreht sich alles. Manche dieser frühen Starallüren hat sie übrigens nie abgelegt, aber später hat sie nach einem sogenannten Diva-Auftritt schnell einen um Verzeihung bittenden Zettel geschrieben, meist noch ein teures Geschenk drangehängt und damit Verletzungen auf ihre Art wiedergutgemacht. Herbert Tischendorf, Chef der Herzog-Film, die dann die *Sissi*-Filme vertrieben hat, ist sich mit Blatzheim in der Strategie einig, die »Jungfrau von Geiselgasteig« möglichst »taufrisch zu halten, bis sie 21 ist«. Romy Schneider wird zum Produkt, und ihr Leben wird, wie man heute sagen würde, nach strengen Marketing-Prinzipien verplant. Schon während der Hochzeit mit Magda Schneider am 11. Dezember 1953, die er anrichten läßt als ein höfisches Spektakel in neureicher Protzerei, nützt Blatzheim jede Gelegenheit, sich mit seiner Stieftochter den Fotografen zu präsentieren. Er weiß genau um die Werbewirksamkeit für seine Betriebe. Die Gagen für die nächsten Filme – *Feuerwerk*, *Mädchenjahre einer Königin* und *Deutschmeister* – handelt »Daddy« aus (wie sich nach dem *Sissi*-Erfolg herausstellte, nicht sehr gut, denn nach ihren ersten Filmen hatte Romy insgesamt nur 105 000 Mark verdient), und wie üblich rühmt er sich selbst und seinen untrüglichen Geschäftssinn: »Die Gagen werden so angelegt, daß Romy zeitlebens, egal ob sie dreht oder nicht, eine Rente von 8 000 Mark bekommt.« Romy überläßt ihrem Stiefvater alle Geschäfte, kümmert sich nicht ums Geld, wie sie sich zeitlebens nicht darum gekümmert hat und immer erst dann merkte, daß sie ausgebeutet worden war, wenn es zu spät war. Sie will nur eines, möglichst viele Filme drehen und den frischen Ruhm genießen. »Alle«, erinnert sich Hermann Leitner, Regieassistent bei *Mädchenjahre einer Königin* und einer der wenigen Freunde von Romy Schneider, »alle waren verliebt in sie. Es mochte sie jeder. Sie hatte so unendlich viel Charme. Wenn sie gelacht hat und aus der Ecke heraus die Leute angeschaut hat, da war alles aus. Das hat sie vom Vater geerbt.«

Das goldige Mädchen macht goldene Karriere. Im Sommer 1954 spielt Romy Schneider, noch keine sechzehn Jahre alt, in Ernst Marischkas Film *Mädchenjahre einer Königin*. Vorgesehen war für die Rolle eine andere junge Nachwuchsschauspielerin, aber Marischka ändert kurz entschlossen die Besetzungsliste. Romy Schneider bekommt die Rolle der jungen Königin Victoria, die sich auf der Flucht vor einer erzwungenen Hochzeit in einen deutschen Studenten verliebt. Wie das Leben in den deutschen Filmen damals so spielt, entpuppt sich der arme Student als Prinz Albert von Sachsen-Coburg, und das ist natürlich genau der, dem sie versprochen war. Womit dann auch wieder der königliche Hof in England zufrieden zur Schlußszene schreitet. Bei den Dreharbeiten in Wien trifft sie nach langer Zeit ihren Vater wieder, doch der hat ihr außer ein paar gestammelten Sätzen von der Sorte, ob sie denn auch brav ihre Rolle gelernt habe, nichts zu sagen. Vielleicht wollte er auch nicht den Eindruck erwecken, daß er jetzt, da sich seine Tochter anschickte, berühmt zu werden, plötzlich wieder auftaucht, um ein Stückchen Ruhm abzubekommen. Er verweigert sich – insofern spricht vieles für diese These – auch konsequent allen Journalisten, die ihn mit Interview-Wünschen bestürmen. Ganz im Gegensatz zu Romys Mutter Magda, die keine Chance ausläßt, über ihre Tochter zu sprechen. Zum Beispiel jenen prächtigen Satz: »Ach, wissen Sie, der Herr Albach-Retty ist nur der Erzeuger von Romy, der wirkliche Vater ist Herr Blatzheim.«

Die Rolle der jungen Monarchin in *Mädchenjahre einer Königin*, von der Kritik als »große überraschende Leistung des Films« gefeiert, bleibt für Romy Schneider nicht ohne Folgen. Danach kommt *Sissi*, und »unter dem Griesbrei, der mir da angepappt war«, wird sie bis zu ihrem Tod zu leiden haben, obwohl gerade die *Sissi*-Filme der Sockel sind, auf dem ihr überlebensgroßer Ruhm ruht.

Die Geschichte vom Aufstieg der Possenhofener Prinzessin Sissi zur Kaiserin Elisabeth von Österreich, die Geschichte von ihrem Kampf gegen die harte, böse Schwiegermutter, die Geschichte ihrer Liebe, ihrer Krankheit und die Geschichte ihres Erfolgs dort, zum Beispiel in Ungarn, wo die militärische Macht des k. u. k.-Reiches versagte, muß nicht noch einmal erzählt werden. Wenn es nur an der Filmhandlung oder gar am Dialog gelegen hätte, wäre auch *Sissi* einer jener längst vergessenen Filme aus der deutschen Nachkriegszeit, zumal die wahre Geschichte der Elisabeth von Österreich, einer geradezu revolutionären Frau in einer verlogenen, steifen, verkrusteten Gesellschaft, viel spannender ist als jede Erfindung. Wenn man *Sissi* nur am geschriebenen Wort des Drehbuchs von Ernst Marischka mißt, wird man den Erfolg nie begreifen. Ein Auszug:

> Sissi und Franz Joseph kommen wie zwei einfache Menschenkinder durch den Wald und atmen die herrliche Waldluft ein.
>
> Franz Joseph, lächelnd: »Na, ist das nicht herrlich?«
>
> Sissi, begeistert: »Wundervoll! Schön, daß Majestät den Wald auch so lieben wie ich!«
>
> Franz Joseph, lächelnd: »Ich komme nur leider selten dazu, durch den Wald zu gehen. Ich muß meistens am Schreibtisch sitzen oder Paraden abnehmen...«
>
> Sissi, versonnen, lächelnd (wie zu sich selbst): »Wenn du einmal im Leben Kummer oder Sorgen haben solltest, dann geh wie jetzt mit offenen Augen durch den Wald, und in jedem Baum, jedem Strauch und in jeder Blume wird dir die Allmacht Gottes zum Bewußtsein kommen und Trost spenden...«
>
> Franz Joseph, der ihr aufmerksam zuhört: »Das hat Sie sicher irgendwo gelesen?«
>
> Sissi, lächelnd: »Nein, diesen Rat hat mir mein Pappili gegeben!«
>
> Franz Joseph, lächelnd: »Ach, der Pappili...«

Karl Korn schrieb in der *Frankfurter Allgemeinen Zeitung* in seiner Kritik (die wiederum in einem Leserbrief von Blatzheim attackiert wurde): »Romy Schneider... stellt ein lebendes Rührbild nach dem anderen. Romy spendet dazu den lieben Kälbchenblick... Die Herstellerfirma versichert, daß der Erfolgsregisseur Marischka, dem wir das Wunder verdanken, kein Intellektueller sei. Das stimmt.«

Aber was hat der Filmregisseur Ernst Marischka, der auch privat in einer k. u. k.-Welt lebte und dessen Büro auf dem Filmgelände einer Franz-Joseph-Gedächtniskammer glich, aus den grauenvollen und ganz bewußt historisch falschen Drehbüchern des Autors Ernst Marischka gemacht? Er hat Filme gedreht, die sogar beim Wiedersehen heute nicht nur durch ihre handwerkliche Perfektion überraschen, sondern vor allem durch den instinktsicheren Einsatz von Musik, Landschaft, Tierwelt – alles subtile Fluchten vor der Realität – und die bis in die kleinste Rolle hervorragend besetzten Typen. Noch immer garantieren die *Sissi*-Wiederholungen alljährlich zu Weihnachten den verschiedenen Fernsehsendern hohe Einschaltquoten. Vor allem aber hat Marischka, von Romy Schneider »Onkel Ernst« genannt, in der jungen Romy zielsicher eine Schauspielerin erkannt, die genau das verkörperte und eben nicht »nur« spielen mußte, was aus *Sissi* einen Kinotraum machte, der alle bisher bekannten Dimensionen sprengte. Die Produzenten haben die damals gewaltige Summe von zehn Millionen Mark mit den drei *Sissi*-Teilen verdient (Romy Schneider bekam für den ersten Film noch 25 000 Mark, erst danach wurde sie an den Einnahmen prozentual beteiligt).

Romy Schneiders Unbefangenheit, nicht zu verwechseln mit Naivität, macht die Sissi zu einem Stück von Romy und umgekehrt. Eigentlich hätte das Werk »Romy« heißen können, denn wie schon als Anfängerin beim *Weißen Flieder* spielt sie alle anderen Schauspieler, auch ihre Mutter (die wiederum ihre Mutter spielt), in den Hintergrund. Natürlich braucht die Verwandlung der pausbäckigen jungen Prinzessin zur von Krankheit gezeichneten Kaiserin in südlichen Gefilden gute Maskenbildner. Aber es zeigt sich auch die natürliche Entwicklung der Romy Schneider zwischen dem ersten Teil *Sissi* 1955 und dem dritten Teil, den *Schicksalsjahren einer Kaiserin*, 1957. Auf der Leinwand wie im Leben vollzieht sich die Wandlung eines Mädchens von sechzehn Jahren zu einer jungen Frau von fast neunzehn Jahren mit einer Ausstrahlung, der sich kaum jemand entziehen kann. Eine Ausstrahlung übrigens, die in den kommenden Jahren vor allem französische Regisseure begriffen haben, nachdem es in Deutschland für Romy Schneider keine Drehbücher mehr gab, eine Ausstrahlung, die »Sissi« jenseits des Rheins zum Filmstar Nummer eins werden ließ. Als sie Alain Delon nach Paris folgte, kannte kaum jemand in Frankreich Romy Schneider, aber alle wußten, wer Sissi war. (Zwanzig Jahre später wird Romy Schneider in einer verräucherten Hafenkneipe in Quiberon von einem Fischer zum Tanz aufgefordert, der übers ganze Gesicht strahlt, weil er endlich Sissi getroffen hat. Die kannte er, die hatte er nie vergessen.)

Marischkas Erfolg mit den drei *Sissi*-Filmen – 6,5 Millionen Besucher für Teil eins, 6,4 Millionen Besucher für Teil zwei und 5,8 Millionen Besucher für Teil drei – ist kein Wunder, sondern erklärbar. Er hat die Sehnsucht der Menschen begriffen, die in einer nüchternen Republik lebten, doch in dieser Republik keine Illusionen finden, keine Träume, natürlich auch keine Könige und erst recht keine Märchen. Genau dies wollen sie auf der Leinwand sehen, denn alltägliche Sorgen und Probleme haben sie genug, die brauchen sie nicht auch noch im Kino. Auch die Verleihfirma Herzog-Film weiß kühl mit dem gesunden Volksempfinden umzugehen. Ihrem »Alter und ihrem Naturell entsprechend« gibt man Romy Schneider »diskrete und niemals undelikate Liebesparts aus der guten alten österreichischen k. u. k-Welt, die den nervlich überforderten Mitmenschen des unruhigen 20. Jahrhunderts wie eine Oase der Friedlichkeit und der beschaulich-romantischen Lebensgemütlichkeit erschien…«. Von der Vergangenheit träumen hieß in den fünfziger Jahren aber auch, die unmittelbare Vergangenheit, also das Dritte Reich, zu vergessen und weiter zurückzugehen in die Historie, als alles noch überschaubar und sauber und zumeist happy-endig war. Auch deshalb war *Sissi* ein so großer Erfolg. Und Romy Schneider ist deshalb zum Star geworden, der bald auf Platz eins der Beliebtheitsskala stand, weit vor Ruth Leuwerik oder Maria Schell, weil genau sie diese Träume verkörperte vom sauberen, ehrlichen, liebenswürdigen Mädchen. Ein Mädchen, das man gern als Tochter hätte, gern als Enkelin und noch lieber als Frau. Es paßte einfach alles – solange der Rahmen der Konventionen nicht gesprengt wurde… Natürlich drehte man solche Filme nicht im Dickicht der Städte, denn die waren ja zum Teil noch zerstört vom Krieg. Die Filme dieser Zeit entstanden im Hochgebirge, in ewigen Wäldern, auf der stets blühenden Heide (die waren damals noch nicht vom sauren Regen bedroht) oder bei Hofe, wo auch noch alles seine Ordnung hatte. Man kämpfte nicht gegen böse Feinde, sondern um Thron und Liebe. Die Ärzte in der anderen Sorte von deutschen Gemütsfilmen schwankten anhaltend zwischen Pflicht und Neigung, Halbgötter in Weiß, die nur ihrem Gewissen gehorchten und dabei immer Gott zitierten, der ihnen angeblich das Skalpell führte.

Kurzum, es waren Filme, die an das Gefühl appellierten, Filme aus der Traumfabrik, kühl geplant und deshalb so erfolgreich. Und sie trafen auf ein Publikum, das in den Werten der Familie sein letztes Heil gefunden hatte, nachdem das andere Heil, das millionenfach beschriene, ein so blutiges Ende genommen hatte. Die Filme gehorchten dem Zeitgeist der Adenauerschen Restauration. Manche sagen, freundlicher, sie paßten in die Zeit des Biedermeier, andere sagen weniger freundlich, man hätte sie mit geringen Änderungen auch in der Zeit des Dritten Reiches drehen können. Was gar nicht so falsch war, denn die Macher dieser Filme waren nicht unbedingt die, denen von den Nazis Berufsverbot erteilt worden war.

Das alles sind Versuche, im Rückblick die Erfolge zu analysieren. Die einfache intellektuelle Arroganz, daß die Filme der damaligen Zeit halt nicht besser waren als ihr Publikum – oder wie es ein Kritiker ausdrückte, daß sie die »Albumphantasie von Tante Frieda erfüllten« –, erklärt das Phänomen »Sissi« nicht, das irgendwann einmal, wenn die fünfziger Jahren nur noch historisch beleuchtet werden, zu den »Kulturgütern« gehören wird, die in den Geschichtsbüchern erwähnt sind. Ohne die junge Schauspielerin Romy Schneider hätte es keine »Sissi«-Manie gegeben, die auch in Ländern wie Spanien, Griechenland und sogar Frankreich Tausende am Flughafen stehen ließen, als die junge »Kaiserin« zu den jeweiligen Premieren eingeflogen wurde. Sogar in den Vereinigten Staaten war die auf 145 Minuten zusammengeschnittene Fassung aus allen drei *Sissi*-Teilen unter dem Titel *Forever My Love* ein Kassenerfolg. Entsprechend pompös der Publicity-Rummel.

So reist man zum Beispiel für eine Premiere von *Sissi* nach Madrid in einer Super Constellation. Das Kaiserpaar sitzt vorne, also Romy Schneider neben Karlheinz Böhm. Hinter ihnen Magda Schneider und Blatzheim, ganz hinten in der Maschine Otto von Habsburg. Das Flugzeug kreist über dem damals noch kleinen Flughafen der spanischen Hauptstadt, man sieht von oben eine riesige Menschenmenge, viele Tausende (später stellte sich heraus, daß es 35 000 waren). »Da sieht man die Begeisterung der Menschen«, denkt Karlheinz Böhm, »zwar hat der Otto von Habsburg kein Amt mehr, aber sie haben ihn nicht vergessen, selbst im fernen Spanien erinnert man sich an die Habsburger.« Höflich läßt man Otto von Habsburg den Vortritt, als die Maschine landet. »Gleich wirst du sehen, Romy, wie sie ihn jubelnd begrüßen.« Aber nichts geschieht. Schweigend läßt die Menschenmenge Otto von Habsburg passieren. Als letzte treten Romy Schneider und Karlheinz Böhm (den Romy bei ihrem ersten gemeinsamen Film noch Onkel nannte, weil ein zehn Jahre älterer Mann ihr unendlich viel älter schien) auf die Gangway. Jubel erhebt sich. Sie gehen die Treppe hinunter und werden sofort von allen Seiten bestürmt. Böhm schützt seine Partnerin mit einer Umarmung vor allzu heftigen Liebesbezeugungen der Fans, die nur auf ihr Film-Kaiserpaar gewartet hatten, auf Sissi und Franz Joseph. Den echten Habsburger hatten sie gar nicht wahrgenommen. Panik bricht aus, Fensterscheiben gehen zu Bruch, Menschen liegen verletzt und niedergetrampelt am Boden. Bodyguards und Polizei haben keine Chance mehr. Romy Schneider und Karlheinz Böhm aber werden hochgehoben und von der begeisterten Menschenmenge, ohne den Boden zu berühren, immer weitergereicht, bis sie am Eingang des Flughafens angekommen sind, wo die Autokolonne wartet. Dort läßt man sie vorsichtig wieder auf die Erde zurück, nachdem die Fans ihre Stars im Wortsinne auf Händen getragen haben. Als sie sich dann abends im Hotel umziehen, bemerken sie, daß sie mit blauen und grünen Flecken übersät sind.

Die Romy-Schneider-Filme zwischen *Sissi* Teil zwei und *Sissi* Teil drei, also *Kitty und die Große Welt*, *Robinson soll nicht sterben* und *Monpti*, werden zwar registriert, gelten aber nur als Interludium zu den *Schicksalsjahren einer Kaiserin*, also dem dritten Teil des »Sissi«-Phänomens. Romy Schneider hat sich schon die Zustimmung zu *Sissi – Mädchenjahre einer Kaiserin* nur deshalb abringen lassen, weil ihr dafür die Rolle der kleinen Maud Bentley in *Robinson soll nicht sterben* versprochen wird. Endlich mal darf sie »keine perückenbezopfte Kaiserin in Krinolinen« spielen, sondern ein armes Kind in einem Slum von London. Ihre schauspielerischen

Leistungen in diesem Film, die einer der besten deutschen Filmkritiker, Joe Hembus, so beschrieb – »Romy Schneider hat überhaupt keine Ähnlichkeit mit all den anderen deutschen Stars dieser Tage, und sie trug ihr Herz immer offen, und das war ein schöner Anblick« –, interessieren die wenigsten, vielmehr werden Klatschgeschichten erzählt, ob sie denn nun verliebt sei in ihren *Robinson*-Partner Horst Buchholz oder nicht und ob er gar mehr getan habe als nur Händchen zu halten. Er hat nicht, denn auch bei *Robinson* weicht Mama Schneider nicht von der Seite ihrer Tochter.

Für einen vierten *Sissi*-Teil zwei Jahre später hatte »Daddy« Blatzheim, in der Branche inzwischen »das Brechmittel, das Romy Schneider vertritt« genannt, ganz auf die sinnliche Kraft des Geldes gebaut, nachdem Romy Schneider schon Teil drei nur noch mit Mühe ertragen und eine weitere Fortsetzung kategorisch abgelehnt hatte. Mit vier schwarzen Koffern war er nach Mariengrund gereist und hatte seiner Stieftochter, der er mit seiner rheinischen Angeberei zutiefst zuwider war, in deren ehemaligem Kinderzimmer inmitten von Stofftieren eine Million Mark in bar gezeigt. Das junge Mädchen, das er später in einem Wutanfall als einen »fotogenen Haufen Scheiße« bezeichnen sollte, blieb aber trotz großer Angst tapfer bei seinem Nein. Die Tochter von zwei Vätern, die nie ihre Väter waren, war erwachsen geworden.

Was allerdings auch andere Gründe hatte als den verständlichen Wunsch, endlich »Sissi« zu entfliehen und Romy Schneider zu sein. Der Grund lebte in Paris, galt als eine der Hoffnungen des französischen Films, sah blendend aus und hieß Alain Delon.

III

»Ganz schön«, sagte Karsten Schuler und legte das Manuskript auf die Seite, »ganz schön. Man merkt, daß du mehr weißt als die anderen.« Er machte eine vage Handbewegung, die irgendwelche Zeitungen oder Magazine einschloß, von denen sein Verleger behauptete, sie seien eine starke Konkurrenz und auf einem interessanten Weg. »Das ziehen wir über den ganzen Sommer rüber, das wird gelesen, ich sage es dir, und wie!«

Der Chefredakteur der *Frankfurter Illustrierten* saß in seinem Büro im elften Stock, direkt am Main. Manchmal, an klaren Tagen, konnte er sogar bis in den Taunus schauen, aber das merkte er immer erst dann, wenn ihn Besucher staunend um das Panorama beneideten, das sich ihm bot. Karsten Schuler registrierte mit einem sehnsüchtigen Seufzer, daß sich Anna Wendtlin, die ihm gegenüber saß, eine Zigarette angezündet hatte. Er schnupperte kurz dem Rauch nach. Seit seinem ersten Herzanfall durfte er nicht mehr rauchen, und auch die kleinen Kekse hatte ihm der Arzt verboten, die er in den Nächten in sich hineinstopfte, wenn wieder mal eine Geschichte geplatzt war oder einer seiner Autoren nicht rechtzeitig fertig wurde.

»Wie machst du denn weiter?« fragte er und lehnte sich in seinem Stuhl zurück, die Füße bequem auf dem Schreibtisch.

Anna Wendtlin war eine große, schlanke Frau, die wenig Wert legte auf modische Kleidung und ihre blonden Haare so kurz trug, daß sie morgens keinen Kamm brauchte. Sie sah dadurch jünger aus als zweiunddreißig. Schon seit über zehn Jahren schrieb sie in der *Frankfurter Illustrierten*. Ab und zu munkelte man über Liebesaffären, aber etwas Genaueres wußte keiner so recht. »Ich habe eine Affäre mit meinem Beruf«, sagte sie immer, wenn sie von Kolleginnen zu einem der sogenannten »Frauengespräche« eingeladen wurde, bei denen Strategien gegen die Männerherrschaft im Journalismus besprochen wurden. Sie beklagte sich nicht, daß ihr der Beruf keine Zeit ließ für eine feste Beziehung. Auch vor den sogenannten Familienfesten hatte sie keine Angst. An Weihnachten zum Beispiel, wenn die anderen mit ihren Partnern oder Familien feierten, fuhr sie meist mit ihrem Vater irgendwohin in die Sonne, Florida oder so. Bloß keine Weihnachtslieder, bloß keine Feiern wie früher. Ihr Vater war auch Journalist gewesen. Seit ihre Mutter vor ein paar Jahren gestorben war, hatte er sich vom Bayerischen Rundfunk vorzeitig pensionieren lassen und lebte zurückgezogen in einem kleinen Dorf bei München. Hans-Heinrich Wendtlin schrieb Gourmetkolumnen für verschiedene Blätter, was gut bezahlt wurde. Anna besuchte ihn, wann immer sie Zeit hatte.

Anna Wendtlin schlug ihr Notizbuch auf und blätterte. »Also, was ich bis jetzt geschrieben habe, ist ja der biographische Rückblick auf Romys Leben, und den muß man chronologisch fortsetzen. Vielleicht müßt ihr noch einbauen, was ich heute nacht gefunden habe in meinen Unterlagen, das könnte an die Stelle passen, wo um eine angebliche Liebesbeziehung zu Buchholz spekuliert wird.« Sie schob Karsten Schuler ein Blatt Papier über den Schreibtisch. »Lies mal, das ist ein Brief von Curd Jürgens an Romy Schneider; den muß er geschrieben haben, als sie etwa neunzehn war und ihn mit ihrer Mutter in seiner Villa in Cap Ferrat besuchte. Das könnte gewesen sein im Sommer 1958, auf jeden Fall vor der Delon-Geschichte, und sie war wohl sehr in ihn verliebt.«

Schuler nahm den Brief und las halblaut wie zu sich selbst: »Mein lieber kleiner Schatz. Schau, Du mußt mich verstehen. Du bist ein Engel. Aber mein Leben ist wie ein Schrank mit vielen Schubladen, und es ist auch viel Schmutz in diesen Schubladen. Soll ich einen Engel zu diesem Schmutz tun?« Er schüttelte den Kopf und legte den Brief in die Mappe, in der die anderen Unterlagen zum »Fall Romy Schneider« geordnet waren.

»Ein grauenvoller Kitsch. Was wollte er damit?«

Anna Wendtlin, die mit ihren zweiunddreißig Jahren die Tochter von Schuler hätte sein können, zögerte einen Moment, bevor sie ihm antwortete.

»Das, Karsten, ist eine Art Verzichterklärung. Sie war sehr in ihn verliebt und hatte gehofft, er würde sich zu ihr legen, statt ihr abends Geschichten zu erzählen. Das hat er nicht gemacht. Insofern ist dieser Brief sogar ein Liebesbrief. Manche Leute verlieben sich, so was gibt's. Bevor du täglich vierzehn Stunden in diesem Büro verbracht hast, muß es doch auch bei dir so etwas gegeben haben, oder?«

Im selben Augenblick tat ihr der Satz leid, denn ihr fielen die Geschichten von Kollegen ein, die Karsten Schuler länger kannten als sie, Geschichten aus den Zeiten, als er noch nicht dreißig Kilo Übergewicht mit sich herumschleppte und kurzfristig sogar verheiratet gewesen war. Irgendwann hatte es da wohl einen Bruch in seinem Leben gegeben, über den er allerdings nie sprach, und als sie zur *Frankfurter Illustrierten* gekommen war, da war er schon Teil seiner eigenen Legende. Und diese Legende besagte, daß der inzwischen wohl fast Sechzigjährige mit seinem Job so eins geworden war, daß er sich Heiligabend immer wunderte, warum denn außer ihm keiner im Büro saß.

Schuler schaute sie kurz an, als überlege er, ob sie eine ehrliche Antwort verdiente, dann machte er eine wegwischende Handbewegung. »Also gut, nehmen wir die Geschichte mit Curd Jürgens für eine Bildunterschrift, sie hat ja mit ihm auch irgendeinen Film gemacht. Darum soll sich dann das Serienressort kümmern, das machen die schon. Und wie geht es bei dir weiter?«

»Ich will morgen wieder nach Paris fliegen, natürlich zur Beerdigung, da wird ja einiges los sein. Ist aber nichts für uns aktuell, ist zu lange hin, bis wir erscheinen. Ich denke, der Nachruf jetzt in der nächsten Ausgabe reicht erst mal. Ja, und dann mit Laurent alles durchschauen, was Romy in ihren Koffern und Schachteln aufbewahrt hat. Das dauert ein bißchen länger, weil das meiste natürlich in Deutsch ist und ich ihm alles übersetzen muß. Außerdem habe ich auch noch einiges von ihr bekommen, wir hatten ja mal vor ein paar Monaten überlegt, ob sie nicht ihre Memoiren schreiben könnte, weil sie so dringend Geld brauchte. Du weißt, diese Steuergeschichte. Vor allem geht es um die angeblich verschwundenen Millionengagen aus ihren vielen Filmen. Da werde ich sicher noch Hilfe benötigen.«

Anna Wendtlin drückte ihre Zigarette aus und trank angewidert einen Schluck von dem inzwischen kalten Kaffee, der vor ihr stand. Wie schnell das alles geht, dachte sie. Vor ein paar Tagen noch hatte sie überlegt, nachts ihr Telefon auszustöpseln, weil in den letzten Wochen regelmäßig morgens zwischen drei und vier Uhr Romy Schneider angerufen hatte. Immer dann, wenn sie wieder mal nicht schlafen konnte und einen Menschen brauchte, der ihr zuhörte. Muß ich mir Vorwürfe machen, weil ich ausgerechnet in der Nacht, in der sie starb, nicht zu Hause war? Aber ich hätte nichts ändern können, nichts. Das Gefühl der Leere hätte ihr keiner nehmen können. Nach dem Anruf von Laurent, durch den sie von Romys Tod erfahren hatte, war sie mit der nächsten Maschine nach Paris geflogen und dann hinaus aufs Land gefahren, nach Fontenay-Tresigny, wo Verwandte von Laurent Pétin ein Haus besaßen. Die französischen Journalisten hatten diese letzte Fluchtburg der Romy Schneider noch nicht entdeckt, in der sie sich zum erstenmal nach dem Tod ihres Sohnes David im Sommer 1981 versteckt hatte. Laurent hatte auf sie gewartet und hinter ihrem Mietwagen schnell das große Tor geschlossen, das Haus und Garten vor neugierigen Blicken schützte. Sie hatten die ganze Nacht geredet und von Romy gesprochen, und immer wieder hatte sie Laurent trösten müssen, der hemmungslos weinte wie ein kleines Kind...

»Ist dieser Laurent eigentlich auch so ein Delon-Verschnitt wie die anderen Kerle?« unterbrach Schuler ihre Gedanken.

Sie zögerte einen Moment mit ihrer Antwort, was dem Mann ihr gegenüber nicht entging. In den fast vierzig Jahren, in denen er nun schon als Journalist arbeitete, hatte er gelernt, auf solche Zeichen zu achten.

»Eigentlich nicht, nein, das ist er nicht. Er ist... er war für Romy Schneider etwas ganz anderes als die üblichen Affären. Natürlich auch viel jünger als sie, erst vierunddreißig, aber ein ganz ernsthafter Junge. Er war endlich einer, der sie nicht ausnutzte und nichts von ihr wollte. Ja, das ist wohl entscheidend gewesen, er wollte nichts von ihr, er wollte nur etwas für sie. Er war aus ihrer Sicht mehr ein Freund oder sagen wir, ein Bruder... obwohl er sie geradezu wahnsinnig liebte und mit ihr leben wollte. Aber ich glaube, ihre letzte Liebe war er nicht. Sie hat mir in irgendeinem Telefongespräch etwas erzählt von einer Frau, die sie in Berlin kennengelernt hatte, aber ich weiß noch nicht, wer das war, und außerdem war es ihr zunehmend, sagen wir mal, gleichgültig geworden, ob sie mit einem Mann lebte oder nicht. Nein, die große Leidenschaft war Laurent bestimmt nicht, aber sicher genau der Richtige für ihre Stimmungslage und der einzige wohl, der endlich Ordnung in ihre chaotischen Finanzverhältnisse bringen wollte. Es gibt sogar irgendwo einen Satz von ihr, warte mal, ich habe ihn mir aufgeschrieben«, und sie kramte in ihrer Handtasche, bis sie einen Zettel fand, »ja hier: ›Irgendwann werde ich nur noch mit Frauen leben‹, aber das kann natürlich auch eine Laune gewesen sein. Ich weiß es einfach nicht.«

»Heißt das, daß sie...« fragte Schuler.

»Vielleicht. Es gab immer wieder Gerüchte, daß sie auch Frauen liebte, aber das ist nichts, worüber man so konkret schreiben könnte. Wir haben mal zusammen vor ein paar Jahren in einem Restaurant in Paris gesessen und über alles mögliche gequatscht, wie man halt so quatscht. Da hat sie Andeutungen gemacht, aber ich habe es damals nicht begriffen, ich konnte mir das einfach nicht vorstellen, hatte ja auch ein ganz anderes Bild von ihr, so von einer Art männerverschlingender Pflanze... Laurent muß es geahnt haben, es gab da mal irgendwann eine bittere Bemerkung, als wir essen waren und Romy am Nachbartisch eine Frau entdeckte, die sie immer wieder anschaute, als ob sie mit ihr flirten wollte. Aber Genaues weiß ich wirklich nicht, und ich finde, wir sollten darüber auch nur in Andeutungen schreiben.« Sie stand auf und drückte ihre Zigarette aus.

»Also, ich pack' jetzt zusammen und lass' dir die Nummer vom Hotel da, unter der ich erreichbar bin in den nächsten Tagen. Was bei der ganzen Geschichte herauskommt, weiß ich auch noch nicht. Ich schreibe immer abends entweder im Büro oder auf meinem Zimmer weiter an der reinen Biographie und gebe es euch dann durch. Für zwei Folgen hast du jetzt ja erst einmal genügend Stoff. Und fragt mich, bevor ihr kürzt, hörst du?«

Karsten Schuler hatte bei ihren letzten Worten schon den Telefonhörer für ein anderes Gespräch aufgenommen und ihr nur einen hochgereckten Daumen entgegengestreckt, als sie aufgestanden war. Sie nickte ihm zu und ließ, wie immer, die Tür offen, als sie ging.

Die Straße, die zum Friedhof von Boissy Sans Avoir führte, war von der Polizei abgesperrt, keiner der zahlreichen Schaulustigen wurde zur Kirche durchgelassen. Anna Wendtlin mußte ihren Namen sagen, und dann wurde geprüft, ob er auf der Liste stand, die ein privater Sicherheitsbeamter in der Hand hielt. Durch eine kleine Seitentür ging sie vorbei an verwitterten Grabsteinen zu den Trauernden, die gerade die Kapelle verlassen hatten. Sie erkannte Romy Schneiders Bruder Wolf Albach, und sie erkannte Daniel Biasini, der weit entfernt von Laurent Pétin stand, dessen Eltern ihn in die Mitte genommen und untergehakt hatten. In den Fenstern der benachbarten Häuser, von denen aus man Einblick auf den Friedhof hatte, waren riesige Teleobjektive zu erkennen, oben kreiste endlos ratternd ein Hubschrauber, der von einer Pariser Fotoagentur gemietet worden war. Die Versteigerung der Fotos sollte am Nachmittag stattfinden, da würden sich dann wieder die verschiedenen Illustrierten mit astronomischen Summen für die besten Bilder gegenseitig überbieten, aber die Hoffnung der Journalisten, daß auch Alain Delon am Grab erscheinen würde, erfüllte sich nicht. Michel Piccoli war da, Jean-Claude Brialy, Roman Polanski, Jean Rochefort, Bertrand Tavernier und die Frau von Kulturminister Jack Lang. Viele Regisseure außerdem, die Anna so schnell nicht erkannte. Der französische Staatspräsident François Mitterand hatte seine Schwägerin geschickt. Aber aus Deutschland, bemerkte Anna Wendtlin bitter, war niemand gekommen. Als ob man Sissi ihre Fahnenflucht nach Frankreich selbst über den Tod hinaus noch nicht verziehen hätte. Sie erinnerte sich, in der Zeitung gelesen zu haben, daß Magda Schneider mit einem Herzanfall im Krankenhaus lag und deshalb nicht zur Beerdigung ihrer Tochter kommen konnte. Und die anderen in Deutschland, dachte sie, die Romy nahestanden, die hat Laurent doch gar nicht gekannt. Für den gehörte sie zu Frankreich, da hatte sie ihre Freunde, und nur die hatte er wohl angerufen.

Jacques Rouffio, Regisseur des letzten Films, den Romy Schneider gedreht hatte, *Die Spaziergängerin von Sans-Souci*, sprach mit leiser Stimme, immer wieder vom Dröhnen des Hubschraubers unterbrochen, in den grauen Vormittag hinein seine Trauerrede über die Schauspielerin, die vor der Kamera alles und im Leben nichts konnte: »Ihr Instinkt trieb sie zu den Extremen, wie ein Pendel. Sie war die Flamme und sie war das Eis, sie war die Weisheit und sie war die Torheit, sie war die Großzügigkeit und sie war die Berechnung, sie war der Frieden und sie war der Krieg, die Freude und die Angst. Mit diesen Widersprüchen hatte sie alles, um die verschiedenen Persönlichkeiten in ihren Filmen zu spielen – und sie hatte nichts von dem, was man braucht, um ein friedliches, normales Leben zu führen, nach dem sie sich so sehnte...«

Nach einer knappen Stunde war alles vorbei. In riesigen schwarzen Limousinen, durchgewunken von Polizisten, fuhren die Trauergäste wieder zurück ins Leben. Anna Wendtlin, die vom Flughafen mit einem Taxi gekommen war, brauchte kein Auto für die wenigen hundert Meter von der Kirche bis zum Haus, das Laurent Pétin und Romy Schneider vor ein paar Wochen gekauft hatten und von dem noch niemand etwas wußte. Sie setzte sich im Garten auf einen der herumstehenden alten Stühle und wartete. Hier war sie mit Pétin verabredet, irgendwann am Nachmittag, aber sie wollte bis dahin nicht zurück in die Stadt, und sie wollte auch nicht noch einmal auf den Friedhof gehen, wo inzwischen die Fans der Romy Schneider mit Rosen in der Hand vor dem Grab Schlange standen, um sich von ihrem Idol zu verabschieden.

Sie wurde wach von einer kleinen Katze, die auf ihren Schoß gesprungen war. Ich muß eingeschlafen sein, dachte sie, und blickte sich um. Sie war immer noch allein. Vorsichtig hob sie das schnurrende Wollknäuel hoch und setzte es in Gras. Dann holte sie aus ihrer Handtasche eine Zigarette, zündete sie an und ging durch den Garten hinter das Haus. Was soll ich ihm sagen, Romy, wenn er mich fragt nach deiner Vergangenheit, die er nicht kennt? Was hast du Laurent erzählt und was nicht? Die einfachen Geschichten, die sie auch in der Illustriertenserie nicht schreiben wollte, waren eigentlich die schönsten, gleichzeitig aber auch zu intim. Sie schaute sich das Haus an, die großen, blinden Fensterscheiben, und ahnte plötzlich, warum Romy Schneider unbedingt hier hatte leben wollen. Die klobigen gelbbraunen Granitsteine wirkten wie eine

Festung gegen alles, was von außen kam. Wer sich hinter ihnen verstecken konnte, würde sicher sein. War es das, Romy, war das endlich das Haus, von dem du immer erzählt hast, das Haus, das nur für die lebte, die darin wohnten, und für alle anderen fremd blieb?

Das Brummen eines Automotors riß Anna Wendtlin aus ihren Gedanken. Sie ging zurück auf die vordere Terrasse und sah, wie Laurent Pétin aus seinem schwarzen Golf stieg. Er war allein. Wortlos umarmten sie sich. Er suchte in seiner Tasche nach dem richtigen Schlüssel und schloß das Haus auf.

»Wir können uns in die Halle setzen«, sagte er, »da steht ein kleiner Tisch, den der vorige Besitzer vergessen hat, und irgendwo gibt es auch noch ein paar Stühle.«

»Sollen wir nicht ein paar Tage warten, Laurent, bis alles nicht mehr so...«

»Nein«, unterbrach er sie fast schreiend, »nein... entschuldige, ich meine, es ist okay. Ich schaff' das schon. Im Gegenteil, es lenkt mich vielleicht sogar ab. Es gibt soviel, was ich nicht verstehe, und du mußt mir helfen. Romy hätte es sicher auch so gewollt.« Und abrupt wandte er sich ab, ging in ein anderes Zimmer, kam zurück mit einem großen Koffer und legte ihn auf den kleinen Tisch.

»Das sind die Sachen, die ich mit ihr durchsehen wollte. Alle Verträge, alle Bankauszüge und alle Dokumente. Die meisten sind in Deutsch, und ich kann sie nicht verstehen. Wir wollten endlich einmal alles ordnen, nachdem dieser Steuerbescheid gekommen ist. Weiß du das eigentlich? Über neun Millionen Francs Steuernachzahlung wollten sie von ihr haben, über neun Millionen. Und sie hatte immer geglaubt, daß diese Firma in der Schweiz alles geordnet hätte mit der Steuer, dafür hat sie denen ja auch irgendeine Provison bezahlt, wofür denn sonst. Merde, nichts haben die getan, gar nichts. Sie hatte ja keine Ahnung, und Geld hat sie nie interessiert.«

Anna setzte sich hin, holte einen großen Zettel und einen Kugelschreiber aus ihrer Handtasche, legte beides neben den Koffer auf den Tisch. Laurent rückte mit seinem Stuhl an ihre Seite, stand dann wieder auf und trug den Tisch vorsichtig direkt an ein Fenster. »Es gibt noch kein Licht«, sagte er und nahm dann die beiden Stühle, die er so hinstellte, daß sich beide gegenübersaßen. Aus seiner Brusttasche zog er einen eng beschriebenen Rechnungsbogen und zeigte ihn der Journalistin.

»Dies mußt du dir zuerst anschauen. Das sind die Einnahmen von Romy seit 1972, nach Jahren und Filmen aufgeschlüsselt. Was davor war, weiß ich nicht, darüber habe ich nichts gefunden, das muß woanders liegen. Aber diese Summen sind belegbar.«

»Was davor war, das weiß ich zum größten Teil. Das hat sie mir damals in Quiberon erzählt, Laurent. Da geht es um das Geld, das ihr Stiefvater Blatzheim angelegt hat, und da geht es auch um die Abfindung, die sie Harry Meyen zahlen mußte, aber die muß noch irgendwo liegen, da ist keiner rangekommen, das hat ihr Anwalt glänzend gemacht. Ja, und dann müßte ja auch einiges über Daniel Biasini drin stehen, der hat, wie sie glaubte, nicht nur Geld genommen oder Schmuck. Da hat sie mir noch ganz andere Geschichten erzählt.«

Pétin nickte, ja, die Auseinandersetzungen mit Daniel Biasini, die kannte er, da hatte er schon mit Romy Schneider gelebt. Und weil die meisten Zettel, die Romy voller Wut und Verzweiflung an ihren ehemaligen Mann geschrieben hatte, in Französisch verfaßt waren, hatte er sie auch schon alle gelesen. »Aber jetzt schau dir mal das an«, und er schob ihr einen Computerausdruck über den Tisch, den er aus seiner Tasche gezogen hatte.

Anna nahm die Unterlagen und las. Laurent Pétin, der als Finanzmanager in einer Filmproduktionsfirma arbeitete, hatte auf Rechungsbogen ausdrucken lassen, was in nüchternen Zahlen die Bilanz der letzten zehn Jahre von Romy Schneiders Leben als Filmstar war. Im Jahr 1972 hatte sie 731 000 Francs verdient, nur ein Film war genannt: *César und Rosalie*. 1973 waren es 1,595 Millionen Francs, Abschlagzahlungen für *Trio Infernal*, *Das wilde Schaf*, *Le Train*, *Sommerliebelei* und 1974 noch einmal 1,199 Millionen Francs als Restzahlung für diese Filme. Für die kommenden Jahre von 1975 bis 1977 waren keine Eingänge auf Romy Schneiders Konto verzeichnet.

»Das kann doch nicht stimmen, Laurent, sie hat erstens 1974 noch mehr Filme gemacht als die, die hier genannt werden, und sie hat doch auch 1975 und 1976 Filme gedreht, warte mal, das müßten sein... *Die Unschuldigen mit den schmutzigen Händen* und dann dieser, du weißt schon, mit Philippe Noiret, *Le Vieux Fusil*, und natürlich *Die Frau am Fenster* und...«

»Dreh den Zettel doch mal um«, sagte Laurent, »dann wirst du es begreifen.«

Anna Wendtlin studierte die Rückseite. Ja, da waren alle Filme verzeichnet, die ihr gefehlt hatten. Und auch die Gagen standen dahinter. Aber es war ein anderes Konto, auf das die Zahlungen gegangen waren.

»Was ist Konto Cinecustodia?« fragte sie erstaunt.

»Das ist das Konto einer Schweizer Anwaltsfirma, die das Geld von Romy für bestimmte Filme in bestimmten Jahren verwaltet hat und die dafür garantiert hat, daß die dorthin überwiesenen Gagen steuergünstig im Rahmen des Doppelbesteuerungsabkommens versteuert würden. Dafür haben die neun Prozent genommen von allen Einnahmen, und das über mehrere Jahre. Insgesamt gingen, wie du siehst, fast acht Millionen Francs auf dieses Konto, erste Einzahlung 1974 über 1,465 Millionen Francs, letzte Einzahlung 1980 über 576 000 Francs.«

»Und wo ist das Geld jetzt?«

»Eben das würde ich auch gerne wissen. Hat sie es im Lauf der Jahre immer wieder abgehoben, wenn sie in Zürich war? Soweit ich das weiß, war sie ziemlich oft in Zürich. Oder hat sie es sich nach Frankreich überweisen lassen oder hier davon etwas gekauft? Ich bin nicht mehr dazu gekommen, mit Romy darüber zu reden...« Seine Stimme brach ab, als würde ihm plötzlich wieder bewußt, daß er nie wieder mit ihr reden konnte.

Anna Wendtlin stand vorsichtig auf, zögerte, ließ dann in einer hilflosen Geste beide Arme am Körper baumeln und schaute Laurent an. Wie soll ich ihm helfen, dachte sie. Er hat nicht nur die Frau verloren, die er heiraten wollte, er wird sich auch Vorwürfe machen, daß er sie nicht rechtzeitig gefunden hat. Daß er geschlafen hat, während sie starb.

»Laurent«, sagte sie leise, »Laurent. Ich versprech' dir, daß ich mich um diese Schweizer Firma kümmern werde. Da gibt es ein paar Möglichkeiten, solche Sachen zu untersuchen, aber das kann länger dauern.«

Beide schwiegen, bis Anna plötzlich einen Entschluß faßte.

»Hör mal, wir sollten heute nichts mehr tun, es geht einfach nicht, es ist alles so nah. Ich denke immer, gleich kommt sie zur Tür rein und fragt uns, was wir denn mit diesen ganzen Papieren wollen, die ja doch keiner versteht, und warum wir keinen anständigen Wein auf dem Tisch haben. Kannst du mich bitte nach Paris zurückfahren?«

»Wahrscheinlich hast du recht«, antwortete Laurent, »aber ich werde hierher zurückkehren, verstehst du? Ich werde in dem Haus wohnen, in dem wir zusammen leben wollten. Und sie wird immer bei mir sein.« Er sammelte die Papiere wieder vom Tisch ein, legte sie in den Koffer und stand auf. Zusammen gingen sie nach draußen zum Auto.

»Soll ich fahren?« fragte Anna Wendtlin.

»Nein, danke, es geht schon«, antwortete Pétin und startete den Motor. Sie fuhren den Sandweg durch das Tor hinaus auf die Straße, am Friedhof vorbei, wo immer noch einzelne Gruppen von Menschen standen, und dann auf die Landstraße nach Paris. Schweigend legten sie die Fahrt zurück, und keiner mußte den anderen fragen: Woran denkst du gerade.

Am Hotel Intercontinental hielt Pétin an und holte vom Rücksitz den Koffer. »Vielleicht hast du Zeit, dir mal alles heute nacht anzuschauen? Wir sehen uns dann morgen.«

»Wohin fährst du jetzt?«

»Ich will Sarah besuchen, sie weiß ja noch nichts. Meine Schwägerin kommt mit mir, allein schaff' ich das nicht. Wenn Biasini uns überhaupt reinläßt. Sie ist ja seit Romys Tod bei ihren Großeltern, Du weißt, bei Biasinis Eltern in St.Germain-en-Laye. Da, wo David starb...« Anna Wendtlin gab ihm einen Kuß auf die Wange, nahm den Koffer und stieg aus. Sie schaute dem Wagen nach, bis er um die nächste Ecke bog. Dann drehte sie sich um und ging ins Hotel. An der Rezeption verlangte sie ihren Schlüssel. In ihrem Fach lag eine Nachricht, sie solle dringend in Frankfurt anrufen.

Als sie Karsten Schuler am Apparat hatte, war sie schon gewappnet mit Ausreden, falls er von ihr einen sentimentalen Bericht über die Beerdigung verlangen würde. Aber darum ging es gar nicht.

»Anna, kannst du erst einmal alles liegen lassen und das Stück über Delon fertigschreiben? Wir haben nämlich durch diese blöden

Feiertage, siebzehnter Juni und so, engere Termine und brauchen den Teil der Biographie schon bis Montag, also in fünf Tagen. Das schaffst du doch, oder?«

»Aber ich habe hier schon beim ersten Treffen etwas gefunden, was ganz spannend sein könnte. Eine Verbindung in die Schweiz, auf ein Konto, auf das Romy Schneiders Gagen eingezahlt worden sind. Und die sind offensichtlich verschwunden. Außerdem...«

»Später, alles später. Das nimmt uns keiner weg. Wir können noch viele Folgen drucken mit allem, was du entdeckst... Aber erst einmal brauche ich deinen Delon. Okay?«

Anna Wendtlin wußte aus Erfahrung, daß bei solchen Gesprächen Widerspruch sinnlos war. Sie seufzte resigniert. Also gut, versprach sie, erst einmal Delon.

IV

Die Geschichte von Romy Schneider und Alain Delon gehört zu den leidenschaftlichen Liebesaffären dieses Jahrhunderts, die bis ins angeblich letzte Detail erzählt sind. Da Alain Delon nicht darüber spricht, oder wenn, dann nur in blumig-unverbindlichen Worthülsen, und Romy Schneider tot ist, entstand eine Legende, die zwar auch größtenteils erfunden, aber unsterblich ist. Die Geschichte der beiden so aufzuschreiben, wie sie beweisbar ist, heißt deshalb, Schritte in ein unbekanntes Gelände wagen. Man steht am Anfang einer schattigen Allee irgendwo auf dem Lande, einer Allee, wie sie so typisch ist für Frankreich. Die Straße macht in der Ferne eine Biegung, man weiß nicht, wie es dahinter weitergeht. Die Bäume links und rechts versperren den Blick, wie die Zitate von Romy und über Romy, von Delon und über Delon lange die Tatsache verdeckt haben, daß der französische Star nicht nur der wichtigste, sondern wahrscheinlich auch auf seine brutale Art der ehrlichste Mann in Romy Schneiders Leben gewesen ist. Einer der wenigen, die sie nicht benutzt und ausgebeutet und beraubt haben. Zumindest nicht finanziell.

»Ich hatte«, wird Alain Delon zitiert, »mich vor ihrer schmalzigen und kaiserlichen Art gefürchtet, denn ich kannte sie ja nur als Sissi. Aber im wahren Leben hat sie mich vom ersten Blick an fasziniert, ihrer Reinheit konnte ich nicht widerstehen. Ihre Bestimmung war es, eine große Schauspielerin zu werden und nicht Madame Delon. Für die Deutschen war ich nur der Entführer des süßen Kindes, der anmaßende gallische Hahn, der sich rücksichtslos seiner Beute bemächtigte.« Hans Herbert Blatzheim, den wiederum Delon für ein »gewaltiges Arschloch« hielt, was er ihm auch sagte, und für einen typischen Vertreter jener bürgerlichen Gesellschaft, die Delon ablehnte, ja haßte, erinnerte sich in seinem Memoiren, daß er von Anfang an gewußt habe: »Der Kerl ist nichts für das Kind.«

Die Mutter ahnte das auch. In ihrer simplen Denkungsart war dieser »scheinbare Prinz von seinem Charakter her ein Wolf, ein reißendes Tier, voller Willen zur Macht über andere Menschen«. Mit ihrer Vermutung, die spontan gegenseitige Abneigung zwischen Delon und Blatzheim habe noch ganz andere Gründe als die Zweifel am Charakter des anderen gehabt, liegt Magda Schneider allerdings nicht falsch. Blatzheim war nicht nur der öffentlich treusorgende »Daddy« und gnadenlose Vermarkter von Romy Schneiders Ruhm zugunsten eigener Geschäfte, er war auch heimlich verliebt in seine Stieftochter. In einer ihrer zahlreichen und immer wieder neu aufgelegten Erinnerungen deutet Romy Schneiders Mutter den Konflikt mit Delon als Verlustangst. »Daddy« habe Romy nicht an den jungen Franzosen verlieren wollen.

Wie konkret diese männliche Eifersucht war, weiß Magda Schneider vielleicht bis heute nicht, obwohl sie es bei der Verlobung von Delon und ihrer Tochter am Luganer See hätte erfahren können. Romy Schneider hat über die Versuche von »Daddy« Blatzheim, mit ihr intim zu werden – ausgerechnet in Mariengrund und ausgerechnet in ihrem ehemaligen Kinderzimmer –, erst zwanzig Jahre später gesprochen. Und selbst nach so langer Zeit hat sie das nicht in ihrer Muttersprache ausgedrückt: »Il a clairement proposé de coucher avec moi.«

Georges Beaume, intimer Freund von Romy Schneider und Alain Delon, zeitweise auch ihr Agent, behauptete nach ihrem Tod – was sollte er auch anderes sagen, er war immer noch der Agent von Delon –, er habe »Romy nie glücklicher gesehen als in der Zeit, als sie mit Alain zusammenlebte. Ich glaube, daß er wirklich der Mann ihres Lebens war«. Und Romy Schneider selbst? »Ich wollte leben, mit Alain leben. Das hätte auch in einem Hinterhof sein können. Egal in welchem Kaff, ich wollte leben. Aber gleichzeitig wollte ich Filme drehen, denn ich liebte meinen Beruf. Aus diesem inneren Widerspruch habe ich nie herausfinden können.«

In dem Jahr, in dem Romy Schneider den drei Jahre älteren Alain Delon trifft, ist sie neunzehn und weltberühmt. Während einer dreiwöchigen Promotiontour für *The Story of Vicky*, wie die *Mädchenjahre einer Königin* drüben heißen, wird sie in den Vereinigten Staaten von allen Fernsehsendern interviewt, in Hollywood auf den Parties der *beautiful people* herumgereicht. Sehr zur Freude von Mammi, die zwar keiner kennt, die aber vom Glanz der Tochter, der sie nicht von der Seite weicht, auch ihren Schimmer abbekommt. Im Sommer 1958 fliegt Romy Schneider nach Paris, wo sie und ihr Partner vor Beginn der Dreharbeiten zu *Christine* den Journalisten vorgestellt werden. Ein Remake der Ophüls-Verfilmung von Schnitzlers *Liebelei* soll es werden, auch eine Art Remake für ihre Mutter Magda, die sie wie stets begleitet. Denn in der ersten Verfilmung von *Liebelei* hatte Magda Schneider 1933 die Rolle der unglücklichen Christine Weiring gespielt (und ist damit berühmt geworden). Jetzt wird es die Rolle ihrer Tochter sein. Zur Freude der Fotografen wird Romy Schneider von ihrem Partner am Flughafen abgeholt. Alain Delon gilt als die neue Hoffnung des französischen Films. Angeblich ist er so schön, daß sich Männer und Frauen auf der Straße nach ihm umdrehen. Bevor er von einem Filmproduzenten als »interessanter Typ« entdeckt wurde, hat er sich schon in »Rollen« versucht, die ihm sozusagen das Leben geschrieben hat. Er war Soldat in Indochina, laut Auskunft seines Kommandeurs berüchtigt für seine Grausamkeit, er war Taxifahrer in Paris, er hat als Kellner gearbeitet, und er hat von den Einnahmen als Straßenmusiker in Saint Germain gelebt. Nun ist er Schauspieler (der wie Romy Schneider auch nie eine Ausbildung gehabt hat), und die Rolle an der Seite des Stars aus Deutschland soll ihm den Durchbruch bringen. Beiden ist die von der Produktion arrangierte Szene am Flughafen peinlich, beide empfinden den jeweils anderen als protzigen Angeber beziehungsweise als pummeliges Gretchen. Bei einem offiziellen Abendessen im Lido sitzen sie weit voneinander entfernt.

Die junge Deutsche wirkt nicht nur auf den ersten Blick immer noch wie die Verkörperung eines unschuldigen Mädchens und trotz mancher Versuchung noch taufrisch, wie es ihr Stiefvater gerne auszudrücken pflegt. Schwärmereien für Horst Buchholz oder Curd Jürgens, in den sie unendlich verliebt war, blieben ohne Folgen, weil die allgegenwärtige Mutter »immer die Hand an meiner

Taille hatte«. Bei Curd Jürgens, in den sich Romy Schneider beim Besuch der Filmfestspiele von Cannes 1957 verknallt hatte, war »Daddy« lange im Zweifel, ob er nun, oder ob er nicht. Erst als er einen Brief von Curd Jürgens an Romy Schneider liest, den er zufällig in die Hände bekommt und in dem der in großen Worten seine Zurückhaltung begründet, ist Blatzheim beruhigt. Fast wäre aber das, was in diesen Zeiten im Kino durch Ausblenden immer nur angedeutet wurde, in einer Nacht im Wiener Hotel Sacher passiert, ein paar Wochen vor den Dreharbeiten zu *Christine.* Aber gerade als Romy Schneider damals im Nachthemd auf dem Flur unterwegs war zu Herbert von Karajan, endlich der strengen Kontrolle der Mutter entwischt, kam ihr ein Etagenkellner entgegen, sie fühlte sich ertappt und flüchtete zurück in ihr Zimmer. »Es war wie im Internat«, erinnerte sie sich später. Karajan, so hat es Romy Schneider erzählt, wollte sie unbedingt heiraten, aber er hatte eine Bedingung gestellt, die »ich nie erfüllen wollte«. Sie sollte ihren Beruf aufgeben und nur noch für ihn da sein. Verliebt waren die beiden, wie auch *Monpti*-Autor Gabor von Vaszary nach einer sehr behutsam beschriebenen Begegnung mit der jungen Romy Schneider andeutet, aber die »Affäre Karajan« war wohl mehr eine Schwärmerei – die des älteren Mannes für die jugendliche Schönheit, die des jungen Mädchens für eine Figur, die vom Alter her ihr geliebter Vater hätte sein können. Der Fotograf Emil Perauer allerdings, gut befreundet mit Karajan, ist sich ganz sicher, daß zwischen den beiden mehr war als nur Schwärmerei. Perauer hat Romy Schneider sehr viel später einmal nackt fotografiert. Als er seinem Freund Karajan die Aufnahmen zeigte, habe der wissend und ein bißchen wehmütig gelächelt. Karajans Frau Eliette übrigens gehört zu den Freundinnen Romy Schneiders, mit denen sie sich immer wieder mal an den Spielplätzen der Reichen getroffen hat, die sie aber auch im Krankenhaus besuchte, als es ihr schlecht ging.

Die offiziellen Fotos von Romy Schneider und Alain Delon bei den *Christine*-Dreharbeiten sind Standfotos, als »zufällige« Schnappschüsse arrangiert. Sie sagen nichts über die Beziehung der beiden aus, außer vielleicht, daß sie immer dann nett zueinander sind, wenn Journalisten in der Nähe lauern. Romy Schneider hat, was auch schon im dritten Teil von *Sissi* erkennbar war, den Babyspeck verloren, »fasziniert« aber immer noch, so eine kitschige Beschreibung aus jenen Tagen, durch »die Weichheit eines Mädchens, das man ohne Schutz nicht ins freie Leben entlassen darf«. Die wenigen Gespräche, die Romy Schneider und Alain Delon am Anfang der Dreharbeiten haben, müssen übersetzt werden. Er spricht nicht Deutsch, sie kein Französisch. Der Übersetzer ist meist ein anderer junger Schauspieler aus Frankreich, der auch in *Christine* mitspielt und ein wenig Deutsch kann, Jean-Claude Brialy: »Das war so ähnlich wie in dem Stück Cyrano de Bergerac. Cyrano steht unter dem Balkon, und Christian steigt hoch, um Roxane zu umarmen, und Cyrano spricht von unten. Ich fühlte mich ein wenig wie Cyrano. Die beiden umarmten sich, und ich übersetzte. Das war schon sehr komisch.«

Allerdings nur während der Dreharbeiten, denn außerhalb des Studios finden sich die beiden nach wie vor zum Kotzen. Romy Schneider hört ebenso staunend wie angewidert die vielen bösen Geschichten, die man sich über Delon erzählt. Von seiner Vorliebe für ältere Damen – älter begann damals mit dreißig Jahren – und daß er für eine Karriere alles tun würde. Sogar mit manchen Herren, die mit Frauen nichts anfangen können, munkelt man (ohne je einen Beweis zu haben), soll er in einschlägigen Bars gesehen worden sein. Außerdem sind seine Verbindungen zu seltsamen Gestalten aus der Pariser Unterwelt, die man der korsischen Mafia zurechnet, ein offenes Geheimnis, aber auch dafür gibt es keine Beweise, nur Vermutungen. Erst als sie mit dem leben mußte, was über sie selbst verbreitet wurde, und erfuhr, wie weit das von der Wahrheit entfernt war, hat Romy Schneider darüber lachen können. Sie hat das Mißtrauen gegenüber Journalisten schnell gelernt und bis auf wenige Ausnahmen zeit ihres Lebens auch nicht abgelegt, vor allem dann, als sie in Deutschland wenig später verteufelt wurde, weil sie es gewagt hatte, der heilen deutsch-österreichischen *Sissi*-Welt ins verruchte Paris zu entfliehen.

Brialy, den sich Mutter Magda lieber als Schwiegersohn gewünscht hätte, weil er immer so freundlich und bescheiden war, wird zu einem Vertrauten von Romy Schneider. Er blieb es bis zu ihrem Tod. Sie nannte ihn Papa, er sie Mama. Was einen der vielen Zettel, die Romy Schneider auch ihm geschrieben hat, erklärt:

»Mein Papa, ich liebe Dich, ich küsse Dich.« Brialy war einer der wenigen, der den deutschen Star nicht nur sehr gut kannte, sondern auch verstand und nie auf die Legende hereinfiel, der böse Alain sei durch sein unmoralisches Treiben, in das er Romy hineingezogen hat, eigentlich schuld an Romy Schneiders verpfuschtem Leben. »Sie war genauso exzessiv wie er. Wenn sie jemanden liebte, erstickte sie ihn mit Liebe. Wenn es vorbei war, warf sie ihn weg. So wie es andere Männer mit ihr gemacht haben. Aber mit Alain war sie nie böse. Sie hatte Kummer, sie war traurig, sie war unglücklich nach der Trennung. Aber sie sind Freunde geblieben bis zum Schluß.«

Magda Schneider reist bald aus Paris ab; die Dreharbeiten sind ihr zu langweilig, und offensichtlich muß sie sich auch keine Sorgen machen, daß zwischen den beiden Hauptdarstellern irgend etwas passieren könnte. Es entgeht ihr nicht, daß Brialy nicht nur bei den Liebesszenen für den Film übersetzen muß, sondern nach Drehschluß auch damit beschäftigt ist, die Kräche zwischen dem Star aus Deutschland und dem Emporkömmling aus Frankreich zu schlichten. Daß die beiden sich nicht leiden können, wird auch Blatzheim berichtet, und das beruhigt ihn. Er ist nämlich nicht mehr so sicher, ob seine Stieftochter, die zwar vorzeitig für volljährig erklärt worden ist, aber in Finanzangelegenheiten ihm vertraut und ihn ihre Gagen verwalten läßt, beim nächsten Mann noch einmal seine Anordnungen befolgen wird. Als sich während der Dreharbeiten zu *Robinson soll nicht sterben* zwischen Horst Buchholz und Romy Schneider eine Liebelei entwickelte, hatte Blatzheims »er oder ich« noch gewirkt, wenn auch erst nach einem großen Krach. Die Neigung des behüteten Mädchens aus der heilen deutschen Bürgerwelt zum Kellerkind aus Berlin, dem wilden Typen, der keine Regeln akzeptierte, war so etwas wie eine Ouvertüre zur Leidenschaft für Delon.

Auf dem Filmball in Brüssel – ein unwichtiges, aber für den Selbstdarsteller Blatzheim bedeutendes Ereignis, denn man wurde im Kreise von Filmstars fotografiert – sitzen Romy Schneider und Alain Delon, die gemeinsam mit dem Zug aus Paris gekommen sind, noch an getrennten Tischen. Hier der Star, dort der Anfänger. Sie tanzen nur miteinander. »Da«, schreibt der Kölner Gastronom in seinen Memoiren, »habe ich gemerkt, daß zwischen Romy und Alain etwas spielte.« Womit er recht hatte. Denn nachdem Magda Schneider Paris verlassen hat, um zu Blatzheim zurückzukehren, ist ihre Tochter endlich ohne Aufsicht – und nützt dies sofort. Was sie und Delon in ihren Rollen bei *Christine* vor der Kamera immer wieder üben mußten, Küsse, möglichst echte Küsse, wird jetzt auch nach Drehschluß fortgesetzt und in der Tat echt. Es gibt bis heute in allen Erzählungen verschiedene Versionen über das Ereignis, das, wie man so sagt, aus Romy Schneider eine Frau machte. Die eine ist kurz und stammt von Romy selbst: »Wir waren keine Kinder mehr und wir haben das sehr schnell gemerkt.« Damit sagte sie allerdings nichts darüber, ob Alain Delon der erste Mann in ihrem Leben gewesen ist.

Die andere Version klingt spannender und paßt in die Legende vom bösen Alain Delon, dem die eigene Mutter attestierte, daß er »kein Herz und stahlblaue, harte Augen« hatte, aber der »geborene Verführer« war: Eines Abends nach Drehschluß soll Alain Delon mit Romy Schneider in seinem grünen Sportwagen aufs Land gefahren sein, in ein verschwiegenes Landhaus ins Marnetal, das sein Freund und Agent Georges Beaume gemietet hatte. Dort sei »es« passiert. Als die beiden Verliebten am anderen Morgen nach dem Frühstück aus dem Haus traten, hätten schon die Fotografen gewartet. Natürlich von Delon bestellt, um die Entjungferung der Sissi, auf die ganz Deutschland wartete, entsprechend publik zu machen. Daß er einen der Fotografen verhauen und den Film aus der Kamera gerissen habe, sei eine abgekartete Szene gewesen, um Romy Schneider zu beeindrucken. Eine von vielen immer wieder gern verbreiteten Geschichten. Dabei hätte man sich nur die Mühe machen müssen, die Pariser Zeitungen aus jenen Wochen durchzuschauen. Man hätte nichts über eine verschwiegene Liebesnacht von Romy Schneider und Alain Delon gefunden, geschweige denn eine Skandalgeschichte über einen verprügelten Fotografen.

Überhaupt ist die Wirklichkeit, wie immer im Leben, viel prosaischer. Die zu Herzen gehende Geschichte von der ausgeschlachteten Liebesnacht paßt zwar schön zur filmreifen Beziehung von Romy zu Alain. Aber passiert ist es, Version drei, schon bei den Dreharbeiten zu einem jener Filme aus den Krinolinenjahren, und es war auch kein gallischer Hahn, der aus Romy eine Frau machte, sondern ein eher unauffällig wirkender junger Mann aus dem Produktionsteam. Gerade weil er so aussah, daß keiner Frau die Knie weich wurden, wenn er den Raum betrat, hat Magda Schneider ihn nie als Gefahr für ihre Tochter empfunden. »Kannst du dir das vorstellen, wie das ist, wenn die ganze Nation auf deine Entjungferung wartet?« fragte Romy Schneider später eine Freundin, die unbedingt hatte wissen wollen, wer es denn nun gewesen sei. Sie erfuhr es nicht. Einen gibt es übrigens, der sogar das Datum belegen könnte, Karlheinz Böhm. Ihm, ihrem geliebten *Sissi*-Ehemann Franz Joseph, hatte Romy Schneider versprochen, ein Telegramm zu schicken, wenn »es« endlich geschehen wäre. Das Telegramm hat er heute noch, aber außer ihm hat es keiner gelesen. Und er wird auch nie verraten, wann er dieses Telegramm bekommen hat.

In Wien werden die letzten Szenen für *Christine* abgedreht, und Romy Schneider begleitet Alain Delon zum Flugzeug, das ihn nach Paris zurückbringen wird. Ende einer Affäre, hoffen Mutter Magda und »Daddy« Blatzheim. Ein Flirt halt, wie so viele, die Romy Schneider mit verschiedenen Partnern ihrer Filme hatte. So genau will man es auch nicht wissen, denn die Schlagzeilen über das jungverliebte Paar und das, was sie angeblich in Paris miteinander treiben, sind schon schlecht genug für das Image. Schließlich kein Wunder, daß sie sich verliebt hat, ist doch der Kerl ein »Windhund« wie Romys Vater, der leibliche Vater selbstverständlich. »Natürlich versuchte ich, Romy zu beeinflussen«, berichtete später der andere Vater, »natürlich. Denn ich hatte ja sogar von ihr den Auftrag, mich um ihre Geschäfte zu kümmern. Und die Liebesaffäre eines jungen Stars, die solche Ausmaße annahm, betraf nun auch die Geschäfte. Betraf die Verträge, die ich in Romys Namen unterzeichnete. Ich habe Alain Delon nie gehaßt, ich war nie gegen ihn als Mensch, ich habe nur gesagt, eine Verbindung zwischen diesen beiden Menschen kann nicht gut gehen, weil sie von Herkunft, Erziehung und Charakter zu gegensätzlich sind.« Da sprach der gute Deutsche, dem nichts so fremd ist wie plötzliche Gefühle, die sorgsam ausgetüftelte sogenannte Lebenspläne durcheinanderbringen.

Romy Schneider aber bestimmt selbst, welche »Ausmaße« diese Liebesaffäre annimmt. Die Vorstellung, sich nun wieder im Kreise der Familie in Köln oder auf Mariengrund als liebreizende Romy geben zu müssen, scheint ihr keine Alternative. Viele Jahre später wird sie alles versuchen, ein von ihr gewünschtes Treffen mit Heinrich Böll von Köln nach Berlin zu verlegen, um nicht in dessen Heimatstadt Köln reisen zu müssen. An diese Stadt hat sie nur fürchterliche Erinnerungen. Doch Böll lädt sie zu sich an den Rhein ein, und Romy Schneider kommt.

Nach Schluß der *Christine*-Dreharbeiten in Wien entschließt sich das junge Mädchen spontan, wie noch so oft in seinem künftigen Leben, das zu tun, was es will und nicht mehr das, was man ihm zu wollen vorschreibt. Sissi legt die falschen Perücken ab, von denen sie eh immer Kopfschmerzen bekommen hat, zieht die Krinolinen aus, läßt ihre k. u. k.-Welt hinter sich und fliegt als Romy Schneider zu Delon nach Paris. Sie zieht zu ihrem Geliebten in eine Wohnung am quai Malaquais 3, in der auch Georges Beaume lebt. Das Schlafzimmer hat Tapeten aus rotem Samt, und vom Fenster aus kann man die Seine sehen. Von einem Tag auf den anderen ist sie dem Druck entkommen, den ihre Mutter und ihr Stiefvater so lange auf sie ausgeübt haben. Es ist ihr egal, in welche Klischees vom braven, netten Mädchen sie nun nicht mehr paßt, und es ist ihr egal, was in den Zeitungen steht. Daß ein Mädchen sein Elternhaus verläßt und zu einem Mann zieht, den es liebt, ist heute alltäglich. Damals war es nicht nur unüblich, weil sich das halt nicht gehörte – es war ein Skandal in Deutschland, wo strenge Reinheitsgebote für höhere Töchter galten. Romy Schneider vollzog viel mehr als »normale« Mädchen einen Bruch mit allem, was bislang wichtig war. Als ein Produkt der Kinowelt hatte sie für ihren Ruhm mit der Aufgabe ihrer Persönlichkeit bezahlt – und war dafür hoch bezahlt worden. Man erwartete von ihr also Wohlverhalten, sie gehörte nicht sich oder gar einem Mann, sie gehörte allen Deutschen. In die Träume von der reinen »Sissi«, die für die Umsätze der Produzenten möglichst lange taufrisch bleiben sollte, paßte es nicht, daß eine Zwanzigjährige mit einem Mann in einer wilden Ehe lebte, einem Mann zudem, der so gar nicht den Vorstellungen deutscher Mütter von einem anständigen Schwiegersohn entsprach. Trotzdem oder gerade deswegen war Romy Schneider glücklich in ihrer neuen Freiheit. In geradezu mädchenhafter Erinnerungsseligkeit erzählte sie noch davon, als sie längst schon von Delon getrennt war.

Paris wird zu ihrer eigentlichen Heimat, in dieser Stadt fühlt sie sich zu Hause. Ein Gefühl, das sie nie mehr verlassen wird. Vor allem in den Phasen ihres Lebens, in denen es ihr besonders schlecht ging, erschien ihr die Rückkehr nach Paris immer als eine Art Rückkehr zu besseren Zeiten. Sie lernt dort eine Welt kennen, die unendlich weit entfernt ist von den Werten jener *Sissi*-Gesellschaft, die so lange ihre Biographie bestimmt hat. Nachts mit Alain unterwegs in verruchten Bars und Kneipen, Treffen mit berühmten Schauspielern, die natürlich *Sissi* kennen und nun begeistert sind, *la petite Schneider* kennenzulernen. Aufregende Feste, bei denen die Grenzen zwischen Moral und Unmoral fließend sind und auch keinen interessieren. Zwar gibt es deshalb bald Eifersuchtsszenen mit Alain, der schon damals weiß, daß er nie der Mann für nur eine Frau sein wird, aber trotzig schreibt Romy Schneider einem Freund nach Deutschland: »Lieber eine unglückliche Leidenschaft erleben, statt im Glück zu schnarchen.« Was sie in Paris allerdings nie erlebte, auch später nicht, war das sogenannte normale Leben. Nachbarn, Einkäufe, Parkspaziergänge. Die Kreise, in denen sie sich immer bewegte und in denen sie wenige echte und viele unechte Freunde fand, waren prominent wie sie, der Star.

Von der Wohnung mit dem Seineblick ziehen Schneider/Delon bald um in ein Haus in der Avenue Messine, das Alain gekauft hat. Er ist nach wenigen Filmen schon gut im Geschäft. Für beide ist trotz ihrer wild ausgelebten Leidenschaft die Arbeit das Wichtigste; sie spornen sich gegenseitig an zum Erfolg. Am Anfang steht Romy Schneiders Name auf den Filmplakaten ganz oben und der von Delon ganz unten, bald ist es umgekehrt, denn die deutsche Filmindustrie läßt die nicht mehr in die Rolle passende, also nicht mehr vermarktbare Romy fallen, während gleichzeitig Delons Weg steil nach oben führt. Romy Schneider hat zwar noch Hauptrollen in einigen Filmen – *Die Halbzarte*, *Ein Engel auf Erden*, *Die schöne Lügnerin*, *Katja – die ungekrönte Kaiserin* –, und sie wird aufgrund ihrer alten Verträge auch noch sehr hoch bezahlt (allein für den Kostümschinken *Katja* soll sie 600 000 Mark bekommen haben), aber in der Gunst der deutschen Zuschauer fällt sie von Platz eins auf Platz zwanzig. Alle Filme nach den drei *Sissi*-Teilen sind Flops in den Kinos. Romy Schneider wird, wie es in dieser Branche heißt, *box-office-poison* – Gift für die Kinokasse – und entsprechend behandelt von denselben Leuten, die früher der »Kaiserin von Österreich« hechelnd den Hof gemacht haben. Denn von dem zaghaften Versuch, Romy Schneider in anderen Rollen einzusetzen und sie sich als Schauspielerin entwickeln zu lassen, wollen die Fans nichts wissen. Ihr selbst ist das gleichgültig. Erstens glaubt sie, hat sie schon genug verdient, und zweitens ist ihre neue Welt viel faszinierender als Drehbücher, die letztlich, siehe *Katja – die ungekrönte Kaiserin*, doch wieder in irgendwelchen »Sissi«-Klischees enden. »Für mich war Paris vor allem und in erster Linie Alain Delon. Eine Stadt, in der ich eine große Liebe lebte mit jemandem, den ich anbetete.« Und ums Geld macht sie sich keine Sorgen, das hat ja Blatzheim, wie er immer wieder verkündet, gut für sie angelegt. Die monatliche Apanage von 5 000 Mark, die er nach Paris überweisen läßt, scheint ihr ausreichend. Und ihm eigentlich zu hoch.

Gleichzeitig aber leidet Romy Schneider unter der Trennung von ihrer Familie, nach deren Regeln sie so lange brav gelebt hat. Man brüllt sich gegenseitig am Telefon an und schreibt sich bitterböse Briefe, weil nicht nur die veröffentlichte Meinung in Deutschland vom Absturz der Sissi zu einer anrüchigen Frau faselt. Auch Romy Schneiders Angehörige, genauso spießig wie die Welt, in der sie leben, sehen ihr Schmuckstück als gefallenes Mädchen. Der Schein bestimmte das Bewußtsein, und das bedeutete Ende der fünfziger Jahre allemal noch, in den Kategorien von deutschen Werten zu denken und zu handeln, die schon zur Nazizeit galten ... wenn Hitler nicht die Juden vergast und diese Kriege angefangen hätte, dann wäre alles ganz anders gekommen. Denn Ordnung, nicht wahr, habe ja geherrscht, und die Frauen hätten ihren Platz gekannt und die Kinder ihre Eltern geehrt, und Unzucht hätte es einfach nicht gegeben.

Romy Schneider ist stets bemüht, sich nach solchen Schlachten mit gegenseitigen Vorwürfen bald wieder auszusöhnen. Ihre Freiheit will sie nicht aufgeben, aber von ihrer Sucht nach Harmonie kann sie nicht lassen. Mit ihrer Mutter hatte Romy Schneider ja nicht nur immer wieder Streit, wenn sie sich bevormundet fühlte. Es gab auch Auseinandersetzungen, die im Laufe des Lebens eskalierten, weil die Tochter sehr genau wußte, wer so gern die Klatschjournalisten mit Details aus ihrem Privatleben versorgte. »Dabei war das gar nicht bös gemeint von ihr, sie war halt zu vertrauensselig«, versuchte sie dennoch das haßgeliebte »Mammerl« zu entschuldigen. Romy Schneider bewunderte Magda Schneider zum Beispiel dafür, daß sie es geschafft hatte, nach dem Krieg eine Familie mit zwei Kindern und ihre Eltern durchzubringen. Und sie haßte sie gleichzeitig, weil sie ihr nie eine richtige Mutter gewesen war, sondern immer mehr die Eislaufmutter, die alles für die Karriere der Tochter und nichts für deren Seele tat, weil sie viel zu beschäftigt damit war, die eigene verlorene Jugend in der Tochter wieder auferstehen zu sehen. Wie sehr sich Magda in Romy Schneider spiegelte, bezeugen all die »Erinnerungen an Romy«, die Mutter Schneider voll verlogener Sentimentalität in den Jahren nach deren Tod in verschiedenen Blättern veröffentlicht hat und die sie sich teuer hat bezahlen lassen. Gerade die tote Romy Schneider wurde von ihrer Mutter, die das freilich nie begreifen wird, ausgebeutet und vermarktet. Magda Schneider gehört zu der Generation, die nicht gelernt hat, die eigene Schuld zumindest zu erkennen, wenn schon nicht zu benennen.

Auch das Verhältnis zu Blatzheim, dem sie neben wütenden Telegrammen und Zetteln mit wüsten Beleidigungen auch wieder kindliche »Daddy«-Briefe schreibt und den sie um Verzeihung für ihre Ausbrüche bittet, ist in den ersten Monaten ihres neuen Pariser Lebens zumindest noch ambivalent. Zum endgültigen Bruch wird es erst Jahre später kommen, als Romy Schneider mit Harry Meyen verheiratet ist. Ihn denunzierte Blatzheim als Geizkragen und Mitgiftjäger, vor allem, als Meyen begann, sich intensiv um den Verbleib der Gagen zu kümmern, die Blatzheim angeblich krisensicher für Romy Schneider angelegt hatte.

Romy Schneider ist also noch nicht so frei von den alten Bindungen, wie sie immer behauptet. Nur so ist es zu verstehen, daß sie dem Drängen des Ehepaares Blatzheim nachgibt und ihre Affäre mit Alain Delon in einen bürgerlichen Rahmen stecken läßt. »Daddy« darf verkünden – und entsprechend großkotzig arrangieren –, daß seine Stieftochter sich am 22. März 1959 in Lugano offiziell mit Alain Delon verloben wird. Dem jungen Franzosen ist die Zeremonie zutiefst zuwider, und er tut alles, um seinem Image vom ungehobelten, wilden Außenseiter gerecht zu werden. Zu betrachten sind Fotos des jungen Paares, das sich glücklich anstrahlt und für die Fotografen posiert. Delon: »Ich werde nie diesen bürgerlichen Pomp und den Ansturm der Journalisten vergessen. Doch ich gebe zu, daß Romy und ich, hauptsächlich mit unserer Liebe beschäftigt, diesen ganzen aufwendigen Apparat, diesen Luxus und diese Verlobung ein bißchen wie ein Schauspiel zur Befriedigung der öffentlichen Neugier betrachteten. Im Gegensatz dazu hielten wir unsere Liebe für wunderbar frei.«

Delon treibt den Stiefvater seiner Geliebten – für ihn die Verkörperung des verhaßten deutschen *boche*, ein Herrenmensch mit großer Schnauze – hinter den Kulissen des bürgerlichen Einigkeitsschauspiels aber voller Lust zur Weißglut. Er reist im Tessin ohne dunklen Anzug an, beim feierlichen Abendessen vor der Verlobung erscheint er im Pullover, kein Hemd darunter, rast mit Blatzheims Motorboot über den Luganer See und landet mit lautem Krach am Steg, so daß ein Loch in die Verkleidung gerissen wird (Notiz von Magda Schneider: »Das teure Teakholz!«). Mit verdreckten Gummistiefeln legt er sich auf die teuren seidigen Bettdecken im Gästezimmer. Romy aber findet ihn aufregend, und Mutter seufzt, ihre Tochter sei dem Kerl wohl leider hörig.

Daß Blatzheim in seinen geschwätzigen Erinnerungen solche Auftritte (und seine Wutausbrüche) eher verhalten kommentierte – »So feierten wir also Verlobung in Lugano, und ich lernte Alain Delon ein bißchen näher kennen. Es stellte sich schnell heraus, daß mein erster Eindruck mich nicht getäuscht hatte: Uns verband nichts, aber auch gar nichts« –, hat natürlich seinen Grund. Als er während des Medienspektakels Verlobung wieder einmal droht, dem wilden Aufsteiger öffentlich einen Skandal zu machen, hat ihn seine Stieftochter schlicht erpreßt und an jene Nacht erinnert, als er auf Mariengrund versucht hat, mit ihr ins Bett zu gehen. Sollte Blatzheim nicht gute Miene zum bösen Delon-Spiel machen, würde sie alles ihrer Mutter sagen. Blatzheim, erzählte Romy Schneider 1981 immer noch voller Freude in einer langen champagnerseligen Nacht in Quiberon, sei doch sehr bleich geworden. Sie hat nie mit ihrer Mutter darüber gesprochen, aber auch nie gewußt, ob Magda Schneider, durch Zufall hinter der Tür lauschend, das Gespräch zwischen ihr und Blatzheim nicht doch mitbekommen hat. Andeutungen in ihren *Bild*-Erinnerungen »Leb wohl, Romy« vom 15. Oktober 1982 lassen darauf schließen: »Ich glaube, hinter Blatzheims Empörung steckte ein komplizierter psychologischer Vorgang – und er glaubte, daß ich davon nichts ahnte... Er war im Grunde heimlich in Romy verliebt... Wie das bei älteren Männern so ist: Die Sehnsucht nach der Jugend brennt...«

Das junge Paar lebt in Paris – und ist oft getrennt. Romy Schneider muß nicht nur ihre alten Verpflichtungen erfüllen, sie kehrt auch für ein neues Projekt ein letztes Mal nach Deutschland zurück, wo man sie als verlorenes Kind bereits für erledigt hält. Fritz Kortner will sie für die Hauptrolle seines Fernsehfilms *Die Sendung der Lysistrata* nach dem Theaterstück von Aristophanes, und Romy Schneider sagt zu. Zum einen sieht sie die Chance, in der Rolle der emanzipierten Frau, die zur Männerverweigerung aufruft, bis der Krieg beendet wird, endgültig klarzumachen, daß »Sissi« tot ist und auch nie wieder auferstehen wird. Zum anderen reizt es sie natürlich, mit einem berühmten Regisseur wie Kortner zu drehen. Es wird, passend in das Verhältnis Romy Schneider zu Deutschland, eine einzige Katastrophe. Nicht nur, weil der Film als »unmoralisch« von einigen Fernsehanstalten abgelehnt und nicht ausgestrahlt wird. Beim NDR allerdings muß er gelaufen sein, denn ein Kaplan Heinrich Hackmann aus dem Emsland stellt Strafantrag gegen Romy Schneider, weil sie »unsittliche Schaustellungen« auf dem Bildschirm dargeboten habe (diese Art von Zensur wird in Deutschland, vor allem vom Bayerischen Rundfunk, auch noch zwanzig Jahre später gern genützt, wenn irgendein gesunder Volksempfinder glaubt, das Volk schützen zu müssen). Nein, leider ist auch der Bühnenregisseur Kortner bei diesem Versuch gescheitert, wie der Filmkritiker Enno Patalas feststellt: »Nicht alles, was auf die geduldige Leinwand projiziert wird, ist ein Film. Dies ist keiner.« Um so leichter fällt Romy Schneider der Abschied vom ungeliebten Mutterland.

Alain Delon hat inzwischen eine Rolle bekommen, die ihn

berühmt machen wird – *Nur die Sonne war Zeuge* nach einem Roman von Patricia Highsmith, unter der Regie von René Clement. Die beiden Verlobten telefonieren täglich, sie schreibt ihm zudem lange Briefe. Am Anfang des Films spielt Romy Schneider in einem kurzen Auftritt als Gast sogar mit. Für die Dreharbeiten seines nächsten Films *Rocco und seine Brüder* muß Alain Delon nach Mailand, wo ihn Romy Schneider eines Tages besucht. Der Regisseur des Films begegnet ihr mit kühler Abneigung. Er ist in Delon verliebt, was Romy sofort spürt, aber damals noch, recht unverdorben, für die väterliche Zuneigung des berühmten Italieners zu dem jungen aufstrebenden Franzosen hält. Luchino Visconti wird nach diesem ersten wenig versprechenden Treffen dennoch einer der wichtigsten Männer im Leben der Romy Schneider, und dies nicht nur, weil er der Regisseur ist, von dem sie am meisten lernt, der sie am nachhaltigsten formt und prägt.

Um sich besser kennenzulernen und auf Drängen von Delon gibt es nach dem unerfreulichen Rencontre in Mailand eine Verabredung zum Abendessen in Viscontis prachtvollem Haus in der Via Salaria in Rom. Wie ein schüchternes Mädchen, das dem Schwiegervater vorgestellt werden soll, betritt Romy Schneider an der Seite von Delon, der unentwegt von dem Genie Visconti schwärmt, die Villa. Sie weiß, daß Visconti in der Branche zwar als eine Art Guru des neuen Films verehrt wird, allerdings auch als besonders rabiater, unerbittlicher und gnadenloser Regisseur gilt. Das Essen wird von einem Diener in Livree serviert. Delon hängt an den Lippen Viscontis, Romy Schneider fühlt sich allein gelassen. Die beiden diskutieren über das Theaterstück *Schade, daß sie eine Hure ist*, das Visconti mit Delon in der Hauptrolle bald in Paris inszenieren will. Ein elisabethanisches Inzestdrama von John Ford, übersetzt von Georges Beaume, dem stets sanften Freund. Was hat das mit ihr zu tun? Sie ist gelangweilt, beleidigt, eifersüchtig. Plötzlich dreht sich Visconti zu ihr um, nimmt ihre Hand und fragt, ob sie nicht die Schwester von Alain spielen wolle. Erschrecktes Nein von Romy Schneider, noch nie habe sie auf einer Bühne gestanden, noch nie habe sie Schauspielunterricht gehabt, und außerdem sei ihr Französisch nur das einer Anfängerin. Visconti gibt nicht nach, er weiß, wie man mit Schauspielern umgeht. Und er sagt einen

Schlüsselsatz, den Romy Schneider nie vergessen hat: »Du und Alain, ihr seid wie Geschwister, ihr seid euch so gleich, eine bessere Paarung kann es nicht geben.« Am Ende dieses Abendessens, auch beschwingt vom Wein und von der ehrlichen Freude Alain Delons, mit ihr spielen zu können, gibt sie ihren Widerstand auf und sagt zu, das Abenteuer Theater zu wagen, weil der berühmte Visconti, der Romy Schneider fortan Romina nennt, an sie glaubt. »Er war mein eigentlicher Lehrer. Er hat mir Disziplin beigebracht und die Erkenntnis, daß man immer wieder neu an sich arbeiten muß.«

1961 beginnen die Proben in Paris. Romy Schneider hat sich mit einer Französischlehrerin intensiv darauf vorbereitet, täglich sechs bis acht Stunden französisch gelernt, sich immer wieder selbst auf Band abgehört und verbessert. Sie nimmt diese Tortur nicht nur für ihren Geliebten auf sich, weil sie an seiner Seite sein möchte, sie will auch selbst wissen, wo ihre Grenzen liegen und wo ihre Chancen. Delon: »Wir liebten uns, aber im Grunde waren unserer Karrieren unser mächtigstes Ziel.« Als die beiden zu den ersten Proben in Delons Ferrari zu spät angebraust kommen, gibt es gleich Krach. Visconti, der Perfektionist, liebt zwar beide, aber die teure, privat finanzierte Produktion ist wichtiger als persönliche Gefühle. Er macht ihnen klar, daß die nächste Verspätung ihre letzte sein würde, er habe für jede Rolle einen Ersatz. Sein Name steht groß auf den Theaterplakaten, die das Ereignis ankündigen, er hat einen Ruf zu verlieren, nicht die jungen Schauspieler, denen er eine Chance gibt und die sich dafür unterordnen müssen.

Man arbeitet intensiv zusammen, und man lebt auch intensiv zusammen. Romy Schneider, die Unschuldige aus dem nun wirklich fernen Deutschland, denkt sich nichts Böses dabei, sie macht mit. Visconti, der harte Zuchtmeister, wird zum geliebten Luca. Sie hat eine Vaterfigur gefunden, in die sie verliebt ist und von der sie gleichzeitig weiß, daß sie unerreichbar bleibt. Visconti aber ist nicht nur der Regisseur, der ihr zum Durchbruch als Schauspielerin verhelfen wird. Was Luca und Romina verbindet, ist das gemeinsame Objekt ihrer Begierde, Alain Delon. Die Moral, die ihr Visconti, Delon und Beaume vorleben, die sie miterlebt und mitlebt, erschreckt sie manchmal, aber sie akzeptiert sie als Teil ihrer neuen

Welt. Nicht die Flucht zu Delon war der endgültige Abschied von »Sissi«. Erst jetzt, da alle Werte der reinen k. u. k.-Welt auf den Kopf gestellt sind, hat sich Romy Schneider befreit. Eine Befreiung, unter deren perversen Formen sie immer leiden wird. Denn sie macht zwar damals alles mit, was in keine gesellschaftliche Norm mehr paßt und deshalb als geradezu revolutionäre Entfaltung der Gefühle gilt, aber gleichzeitig leidet sie darunter. Diesen Widerspruch, mit dem sie nicht zurechtkommt, beginnt Romy Schneider zum erstenmal mit Alkohol zu betäuben.

Weil sie auf der einen Seite fasziniert ist von den losen Sitten, auf der anderen Seite aber abgestoßen, macht sie den Versuch, für sich und Alain Delon jenseits dieser Welt ein ganz privates Leben zu schaffen. Also weg aus dem mit Georges Beaume gemeinsam bewohnten Haus, etwas Eigenes nur für den Geliebten und für sich. Am 1. Februar 1961, die Proben zu *Schade, daß sie eine Hure ist* laufen schon, ruft sie ihren ungeliebten Stiefvater Hans Herbert Blatzheim in Köln an und verlangt von ihm die Überweisung von 125 Millionen alter französischer Francs, also rund einer Million Schweizer Franken (in der Schweiz und in Liechtenstein hat Blatzheim, wie später aufzuschlüsseln sein wird, Firmen gegründet, die Romy Schneiders Gagen verwalten und anlegen). Sie möchte sich mit Delon ein Haus kaufen. Blatzheim lehnt ab, denn er hat zwar Romy Schneider vorzeitig für volljährig erklären lassen, aber gleichzeitig im Gegenzug eine unterschriebene Vollmacht erhalten, ihr Geld zu verwalten. Er schickt eine Begründung per Brief hinterher: »Es ist wirklich nichts zu machen. Glaube mir, es kommt einmal der Tag, wo Du dankbar sein wirst, daß Du nach 25 Jahren erst an das Vermögen selbst herankannst. Heute willst Du es nicht glauben, aber wenn Du noch vernünftig denken kannst, dann überlege einmal, wie viele Fälle wir in den letzten 40 Jahren, auch in privater Hinsicht, gesehen haben, wo nachher kein Geld mehr da war...«

Mit dem heutigen Wissen gelesen, wirkt dieser Brief natürlich makaber, denn Blatzheim war wenige Jahre später nicht nur selbst pleite, auch von Romy Schneiders Gagen aus ihren Anfangszeiten blieb nur ein Bruchteil – und selbst um diesen Bruchteil mußte sie prozessieren.

Der Stiefvater macht der abtrünnigen »Tochter« einen zynischen Vorschlag: »Es gibt eine Möglichkeit, Dir die 125 Millionen zu besorgen, wenn Du Dich entschließt, *Sissi IV* zu machen. Geboten waren eine Million DM in bar und 15 Prozent Beteiligung... Lehne das nicht von Dir aus direkt ab, sondern sprich es mit Alain und Georges durch. Beide sollen ihre Meinung dann direkt zu mir sagen. Ich kann mir nämlich nicht im Ernst vorstellen, daß sie künstlerische Bedenken haben, wenn Du *Sissi IV* machen würdest...« Romy Schneiders Antwort vom 8.2.61 ist deutlich: »Nicht einmal für 6 Millionen DM würde ich *Sissi IV* machen.« Später hat Blatzheim, wohl auf Drängen seiner Frau Magda – schließlich war es ja Romys Geld –, 510 000 Schweizer Franken nach Paris überwiesen. Delon allerdings will davon nichts wissen, er hat erstens selbst genügend Geld, und zweitens gehört die Vorstellung Romys von einem gemeinsamen Haus nicht zu seinen Träumen. Was Romy Schneider mit der halben Million gemacht hat, ob sie alles ihrer unbändigen Kauflust geopfert – von Kleidern oder Pullovern, die ihr gefielen, nahm sie manchmal gleich zehn Stück – oder in ihrer Großzügigkeit verschenkt hat, ist nicht mehr zu klären.

Kurz vor dem mit Spannung erwarteten Premierentermin von John Fords Stück, am Abend der Generalprobe, wird Romy Schneider mit einer Blinddarmentzündung ins Krankenhaus eingeliefert und operiert. Die Erstaufführung muß verschoben werden auf den 29. März. Weil ihre Wunde noch nicht ganz ausgeheilt ist und sie einige stürmische Aktionen auf der Bühne durchzustehen hat, trägt sie unter ihrem Kostüm einen Stützverband. Aber sie schafft es mit ihrem eisernen Willen. Romy Schneiders erster Theaterauftritt, vor einem prominenten Publikum wie Edith Piaf, Jean Cocteau und Ingrid Bergman, wird zu einem Triumph. Das Stück wird zwar verrissen, aber die junge Deutsche in der Rolle der Annabella als Entdeckung gefeiert. Monatelang, bis zur Sommerpause, ist das »Théâtre de Paris« mit seinen 1 350 Plätzen ausverkauft. Nebenan, in einem anderen Privattheater, wird Tschechows *Möwe* gespielt, in der Rolle der Nina steht Delphine Seyrig auf der Bühne. Der Regisseur Sacha Pitoëff hat Romy schon während der Proben beobachtet und ist von ihr begeistert. Wenn er im Herbst mit der *Möwe* auf Tournee durch die Provinz geht, soll sie die Hauptrolle spielen. Daß sie gleichzeitig als »Sissi« bekannt ist, kann dem Erfolg seiner Produktion nur nützen.

Doch zunächst dreht sie in der Sommerpause einen Film, zum erstenmal mit Jean-Louis Trintignant, und zum erstenmal spricht sie ihre Rolle in Französisch. *Der Kampf auf der Insel* fällt in Frankreich durch. Niemand will die Geschichte über die versteckten rechtsextremen Neigungen des französischen Großbürgertums wissen. Vielleicht haben Deutschland und Frankreich doch mehr miteinander gemeinsam, als man denkt?

Auf den Provinzbühnen in Frankreich, Belgien und Luxemburg wird Romy Schneider während der fast fünfmonatigen Theatertournee mit Tschechows *Möwe* dagegen wieder gefeiert. Sie weiß genau, daß die Besucher strömen, weil sie »Sissi« live sehen wollen. Was sie erleben, ist eine Schauspielerin namens Romy Schneider, die in einer Kritik so beschrieben wird: »Es mußte erst eine kleine Österreicherin vom Film kommen, um auf den bescheidenen Bühnen der Provinz diesem Meisterwerk des russischen Dramatikers zum Triumph zu verhelfen.« Ganz in der Tradition ihrer berühmten Großmutter Rosa Albach-Retty und ihres Vaters Wolf beherrscht sie mit ihrer unglaublichen Präsenz die Bühne, wenn sie als Nina auftritt: »Wie ein Gefangener in einen leeren, tiefen Brunnen geworfen, weiß ich nicht, wo ich bin und was meiner harrt...« Sie gastiert sogar in Deutschland, in Baden-Baden, allerdings nur vor einem geladenen französischen Publikum, und natürlich spricht sie französisch. Die deutschen Zeitungen lassen sich die Chance nicht entgehen, über die seltsame kurzfristige Rückkehr von Sissi sogenannte witzige Betrachtungen anzustellen. Auf ihre Leistung als Schauspielerin geht keiner ein.

Auch was von der John-Ford-Premiere, ihrem ersten Bühnenauftritt, nach Deutschland dringt, ist nicht so sehr Romy Schneiders überzeugendes Debüt im Theater, in einem fremden Land, in einer fremden Sprache, sondern der blutige Inzest-Inhalt des Stückes. Dessen Titel *Schade, daß sie eine Hure ist* wird in den Artikeln zwischen den Zeilen gern auf Romy umgemünzt. Eigentlich will das deutsche Publikum gar nicht wissen, ob Romy Schneider als Schauspielerin erfolgreich ist. Gelesen werden die Klatschgeschichten von ihr und Alain Delon, gelesen werden die wilden Spekulationen, daß Alain seine Verlobte in der Öffentlichkeit geschlagen haben soll, daß er immer wieder mit fremden schönen Mädchen gesehen wird und daß abzusehen sei, wann endlich diese Mesalliance zwischen Deutschland und Frankreich enden werde. Für viele Deutsche ist Romy Schneider ja in der Emigration, und was man von denen zu halten hatte, die in der Emigration waren – und die gar von dort böse Sachen über Deutschland sagten –, das wußte man ja noch aus den Zeiten, als Bücher verbrannt wurden.

Mit einer anderen Emigrantin in Paris übrigens hat sich Romy Schneider erst später gut verstanden und erst später oft telefoniert. Denn als sie 1962 zum erstenmal Marlene Dietrich trifft, sitzt die mit Orson Welles an einem Tisch und ist zutiefst beleidigt, weil der nur Augen für Romy Schneider hat, die hemmungslos mit ihm flirtet. Sie will nämlich unbedingt seine Aufmerksamkeit erregen, weil sie erfahren hat, daß er für seine Verfilmung von Kafkas *Prozeß* noch eine Schauspielerin für die Rolle der Leni sucht. Und die Leni, die will Romy Schneider gar zu gerne spielen, viel lieber als die *Kameliendame*, die ihr nach der Tschechow-Tournee angeboten worden ist. Sie schafft es und erhält für ihre Leistung in Orson Welles' Film in Frankreich auch den Preis als beste ausländische Schauspielerin, aber sie vergißt nie die Szene, wie die berühmte Marlene Dietrich (»Romy hatte unter Sissi zu leiden wie ich unter dem Image des *Blauen Engel*«) empört an ihrem Tisch vorbeirauscht und zischt – auf deutsch natürlich –: »Von wegen Jungfrau, ein ganz ausgekochtes Luder bist du.«

Dieses Image hatte sie sich durch einen ganz anderen Film verdient, noch lange vor der Rolle der lasziven, verführerischen Leni. Bevor Visconti nämlich 1961 Paris und seine Inszenierung verläßt, treffen sich Romy Schneider, Alain Delon und Georges Beaume mit ihm zu einem Abschiedsessen. »Luca« erzählt von dem nächsten Film, den er drehen will. Nach einer Novelle von Maupassant wird er eine Episode in *Boccaccio '70* schreiben und inszenieren, die Geschichte einer Frau, die ihren Ehemann aus Rache, weil er sie mit einem Callgirl betrogen hat, nur noch gegen Bezahlung ins Bett läßt. Romy Schneider ist von der Geschichte fasziniert und hört Visconti gespannt zu, als er sich seine Hauptdarstellerin vorstellt: schwarzhaarig und langbeinig und kühl und groß und unnahbar und mit dunklen Augen.

Ein paar Tage später bekommt sie ein Telegramm von Visconti, in dem er sie bittet, diese Frau zu spielen. Romy Schneider hält das für einen Scherz. Sie hat braune Wuschelhaare, eine sinnliche und gar nicht kühle Ausstrahlung, grüngraue Augen, einen fast zierlichen Körper. Ich doch nicht, denkt sie. Er ruft an, beleidigt, warum sie denn sein Telegramm nicht beantwortet habe. Und sie läßt sich überreden, die Rolle zu übernehmen, in der Sommerpause, wenn die Theater in Paris schließen. Der Starfriseur Alexandre verpaßt ihr eine neue freche Frisur, ihre prominente Freundin Coco Chanel sucht ihr die passenden Kostüme für die feine Dame aus, die Romy Schneider spielen soll. Aber so oft braucht sie die Kleidung während der Dreharbeiten nicht. Denn zum erstenmal, und das 1961, ist Romy Schneider nackt vor der Kamera zu sehen. Die Kritiker sind begeistert, und als *Boccaccio '70* während der Filmfestspiele in Cannes läuft, wird sie sogar als neuer Weltstar gefeiert. Keiner spricht mehr von Sissi. Nur zu Hause, im Sissi-Land, ist die Empörung groß. Erst die Heimat verlassen, dann mit einem Franzosen in wilder Ehe leben, und jetzt auch noch verführerische Nacktrollen auf der Leinwand. Und so was war mal unser Idol, das war mal unser Mädchen von nebenan, das war mal unser Traum?

Die fünfziger Jahre, die Zeit der Restauration und der verklemmten Moral, die Zeit der Verdrängung und die Zeit des »Wir sind wieder wer«, sind aber nicht nur vorbei, weil Kaiserin Sissi unter die leichten Mädchen gegangen ist und im Internat Goldenstein ihr Foto an jener Wand umgedreht wird, an der alle ehemaligen Schülerinnen aufgereiht hängen (ganz abgehängt wird es ja erst nach ihrem Einsatz gegen den Paragrapen 218). Die Adenauersche Staatspartei CDU verliert in der Bundestagswahl die absolute Mehrheit, wenn auch nur knapp, und im Kino gibt es einen Film zu sehen, der so gar nicht in die deutsche Seelenlandschaft paßt, *Das Brot der frühen Jahre* nach dem Roman von Heinrich Böll.

Mit diesem Dichter des anderen Deutschland wird Romy Schneider viele Jahre später eine der spannendsten Nächte ihres Lebens verbringen.

V

Nachdem Anna Wendtlin den letzten Satz geschrieben hatte, blickte sie mißmutig auf den vollen Aschenbecher neben sich. Wie schon so oft schwor sie, aber wie immer nur sich selbst, mit dem Rauchen aufzuhören. Sie las noch einmal den Text durch und ging dann mit dem Manuskript hinaus auf den Flur, wo im Pariser Büro der Illustrierten das Faxgerät stand. Sie tippte die Nummer des Anschlusses ein, der direkt ins Vorzimmer von Karsten Schuler führte. Hastig malte sie noch einen Zettel dazu, daß dies nun vorerst alles sei und sie für Rückfragen im Hotel erreichbar sein würde. Von der Sekretärin ließ sie sich den Andruck der neuesten Ausgabe geben, in der gestern ihre Serie über Romy Schneider begonnen hatte. Sie blätterte und ging routiniert über die Absätze, um Kürzungen zu entdecken. Dann gähnte sie und winkte dem Mädchen zu, bis später.

Mit Pétin hatte sie sich im Hotel verabredet; er saß schon nervös rauchend in der Halle, als sie ankam. Laurents Augen wirkten stumpf und ausgeweint, sein Gesicht war grau, die langen Haare hingen strähnig herab. Er sah furchtbar aus, dachte sie, wahrscheinlich hatte er wieder nicht geschlafen.

»Du siehst auch nicht besser aus«, begrüßte er sie, als hätte er ihre Gedanken erraten und sie nickte, ja, ich habe die ganze Nacht geschrieben. Dann schob sie ihm das Magazin mit dem Porträt von Romy Schneider auf dem Titel über den Tisch.

»Du kannst es ja auf deutsch nicht lesen, Laurent, aber genau diese Geschichte wird heute auch in einer vorgezogenen Ausgabe von *Paris Match* erscheinen. Die haben von uns die ganze Serie gekauft. Und das, was ich heute nacht geschrieben habe, kommt dann nächste Woche. Ich kann es dir aber auch übersetzen lassen, wenn du es vorher wissen willst.«

Er schüttelte den Kopf und steckte sich an der Glut der alten eine neue Zigarette an. Anna Wendtlin schaute ihn müde an und erinnerte sich an den jungen Mann, den sie vor anderthalb Jahren kennengelernt hatte. Sie hatte Romy Schneider besucht, die mit einem gebrochenen Fuß in ihrer Pariser Wohnung lag. Bei Fotoaufnahmen für ein Interview im französischen Badeort Quiberon war die Schauspielerin übermütig von einem der Felsen gesprungen, die an der bretonischen Küste überall am Strand liegen wie vergessenes Spielzeug irgendwelcher Riesen aus grauer Vorzeit. Romy Schneider war in Paris in ihrem Bett gesessen, umgeben von Zetteln und dem Drehbuch für ihren nächsten Film, dazwischen ihre Tochter Sarah, glücklich über die unverhoffte Anwesenheit der Mutter. Laurent Pétin hatte sich sich mit dem Kindermädchen Bernadette um den Haushalt gekümmert, Anrufe angenommen und fasziniert auf dem Boden vor dem Bett gehockt, wenn Romy Schneider die berühmten Stars nachmachte, mit denen sie schon gearbeitet hatte. Laurent und Anna hatten raten müssen, wer gemeint war. Yves Montand? Nein. Michel Piccoli? Ja, gewonnen. Romy Schneider schien glücklich zu sein mit Laurent, der sie anbetete und umsorgte. Aber es war eine komplizierte Liebesgeschichte, wie Anna schon damals wußte, keineswegs so einfach, wie man jetzt nach Romy Schneiders Tod lesen konnte: Junger Mann aus gutem Hause liebt ältere, weltberühmte Frau und gibt ihr endlich den nötigen Halt, usw. Hat Romy, dachte Anna, mit ihm nicht auch gespielt wie mit so vielen anderen Männern? War ihr nicht auch bei Laurent die Eroberung wichtig gewesen, die Selbstbestätigung? Ja, sie hat einen Mann wie Laurent gebraucht, der endlich Ordnung in ihr Leben bringen wollte. Aber hat sie in ihm nicht mehr den Bruder als den Geliebten gesehen? Romy hatte so viel von ihrem Vater, dem Charmeur, geerbt, vor allem die dauernde Lust auf einen neuen Flirt, und eigentlich wenig von ihrer Mutter, die ihr nur optisch ähnlich, aber im Wesen immer fremd geblieben war.

Anna Wendtlin schrieb sich das Wort VATER auf einen Zettel und steckte ihn in ihre Tasche. Die Beziehung von Wolf Albach-Retty zu seiner Tochter muß ich noch viel genauer recherchieren, dachte sie, der wird immer nur in ein paar Zeilen erwähnt und ist wahrscheinlich viel wichtiger, um Romy zu verstehen, warum sie so und nicht anders lebte, vielleicht auch gar nicht anders konnte. Ich weiß noch viel zu wenig darüber. Anna Wendtlin war plötzlich trotz ihrer Müdigkeit ganz begierig, auf ihr Zimmer zu gehen und endlich den Koffer zu untersuchen, der oben lag. Endlich die vielen Zettel zu lesen, in denen sich Romy Schneider zeitlebens ausgedrückt hat, ob im Restaurant oder in der Garderobe, immer dann, wenn sie zu schüchtern war, über ihre Gefühle zu sprechen. Oder wenn sie Angst hatte vor unangenehmen Gesprächen. Sie blickte auf Laurent. Und dich werde ich auch noch verletzen müssen, wenn ich wirklich die ganze Wahrheit finde, aber vielleicht will ich die ja gar nicht so genau wissen...

»Laurent, ich brauche übrigens deine Hilfe, auch wenn es dir in deiner jetzigen Stimmung noch so schwerfällt. Kannst du mir eine Liste machen der Regisseure oder Schauspieler oder Agenten, die über Romy mehr wissen als nur das Übliche? Ich muß mit möglichst vielen von ihnen reden, falls die überhaupt bereit sind, mit einer Journalistin zu sprechen. Aber wenn du für mich bürgst...« Das Ganze, dachte sie, ist wie ein Puzzle aus vielen, vielen Stücken, und selbst dann, wenn du das Puzzle zu einem Bild zusammenstellst, kann der Eindruck ganz falsch sein. Annäherung an ein Leben, mehr ist doch gar nicht zu schaffen.

Pétin nickte, fast dankbar, daß er gebraucht wurde, daß er eine Aufgabe bekam. Er stand sofort auf, als dürfe er keine Minute verlieren: »Wir telefonieren heute abend, wenn du bis dahin ausgeschlafen hast.« Er umarmte sie flüchtig und verließ schnell das Hotel.

Am späten Nachmittag schreckte Anna Wendtlin aus tiefem Schlaf hoch, als das Telefon klingelte. Im ersten Moment war sie verwirrt und begriff dann erst, wo sie war. Straßengeräusche drangen durch das offene Fenster. Sie war angezogen auf dem Bett eingeschlafen, um sie herum lagen Fotos und Zettel aus dem Koffer. Sie griff zum Hörer und meldete sich verschlafen.

»Hallo?«

»Hör zu, da ist was Seltsames passiert. Bei der Redaktion von *Paris Match* hat jemand angerufen, der unbedingt mit der Autorin der Romy-Schneider-Serie sprechen wollte. Sie haben erst versucht, ihn abzuwimmeln, und dann doch Zweifel gehabt, ob es für dich vielleicht wichtig sein könnte. Kurzum, sie haben ihm unsere Adresse in Frankfurt gegeben, und gerade ist hier tatsächlich ein Telegramm eingetroffen, du sollst...«

Natürlich wußte sie, wer da am Telefon sprach, aber sie ärgerte sich und unterbrach die Stimme.

»Könnte es sein, daß ich mit dem Chefredakteur der Illustrierten spreche, bei der ich arbeite? Könnte es sein, daß dieser Chefredakteur mir eigentlich sagen wollte, daß er meinen Text bekommen hat, und daß er mich bewundert, weil ich die Nacht durchgeschrieben habe? Könnte es sein, daß...«

»Geschenkt, ja, klar, alles in Ordnung. Aber jetzt hör zu, verdammt noch mal. In dem Telegramm steht, daß du heute nacht genau um 24 Uhr an der Kirche von Ablis warten sollst, wo immer das ist. Da wird dich ein Auto abholen, das zweimal aufblendet, damit du auch das richtige erkennst. Muß ja schwer was los sein an dieser Kirche, wenn da um Mitternacht noch mehr Autos fahren... also, du wirst da abgeholt, und du sollst 25 000 Francs dabeihaben, weil es um ein wichtiges Dokument im Fall Romy Schneider geht. Übrigens, kein schlechter Titel, *Der Fall Romy Schneider*, muß ich mir gleich aufschreiben, ja, wo war ich, also, klingt spannend, was? Hast du alles, oder soll ich es wiederholen?«

»Karsten, kannst du dich einmal, wenigstens einmal, wie ein normaler Mensch benehmen? Ich habe die ganze Nacht geschrieben, ich bin todmüde, ich will heute abend endlich mal mit Laurent in Ruhe den Koffer untersuchen, den Romy für mich bereitgestellt hat, und du schickst mich zu irgendeinem obskuren Treffen nachts an eine Kirche in eine Gegend, die ich nicht kenne, nur weil irgendein Verrückter ein Telegramm geschickt hat?«

»Warte mal, in dem Telegramm steht nichts davon, daß du allein kommen sollst. Nimm doch diesen Laurent einfach mit. Wäre mir eh lieber, wenn du mit so viel Geld nicht allein durch Paris wanderst, ist ja auch nicht ganz ungefährlich«, antwortete Karsten Schuler, und Anna merkte verblüfft, daß er sich wirklich Sorgen um sie machte, auch wenn er es nie zugeben würde.

»Moment«, seufzte sie, »ich hole mir nur einen Zettel und was zu schreiben. Sag mir noch schnell, wie sich das Heft verkauft.«

»Nicht schlecht, nicht schlecht, man könnte sogar sagen hervorragend. Also, ich wiederhole jetzt alles.« Und er diktiert ihr die Einzelheiten aus dem geheimnisvollen Telegramm.

»Irgendeine Unterschrift, ein Name?«

»Nein, nichts. Steht nur drunter: *un ami*. Die 25 000 habe ich aus dem Büro schon ins Hotel bringen lassen, die liegen in einem Umschlag für dich unten an der Rezeption. Und wenn du zurückkommst, ruf mich an, egal, wie spät es ist. Ich bleibe auf jeden Fall in der Redaktion. Viel Glück.«

Bevor Anna reagieren konnte, war die Leitung tot. Sie legte den Hörer auf die Gabel, dann rief sie Pétin an, der sich sofort meldete, als habe er neben dem Telefon gesessen. Anna erzählte ihm von dem nächtlichen Treffen.

»Ablis? Das ist weit draußen, so sechzig bis siebzig Kilometer, das findest du allein nie. Ja, natürlich komme ich mit. Vielleicht erfahren wir ja wirklich etwas Neues.« Sie verabredeten sich für den späten Abend. Anna Wendtlin schaute auf die Uhr, sie hatte fast sieben Stunden geschlafen und fühlte sich zerschlagen und ausgelaugt. Ihr Pullover stank nach kaltem Rauch, sie zog sich angeekelt aus, ging unter die Dusche und genoß zehn Minuten lang den heißen Strahl.

Im Bademantel setzte sie sich an den kleinen Sekretär und wählte eine Nummer in Frankfurt. Schuler meldete sich sofort. Die Leitung führte direkt zu ihm und ging nicht über sein Vorzimmer, sie war nur ganz bestimmten Leuten für Notfälle bekannt.

»Ja?«

»Ich bin es noch einmal. Also für heute nacht ist alles arrangiert, es müßte klappen. Falls das Ganze nicht ein Scherz war. Laurent begleitet mich. Ich wollte dir noch sagen, daß die Juristen meinen Text genau lesen müssen, da gibt es ein paar Stellen, die Ärger machen könnten. Daß Blatzheim versucht hat, mit ihr zu schlafen oder so. Aber ich habe auf Band, du weißt, vom Interview damals, wie Romy darüber spricht. Wenn die noch was wissen wollen, sollen sie in den nächsten drei Stunden anrufen. Wir müssen nämlich früh los, weil Ablis ziemlich weit draußen liegt, irgendwo Richtung Chartres, glaube ich. Und außerdem wollen wir uns vor dem Treffen ein bißchen umsehen.Ich melde mich dann.«

Diesmal schaffte sie es, vor ihrem Chefredakteur aufzulegen. Sie wußte, das würde ihn ärgern, und bei dem Gedanken an sein saures Gesicht lächelte sie befriedigt.

Es ist noch immer hell, als sie losfahren. Anna hat sich ein helles Leinenkleid angezogen und trägt eine der Schiebermützen, die ihr Romy Schneider einmal geschenkt hat. Sie nehmen das Auto von Laurent, der zum erstenmal seit Tagen wieder lächelt, wie ein kleiner Junge, der sich auf ein Abenteuer freut. Sie sehen aus wie eines der zahlreichen Paare, die sich einen schönen Abend machen wollen. Weil in der lauen Sommernacht ganz Paris unterwegs zu sein scheint, brauchen sie fast zwei Stunden für die Strecke und haben deshalb viel Zeit, über das merkwürdige Telegramm zu rätseln, darüber, was dahinterstecken könnte. Dann wieder, unvermittelt, erzählt Laurent von einem Erlebnis mit Romy, wie sie ihn zusammengestaucht hat, als er zum erstenmal mit einem Drehbuch der Filmfirma zu ihr gekommen ist. Alles Scheiße, hat sie gebrüllt, keine klaren Dialoge, bin ich denn nur von Amateuren umgeben? Und daß er sich schon in sie verliebt habe, als sie noch mit Biasini zusammenlebte und gerade zum zweitenmal schwanger war. Ab und zu greift Anna Wendtlin in ihre Handtasche und faßt nach dem Umschlag mit dem dicken Geldbündel. An der Kirche von Ablis stellen sie ihr Auto ab und trinken in einer Bar einen Kaffee. Laurents Stimmung ist wieder umgeschlagen, düster, depressiv, er redet kaum, und wenn er sie anschaut, merkt sie, daß seine Gedanken ganz woanders sind. Irgendwann zahlen sie und setzen sich wieder in ihr Auto, rauchen bei geöffneten Fenstern. Beide schweigen. Im Café werden die Stühle auf die Tische gestellt, es ist dunkel geworden. Die Nacht verschluckt die letzten Geräusche, nur das stetige Brummen von der nahe gelegenen Autobahn, die von Paris nach Chartres führt, ist zu hören.

Plötzlich weist Pétin auf einen schwarzen Peugeot, der schon zum drittenmal um die Kirche gefahren ist. »Das wird er sein«, sagt er leise und wirft seine Zigarette hinaus. Nach der vierten Umrundung bleibt das Auto hinter ihnen mit laufendem Motor stehen. Die Scheinwerfer werden ausgemacht, dann blenden sie unvermittelt zweimal auf. »Also los«, flüstert Pétin und steigt aus. Anna Wendtlin folgt ihm. Beide gehen auf den Wagen zu. Auf dem

Kirchplatz ist kein Mensch mehr zu sehen. Das Fenster des Peugeot wird heruntergedreht, als sie beim Auto ankommen.

»Sind Sie Anna Wendtlin?« fragt der Mann am Steuer, der im dunklen Auto nicht zu erkennen ist.

Anna nickt stumm.

»Und wer ist das? Ich wollte nur mit Ihnen reden.«

Anna überlegt blitzschnell und greift dann wie zufällig nach Pétins Hand, die sie kurz drückt.

»Das ist ein Kollege aus unserem Pariser Büro. Ich kenne mich hier nicht aus, und er hat mich deshalb begleitet.«

Der Mann zögert mit seiner Antwort, dann hört man wieder seine Stimme.

»Also gut, in Ordnung, steigen Sie ein. Wir fahren jetzt ein Stück. Ihren Wagen können Sie hierlassen, ich bringe Sie nachher zurück. Haben Sie das Geld?«

Wieder nickt Anna und zeigt auf ihre Handtasche. Zusammen mit Pétin steigt sie hinten im Peugeot ein, der sofort losfährt. Der Mann, der zu ihnen gesprochen hat, ist allein im Auto. Sie können sein Gesicht im Rückspiegel sehen, aber es sagt ihnen nichts. Unauffällig schüttelt Pétin seinen Kopf, nein, auch er kennt ihn nicht.

Nach zehn Minuten halten sie vor einer freistehenden kleinen Villa. Der Mann steigt aus, öffnet das Tor und fährt dann mit den beiden vors Haus. Wortlos weist er ihnen den Weg, nachdem er die Tür aufgeschlossen hat. Anna hat sich den Namen gemerkt, der am Briefkasten steht, Boucher. Sie treten in einen Vorraum mit schweren, dunklen Möbeln, dann in ein großes Zimmer mit schwarzen Deckenbalken, von dem aus eine nur angelehnte Terrassentür in den Garten führt.

»Setzen Sie sich bitte. Was ich Ihnen jetzt zeigen werde, ist nicht sehr erfreulich, aber ich bin sicher, Sie werden es überstehen.« Der Mann geht zu einem kleinen Tisch, auf dem ein Fernsehapparat und ein Videogerät stehen. Dann drückt er einen Knopf und löscht das Licht. Anna Wendtlin schaut gebannt auf den Bildschirm. Erst flimmert es nur, dann beginnt ein schwarzweißer Film. Romy Schneider ist zu sehen, mit aufgelöstem Haar, verschwommen in die Kamera lächelnd. In ihrer Hand hält sie eine Zigarette, nein, es ist keine Zigarette, ein Joint. Sie ist fast nackt. Auf einem Tisch im

Hintergrund des Zimmers sind weiße Häufchen zu erkennen, wie Mehl oder Zucker oder...

»Ja«, sagt der Mann, »es ist Kokain.«

Pétin neben ihr zittert, als eine Hand ins Bild kommt, die Romy Schneider an ihren Haaren hochreißt und sie zwingt, direkt in die Kamera zu schauen. Die Szenen wirken doppelt erschreckend, weil kein Ton zu hören ist. Ein Stummfilm aus dem Horrorkabinett, denkt Anna. Als ob es nichts mit uns zu tun hätte. Wieder lacht die Frau auf dem Video und zieht an ihrem Joint. Dann wird der Fernsehschirm schwarz, der Mann geht zum Gerät und drückt auf einen Knopf. Anna Wendtlin preßt den Arm Laurents, um ihn festzuhalten. Er atmet schwer.

Ihr seltsamer Gastgeber macht das Licht an, holt aus seiner Brusttasche ein Foto und gibt es den beiden.

»Das ist aus dem Film, den Sie gerade gesehen haben. Sie haben die Frau ja sicher erkannt. Bevor Sie sich aufregen, nein, ich habe das nicht gedreht. Ich habe auch schon viel gemacht in meinem Leben, aber... egal. Und fragen Sie mich nicht, woher ich das alles habe. Sagen wir so, ich habe es mir besorgt. Für 25 000 gehören Fotos und Video Ihnen. Sie können damit machen, was Sie wollen.«

»Aber das kann man doch nicht drucken«, schreit Pétin und springt auf, »das ist doch eine Schweinerei, und den Kerl, der das gedreht hat, den müßte man...«

»Das sollen Sie ja auch nicht drucken«, unterbricht ihn der Mann ungerührt und wartet ab, bis Anna den zitternden Laurent wieder auf den Stuhl gezogen hat. »Ihr Kollege ist wohl noch nicht so lange im Geschäft, oder? Irgendwoher kenne ich übrigens sein Gesicht...« Er schaut Laurent an, scheint nachdenklich in seiner Erinnerung zu kramen und schüttelt dann den Kopf. »Fällt mir jetzt nicht ein, egal, ich weiß es nicht mehr. Wird mir schon wieder einfallen. Nein, drucken sollen Sie das nicht. Aber verwenden können Sie es für Ihre Geschichte.« Er nimmt die Kassette aus dem Recorder und legt sie neben das Foto auf den Schreibtisch. »Und vielleicht darüber nachdenken, wer dieses Video gedreht hat und wem die Hand gehört, die Sie gesehen haben, und...« Er macht eine Pause. »Und vor allem, ob mit diesem Video Romy Schneider vielleicht erpreßt worden ist? Könnte doch sein, oder?« Dann blickt er schweigend auf Anna Wendtlin, als warte er ihre Entscheidung ab.

»Kann ich irgendwo mit meinem Kollegen alleine reden?« fragt sie. Der Mann zeigt wortlos auf die Tür, die auf die Terrasse führt. Pétin und Anna Wendtlin stehen auf und gehen hinaus auf den Rasen. Laurent ist bleich und zittert immer noch, als würde er trotz seines schwarzen Pullovers und trotz der warmen Nacht frieren.

»Laurent, nimm dich zusammen. Du hast ja gemerkt, er überlegt schon, woher er dein Gesicht kennt. Mir haben diese Bilder weiß Gott auch nicht gefallen, und natürlich drucken wir das nicht, was denkst du von uns, aber wir werden es kaufen und dann recherchieren, wer das gedreht hat und wer dahintersteckt. Vielleicht ist das die Erklärung für die Summen, die immer wieder von ihrem Konto verschwunden sind.«

Laurent reagiert erst gar nicht, dann hebt er abrupt den Kopf. Seine Stimme klingt gepreßt.

»Das kann nur jemand gedreht haben, den Romy sehr gut kannte und dem sie zumindest mal sehr vertraut hat...«

»...Jemand, der dieses Vertrauen mißbraucht hat, und jemand, der sie dann erpreßt hat. Jemand...« Sie beendet den Satz nicht. Beide wissen, daß sie an denselben denken.

»Hat nicht sein Bruder ein Fotogeschäft?« fragt Anna unvermittelt und erwartet keine Antwort.

Sie gehen zurück ins Zimmer. Der Mann, der etwa vierzig Jahre alt ist und eine Art Jeansanzug trägt, steht immer noch an derselben Stelle und blickt sie ruhig an. Anna Wendtlin nickt ihm zu und greift in ihre Handtasche. Sie nimmt den Packen mit dem Geld und legt ihn auf den Schreibtisch.

»Zählen Sie nach. Eine Quittung mit Ihrer Unterschrift werde ich wohl kaum erwarten können.« Der Mann grinst. »Eine Unterschrift können Sie haben, kein Problem, aber das wird Ihnen nicht helfen.« Er beginnt zu zählen. Dann brummt er zufrieden, steckt das Geld achtlos in seine Hosentasche und gibt Anna die Kassette und das Foto.

»Ich fahre Sie jetzt zurück zu Ihrem Auto, und dann sehen wir uns nicht wieder. Geben Sie sich keine Mühe, mir zu folgen oder herauszubekommen, wer ich bin. Auch dieses Haus gehört nicht mir; die Besitzer sind im Urlaub, sie kennen mich nicht, und ich kenne sie nicht. Ich habe mir für unsere Treffen die Schlüssel, sagen wir mal, ausgeliehen.« Er lächelt Anna Wendtlin an: »Sie können also den Namen auf dem Briefkasten wieder vergessen...«

Es ärgert Anna, daß sie rot wird und sich ertappt fühlt.

Nachdem der Mann sorgsam alle Lichter im Haus gelöscht und die Tür verschlossen hat, fahren sie zurück zur Kirche, wo ihr Auto geparkt ist. Pétin umklammert die Videokassette und das Foto. Wortlos steigen sie aus und gehen zu ihrem Auto.

Der Mann fährt los, hält aber noch einmal neben ihnen an und dreht die Scheibe herunter: »Vielleicht werden Sie sich fragen, warum ich Ihnen das alles verkauft habe. Das Geld, okay, aber wahrscheinlich hätte ich von anderen Leuten mehr dafür bekommen können. Wissen Sie, das mag sentimental klingen, und wahrscheinlich glauben Sie mir auch nicht, aber... ich habe alle Filme von Romy Schneider gesehen und alles über sie gelesen. Sie war eine große Schauspielerin. Sie hatte so etwas... Anrührendes, Verletzliches, Armes. Ich möchte einfach erleben, wie der Kerl öffentlich hingerichtet wird, der ihr das angetan hat.« Dann legt er den Gang ein und ist um die Ecke verschwunden, bevor sie das Nummernschild seines Wagens erkennen können.

Auf dem Weg zurück in die Stadt, eine Fahrt, die über leere nächtliche Straßen nur vierzig Minuten dauert, ist Anna Wendtlin die erste, die das Schweigen bricht.

»Hat Romy eigentlich nie eine Andeutung von dem gemacht, was wir gerade gesehen haben?«

»Nein, nie. Ich habe immer wieder versucht, mit ihr über das Geld zu reden, das regelmäßig von ihrem Bankkonto per Dauerauftrag abgebucht worden ist. Vieles hat sie ja gar nicht mehr gewußt, irgendwie halt ausgegeben, meinte sie dann. Aber du weißt ja, welches finanzielle Chaos bei ihr herrschte. Wenn sie irgendwo war und ihr irgendwas gefiel, hat sie es gekauft und die Rechnung schicken lassen. Und bis die Rechnung kam, hat sie vergessen, wofür das war. Hat alles weitergereicht an ihren Sekretär. Als ich mich darum kümmern konnte, war vieles einfach schon verschwunden.«

»Was hältst du von dem Mann?«

Er denkt lange nach und schaltet automatisch herunter, als die

Autobahn in den Pariser Ring mündet: »Schwer zu sagen. Ich finde ihn auf der einen Seite widerlich, weil er Geld dafür nimmt. Auf der anderen Seite glaube ich ihm, daß es ihm ernst ist mit seiner Bemerkung, wir sollten den Verantwortlichen für diese Schweinerei öffentlich hinrichten. Ein seltsamer Typ... Und ich bin sicher, daß unsere Vermutung richtig ist, wessen Hand Romy festhielt. Ganz sicher. Wer denn sonst? Und daß sein sauberer Bruder gedreht hat. Ich bring' die Kerle um, ich bring' sie um!«

Anna legt ihm vorsichtig ihre Hand auf den Arm und läßt sie einen Moment lang liegen, um ihn zu beruhigen.

»Laurent, ich verstehe dich ja, aber noch haben wir keine Beweise, nur Vermutungen. Und es wird schwer sein, jemals Beweise zu finden, sehr schwer. Die einzige, die es wußte und es uns hätte sagen können, ist tot. Und falls es die beiden netten Brüder waren, ich wiederhole, falls, dann werden die einen Teufel tun und das Maul aufmachen. Gerade, weil ihnen eh jeder alles Schlechte zutraut. Das einzige, was wir tun können, ist öffentlich fragen, ob Romy erpreßt worden ist und womit, und auf eine Reaktion warten.«

»Bullshit, alles bullshit. Das ist mir zu wenig. Die sollen nicht ungestraft davonkommen, und wenn du mir nicht hilfst, dann mache ich es allein. Mir ist eh alles egal, seit Romy tot ist.«

Ein paar Minuten lang fahren sie stumm weiter. Anna Wendtlin weiß sehr genau, daß Laurent in seiner jetzigen Stimmung keine Rücksichten mehr kennt und von niemandem zu stoppen sein wird, wenn er sich etwas vorgenommen hat. Krampfhaft sucht sie nach einem Ausweg. Verdammte Scheiße, warum muß das immer alles an mir hängenbleiben? Ich könnte jetzt in Ruhe im Hotel schlafen und morgen in aller Ruhe an der Serie weiterstricken. Alles andere bringt nur Ärger und juristische Schwierigkeiten, und am Ende streichen sie mir auch noch alles raus, weil sie Angst vor einem Prozeß haben. Am besten schreibt man nur aus dem Archiv ab, was über Romy Schneiders Leben gedruckt worden ist in den letzten Jahren, und erspart sich den Streß. Das hilft ihr doch auch nicht mehr, wenn ich jetzt rauskriege, wer sie erpreßt und wer sie ausgebeutet hat.

»Entschuldige«, unterbricht Laurent ihre Gedanken, »ich wollte dich nicht anbrüllen, du kannst ja auch nichts dafür. Es ist einfach zu viel, verstehst du?«

»Schon gut, vergiß es. Laß mich einfach noch einmal in Ruhe überlegen, was wir unternehmen sollen. Und versprich mir, daß du heute nacht keine Dummheiten machst und wir morgen alles durchsprechen. Okay?«

Pétin nickt. An der Place de la Concorde bittet sie ihn zu halten: »Die paar Schritte zum Hotel gehe ich zu Fuß, ich brauche ein bißchen Luft.« Sie nimmt die Kassette und das Foto vom Rücksitz, steckt alles in ihre Handtasche und beugt sich hinüber zu Laurent. Mit zwei Fingern fährt sie ihm über die Wange. »Versuch zu schlafen, Laurent. Bis morgen.«

Sie weiß natürlich, daß er mal wieder nicht schlafen wird und daß er wieder vor dem Foto von Romy sitzen und mit ihr sprechen und sich quälen und sich Vorwürfe machen wird, daß er nicht besser auf sie aufgepaßt hat in jener Nacht. Er wird nie begreifen, daß sie einfach nicht mehr wollte. Egal, was auf dem Totenschein steht. Sie wollte nicht mehr. Die Verzweiflung war zu groß. Und stärker als die Lust auf ein neues Leben. Keiner hätte ihr helfen können, Laurent auch nicht. Allenfalls...

Anna Wendtlin bleibt auf der Straße stehen. Und redet laut zu sich selbst, neugierig betrachtet von einer Katze, die gerade von ihrem Beutezug aus den Tuilerien kommt. »Allenfalls Alain Delon.«

Das könnte die Lösung sein, Delon. Die letzten paar hundert Meter zum Hotel rennt sie fast, als würde er im Foyer schon auf sie warten. Achtlos nimmt sie ihren Zimmerschlüssel, fährt im Lift nach oben und greift gleich zum Telefonhörer. Karsten Schuler meldet sich nach dem ersten Klingeln.

»Alles gut gegangen?«

Er hat auf mich gewartet, denkt sie gerührt, der alte Zyniker hat auf mich gewartet.

»Alles okay, ja. Wir haben ein Foto und eine Videokassette, damit ist Romy wahrscheinlich erpreßt worden. Man sieht sie halbnackt und offensichtlich unter Rauschgift. Nein, verwenden kann man das noch nicht. Wir müssen erst einmal rausbekommen, wann das Ganze gewesen ist und wer das Video gedreht hat. Ich hab' da meine Vermutungen, aber damit fängst du nichts an. Ja, genau der, das glaube ich auch. Und wahrscheinlich sein Bruder, der hat hier in Paris ein Fotogeschäft. Aber ob das je zu beweisen ist... Ich habe aber gerade eine Idee gehabt, wer uns helfen könnte.«

»Soll ich dir Hans schicken oder Thomas?«

»Nein, ich habe in eine ganz andere Richtung gedacht... an einen Mann mit Einfluß, Delon.«

»Delon? Du träumst wohl, das kannst du doch vergessen. Wenn der Journalisten nur sieht, biegt er um die Ecke. Weiß man doch.«

»Stimmt, aber in dem Fall könnte ich mir vorstellen, daß er doch mit sich reden läßt. Laß es mich einfach mal versuchen. Und jetzt gute Nacht. Ich melde mich morgen. Danke, ja, schlaf du auch gut.«

Sie schaut auf ihre Uhr, kurz nach drei. Das Bett ist aufgedeckt, das Zimmermädchen hat vorsichtig die Fotos und die Zettel auf den kleinen Tisch gelegt. Ganz oben liegt ein Schnappschuß der jungen Romy Schneider, lachend steht sie in einem Garten. Im Hintergrund sieht man Alain Delon, auch noch ganz jung, umgeben von ein paar Hunden. Anna Wendtlin hat das Foto in der Hand, als sie mit Laurent telefoniert und ihm erzählt, was sie vorhat.

VI

Romy Schneider hat in den Jahren mit Delon in Paris damit begonnen, auf zahllosen Zetteln Notizen zu machen. Manchmal nur Banales, was sie erledigen mußte, dann Mahnungen an sich selbst, was sie besser machen wollte, auch Wütendes, zum Beispiel, wen sie nie mehr im Leben sehen wollte (was dann oft nur bis zum nächsten Tag galt). Nur wenige Notizen aus dieser Zeit sind erhalten. Immerhin erinnern sich die, die ihr damals nahe waren, wie oft sie einen kleinen Brief oder Zettel von R.S. bekommen haben. Und wie oft dieser kleine Brief an ein Geschenk geheftet war, das die Absenderin einfach so, ohne irgendeinen Anlaß, ausgesucht hatte. Romy Schneider war grenzenlos großzügig, und ihr Verhältnis zu Geld war von der lässigen Überzeugung geprägt, davon habe sie ja nun wirklich genügend. Ein Beispiel: bei Georges Beaume, dem Freund und Agenten, war eingebrochen worden. Unter anderem hatte man auch seine goldenen Manschettenknöpfe von Cartier geklaut. Beaume erzählte davon. Kurz darauf, bei der Premiere zu einem Theaterstück mit Annie Girardot, trat Romy Schneider von hinten an ihn heran, hielt ihm die Augen zu und steckte ihm ein kleines Päckchen ins Jackett. »Trag sie und denk dabei an mich.« Manschettenknöpfe von Cartier. Wenn Romy Schneider schenkte, war es ihr egal, ob sie fünftausend Mark ausgab oder fünfzigtausend.

Zwischen den hektischen Nächten in Paris, in denen es nach Alain Delons Soloausbrüchen immer wieder zu Szenen zwischen den offiziell Verlobten kommt, Szenen, in denen Vasen fliegen und Prügel nicht nur angedroht werden, gibt es auch ruhige, innige Zeiten. Nach wochenlangen Trennungen, in denen sie von den jeweiligen Drehorten aus nur miteinander telefonieren konnten, trafen sie sich wieder in Tancrou, jenem kleinen Ort, in dem Delon sein Landhaus Prieuré gekauft hatte, ohne die halbe Million Francs, die Romy Schneider ihm so gern gegeben hätte. Dort, weit entfernt von Fotografen und Pariser Freunden, geriet Delon, wie er später erzählte, sogar einmal in Versuchung, bürgerlich zu werden. An einem Junimorgen stand er unten im Park vor dem Schlafzimmerfenster, in der Hand kleine Steine, die er nach oben werfen wollte. Romy, los, laß uns fahren und das Aufgebot bestellen. Die Steine hat er zwar geworfen, und Romy ist auch am Fenster erschienen, aber vom Aufgebot hat er dann doch nichts gesagt. Wie verliebt Romy Schneider gewesen sein muß, zeigt auch ein Brief ihres Vaters aus dieser Zeit: »Mein liebes Mausischatzi. Wenn es Dir sehr sehr sehr gut geht, wie Du schreibst, mußt Du verliebt sein. Ich hoffe, es ist der Richtige. Ich wünschte, Du würdest es mir sagen. Wenn Du noch einmal mit Deine Rosemarie unterschreibst, haue ich Dir auf Deinen A... pardon, sexy Popo.« Meist hat sie übrigens ihre Briefe an den Vater nicht unterschrieben, sondern mit einer kleinen Zeichnung, einer Maus, gekennzeichnet.

Es ist müßig, darüber zu spekulieren, wie das Leben der Romy Schneider ohne Delon verlaufen wäre und ob er der eigentliche Schuldige ist an all den Problemen, die sie bis zu ihrem Tode mit sich und ihrer Umwelt hatte. Sie wollte ihn, und sie wollte ihn so, wie er war, und sie wollte ihn sicher auch, weil er zumindest optisch und in seinem Auftreten so sehr ihrem nie erlebten Vater glich. Alain Delon, dessen Gesicht erst heute mit fünfundfünzig so hart aussieht, wie es sein Image schon damals verbreitete, gilt immer noch als geheimnisumwitterter Bösewicht, der nur deshalb unbeschadet durch alle Skandale kam, weil es gegen ihn nie Beweise gab. In den Geschichten, die angeblich das Leben schreibt, die im Leben aber immer wieder aus den Archiven der Zeitungen abgeschrieben werden, bleibt Delon der gallische Hahn, der fremde Schurke, der Sissi entführt hat. Und vor allem der Mann, der ihr nicht nur alle Mädchenillusionen genommen hat, sondern auch ihre Würde. Waren nicht seine Forderungen an sie und ihre Liebe maßlos und jenseits aller Kriterien von Moral oder Unmoral? War er es nicht, der sie verdorben hat für alle anderen Bindungen? War er es nicht, der sie nach seinem Ebenbild formte, so daß die Zahl ihrer Liebhaber und Affären den seinen nicht nachstand? Romy Schneider hat die Männer nicht erobert mit einem unwiderstehlichen Sexappeal (wie zum Beispiel Marilyn Monroe) oder durch eine unwiderstehliche erotische Ausstrahlung (wie zum Beispiel Ingrid Bergman), es war diese auf manche Männer magisch wirkende Mischung aus kindlicher Verlorenheit und Reinheit, eben Sissi, verbunden mit der Verheißung einer Schamlosigkeit, die im bürgerlichen Leben als Tabu galt. Genau diese Mischung war es, die Romy Schneider später in ihren großen Frauenrollen als Filmstar so erfolgreich machte.

Romy Schneider und Alain Delon sind selten ganz für sich und ganz allein, auch nicht in ihren gemeinsamen Nächten. Manchmal ist nur Humphrey Bogart zwischen ihnen, dessen Filme Delon wieder und wieder studiert, bis er jede Geste auswendig kennt. Oft aber kommt er mit seinen Kumpanen aus der Zeit, als er noch zu einem anderen Milieu gehörte, für ein Wochenende aufs Land. Da wird dann mit Revolvern auf Strohballen geschossen und in dicken beißsicheren Jacken mit den riesigen Hunden getobt, die sich Alain Delon in einem Zwinger auf dem großen Grundstück hält. Romy Schneider haßt diese Spiele harter Männer und zieht sich immer zurück, wenn Delons Freunde eintreffen. In einem Turm, gegenüber dem Haupthaus, ist nicht nur Delons ganz privates Schlafzimmer untergebracht – wie alles andere entworfen und eingerichtet von Georges Beaume –, sondern auch eine Art Jagdsaal, in dem seine Gewehre fein aufgereiht hängen. Daneben silberne Ketten für die Hunde. Den Hang zu teuren Gemälden wird Delon erst später mit wachsendem Einkommen entdecken. Seine *copains* sind nicht unbedingt die Typen, die man in den besseren Kreisen von Paris gerne einlädt, obwohl man sie auch dort kennt. Von Zeit zu Zeit gibt es Feste, auf denen sich Oberschicht und Unterwelt fröhlich mischen. Vor einem dieser seltsamen Gesellen, einem Jugoslawen namens Stefan Markovich, hat sich Romy Schneider immer gefürchtet: »Der sah aus wie ein Finsterling in einem amerikanischen Gangsterfilm.« Den Namen Markovich wird sie erst wieder sechs Jahre später während der Dreharbeiten zu *Der Swimmingpool* in den Schlagzeilen lesen. Da wird nämlich auf einer Müllhalde in Paris seine Leiche gefunden, und ihr Filmpartner, Alain Delon, gerät unter Verdacht, von diesem Mord mehr zu wissen als das, was in den Zeitungen steht.

Immer wieder erreichen Romy Schneider im selbstgewählten Exil Frankreich Briefe aus dem Mutterland. Empörte Kinobesucher beschimpfen sie schriftlich als »Hure«. Katholische Würdenträger, die bald mit der »Aktion Saubere Leinwand« vor die Kinos ziehen sollten, sehen das Reich des Satans heraufziehen. Diesseits des Rheins, im Mief der deutschen Ordnung, die zwar Anfang der sechziger Jahre erste Risse zeigt, aber immer noch beherrscht wird von der Generation, die an sich keine Schuld entdecken kann, ist Romy Schneider so etwas geworden wie die Dirne von Dingsda. Jenseits des Rheins dagegen ist sie anerkannt als vielversprechende Schauspielerin, da ist ihr Privatleben ihre Sache und kein Thema öffentlicher Debatten. Dafür wird sie immer dankbar sein: »Die Franzosen haben mich gelehrt, mich zu kleiden, zu leben, zu lieben...« Die ehrbare Familie Blatzheim, von deren Denkungsart es viele gibt in Deutschland, zeigt sich empört und in ihren Vorurteilen gegen das lose Leben bestätigt (Magda Schneider sagt das ihrer Tochter auch am Telefon), als im Kino Kafkas *Der Prozeß* unter der Regie von Orson Welles anläuft. Romy Schneider spielt die Rolle der Leni, Mätresse des Rechtsanwalts, der Josef K. retten soll. Sie spielt mit einer so intensiven sinnlichen Ausstrahlung, daß zwar ihre Mutter entsetzt ist, Produzenten in Hollywood aber eine »neue Marlene Dietrich« zu entdecken meinen und Romy Schneiders Agenten Georges Beaume entsprechend verlockende Angebote machen.

Noch 1962 dreht Romy Schneider unter der Regie von Carl Foreman den Episodenfilm *Die Sieger*, in dem sie eine junge Geigerin spielt, die während des Zweiten Weltkriegs von einem Soldaten zur Prostitution gezwungen wird. Für die Rolle nimmt die Perfektionistin sogar Violinunterricht. Wichtiger wird der zweite Film, den Hollywood ihr anbietet, *Der Kardinal* unter der Regie von Otto Preminger. Nicht nur wegen der Rolle, in der sie zeigen kann, was sie bei Visconti und Orson Welles gelernt hat, sondern vor allem, weil sie zum ersten und einzigen Mal mit ihrem Vater Wolf Albach-Retty dreht. Sie hat eine Nebenrolle für ihn gefordert und auch bekommen. Sie erzählt es allerdings immer so, daß »Papili« ihr zuliebe sich herabgelassen habe, in dem Film einen österreichischen Baron zu spielen.

Der Vater übrigens war es, obwohl er nie wirklich ein Vater war, dem sie nach der Trennung von Alain Delon lange, bittere Briefe schrieb, in denen sie sich ausweinte und gleichzeitig ihn, für sie das Ebenbild von Delon, beschimpfte. Mit ihm hat sie telefoniert und ihm ihr Herz ausgeschüttet. Auch wenn es sich in den zahlreichen Erinnerungen von Magda Schneider immer so liest, als habe sich Romy Schneider mit allen Problemen direkt in die Arme des geliebten Mammerls nach Berchtesgaden geflüchtet: der Vater wußte mehr über Romy, ihm stand sie näher, aber er hat mit dieser Nähe nichts anfangen, geschweige denn ihr helfen können.

Die Dreharbeiten in Wien zum *Kardinal* werden zu einem Familienfest, zumindest für die Zeitungen. Zum erstenmal nach der Scheidung, so will es die Legende, treffen sich Magda Schneider, Romy Schneider und Wolf Albach-Retty. Wie zufällig sind natürlich Fotografen dabei, um die demonstrierte Einheit im Bild festzuhalten. Keiner weiß von den Ausbrüchen der Mutter, die beleidigt ist, weil Romy Schneider nicht nur mit ihrem Vater dreht, sondern auch mit ihm und seiner zweiten Frau Trude Marlen jede freie Minute verbringt, als wolle sie die vaterlose Kindheit nachholen. Er hat auch nichts gegen Alain Delon, und er hat auch nichts gegen die neuen freizügigen Filme. Im Gegenteil. Er ist stolz auf seine Tochter, er hat alle ihre Filme gesehen und verteidigt das Kind, wenn seine Mutter, die berühmte Rosa Albach-Retty, über soviel Unmoral den Kopf schüttelt. Hat man nicht auch ihn verurteilt, als er aus dem Käfig bürgerlicher Konventionen ausbrach? Und ist nicht seine Tochter gerade ihm besonders ähnlich, ihm, der manchmal auch »besonders ekelhaft« sein konnte, aber Minuten später durch seinen Charme alles wieder bereinigte? Wenn der Vater sie kritisiert, hört sie zu, das verträgt sie. Bei anderen, vor allem bei ihrer Mutter, reagiert sie inzwischen wie der Star, der sie ja ist, und will keine Ratschläge hören. In Wien ist Romy Schneider wie ein Kind, das seinen Vater beeindrucken will – schau mal, was ich alles gelernt habe, schau mal, was ich alles kann. Die jugendliche Verkörperung des Vaters, die sieht sie in Alain Delon. »Hätten Sie für Wolf Albach-Retty geschwärmt, wenn er nicht Ihr Vater gewesen wäre?«, wird sie in ihrem letzten großen Interview 1981 gefragt, und sie antwortet lachend: »Ich habe mit meinem Vater nicht geschlafen!«

Zu den Legenden um den Mythos Romy Schneider gehört die immer wieder neu interpretierte Beziehung zu ihrer Mutter Magda, die längst nicht so gut war, wie diese es gläubigen Lesern ihrer vielfältigen Memoiren verkaufen wollte, und längst nicht so schlecht, wie es manche »guten Freunde« uns weismachen wollen. Magda Schneider hat sicher instinktiv geahnt, wie unendlich ihre Tochter den verlorenen Vater geliebt hat und daß sie selbst mit ihren alltäglichen Nörgeleien oder gar mit Blatzheim an ihrer Seite nichts hat dagegensetzen können. Vielleicht hat sie sogar darunter gelitten, vielleicht nicht einmal das. Magda Schneider, das zumindest darf man sagen, war nicht angekränkelt von des Gedankens Blässe, und sie hat nicht nur ihrer Umgebung, sondern auch sich selbst viel vorgemacht. Immerhin war ihr Einfluß auf Blatzheim so groß, daß er später zu Familienfesten oder für Urlaubstage in Lugano auch Wolf Albach-Retty und dessen zweite Frau einlud – aber erst nachdem Magda Schneider spürte, daß Romy ihr nicht nur durch die Liebe zu Alain Delon entglitten war, sondern nun auch noch ihre Stellung als »Mammerl« – den Muttertag vergaß die brave Tochter nie – durch die Wiederentdeckung des echten Vaters gefährdet war. Dann schon lieber alle unter einem Dach, dann schon lieber gute Miene machen, um nicht endgültig die Kontrolle zu verlieren.

Die katholische Kirche hatte für den *Kardinal* keine Dreherlaubnis im Vatikan gegeben, wo nach den Wochen in Wien die nötigen Außenaufnahmen gemacht werden mußten. Die Buchvorlage, Henry Morton Robinsons gleichnamiger Roman, war den Vatikanfunktionären suspekt. Die Geschichte des Priesters, dessen Vorgesetzte sich allzu schnell mit den Nazi-Machthabern in Österreich arrangieren und der darunter leidet, zwischen der Frau seines Lebens und dem Dogma des Zölibats wählen zu müssen, dann Schuld auf sich lädt und trotzdem Kardinal wird, paßte nicht ins katholische Weltbild.

Deshalb muß Regieassistent Hermann Leitner, den Romy Schneider auch als langjährigen Freund der Familie kennt und mag, im Petersdom mit dem Hauptdarsteller Tom Tryon und einem einzigen Kameramann einige notwendige Szenen heimlich drehen. Romy Schneider hatte ein paar unfreundliche Schlagzeilen bekommen, weil sie bei einer Pressekonferenz nicht wußte, daß nahe ihrem Heimatort Berchtesgaden Hitlers Adlerhorst auf dem Obersalzberg gelegen hatte. Sie hat sich übrigens so für ihr Unwissen geschämt, daß sie nie wieder von Berchtesgaden gesprochen hat, wenn sie nach ihrer Kindheit gefragt wurde, sondern immer nur von einem Ort bei Salzburg oder schlicht von Mariengrund.

Während Romy Schneider in Rom dreht, läßt es sich ihr Verlobter in Paris wohlergehen. Im Club Saint Hilaire hat er die zweiundzwanzigjährige Nathalie kennengelernt, die ihm ähnlich sieht wie eine Schwester. Daß es mehr ist als eine der schon üblichen Affären nebenbei, weiß Romy noch nicht. Die Fotos, die sie in den Zeitungen von den beiden sieht, nimmt sie nicht ernst, die üblichen Klatschgeschichten halt. Romy Schneider hat keine Ahnung, daß auch Nathalie aus dem Milieu stammt, aus dem Delon seine Leibwächter engagiert.

Einer sieht die Artikel voller Freude, Stiefvater Hans Herbert Blatzheim. Seine Voraussagen, Delon sei »kein Mann fürs Kind«, scheinen sich zu erfüllen. Etwas zu früh allerdings gibt er entsprechende Hinweise an die *Bild*-Zeitung, die sofort in Schlagzeilen meldet, daß es aus sei zwischen Romy und Alain. Romy Schneider, die für ein Wochenende nach Paris fliegt, telegraphiert ihm von dort: »Wenn jemand geschieden ist, dann sind es wir beide. *Tu me dégoutes*, ich hasse dich, ich kannte bisher nie dieses Gefühl.« Nicht nur für die Öffentlichkeit scheint wieder alles in Ordnung zu sein zwischen den Dauerverlobten. Alain Delon kommt ein paar Wochen später überraschend zu den Dreharbeiten nach Rom, platzt sogar in eine Außenaufnahme in der Nähe des Capitols, wo er allerdings nicht seine Verlobte findet, sondern nur den Bekannten aus Wien, Hermann Leitner, den er stürmisch umarmt. Romy Schneider ist im Hotel Hassler Villa Medici, weil sie einen drehfreien Tag hat und lange ausschlafen will. Daraus wird nun nichts.

Delon bleibt ein paar Tage in Rom und schaut bei den Dreharbeiten zu. Romy Schneider stört das nicht, denn so sehr sie auch immer litt, bevor die Klappe fiel – wenn sie erst einmal spielte, war alles andere vergessen. Alle Regisseure übrigens, die mit ihr drehten, berichten übereinstimmend von einer ungeheueren Präzision und Konzentration, ja einer Manie zum perfekten Spiel. Sie selbst wußte sehr genau, wann sie gut war, wann schlecht und wann mittelmäßig. Viele Jahre lang hat sie sich während einer Produktion nie Muster zeigen lassen, erst später, als sie sich ihrer Ausstrahlung vor der Kamera nicht mehr sicher war, saß auch sie Abend für Abend im Schneideraum und schaute sich selbst an.

Romy Schneider und Alain Delon machen lange Spaziergänge im Park der Villa Borghese, Romy wie üblich mit großer dunkler Sonnenbrille und Kopftuch, stehen Hand in Hand vor den Schätzen der Etrusker, die im nahegelegenen Museum in der Villa Giulia ausgestellt sind, und gehen gemeinsam mit dem Ehepaar Leitner ins Kino, zum Essen, sogar zum Tanzen. Man spricht über den neuesten Klatsch aus Paris, aber vor allem über die Arbeit und über die nächsten Filme. Romy Schneider würde im Herbst in Hollywood drehen, eine Komödie an der Seite von Jack Lemmon unter dem Titel *Leih mir deinen Mann* und Alain Delon in Spanien den Abenteuerfilm *Die schwarze Tulpe.*

Bevor Romy Schneider mit ihrem Film in Hollywood beginnt, macht sie nach dem *Kardinal* in ihrer Wohnung in Monte Carlo gemeinsam mit ihrem Bruder Wolf, der anfangs auch die Familienbedenken gegen Delon teilte, ein paar Wochen Ferien. Täglich telefoniert sie mit Alain, der schon in Madrid dreht, aber längst sind die unbeschwerten Tage von Rom vergessen. In den Zeitungen entdeckt Romy nun immer häufiger Fotos von Alain mit dem Mädchen Nathalie Barthélemy, das sie anfangs nur für eine jener flüchtigen Bekanntschaften gehalten hatte, die sie häufiger schlucken mußte. Über ihre Vorwürfe lacht Alain, du weißt doch, daß ich dich liebe, ma Puppele. Das sind doch nur Fotos, da ist nichts. Du kennst doch die Journalisten. Um sie zu beruhigen, steht er eines Tages sogar vor ihrer Tür in Monte Carlo, er mag solche Überraschungen. Dann begleitet er sie nach Rom, noch einmal, denn von dort soll sie nach Hollywood fliegen. Es bleibt für lange Zeit ihre letzte Begegnung.

Über die folgenden Wochen bis zum Dezember gibt es wiederum viele sich widersprechende Berichte. Der europäische Star ist in Hollywood in einen engen Terminplan eingebunden, der wenig Zeit läßt für Privates. Die Telefongespräche mit Alain Delon sind schon wegen des Zeitunterschieds selten. Nur das Datum, an dem sich Romy Schneider und Alain Delon trennen, scheinen alle genau zu kennen. Sogar der *Spiegel* weiß Ende 1963 zu vermelden: »Nach vier Jahren, acht Monaten, 24 Tagen Dauer, nach Bekanntgabe von einem Dutzend verschiedener Hochzeitstermine und nach genauso vielen Zerwürfnissen und Absagen endete die turbulenteste und am heftigsten publizierte Brautzeit der Jahrhundertmitte mit einem Ferngespräch: Am Telephonhörer, 13000 Kabel-Kilometer voneinander entfernt, kamen die österreichische Filmschaffende Rosemarie Albach-Retty, genannt Romy Schneider, 25, und der französische Neue-Welle-Reiter (*Nur die Sonne war Zeuge*) Alain Delon, 28, überein, still auseinanderzugehen.«

Ganz so einfach, still und undramatisch geht es natürlich nicht zu, als Romy Schneider und Alain Delon sich trennen. Man kann eigentlich auch nicht sagen, daß sie sich trennten, denn Delon hat sie schlichtweg verlassen. (Romy Schneider 1981: »Er war feige, aber er war sehr schön, er war ein Macho-Spießer.«) Sie hat sich für die Zeit der Dreharbeiten, weil sie Hotels nicht mehr ertragen konnte, in Beverly Hills eine Villa gemietet, in der sie mit ihrer Sekretärin Sandra Jurman und einigen Hausangestellten lebt. Eines Tages kommt ihr gemeinsamer Agent und Freund Georges Beaume zu Besuch, um bei den Dreharbeiten mit Jack Lemmon zuzuschauen und schon für den nächsten Film Verhandlungen zu führen, den die Columbia mit Romy Schneider produzieren will. Geplant sind sieben Filme in sieben Jahren mit der Möglichkeit für beide Seiten, die Zusammenarbeit zu verlängern. Georges Beaume, so lautet eine der Geschichten über die Trennung, habe einen Anruf von Alain Delon bekommen, er solle doch mal in seiner Mappe nach einem Brief suchen und den möge er Romy übergeben. Romy Schneider, die mitbekommen hat, daß Delon am Telefon ist und aufgelegt hat, ohne mit ihr zu sprechen, macht Beaume Vorwürfe, daß er sie nicht mit ihm verbunden hat. Beaume druckst herum. Auf dem Weg ins Studio bedrängt sie ihn so lange, ihr die Wahrheit zu sagen, bis er ihr den fünfzehnseitigen Brief gibt. Den liest sie abends nach Drehschluß. Zusammenbruch, Tränen, dennoch mit Hilfe von Beruhigungsmittel und Alkohol tapferes Durchhalten bis zum Ende der Dreharbeiten.

Romy Schneider viele Jahre später: »Die Geschichte konnte schon deshalb nicht stimmen, weil Alain mir nie einen Brief geschrieben hat, immer nur Zettel.«

Eine andere Version derselben Geschichte ist noch eine Spur schlichter. Danach soll Alain Delon mit Romy Schneider kurz am Telefon darüber gesprochen haben, warum er sie verlassen müsse. Weil sie zu gut für ihn sei und er nie der richtige Mann sein könne, usw. Konsequenz wie oben – Tränen, Zusammenbruch, aber tapferes Durchhalten bis zum Ende der Dreharbeiten. Allerdings gibt es in dieser Version eine pikante Variante – noch während der Dreharbeiten soll Romy Schneider ein leidenschaftliches Verhältnis mit dem berühmten Hollywoodproduzenten Robert Evans begonnen haben. Auch das aber kann nicht stimmen, denn Robert Evans lernte Romy Schneider erst nach der gescheiterten Ehe mit Harry Meyen kennen, also viele Jahre später.

Tatsache ist – Romy Schneider hat den Zettel wie so vieles aufbewahrt –, daß sie nach ihrer Rückkehr in der einstigen gemeinsamen Wohnung in Paris einen Strauß mit Rosen vorfindet und darunter ein Stück Papier mit ein paar Zeilen von Delon: »Bin mit Nathalie nach Mexiko. Alles Gute. Alain.« Aufbewahrt hat sie auch das Telegramm von Visconti, der in den Zeitungen vom Ende der Liebesaffäre erfährt und ihr versichert »Romina. Ich liebe dich. Luca.« Tatsache ist leider auch, daß Romy Schneider mit Hilfe einer Rasierklinge versucht, sich die Pulsadern aufzuschneiden, aber ein Freund, der sie findet und rettet, kennt einen diskreten Arzt, der Romy Schneider versorgt und schweigt. So schweigt, wie auch Beaume immer über alles geschwiegen hat, was er erfahren und erlebt hatte. Romy Schneider hat ihm das nie vergessen. Bei der standesamtlichen Hochzeit mit Harry Meyen ein paar Jahre später in Südfrankreich ist Georges Beaume ihr Trauzeuge. – Ihr bleibt eine winzige Narbe am Handgelenk.

Warum ihr Traum von der großen Liebe geplatzt ist und warum das eigentlich jeder schon gewußt hat von Anfang an, kann Romy Schneider in allen Zeitungen lesen. Die leben wochenlang von den wenigen echten und vielen erfundenen Details der Liebesgeschichte Romy Schneider/Alain Delon (was im Aufruf einer deutschen Boulevardzeitung gipfelt, nun, da diese Affäre endlich zu Ende sei, solle man doch dem verlorenen Kind verzeihen und es wieder mit offenen Armen in der Heimat aufnehmen). In ihrem Unglück flüchtet sie vorübergehend sogar in die Spießerwelt, die sie einst für Delon verlassen hatte, und feiert mit der »Familie« Weihnachten in Mariengrund. Aber die Gespräche mit der Mutter, die soviel Trost hätte geben können, weil sie einen ähnlichen Schmerz vor Jahrzehnten mit Wolf Albach-Retty auch erlebt hatte, bleiben oberflächlich, und die geheuchelte Anteilnahme von Blatzheim, der sich freut, weil er letztlich doch recht behalten hat, kotzt sie an. Romy ist eben kein Kind mehr, das einfach nach Hause fahren kann, wenn die Welt böse zu ihm war.

Ein Indiz für die Sprachlosigkeit untereinander, die bei diesen seltsamen Familienfeiern herrscht, ist der Umstand, daß alle Beteiligten sich voller Begeisterung an einen Striptease erinnern, den Romy Schneider unter dem Christbaum hinlegt. Einen Pelzmantel hat sie an und dicke Fäustlinge, und natürlich zieht sie außer dem Mantel und den Handschuhen nichts aus. Aber sie spielt es so, als säße man in einer Nachtbar und hätte wirklich eine nackte Tänzerin vor sich. Für Romy Schneider dagegen ist ein solches Spiel eine momentane Rettung, eine ganz persönliche Flucht ins Komödiantische, in die Rolle. So wie sie immer in eine Rolle flieht, wenn es ihr schlecht geht. Denn sie weiß, wenn sie anderen und damit auch sich etwas vormacht, gelingt ihr spielerisch alles, was ihr im richtigen Leben mißlingt.

Wie unendlich schlecht sie sich wirklich fühlt, schreibt sie wenige Monate später an den Vater, der sie vergeblich in langen Telefonaten zu trösten versucht. Auf seine Art. Also voller Verständnis, aber unfähig zu helfen. »Mein Pappi... jeder muß halt durch die Scheiße alleine durch!« Der einzige, dem sie sich in Paris anvertrauen kann und der für sie zum Rettungsanker wird, ist der alte Freund Jean-Claude Brialy, der in diesem Fall sogar gegen seinen Kumpel Delon Partei ergreift, weil »Romy halt so unendlich unglücklich war«.

In der Pariser Wochenzeitung *France Dimanche* erscheint ein Stück aus einer angeblichen Delon-Autobiographie, die auf seltsamen Wegen aus dem Büro von Beaume verschwunden ist. Außer Romy Schneider glaubt niemand, daß ausgerechnet das Kapitel über Romy von Unbekannten gestohlen worden ist und ausgerechnet auch noch jetzt, wo es so schön paßt. Gerührt darf man lesen: »Für mich ist und bleibt Romy die Frau, von der ich mir Söhne gewünscht hätte.«

Wer Delon besser kennt, und das sind ja nicht wenige, lacht darüber, und das keinesfalls herzlich. Nathalie, die Frau, von der er im Oktober 1964 einen Sohn bekommt und die er drei Monate vorher heiratet, ist schon schwanger, als diese Zeilen erscheinen.

VII

Wie sollte es Anna Wendtlin schaffen, eine Verbindung zu Alain Delon herzustellen? Kollegen von französischen Zeitungen hatten ihr wenig Hoffnung gemacht, den Star zu erreichen: der haßt Journalisten seit der Markovich-Affäre, nicht einmal seine Filmgesellschaft kann ihn überreden, beim Start eines neuen Films die üblichen Interviews zu geben. Berühmt war die Geschichte von Journalisten, die zu einem Interview mit Delon eingeflogen worden waren. Der Star war freundlich, sagte guten Tag und bot sich an, zunächst einmal Kaffee zu holen. Er kehrte nicht zurück. Aber ein Zufall kam Anna zu Hilfe. Karsten Schuler war befreundet mit dem Sonderkorrespondenten des Zweiten Deutschen Fernsehens, der einst als Fremdenlegionär für Frankreich in Indochina gekämpft hatte und heute als einziger der deutschen Reporter in Paris auch in einflußreichen Kreisen ein gern gesehener Gast war. Auf Schulers Bitte hin ließ er seine Verbindungen spielen, und schon am Tag nach dem nächtlichen Abenteuer in Ablis rief er Anna im Hotel an. Sie solle auf seinen Namen einen Brief an der Rezeption hinterlegen und darin präzise auflisten, was genau sie von Alain Delon wissen wolle. Diesen Brief würde er entsprechend weiterleiten, alles andere sei dann die Entscheidung des Stars. Mehr könne er leider nicht für sie tun.

Anna Wendtlin schrieb kurz auf, daß sie aufgrund ihrer Recherchen auf Material gestoßen sei, das zumindest den Verdacht erhärte, daß Romy Schneider erpreßt worden sei. Darüber würde sie gern mit Delon reden und ihm auch zeigen, was sie gefunden hatte. Er könne sich darauf verlassen, daß sie eine mögliche Begegnung nicht für ihre Serie über das Leben von Romy Schneider verwenden würde. Mit freundlichen Grüßen etc. Bevor sie den Brief beim Portier abgab, rief sie Laurent Pétin an und las ihm alles vor.

»Meinst du, er wird sich melden?« fragte sie Laurent.

»Selbst wenn er sich meldet, was soll er denn tun? Wie soll er uns helfen? Es ist doch alles sinnlos, davon wird Romy auch nicht mehr lebendig...«

»Laurent, wenn du in der Stimmung bist, dann laß uns alles vergessen. Dann schreibe ich meine Serie zu Ende und fliege zurück, und du machst die Kalkulation zum nächsten Film statt die Liste mit den Freunden Romys, und das war's dann. Verstehst du nicht? Wir müssen ganz einfach alles versuchen, das sind wir Romy schuldig.«

Sie schämte sich ein wenig für diesen pathetischen letzten Satz, weil sie genau wußte, daß Pétin damit geschlagen war, und weil sie ebenso genau wußte, daß es ihr, der Journalistin, nicht so sehr um Gerechtigkeit ging oder Rache, sondern ganz einfach um eine gute Geschichte. Zumindest eine, die besser war als die der anderen. Andererseits, wenn die bessere Geschichte auch noch eine wahre Geschichte ist, wofür sollte sie sich schämen?

Pétin reagierte wie erwartet. Natürlich wollte er tun, was Anna ihm vorschlug, und natürlich war er genauso gespannt wie sie auf Delons Reaktion. Er versprach, alles aufzuschreiben, was ihm über mögliche Freunde Romys einfiel, und im übrigen neben dem Telefon zu warten, bis sie sich meldete. Dann machte er einen letzten Versuch.

»Aber ich könnte doch direkt mit Alain reden, das ist doch viel einfacher, schließlich kennt er mich, und am Tag von Romys Tod war er ja auch morgens in der Wohnung, und die Beerdigung hat doch auch er organisiert. Er weiß doch, daß Romy und ich heiraten wollten, und...«

Ob er eigentlich ahnt, überlegte Anna Wendtlin, daß es außer ihm am Schluß in Romy Schneiders Leben noch jemanden gegeben hatte, eine Frau in Berlin?

»Nein, Laurent. Du bist noch viel zu aufgewühlt durch Romys Tod und wirst in ihm ganz schnell vor allem den Mann sehen, der auch mal ihr Geliebter und ja nicht ganz unschuldig an ihren Problemen war. Da kann es zu Diskussionen kommen, die uns im Moment wirklich nicht weiterhelfen. Bei mir ist das was ganz anderes.« Außerdem, dachte sie, bin ich ehrlich gesagt neugierig auf den

Mann, über den ich so viel gelesen habe in den letzten Tagen und über den mir Romy so viel erzählt hat.

»Falls er sich nicht bei mir meldet nach diesem Brief, mußt du es sowieso versuchen. Du bist sozusagen unsere Geheimwaffe, Laurent. Also dann, ich ruf' dich wieder an.«

Sie ließ ihm keine Zeit mehr für weitere Argumente, legte auf und brachte den verschlossenen Umschlag mit ihrem Brief zum Portier. Dann stand sie unschlüssig in der Halle und überlegte, was sie jetzt tun sollte. Eigentlich könnte ich mich auf eine Bank in die Sonne setzen und später einen Kaffee trinken und vor mich hindösen. Heute abend muß ich doch wieder auf dem Zimmer hocken und warten, bis das Telefon klingelt. Scheißjob. Sie verließ das Hotel und ging langsam in Richtung Place des Vosges, dessen Park sie besonders liebte. Im Restaurant, das Jean-Claude Brialy gehörte, hatte Anna Wendtlin sich manchmal mit Romy Schneider getroffen, wenn beide zufällig zur gleichen Zeit in Paris waren. Der Manager hatte ihnen immer einen Tisch in der Ecke gegeben und dafür gesorgt, daß keiner außer dem alten Kellner sie störte und daß die Weingläser immer voll waren.

An der Ecke nahm sie den kürzesten Weg und entschied sich trotz des gewaltigen Autolärms für die Arkaden mit den teuren Geschäften. Unvermittelt blieb ihr Blick an einem Kinoplakat mit dem Porträt von Romy Schneider hängen. *Clair de Femme* avec Romy Schneider et Yves Montand, las sie, und sie konnte sich nicht erinnern, ob sie diesen Film schon gesehen hatte und unter welchem Titel er in Deutschland gelaufen war. Sie ging zur Kasse und fragte, ob die Nachmittagsvorstellung schon angefangen habe. Nein, erst die Werbung, der Hauptfilm werde in ein paar Minuten beginnen. Anna Wendtlin löste eine Eintrittskarte und wurde von einem jungen Mädchen in den dunklen Kinosaal geführt. Außer ihr saßen nur ein Dutzend Menschen verteilt im Parkett. In einer Reihe ganz hinten ließ sie sich in einen weichen Sessel fallen. Eigentlich toll, dachte sie, nachmittags ins Kino zu gehen, fast wie gestohlene Zeit. Wahrscheinlich kenne ich den Film schon, werde ich ja merken, wenn es losgeht. Ich muß im Hotel in meinen Unterlagen nachschauen, wie er auf deutsch hieß.

Die Stimme von Romy Schneider, ein wenig fremd in französischer Sprache und ohne den weichen Wiener Akzent, füllte den Raum, und auf der Leinwand erschien groß ihr Gesicht. Anna hatte den Film, eine seltsame Liebesgeschichte zwischen Romy Schneider und Yves Montand, noch nicht gesehen. Sie ließ sich von den Bildern packen, obwohl sie gleichzeitig automatisch im Kopf registrierte, daß dies ein abenteuerliches Melodram war. Lydia (Romy Schneider) hat bei einem Autounfall ihre kleine Tochter verloren, ihr Mann lebt seitdem in geistiger Umnachtung bei seiner Mutter. Michel (Yves Montand) wiederum hat seine sterbende Frau verlassen und ist eigentlich auf dem Weg nach Caracas. Als sich die beiden zum erstenmal begegnen, deutet die Filmmusik schon an, daß gleich das Schicksal zuschlagen wird. Die beiden verlieben sich, trennen sich, können nicht voneinander lassen, trennen sich erneut, wissend, daß sie sich wiedersehen werden und daß dann alles gut sein wird. *Fin*.

Als es hell wurde im Vorführraum, blieb Anna Wendtlin noch eine Weile gedankenverloren sitzen, bevor sie aufstand und hinausging. Sie ärgerte sich, daß sie nicht den Nachmittag über im Park gewesen war, und war gleichzeitig froh, daß sie gerade jetzt noch einmal Romy Schneider gesehen hatte. Schauspieler sterben nie, dachte sie, sie leben einfach so lange weiter, wie ihre Filme gezeigt werden. Egal, wie schlecht die Filme sind. Journalisten sind tot, auch wenn sie noch leben, wenn keiner mehr etwas liest von ihnen. Sie verscheuchte diese Gedanken, die sie in einem Manuskript nie hätte stehen lassen, und ging zurück ins Hotel. Keine Nachricht für sie. Sie bestellte sich beim Room-Service einen Salat aufs Zimmer, und während sie neben dem Telefon saß und wartete, blätterte sie in der Mappe mit Material, die sie aus Frankfurt mitgebracht hatte. Irgendwo fand sie eine Kritik des Films, den sie gerade gesehen hatte. Auf deutsch hieß er *Die Liebe einer Frau*, und sie las: »Die Schönheit leerer Seelen füllt diesen Film mit einer Leere, die Erschütterung verlangt, wo sie gesucht wird.« Nun ja, dachte sie, wenn man diesen Satz analysiert, bleibt auch nicht sehr viel übrig. Dann schlief sie, noch erschöpft von der seltsamen Nacht in Ablis, ein und verfiel in wirre Träume.

Das Telefon klingelte.

»Ich rufe an im Auftrag von Monsieur Delon. Er hat Ihren Brief erhalten. Wäre es Ihnen möglich, in einer Stunde vor dem Hotel zu warten? Ich lasse Sie dann abholen und zu Monsieur Delon bringen«, sagte eine höfliche Männerstimme.

Anna überlegte kurz, ja, das ist zu schaffen,

»Und wie erkennen Sie mich? Oder wie erkenne ich Sie?« fragte sie.

»Sie haben blondes kurzes Haar, sind etwa dreißig Jahre alt, und wenn sie das Kleid tragen, das helle, das Sie gestern anhatten, als sie ins Hotel zurückkehrten, dürfte es keine Probleme geben«, antwortete der Mann. Anna konnte sich vorstellen, wie er am Telefon über ihre Verblüffung grinste. Wie haben die das geschafft? Den Brief habe ich abgegeben gegen drei Uhr, zurück war ich noch vor halb sieben, das waren doch nur ein paar Stunden...

»Ich werde pünktlich unten sein«, versprach sie .

Neben dem dunkelblauen Citroën, der im Halteverbot parkte, stand ein junger Mann mit einer Sonnenbrille, der sofort die hintere Tür des Wagens öffnete, als Anna das Hotel verließ. »Bonjour, Madame«, sagte er höflich, als sie eingestiegen war, aber die ganze Fahrt über sprach er kein Wort mehr. Sie fuhren zunächst über die Champs-Elysées und schlängelten sich dann durch ein Gewirr von kleinen Straßen hinunter zur Seine. Nach einer halben Stunde hielt der Wagen in einer stillen Seitenstraße. Anna nahm den Umschlag mit der Videokassette und dem Foto und folgte ihrem Fahrer zu einem kleinen Tor, wo er klingelte. Mit einer angedeuteten Geste ließ er ihr den Vortritt, ging dann wieder vor ihr her zu einem Pavillon, der in einem großen Garten stand.

Davor saß in einem braunen Korbstuhl ein dunkelhaariger Mann in weißen Jeans und Polohemd, der höflich aufstand, als sich Anna und ihr Begleiter näherten. Der Mann ging auf sie zu und streckte ihr seine Hand entgegen.

»Ich bin Alain Delon, bitte, nehmen Sie doch Platz«, und er zeigte neben sich auf ein kleines Sofa. Der Chauffeur wartete im Hintergrund.

»Was darf ich Ihnen bringen lassen? Tee oder lieber Kaffee oder vielleicht ein Glas Champagner?«

»Tee wäre fein, vielen Dank«, sagte Anna und setzte sich vorsichtig hin. Sie kam sich vor wie ein Schulmädchen, das zum erstenmal seinem Idol begegnete, ein Gefühl, das sie ärgerte. Sie musterte ihr Gegenüber. Delon ließ diese Prüfung über sich ergehen, ohne etwas zu sagen.

»Ich habe Ihren Brief gelesen und ich gebe zu, ich bin neugierig. Sie wissen ja, daß ich mit Journalisten nichts zu tun haben möchte, weil die nur das schreiben, was sie wollen, und nie das, was man ihnen sagt. Gerade wenn es um Romy und mich geht. Aber in diesem Fall...« Er beendete den Satz nicht, weil der junge Mann den Tee brachte, wartete, bis er wieder verschwunden war, und nahm dann die Sonnenbrille ab.

»Erzählen Sie«, sagte er, und alle Leichtigkeit war aus seiner Stimme verschwunden, während er Anna mit kühlen, blauen Augen anblickte. Sie stellte ihre Teetasse ab, steckte sich eine Zigarette an und berichtete von der Nacht in Ablis und von der seltsamen Begegnung in der Villa. Als sie fertig war, lächelte Delon spöttisch. »Verzeihen Sie, aber das klingt für mich wie aus einem schlechten Film, und mit schlechten Filmen kenne ich mich aus.«

Anna griff zu dem Umschlag und zog die Kassette und das Foto heraus. »Warten Sie ab, bis Sie das gesehen haben. Ein schlechter Film, ja, ganz sicher, ein ganz besonders schlechter Film.«

Delon blickte sekundenlang auf das Foto und erstarrte. Dann stand er ruckartig auf und winkte Anna, sie solle ihm folgen. Gemeinsam gingen sie in den Pavillon, der nur aus einem einzigen riesigen Raum bestand. Fernsehapparate und Videogeräte im Regal, eine große Leinwand, ein paar Sessel, ein Schreibtisch. Delon deutete auf einen der Sessel, nahm die Kassette und legte sie ein. Dann setzte er sich hin, und der Film, den Anna in Ablis gesehen hat, lief ab. Delon sagte kein Wort, auch nicht, als die Leinwand wieder schwarz war. Dann drehte er sich zu ihr um und fragte leise:

»Was wollen Sie damit machen? Das werden Sie doch wohl nicht drucken, oder?«

Sie schüttelte den Kopf.

»Nein. Aber vielleicht haben Sie eine Idee, was man machen kann? Sie kennen doch in Paris mehr Leute als ich und haben gute Verbindungen...«

»Lassen Sie uns klar miteinander reden, das ist einfacher. Sie wollen sagen, gute Verbindungen zur Mafia. Ich verstehe Sie sehr gut.

Glauben Sie eigentlich alles, was über mich geschrieben wurde?« Er wartete ihre Antwort nicht ab, sondern sprach gleich weiter.

»Aber Sie haben doch einen Verdacht, wer diese Schweinerei gedreht haben könnte, oder?«

Anna Wendtlin stockte für einen Moment. Sie wußte, daß sie sich auf gefährliches Gelände vorwagte und daß ihr jetzt alle Erfahrungen aus ihrem Beruf nicht mehr helfen würden. Dann erzählte sie Delon, warum sie vermutete, daß Romy Schneider mit diesem Film erpreßt worden war, und daß nach ihrer Meinung dieser Film erklärte, warum regelmäßig Geld von ihrem Konto abgebucht wurde, immer die gleiche hohe Summe. Als sie den Namen des Mannes nannte, den sie verdächtigte, nickte Delon, als habe er keinen anderen erwartet. Dann schwieg er wieder. Schließlich stand er auf, ging zum Fenster und schaute in den Garten. Langsam drehte er sich um.

»Gibt es eine Kopie von dem Film?« fragte er.

Sie schüttelte den Kopf.

»Ich weiß es nicht. Der Mann, der ihn mir verkaufte, hat nichts gesagt von einer Kopie. Aber er hat ja auch nicht gesagt, woher er die Kassette hat, und ich weiß auch nicht, ob das stimmt mit seiner angeblichen Verehrung für Romy und daß er das Ding verkauft hat, damit der Erpresser bestraft wird. Ich weiß es wirklich nicht.«

»Würden Sie mir denn soviel vertrauen, daß Sie die Kassette und das Foto hierließen, wenn ich Ihnen verspreche, daß ich die Angelegenheit regele? Auf meine Art regele, selbstverständlich. Also ohne Öffentlichkeit.«

»Deshalb bin ich ja hier«, sagte Anna Wendtlin.

Natürlich würde ich mich für meine Geschichte auch freuen, dachte sie, wenn du mir alles über deine Beziehung zu Romy erzählen würdest und wenn ich von dir direkt hören könnte, wie das damals mit der Verlobung in Lugano war und ob du wirklich zu Blatzheim »Arschloch« gesagt hast und ob Visconti wirklich dein Liebhaber gewesen ist und ob das stimmt mit dem Zettel, den du ihr unter die Rosen gelegt hast, als du verschwunden bist. Aber wenn ich das frage, wirfst du mich wahrscheinlich raus. Außerdem habe ich es dir auch noch schriftlich gegeben, daß ich nichts über diesen traumhaften Vormittag schreibe, der so unwirklich ist...

»Wissen Sie eigentlich, Monsieur Delon, daß Romy Sie nie vergessen konnte, auch nach zwanzig Jahren nicht?« sagte Anna in die plötzliche Stille.

Delon schwieg minutenlang. »Ja«, sagte er leise, »das weiß ich. Aber das ist meine Sache, ganz allein meine Sache.« Er schaute Anna Wendtlin an, als wollte er prüfen, ob sie auch alles verstand.

»Ich lasse Sie jetzt in Ihr Hotel zurückbringen, und Sie können sicher sein, daß Sie irgendwie von mir hören. Das hier« – er zeigte auf die Videokassette und das Foto –, »das hier wird ein paar Leuten noch verdammt leid tun.«

Er begleitete sie zum Gartentor, wo der Chauffeur schon wartete, blieb am Auto stehen, bis sie eingestiegen war, und beugte sich dann noch einmal durchs offene Fenster zu ihr. »Das mache ich für Romy, verstehen Sie? Sagen Sie das auch Laurent, bitte.« Dann drehte er sich ohne ein weiteres Wort um und verschwand hinter der Mauer im Garten.

Das Telefon klingelte. Verschlafen tastete Anna Wendtlin zum Hörer und blickte automatisch auf die Uhr. Kurz vor acht.

»Habe ich dich geweckt? Tut mir leid. Aber ich wollte dir nur schnell sagen, daß Magda Schneider die Bitte um ein Interview abgelehnt hat. Fühlt sich nicht dazu in der Lage. Zu sehr erschüttert vom Tod ihrer Tochter. Ich habe aber gehört, daß sie längst einen Vertrag mit der *Bild*-Zeitung unterschrieben hat, für viel Geld, und daß sie deshalb keine Interviews mehr gibt.«

»Bist du es, Karsten?« fragte Anna verwirrt und richtete sich halb auf in ihrem Bett.

»Wer denn sonst? Hast du geglaubt, Delon würde dich so früh wecken?« lachte Schuler und grunzte, als habe er einen guten Witz gemacht. »Was ist überhaupt aus deinem Versuch geworden, mit ihm zu reden?«

Anna wollte gerade erzählen von ihrer Begegnung mit Delon, aber dann schüttelte sie den Kopf und schaute noch einmal auf die Uhr und auf die Reste des Salats von gestern abend, die auf dem kleinen Tisch standen. Sie hatte fast zwölf Stunden geschlafen.

»Entschuldige, ich bin noch nicht ganz da. Du hast mich mitten aus einem spannenden Traum gerissen. Nein, von Delon habe ich noch nichts gehört, aber vielleicht meldet er sich ja heute. Ich bleibe den ganzen Tag über hier im Hotel, damit ich nichts verpasse.«

»Wie kommst du denn überhaupt voran?«

Sie berichtete ihm von dem Koffer, den sie durchschauen wollte, und der mühsamen Suche nach Beweisen für finanzielle Manipulationen. Und daß sie morgen von Laurent Pétin eine Liste mit den Freunden Romy Schneiders bekommen sollte, die sie dann alle interviewen wollte.

»Mach mir nicht zuviel Finanzgeschichten rein, die Leute wollen was lesen von ihren Affären und ihren Liebhabern und ihren Zusammenbrüchen und ihren Verzweiflungen«, sagte Schuler und war anschließend ganz überrascht über den Ausbruch seiner Reporterin am Telefon.

»Ich schreibe die Geschichte so, wie sie noch nicht geschrieben wurde. Und ich schreibe sie so, wie ich sie schreiben will. Und wenn euch das nicht paßt, dann könnt ihr ja einen ins Archiv schicken und den ganzen Scheiß einfach umschreiben, der schon mal gedruckt wurde.«

»Schon gut, schon gut, beruhige dich. Ist ja alles wunderbar bisher. War ja nur ein Vorschlag von mir, mehr nicht.« Aber das hörte Anna Wendtlin schon nicht mehr, sie hatte längst wütend aufgelegt. Als Schuler noch einmal wählte und sich auf ihr Zimmer durchstellen ließ, ging sie nicht ans Telefon. Eigentlich hat sie ja recht, dachte er, sollen die anderen doch den üblichen Schmonzes schreiben...

Im Hotel saß Anna Wendtlin den ganzen Tag über in in ihrem Zimmer und verteilte den Inhalt des Koffers auf dem Boden – Zettel, Briefe, Bankauszüge, Gerichtsurteile, Klageschriften, Fotos, Verträge, Zeitungsausschnitte mit Kommentaren in Romy Schneiders großer, steiler Schrift. Anna Wendtlin mußte ordnen, was Romy für sie zusammengesucht und wahllos in einen Koffer gepackt hatte, nachdem sie Anfang des Jahres beschlossen hatte, ihre Memoiren zu schreiben oder besser: schreiben zu lassen. Chaotisch wie ihr Leben war diese Sammlung, und es würde lange dauern, alles durchzulesen.

Kurz vor ihrem Tod hatte Romy Schneider wegen ihrer Lebenserinnerungen verhandelt; das Interesse der Verlage war groß, und man hatte ihr eine Million Mark Vorschuß geboten. Das Geld hatte sie auch dringend gebraucht, nachdem der französische Staat Steuernachzahlungen in Millionenhöhe gefordert hatte. Was sie als Schauspielerin in fast dreißig Jahren verdient hatte, war weg, verschwunden, verloren. Anna seufzte, als sie die vielen Bankauszüge aufstapelte. Wie soll ich das je recherchieren? Und wer will überhaupt noch wissen, wer ihr wann was geklaut hat und wer Vollmacht für ihre Konten hatte? Dann wieder fand sie zwischen all den Zahlenaufstellungen und Zetteln die Kopie eines fast kindlichen Briefes von Romy Schneider an ihre Mutter, geschrieben im Mai 1965 aus Paris: »Verzeih! Ich habe Dich eben mitten in der Nacht zum 2. Mal angerufen, aber ich mußte Dir doch diesen herrlichen Brief von der Wiener Großmutter vorlesen. Ich habe hier in meinem Bett Tränen gelacht, und da Du mich ja nicht zu egoistisch haben willst, dachte ich, Du sollst auch im Bett Tränen lachen, man schläft dann so gut! Also, nun weißt Du's: Der Vater hat sich ein neues Auto gekauft und belächelt es schon um 7 Uhr früh, gibt der Rosa Ein- und Aussteigeanweisungen, kauft dem Hund Schuhe (Autoschoner) – ich kann den ganzen Zirkus vor mir sehen und finde es zu komisch.«

Mitten in all den Papieren entdeckte Anna eine handschriftliche Szene wie aus einem Drehbuch, anscheinend von Romy Schneider selbst verfaßt. Sollte das ein Film werden? Die Personen auf den Blättern hießen Romy und Harry, und erstaunt merkte Anna Wendtlin, daß dieser »Filmdialog« offenbar ein tatsächliches Gespräch wiedergab. Sie legte das Manuskript zur Seite, um es irgendwann in Ruhe zu lesen. Zwischendurch rief sie Pétin an und erzählte ihm, daß sich Delon noch nicht gemeldet hatte, sie aber immer noch darauf hoffe. Laurent hatte die Liste mit Romys Freunden fertig, konnte sie ihr aber nicht mehr vorbeibringen, weil er gleich nach Nizza fliegen mußte, zu einer Produzententagung.

»Ich komme morgen abend mit dem Zug zurück, denn die Maschinen waren alle ausgebucht. Wir können uns ja dann gleich im Train Bleu treffen, kennst du das?« Anna hatte zwar schon viel vom berühmten Jugendstilrestaurant im Bahnhof Gare de Lyon gehört, war aber noch nie dort gewesen. Sie verabredeten sich für ein spätes Abendessen.

Am nächsten Abend saß Anna mit Laurent Pétin in der riesigen Bahnhofshalle mit den schönen Gemälden an der Wand und nippte an ihrem Wein. Der Zug hatte Verspätung und war erst kurz nach 22 Uhr eingetroffen. Beide hatten keine Lust mehr, etwas zu essen. Sie studierte die Liste mit Namen und Telefonnummern, die er ihr gegeben hatte. Hinter manchen Namen stand ein Kreuzchen, die sind besonders wichtig, hatte er ihr erklärt. Pétin wollte jedes Detail wissen, das sie in den hinterlassenen Papieren entdeckt hatte, und immer wieder fragte er sie, ob sie denn noch glaube, daß sich Delon melden würde.

»Keine Ahnung, Laurent. Aber ich kann mir vorstellen, daß es für die Erpresser nicht so lustig werden würde, wenn wir Delon das Zeug geben könnten. Es ist auf jeden Fall die einzige Möglichkeit, etwas zu unternehmen. Ich hätte die Geschichte ohne Beweise nie schreiben können, nie.«

Er nickte nachdenklich und winkte dem Zeitungsverkäufer zu, der gerade mit den Morgenausgaben des nächsten Tages von Tisch zu Tisch ging. Hastig blätterte er die Zeitung durch.

»Steht wieder etwas über Romy drin?« fragte Anna. Er schüttelte den Kopf.

»Nein, nichts, aber zwei ganz interessante Meldungen hier, schau mal.« Er schob ihr die aufgeschlagene Zeitung hin und zeigte mit dem Finger auf eine Seite. Sie las: »Der Geschäftsführer eines Nachtclubs ist zusammengeschlagen worden und liegt mit mehreren Brüchen im Krankenhaus. Er hat keine Ahnung, wer dahintersteckt, und er hat auch keinen der Kerle erkannt, die es waren. In der gleichen Nacht ist aus bisher ungeklärten Gründen ein Foto- und Videogeschäft in der Nähe des Montmartre ausgebrannt. Auch hier steht die Polizei vor einem Rätsel.«

»Was ist daran so wichtig?« fragte sie erstaunt und gab Laurent die Zeitung zurück. Der lachte so fröhlich, wie sie ihn schon lange nicht hatte lachen sehen. »Dreimal darfst du raten, wie der Geschäftsführer des Nachtclubs heißt, und dreimal darfst du raten, wem wohl das Fotogeschäft gehört hat.«

»Du meinst...?«

»Ja«, sagte er, »und ob ich meine.« Dann hob er sein Glas und prostetet irgendwohin in den Raum.

»Laurent«, sagte Anna Wendtlin mißtrauisch und blickte ihn prüfend an, »sag die Wahrheit. Hast du irgend etwas damit zu tun?«

Laurent schüttelte den Kopf. »Wie kommst du nur darauf?«

»Weil das verdammt noch mal nicht nach einem Zufall klingt, überhaupt nicht«, antwortete Anna und mußte an ihren seltsamen Traum denken, von dem sie natürlich Pétin nichts erzählt hatte. Aufgeschrieben hatte sie ihn allerdings schon, als hätte das Gespräch mit Delon wirklich stattgefunden. Vielleicht konnte man irgendwann mit einer solchen Szene doch etwas anfangen...

Im Hotel lag beim Portier ein Kuvert für Anna. Sie riß den Umschlag auf. Laurent blickte ihr über die Schulter. Ein weißer Zettel ohne Anrede und ohne Unterschrift: »Merci pour votre lettre. Je regrette – *NON.*«

In einem Zimmer in einem für die Gegend typischen Landhaus sitzt eine alte Frau an ihrem Schreibtisch und blättert in einem Fotoalbum, ein junger Mann, der neben ihr steht, nimmt ein Foto nach dem anderen aus der Hand und legt es in einen kleinen, flachen Aktenkoffer. Im Hintergrund schenkt ein älterer Mann einem jungen Mädchen Kaffee ein, das vor einer Schreibmaschine sitzt. Immer wieder schluchzt die Frau, wenn sie die Fotos anschaut.

»Und weiter, bitte, gnädige Frau, reden Sie einfach drauflos, wir machen das dann schon«, sagt das Mädchen, die Hände erwartungsvoll über den Tasten der Schreibmaschine, und denkt, ist ja eigentlich wurscht, was sie erzählt, dementiert wird ja jetzt nicht mehr: »Bitte möglichst genau, für so viel Geld will mein Chefredakteur auch was lesen.«

Die Frau am Schreibtisch weint.

»Sie können immer noch aussteigen«, sagt der Mann neben ihr und faßt sie am Arm. »Wir wollen Sie zu nichts zwingen.«

»Los, erzähl schon«, sagt der Mann, der den Kaffee eingeschenkt hat, »Du weißt, wir brauchen das Geld. Und du hast es doch schließlich selbst erlebt, als sie damals in Berlin diesen Kerl kennengelernt hat...«

VIII

Tausende von Berlinern drängen sich hinter den Polizeiabsperrungen, um die Prominenten zu sehen, die der »deutsche Hilton« Hans Herbert Blatzheim zur Eröffnung des Europacenters am 2. April 1965 geladen hat. Es gibt etwas zu feiern, denn nicht weniger als zehn Restaurants seiner Firma hat er in dem Gebäude am Kurfürstendamm untergebracht. Und wie immer braucht er den Glanz der Filmwelt, um bestmögliche Reklame zu bekommen. Romy Schneider, die in Paris endlich wieder einen neuen Film vorbereitet, nachdem die Projekte mit Henri Clouzot (*L'Enfer*) und *La Tarnowska* (nach Hans Habes Roman) gescheitert waren, hat sich in langen Telefongesprächen von ihrer Mutter überreden lassen, auch zu kommen. So steht sie, zur Freude der Fotografen, neben ihrem Stiefvater, den sie haßt und mit dem sie nichts mehr zu tun haben möchte. Routiniert, ganz Star, lächelt sie in die Kameras. Schick sieht sie aus, ihr Chanel-Kostüm fällt aus dem Rahmen der üblichen Garderoben. Von Coco Chanel, die sie in vielen Gesprächen eine gute Freundin nennt, die für ihr Leben fast so wichtig sei wie Alain Delon und Luchino Visconti, hat sie in ihren Pariser Jahren so etwas wie Geschmacksunterricht bekommen. Sie weiß jetzt, wie man sich anzieht, wie man sich in den Kreationen am besten bewegt und welche Accessoires zu welchem Kleid passen. Außerdem hat Coco Chanel in ihr eine gute Kundin gefunden, die auch schon mal Rechnungen für 70 000 Mark macht. Der Berliner Modeschöpfer Detlev Albers, später Pate von Romy Schneiders Sohn David Christopher: »Wenn sie ungeschminkt war, wirkte sie klein und unbedeutend wie ein Fräulein vom Lande. Dann merkte man nur etwas von ihrer Ausstrahlung, wenn sie sprach. Romy konnte sich aber ungeheuer gut schminken, ungeheuer gut anziehen, viel aus sich machen. Und durch ihre breiten Gesichtsknochen und den slawischen Gesichtsschnitt war sie sehr fotogen.«

Etwas verspätet, während der Rede von Blatzheim, in der er sich wie stets selbst feiert als markanten Vertreter des deutschen Wirtschaftswunders, betritt der Star der Berliner Theaterszene den Festsaal und ist sich der Aufmerksamkeit aller Gäste gewiß – Harry Meyen. Seine Erfolgsinszenierung *Tausend Clowns* hat am Kurfürstendamm jeden Abend ein volles Haus, und auch als Schauspieler ist er in der Hauptrolle des Stücks ein König des Boulevardtheaters. Englisch-elegant gekleidet, arrogant-lässiger Blick hinter schmalen Brillengläsern – der Einundvierzigjährige ist das, was man damals eine blendende Erscheinung nennt. Beliebt beim Publikum, verwöhnt von der Kritik.

Was in den nächsten Minuten abläuft, erinnert an einen kitschigen Film, aber manchmal ist das Leben nicht besser als ein Drehbuch zu *Sissi*. Romy Schneider und Harry Meyen verlieben sich auf den ersten Blick. Ein *coup de foudre*. Die Journalisten wittern einen netten kleinen Skandal, denn Harry Meyen ist verheiratet, und seine Frau Anneliese Römer gehört ebenfalls zu den großen Schauspielern der Stadt. Nicht nur für Mutter Magda ist es offenkundig, daß Romy Schneider Feuer gefangen hat. Sie weicht den ganzen Abend über nicht mehr von Harry Meyens Seite, irgendwann verschwinden die beiden in einer Bar, tanzen bis zum frühen Morgen und gehen dann Hand in Hand weg. Am nächsten Tag erzählt sie einer Freundin, und zur Freude der anderen Hotelgäste des Kempinski ziemlich laut, daß sie sich auf Anhieb verstanden hätten, auch im Bett.

In den Monaten nach der Trennung von Alain Delon war es um Romy Schneider beruflich stiller geworden, obwohl jede Äußerung von ihr oder von ihrem Ex-Verlobten immer noch für eine Geschichte gut ist. Sie war aus der gemeinsamen Wohnung in ein eigenes Appartement gezogen, betreut von einem Hausmädchen und einer persönlichen Sekretärin. Der Film *L'Enfer*, auf den sie große Hoffnungen gesetzt hatte, war geplatzt, weil der Regisseur Henri Clouzot während der Vorbereitungen einen Herzinfarkt erlitten hatte. Bei *What's New Pussy Cat?* mit Peter O'Toole unter der Regie von Clive Donner und nach einem Drehbuch von Woody

Allen wurde sie fast von einem Scheinwerfer erschlagen. Eine Liebesaffäre während der Dreharbeiten blieb Liebelei, sie hing innerlich noch zu sehr an Delon. Als der das Mädchen Nathalie aus Casablanca heiratete, erfuhr Romy Schneider dies aus der Zeitung, und weil sie unglücklich und naiv einem Reporter gestand, daß sie Delon noch immer liebe, gehörten die verlogenen Schlagzeilen »Arme Romy« wieder ihr. Der Versuch, selbst einen Film zu produzieren, in dem sie auch die Hauptrolle spielen wollte, war mißglückt, die Verfilmung von Hans Habes *Tarnowska* unter der Regie von Visconti scheiterte an der Finanzierung. Die Filmrechte am Buch hatte Romy Schneider für 100 000 Dollar erworben, und gemeinsam mit Georges Beaume hatte sie auch schon überall in Europa nach den besten Schauplätzen gesucht. Kleine Fluchten in ihr Kinderzimmer in Mariengrund vergrößerten die Depressionen in Paris, der Stadt, in der sie mit Delon glücklich gewesen war. Den deutschen Fotografen Werner Bokelberg, der sie dort für den *stern* fotografiert, erinnert sie in ihrer himmelhochjauchzenden und gleichzeitig zu Tode betrübten Hektik an die Fernsehansagerin Petra Krause: »Ich war bei ihr einen Abend vor ihrem Selbstmordversuch, ehe sie aus dem Fenster sprang. Damals war sie in genau der Stimmung wie Romy.« Als der Artikel mit dem Zitat erscheint, ist Romy Schneider empört und wütend, wieder mal schwört sie, keine Journalisten mehr zu empfangen. Zu denen bleibt ihr Verhältnis gespannt bis zuletzt. Nur wenigen hat sie vertraut, und wenn sie mal ein Interview zu einem festen Termin abgemacht hatte, war sie schon Wochen davor aufgeregt, hat sich mögliche Fragen aufgeschrieben und mögliche Antworten. Die Routine amerikanischer Schauspieler im Umgang mit der Presse hat sie stets bewundert.

Harry Meyen, der nach Magda Schneiders Erinnerungen schon viele Jahre zuvor während eines Filmballs beim Anblick der damals Fünfzehnjährigen gesagt haben soll: »Die schnapp' ich mir einmal« – was allerdings in der Ausdrucksweise überhaupt nicht zu ihm paßte –, fragt am Morgen nach der Nacht zuvor einen Freund: »Was hältst du davon, wenn ich Romy Schneider heirate?« Der schlägt ihm trocken vor, doch zunächst einmal seine Frau davon zu informieren.

Romy Schneider ist verliebt, bleibt spontan, wie sie nun einmal ist, in Berlin und zieht in ein kleines Hotel in der Nähe von Meyens Haus, wo sie sich heimlich treffen. Man sieht die beiden zwar auch in der Öffentlichkeit zusammen, in Restaurants oder Bars, aber ganz kühl erklärt Meyen allen Journalisten, es gehe nur um Arbeitsbesprechungen für ein gemeinsames Projekt. Er wolle im Herbst mit Romy Schneider in der Hauptrolle eine Komödie inszenieren und suche mit ihr nach dem richtigen Stück.

Im Sommer spielt er eine Rolle in der Verfilmung des Collins-Lapierre-Bestsellers *Brennt Paris?*, und natürlich ist auch Romy Schneider während der Dreharbeiten an der Seine. Die beiden sind ein seltsames Paar. Auf der einen Seite die emotionsgeladene, spontane, in der Tat zwischen himmelhochjauchzend und zu Tode betrübt schwankende Romy Schneider (»Das ist das Deutsche in mir, eigentlich bin ich zu einem Viertel Österreicherin und zu drei Vierteln Französin«), das fesche Mädel, das ungeachtet seines Geburtsortes Wien im Ausland als typisch deutsch verkauft wurde (was sogar de jure stimmte, hatte ihr Vater doch zur Förderung der Karriere einen deutschen Paß beantragt und bekommen). Und neben ihr der kühle, sich stets selbst kontrollierende Harry Meyen, ein sich aus Schüchternheit unnahbar gebender Intellektueller, der Voltaire zitieren kann und von den Filmen seiner neuen Geliebten nichts hält, obwohl auch er in Filmen mitgespielt hat, die nicht gerade zu den Klassikern der Kinokunst gehören – *Skandal in Ischl, Frauenarzt Dr. Sibelius* oder *Madeleine und die Legionäre.* Ein Mann, der aus ganz anderen Gründen als Romy ein gebrochenes Verhältnis zu Deutschland hat, denn Harry Meyen, Halbjude, war 1942 in Hamburg als sogenannter Mischling 1. Grades verhaftet worden. Der Haftbefehl der Gestapo: »Er gefährdet nach dem Ergebnis der staatspolizeilichen Feststellungen durch sein Verhalten den Bestand und die Sicherheit des Volkes und Staates, indem er durch sein zersetzendes und staatsabträgliches Treiben erhebliche Unruhe und Erregung in die Bevölkerung trägt.« Harry Meyen war damals gerade achtzehn Jahre alt.

Nur mit viel Glück überlebte er das Dritte Reich; befreit wurde er von den Amerikanern am 3. Mai 1945 aus dem KZ Hamburg-Fuhlsbüttel, einem Nebenlager des berüchtigen Konzentrationslagers Neuengamme. Nicht einmal in den Nachrufen auf ihn 1979 wurde erwähnt, daß der gebürtige Tscheche von den Nazis verfolgt und erst 1954 eingebürgert worden war. Meyens veröffentlichtes Leben nach seinem Tod begann mit den ersten Rollen am Thalia-Theater in Hamburg, aufgezählt wurden auch alle Erfolge als Regisseur von Boulevardstücken. Wie er sich gefühlt hat, wenn er auf der Bühne stand und im Parkett die zum Lachen brachte, die vom Alter her zu jenem System gehört haben müssen, das ihn verfolgte, hat er nie erzählt. Es hat ihn aber auch nie einer danach gefragt. Das Tabu Drittes Reich galt nicht nur für die Täter und Mitläufer, sondern auch für die Opfer.

Harry Haubenstock, so sein bürgerlicher Name, war wie sein Freund Axel Springer ein Konservativer. Er haßte das Chaos und fühlte sich nur dann wohl, wenn alles in überschaubarer Ordnung ablief. Auch er also, wenngleich aus anderen Gründen, ein typischer Deutscher. Seine Inszenierungen in Berlin bereitete er so preußisch penibel vor, daß er zu den Uraufführungen der jeweiligen Stücke reiste und sich Notizen machte, an welchen Stellen das Publikum besonders lachte und mit welchem Trick der Regisseur das erreicht hatte. Diese Aufzeichnungen brachte er dann mit zu den Proben nach Deutschland, danach baute er seine Inszenierungen auf.

Romy Schneider hat wieder einen Vater, zu dem sie aufblicken kann, und einen Mann, der in seiner kühlen, strengen Blondheit das genaue Gegenteil zum »wilden Wolf« Delon ist. Ohne Widerspruch, geradezu begeistert, nimmt sie es hin, wenn Harry Meyen sie vor anderen Menschen wie ein dummes Kind behandelt, dem man alles beibringen muß. Er kritisiert ihre mangelnde Bildung und macht sich lustig über die Banalität ihrer Filme, die doch keinen Vergleich aushielten mit einer gelungenen Theaterinszenierung. Kunst findet für ihn nur auf der Bühne statt, nicht auf der Leinwand. Er verordnet ihr zeitweise eine Abmagerungskur, weil sie irgendwann mal seiner Meinung nach wie »ein Trampel« aussieht. Vielen ihrer Freunde, auch denen aus der *Sissi*-Zeit wie dem Regisseur Hermann Leitner, begegnet er mit eisiger Ablehnung – obwohl sich das Paar in dessen Wohnung treffen darf –, nie läßt er einen Zweifel daran, daß er Romy Schneider zwar liebt, aber auch in seine große Aufgabe als eine Art Professor Higgins verliebt ist.

Der Absprung aus seiner Ehe zur neuen Geliebten, die ihn dank ihrer Beziehungen am Broadway herausbringen will (obwohl sein Englisch recht mittelmäßig ist), die ihm Rollen in französischen Filmen verspricht (obwohl er gar kein Französisch kann), wird ebenso genau geplant wie eine Inszenierung. Über Wochen hinweg schafft er Anzüge, Wäsche und persönliche Habseligkeiten aus dem mit Anneliese Römer gemeinsam bewohnten Haus zu einem Freund.

Die Affäre ist nach den *Brennt Paris?*-Dreharbeiten trotz aller Dementis der Beteiligten auch in Berlin Stadtgespräch. Dorthin kehren sie zurück, aber um den Journalisten zu entkommen, reist Romy Schneider bald ab zu Dreharbeiten nach Frankreich. In St. Tropez treffen sie sich wieder, endlich ohne Beobachtung, doch Harry Meyen zeigt sich bald genervt von dem totalen Besitzanspruch Romy Schneiders. Die glaubt, nun endlich den Mann fürs Leben gefunden zu haben, und versteht es nicht, daß er sich für eine Theater-Inszenierung bei den Salzburger Festspielen vorbereiten will (die sie ihm vermittelt hat), statt mit ihr Ferien zu machen und die neue Liebe zu genießen. Natürlich folgt sie ihm zu den Proben. Die beiden wohnen gemeinsam, aber offiziell in verschiedenen Zimmern, in einem Hotel, in dem sie schon als »Sissi« mit ihrer Mutter untergebracht war. Sie kauft ihrem Harry vor der Premiere eine teure Uhr, um ihn aufzuheitern. Du wirst es schon schaffen. Doch der Abstecher weg vom vertrauten Boulevardtheater, das er beherrscht, wird ein fürchterlicher Reinfall, Meyen wird von den Kritikern niedergemacht. Er weiß selbst, daß er schlecht war, entschuldigt sich in aller Form bei den Schauspielern und schreibt Romy Schneider einen Zettel, in dem er sie seiner Liebe versichert und ihr gleichzeitig mitteilt, daß er sie verläßt. Harry Meyen kehrt nicht nur zurück zu seiner Frau, sondern vor allem in die Stadt, in der er nach wie vor ein Star ist. Wieder hält Romy Schneider am Ende einer Affäre einen Zettel in der Hand, wieder bricht sie zusammen, und wieder denkt sie an Selbstmord.

Unbewußt scheint sie jedoch zu spüren, daß diesmal sie die Stärkere sein wird, daß sie gewinnen kann. Sie will diesen Mann unbedingt, und in der ihr eigenen Großzügigkeit geht sie so weit, daß sie sich bereit erklärt, die 200 000 Mark Abfindung zu bezahlen, die Anneliese Römer, gedemütigt in aller Öffentlichkeit, für eine Scheidung verlangt. Spötter behaupten, daß Harry Meyen trotz aller Liebesschwüre eher bereit gewesen wäre, bei seiner Frau auszuharren, als von seinen Ersparnissen diese Scheidung zu bezahlen. Meyen war geizig, geradezu krankhaft geizig. In Restaurants, im Kreise von Freunden, war er immer gerade dann in tiefste Diskussionen verwickelt, wenn es Zeit wurde, die Rechnung zu verlangen. Als kulinarischer Höhepunkt seiner privaten Dinnerparties wurde zum Beispiel kräftiges Gulasch geboten, und auch dabei vergaß er nie zu erwähnen, wie teuer das Fleisch gewesen sei. Einer nahen Freundin in Hamburg versicherte er wiederholt, und nicht nur im Spaß, er liebe sie deshalb so besonders, weil sie stets schon gegessen hatte, wenn sie ihn besuchte, und auch das Selters, das sie trank, von zu Hause mitbrachte.

An Weihnachten 1965 hat Romy Schneider gewonnen; Harry Meyen verläßt endgültig seine Frau und wird im Mai 1966 geschieden. Romy Schneider hat zwei weitere Filme gedreht, die in ihrer Laufbahn unwichtig bleiben – *Halb elf in einer Sommernacht* und *Schornstein Nr. 4* – und die von der Filmkritik mit unfreundlicher Häme bedacht werden (Uwe Nettelbeck über *Schornstein Nr. 4*, der im Ruhrgebiet gedreht wurde: »Die Länge der Einstellungen entspricht dem Maß an Langeweile, das sie verbreiten, aber man sieht, daß es Absicht war«). Anschließend muß sie zu Dreharbeiten nach Südfrankreich, sie spielt eine der Hauptrollen in *Spion zwischen zwei Fronten*. Damit Harry Meyen bei ihr sein kann, verschafft sie ihrem neuen Geliebten auch eine kleine Rolle. Für die Zeit der Dreharbeiten mietet sie eine Villa mit eigenem Zugang zum Meer. Dort baden sie in Drehpausen oder an freien Tagen. Fotos, die von den beiden erscheinen und überall in Europa gedruckt werden, zeigen eine rundliche Romy Schneider im Bikini. Die Frau, die zwei Abtreibungen hinter sich hat – was sie ein paar Jahre später in einer Kampagne gegen den Paragraphen 218 auch öffentlich bekennt –, ist schwanger. Zwischen zwei Einstellungen heiratet das Paar Meyen/Schneider am 15. Juli auf dem Standesamt in Cap Ferrat, Trauzeugen sind der alte Freund Georges Beaume und Romys Sekretärin Sandra. Die Zeremonie dauert vier Minuten, und in den deutschen Zeitungen wird ein paar Tage später beklagt, wie glanzlos »Sissi« zu Frau Haubenstock geworden ist.

Die beiden ziehen nach Berlin in eine Wohnung am Grunewald. Am 3. Dezember 1966 bekommt Romy ihren Sohn David Christopher. Es scheint, als habe sie erreicht, was sie immer wollte, weil sie es selbst nie erlebt hat – ein normales Leben mit einer Familie. Sie vergöttert ihren Mann, versucht ihm sogar seine Lieblingsspeise – Königsberger Klopse – zu kochen, was ihr mißlingt (sie konnte nicht kochen), übt sich in den alltäglichen Tätigkeiten einer Mutter wie einkaufen, Baby wickeln, mit dem Kinderwagen spazierengehen. Das aber hält nicht lange vor, der Star kann einfach keine Hausfrau sein. Viel lieber fährt sie mit ihrem Harry, natürlich von ihrem eigenen Geld, nach London und nach Paris, stellt ihn ihren Freunden vor, die er nicht versteht und die ihn nicht verstehen (Romy übersetzt). Sie schauen sich gemeinsam Theaterinszenierungen und Ausstellungen an, die der kluge Harry interpretiert. Zu Hause wird das Kind von einem Kindermädchen versorgt. Harry Meyen genießt ihre Bewunderung, er bringt sie zum Lachen, und alle, die zehn Jahre später schrieben, diese Ehe hätte nie geschlossen werden dürfen, weil die Beziehung wegen der leidigen 200 000 Mark für Anneliese Römer schon vor der Trauung kaputt war, haben die beiden nicht zusammen erlebt. Wie so vieles, was über die Jahre hinweg immer und immer wieder einer vom anderen über Romy Schneider aus dem Archiv abschrieb, gerann auch diese Legende irgendwann zu einem Stück Wahrheit und hat überlebt, weil die beiden Beteiligten längst schon tot sind, also nicht mehr dementieren können.

David Christopher und das Kindermädchen leben in einem Extra-Appartement in der gemeinsamen Wohnung, die mit feinen Antiquitäten eingerichtet ist. In den Schrankwänden und in Kisten auf dem Dachboden werden Kleider, Kostüme und Mäntel aufbewahrt, die Romy Schneider bei Yves St. Laurent oder Coco Chanel gekauft hat. Harry Meyen vernachlässigt seine Arbeit und seine Karriere, er will sich nur noch um die Projekte seiner Frau kümmern und sie künstlerisch beraten. Sie fühlt sich im positiven Sinne kontrolliert. Das hat er schon vor der Ehe gemacht. Das einstündige Fernsehporträt, das der später berühmte Hans-Jürgen Syberberg von ihr während eines Urlaubs in Kitzbühel für den Bayerischen Rundfunk dreht (*Porträt eines Gesichtes*), darf erst nach strengen Schnitten gesendet werden, die Harry Meyen bestimmt. Keine Äußerungen über die Presse in Deutschland, keine Äußerungen über Deutsche überhaupt und auch nichts über Harry Meyen himself. Er ist auch der erste, der die angebotenen Drehbücher liest, und er ist derjenige, der die Entscheidungen trifft. Die weltweite Betreuung von Romy Schneider übernimmt ein Jugendfreund von Harry Meyen, der Filmagent Peter Witt.

Fast zwei Jahre lang zieht sich Romy Schneider in Berlin zurück ins bürgerliche Leben oder das, was sie dafür hält. Wenn sie Lust hat auf Austern und Champagner, wird entsprechend reserviert. (Mit den Austern ist es vorbei, als sie irgendwann einen Eiweißschock bekommt und im Krankenhaus eine Allergie auf Schalentiere festgestellt wird.) Die Hemden von Harry läßt sie jetzt wie ihre Schlafanzüge vom Schneider Viscontis in Rom machen und nach Berlin schicken, auch die Morgenmäntel ihres Mannes sind maßgeschneidert. Eine Haushälterin kocht, wobei sie es nicht schwer hat, weil die Krönung lukullischer Genüsse einfache deutsche Küche ist und eben oft Königsberger Klopse. Nur bei Weinen und Champagner beweist Romy Schneider Geschmack und zeigt, was sie in Paris gelernt hat.

Sie scheint glücklich, weil sie bei einem Mann schwach sein darf, den sie für stark hält. Ihre einzige Stärke, die sie immer eingesetzt hatte gegen die Schwächen der Männer, ihre Sinnlichkeit, ist domestiziert. »Harry kann das erklären«, wird zu ihrem Lieblingssatz, und sie spricht in Interviews, bei denen natürlich Harry Meyen dabei ist, begeistert davon, nur noch alle zwei Jahre einen Film drehen zu wollen, selbstverständlich unter Harry Meyens Regie, und ansonsten in Berlin Theater zu spielen. Ein Angebot von Fritz Kortner kann sie allerdings leider nicht annehmen, weil ihr Mann gerade mit ihm verkracht ist und die beiden eine öffentliche Auseinandersetzung austragen. Und natürlich hält Romy Schneider zu ihrem Mann, auch und besonders, wenn ihre Mutter sich beschwert, daß der Schwiegersohn sie arrogant behandele und ihr nicht den nötigen Respekt entgegenbringe. Was durchaus richtig erkannt ist, wie Harry Meyen viel später in einem bitteren Brief bestätigt, den er an Romy schreibt, aber nie abschickt – »...aufgewachsen mit einer dummen Mutter, die nie Interessen in Dir geweckt hat«.

Besonders Magda Schneiders Mann Hans Herbert Blatzheim, den Meyen für einen spießigen Emporkömmling hält, kann der Schwiegersohn nicht ausstehen. Er hat ihn nur zweimal getroffen, einmal an jenem Abend bei der Eröffnung des Europa-Centers und dann bei einem Abendessen im Goldenen Hirschen in Salzburg nach der Bernhard-Premiere. Als Meyen ihn telefonisch auffordert, endlich mal eine Vermögensaufstellung von den Gagen zu machen, die er für seine Stieftochter bei der Firma Thyrsos in Liechtenstein angelegt hat und um die sich jetzt selbstverständlich er, der Ehemann, kümmern will, kommt es zum Eklat. Wütend berichtet Blatzheim in einem Brief an Magda Schneider über seinen Ärger mit Meyen. Romy Schneider hatte ihre Mutter wissen lassen, daß sie hoffe, nicht nur sie, sondern auch ihr Mann müsse Blatzheim nie mehr treffen – und Magda Schneider wollte nun die Hintergründe dieses Streits erfahren. Blatzheim schreibt:

»Alle Welt, nicht nur ich, glaubt, daß Harry Meyen, da er ja als sehr sparsam und eiskalt verschrien ist – dabei glaubt jeder, daß er Romy wirklich liebt als einzige Ausnahme –, durch diese Charaktereigenschaften natürlich Wert darauf legt, das Vermögen von Romy in die Finger zu bekommen. Bitte, merke auf, wie vorsichtig und vornehm ich mich hier ausgedrückt habe. Diese Feststellung ist ja nicht auf meinem Mist gewachsen. Bitte, erinnere Dich daran, wie die vielen, vielen Freunde von Harry Meyen aus Hamburg, aus Berlin, und aus anderen Städten, die du ja alle genauso gut kennst wie ich, bei jeder Gelegenheit in humoristisch klingendem Tonfall gefragt haben: Na, hat Harry schon das Geld von Romy in Händen? Das sind doch fast alles, so glaube ich, Duzfreunde von ihm, die ihn seit vielen, vielen Jahren oder Jahrzehnten kennen.«

Er vergißt auch nicht zu erwähnen, daß der »feine Herr Meyen« noch nicht einmal die einfachsten Pflichten der Höflichkeit erfüllt und ihm vielleicht mal mitgeteilt habe, daß er »meine Stieftochter geheiratet« hat. Das habe er, wie er sich erinnert, zuerst aus den Zeitungen erfahren.

Harry Meyen drückt sich in seinem Schreiben an Blatzheim zwar gewählter aus, ist aber in der Sache um klare Sprache nicht verlegen »Ich will nicht von Ihrem Geltungsbedürfnis sprechen, das in den *Sissi*-Jahren volle Befriedigung fand, sondern nur über die unglaubliche Tatsache, in welcher Weise Sie die Karriere Ihrer Stieftochter zu Ihrem finanziellen Vorteil ausgenutzt haben. Sie wußten natürlich genau, daß jeder neutrale Finanzberater verhindert hätte, daß Sie die Gagen Ihrer Stieftochter in Ihre Firma Thyrsos einfließen ließen, anstatt sie, wie es selbstverständlich gewesen wäre, bei einer Bank mündelsicher anzulegen... Ich glaube, es dürfte sich mit Anwälten und Steuerprüfern unschwer der Beweis erbringen lassen, daß Sie der hauptsächliche, wenn nicht der alleinige Nutznießer von Thyrsos sind. Machen Sie sich endlich klar, daß Sie nur noch die Verpflichtung haben, einwandfrei zu belegen, wo das Geld meiner Frau geblieben ist.« Das übrigens sollte er erst nach Blatzheims Tod im Mai 1968 erfahren, und ganz geklärt ist es bis heute nicht.

Die Familie ist also im Herbst 1967 wieder einmal heillos zerstritten, die besondere Niedertracht Harry Meyens belegt Magda Schneider auch mit der Tatsache, daß er einmal zu Besuch auf Mariengrund war und beim Anblick der Berge nicht in Entzücken ausbrach, sondern das Meer pries. Blatzheim zitiert in seinem Brief sogar, was ihm Romys Vater Wolf Albach-Retty gesagt haben soll: »Ich muß Dir sagen, lieber Herbert, wie Herr Meyen sich Dir gegenüber benommen hat, ist wohl das Letzte, was ich je erlebt habe. Du hast mehr in Deinem Leben für Romy getan, als ich als Vater je hätte tun können. Romy kann Dir nie genug dankbar sein im Leben für alles das, was Du für sie getan hast.« Der Beweis, daß dies stimmt, ist zum Zeitpunkt des Briefes nicht mehr anzutreten, denn Romy Schneiders Vater ist im Februar 1967 in einem Wiener Krankenhaus gestorben. Trude Marlen allerdings erinnert sich, daß ihr Mann den »Meyen für einen guten Kerl« gehalten und ihm Tips gegen seine chronischen Kopfschmerzen gegeben hat.

Trude Marlen, die zweite Frau von Wolf Albach-Retty, Schauspielerin in Wien, hat Romy Schneider informiert, daß ihr Vater im Sterben liegt. Zwei Herzanfälle hat er hinter sich. Den ersten hat er auf der Bühne erlitten, aber erst nach der Vorstellung hat er sich ins Krankenhaus fahren lassen. Schließlich saßen unten im Parkett seine Kinder Romy und Wolf. Nun, nach dem zweiten, geben ihm die Ärzte keine Chance mehr. Romy Schneider fliegt nach Wien, um ihren Vater noch einmal zu sehen. Sie muß auf dem Flur des Krankenhauses warten, er will sich erst kämmen und möglichst aufrecht im Bett sitzen, wenn seine Tochter ihn besucht. Die beiden haben, immer wieder unterbrochen durch die nötigen Behandlungen, drei Tage Zeit miteinander. Romy erzählt ihm aus der Kindheit und wie sehr er ihr gefehlt habe, und sie erzählt ihm von den vielen Stars, die sie kennt, und von ihrer Ehe mit Harry in Berlin und wie froh sie jetzt sei, endlich normal zu leben. Ihr Vater sucht Worte der Rechtfertigung, warum er damals die Familie verlassen habe, aber sie sagt, laß es, es ist zu lange her. Die beiden reden wohl auch über Magda Schneider, wie die Tochter später erzählt, aber was sie besprechen, hat sie nie gesagt. Die Rechnung für die Klinik, in der ihr Vater liegt, bezahlt Romy Schneider.

Wenige Wochen nach ihrem letzten Besuch stirbt ihr Vater. Romy Schneider kommt mit ihrem Mann Harry Meyen zur Beerdigung, die Journalisten nehmen keine Rücksicht auf ihre Trauer, stürzen sich auf sie und wollen Interviews und Fotos. Sie ist angeekelt vom Auftrieb und vergißt das nie. (Als im August 1980 ihre Großmutter, die berühmte Rosa Albach-Retty im Alter von 105 Jahren stirbt, kommt sie nicht zur Beerdigung. Was ihr von den gleichen Journalisten, die sie beim Tod ihres Vaters nicht in Ruhe ließen, als unmenschlich ausgelegt wird.)

Ein Jahr später, im Frühjahr 1968, stirbt auch Romy Schneiders zweiter Vater, der ebenso wie der erste nie einer war. Romy Schneider gibt ihm die letzte Ehre, und wieder interessieren sich die Fotografen nur für sie. Schlagzeilen lügen sentimental, aber wirksam: *Romy trägt ihren Daddy zu Grabe.* Kurz nach Hans Herbert Blatzheims Tod wird Bestandsaufnahme gemacht von Romy Schneiders Vermögen, so wie es ihr Mann Harry Meyen verlangt hat. Ergebnis: Thyrsos, die von Blatzheim gegründete Firma, über die er Romy Schneiders Gagen verwalten und anlegen ließ, schuldet Romy Schneider 1 251 418,15 Franken. Es beginnt ein Streit der Anwälte und der Gutachter, bis Romy Schneider schließlich in einem Vergleich 860 000 Schweizer Franken zugesprochen bekommt. 750 000 erhält der Filmstar sofort, von den restlichen 110 000 wird sie nie etwas sehen. In Zukunft ist Harry Meyen der Mann, der das Geld für Romy Schneider anlegt (später wird er in einer erbitterten Auseinandersetzung behaupten, beide hätten ihre Ehe ohne Vermögen begonnen, keiner hätte etwas gehabt, also müßte das gesamte Einkommen seit der Eheschließung geteilt werden), aber zunächst einmal wird nichts verdient, denn sie genießt das friedliche Leben in Berlin, sie dreht keine Filme, und mit den immer wieder angekündigten Theaterplänen wird es auch nichts. Aus der heutigen Rückschau auf das Leben der Romy Schneider, in dem die Übergänge zwischen Film und Wirklichkeit oft nur schwer auszumachen sind und im Nebel der Legendenbildung verschwinden, gibt es viele Hinweise, daß sie unter der unerfüllten Sehnsucht nach der festen Ordnung eines Theaters gelitten hat, denn »Filmschauspieler kann jeder werden. Das ist keine Kunst. Theater ist das einzig Wahre«, sagt sie viele Jahre später in einem Interview. Die Kritiken, die sie für die John-Ford-Inszenierung in Paris bekommen hatte, bewahrte sie alle in einem kleinen Kästchen sorgsam auf, ebenso die von der Tournee mit Tschechows *Möwe*. Nur einmal stand die Frau, der von so unterschiedlichen Theatergrößen wie Josef Meinrad, Fritz Kortner oder Gustav Gründgens eine geradezu phantastische Ausstrahlung und eine glänzende Begabung attestiert worden war, auf einer deutschen Bühne. Aber bei ihrem Gastspiel in Baden-Baden war allenfalls die Umgebung deutsch, gespielt wurde vor französischen Soldaten, und natürlich sprach Romy Schneider französisch: »Ich hab's geschafft in fremder Sprache, aber in der eigenen Sprache habe ich viel mehr Angst, das Lampenfieber, das ich hab', das kann ich gar nicht beschreiben.« Dieses »fast krankhafte« Lampenfieber hat sie vom Vater geerbt, glaubt sie, letztlich sei der sogar daran gestorben. Sie hat Schauspielerinnen wie Eva Matthes beneidet, die nicht in einer Scheinwelt aufwachsen mußten, sondern sich früh emanzipierten, die ihr Talent in einem festen Ensemble erproben konnten und auch dadurch ein Selbstbewußtsein entwickelten, das Romy Schneider zeit ihres Lebens nie hatte und immer nur in der Bestätigung durch Männer zu finden glaubte. Die Anbetung, ja Vergötterung von Harry Meyen in der Berliner Zeit ist nur so erklärbar. Die Frau, die vor der Kamera alles konnte und mit ihrer Präsenz alle anderen vergessen ließ, war im sogenannten normalen Leben hilflos wie ein Kind. Sie erkannte diesen Bruch sehr früh, aber sie hat es eigentlich nie geschafft, damit zu leben, allenfalls in den ersten Monaten in Berlin.

Was Harry sagt, das gilt: »Ich hatte meine Vorstellungen vom Leben, deshalb mußte Romy sich unterordnen.« Er weiß alles und fast alles besser, er kann alles erklären. Ihn lächelt sie an, wie die Tochter den Vater, wenn er strenge Anweisungen gibt, wie man sich zu benehmen hat, mit wem man zu reden hat und mit wem nicht. Kein Wunder, daß er später, als Romy Schneider wieder in ihrer Welt, der Filmwelt, erfolgreich ist, und er ganz schnell wieder zu einer Statistenrolle degradiert wird, so tief fällt.

Nach der Geburt Davids im Dezember 1966 ändert sich das Leben nur für ein paar Monate, weil der Rhythmus eines Kindes einen normalen Tagesablauf verlangt, dem sich beide anfangs begeistert unterwerfen. Aber bald ist es weniger das Kind, das ja beim Kindermädchen Renate, genannt Matti, in guten Händen ist, sondern Meyens Migräne, bekämpft mit schweren Mitteln, die den Alltag prägt. Man schläft bis in den Mittag hinein, weil die Tabletten wie eine Betäubung wirken. Romy Schneider nimmt damals noch nichts von den sogenannten *uppers and downers*, die im Haushalt herumliegen wie bei anderen Leuten Kekse oder Erdnüsse. Keine Optalidon, keine Staurodorm. Sie bleibt bei dem, was sie aus Paris kennt, Champagner und Rotwein. Daß sie mehr trinkt als zuvor, fällt nicht so recht auf. Alle trinken. Als die Auseinandersetzungen mit ihrem Ehemann wenige Jahre später eskalieren, ist der Griff zu Optalidon allerdings auch bei ihr schon in allen Streßsituationen so automatisch wie der Griff zur Flasche. Und das wird, in Verbindung mit Alkohol, fast so katastrophale Wirkungen wie bei Harry Meyen haben, der manchmal ganze Tage auf der Couch liegend verbringt, dunkle Schlafbrille über den Augen, und nicht gestört werden darf. Dann ist »Staurie-Time« (abgeleitet von Staurodorm) im Haushalt Meyen/Schneider. Von diesen Schlafbrillen hat er eine ganze Sammlung, alle von irgendwelchen Reisen aus dem Flugzeug mitgebracht, ebenso wie die seltsamen Socken-Puschen, die bei Fernflügen verteilt werden. Was es umsonst gibt, läßt er nie liegen. Seine Tabletten bestellt er sich in Hunderter-Packungen in der Apotheke, und sie werden gegen Rechnung (und Rezept) frei Haus geliefert. Ein bekannter Heilpraktiker, der ihn von den schweren Mitteln herunterbringen will und eine ganz andere Therapie gegen die Migräneanfälle vorschlägt, also erst einmal nach den Ursachen zu forschen, wird barsch abgewiesen. Angeblich habe man ihm, Harry Meyen, in der berühmten Mayo-Klinik in Rochester (USA) genau diese Mischung aus Migränezäpfchen, Optalidon und Staurodorm verschrieben.

In den Gebrauchsinformationen von Staurodorm wird darauf hingewiesen, daß die Schlafstörungen, gegen die das Mittel eingesetzt wird, »oft nur Folgeerscheinungen körperlicher und seelischer Krankheiten« seien und die Grundstörungen besser »durch gezielte Therapie« zu beheben seien. Besonders gefährlich sei die Verbindung von Staurodorm und Alkohol, da könne es zu Nebenwirkungen wie Benommenheit, Müdigkeit, Lichtempfindlichkeit kommen. Auch sogenannte paradoxe Reaktionen wie »erhöhte Aggressivität, Angst, Suizidalität« seien beobachtet worden. Aber wer liest schon die Beipackzettel bei Medikamenten, die kurzfristig Erlösung vom aktuellen Schmerz versprechen? Wer liest schon das Kleingedruckte, daß regelmäßige Einnahme zur Abhängigkeit führen kann? Und bei Optalidon, das später auch zu Romy Schneiders Alltag gehört, vor allem bei Dreharbeiten und vor wichtigen Terminen, wird gewarnt, daß zu den bekannten Nebenwirkungen auch Schockzustände gehören können. »Er kann sich in unterschiedlicher Stärke durch folgende Warnzeichen äußern: Kalter Schweiß, Atemnot, Schwindel, Übelkeit, Benommenheit. Es können Beklemmungsgefühl in der Herzgegend, Pulsabfall und Blutdruckabfall hinzukommen... Bei den ersten Anzeichen einer Schockreaktion muß sofort ärztliche Hilfe angefordert werden...«

Ob Romy Schneider in der Nacht, in der sie starb, wie üblich ein Optalidon genommen hat, steht nicht fest. Zwar hatte Laurent Pétin immer wieder alles versteckt oder weggeworfen, was er an Tabletten fand, aber Romy Schneider war schon immer erfindungsreich gewesen, wenn sie etwas brauchte oder wollte.

Natürlich war der Tablettenkonsum Harry Meyens 1968 noch nicht so schlimm wie dann in den siebziger Jahren, als er getrennt von seiner Frau allein in Hamburg lebte und die Mischung von Tabletten und Alkohol ihre verheerende Wirkung zeigte. Da war er tagelang nicht mehr ansprechbar und vegetierte manchmal in einer Art Dämmerzustand. In Berlin beherrscht nach wie vor der charmante Harry, eine »Mischung aus jüdischem Humor und norddeutscher Nüchternheit« (Romy Schneider), die häusliche Szene. Die wenigen Freunde, die in den Grunewald eingeladen werden oder mit denen man sich zu Pokerpartien am Wochenende trifft, berichten von witzigen Dialogen zwischen den beiden, wie begeistert Romy gewesen sei von der Ironie ihres Harry und daß sie geradezu stolz darauf war, von den modernen Emanzipationsbestrebungen nichts zu halten: »Ich schaue gerne hoch zu einem Mann.« Auch bei politischen Gesprächen, die in jenen Jahren 1967 und 1968, als endgültig die verknöcherten Strukturen der Adenauer-Republik zusammenbrechen, unausweichlich sind, als die Studenten vor allem in den Metropolen Berlin und Paris zunächst gegen die Vietnampolitik der Vereinigten Staaten und dann gegen das System überhaupt auf die Straße gehen, hält sich Romy Schneider zurück und lauscht den Ansichten ihres Mannes. Der, gut befreundet mit Axel Springer, dessen Konzern als sogenannte »reaktionäre Stimme des kapitalistischen Systems« im Mittelpunkt der Demonstrationen in Berlin steht, vertritt das ordnungsliebende Bürgertum, von dem ja auch Romy Schneider trotz ihrer wilden Bohèmejahre in Paris innerlich tief geprägt ist. Völlig fassungslos und verstört begegnet dieses Bürgertum jenen bärtigen, langhaarigen Typen, die sich keinem Herrschaftsanspruch mehr beugen wollen und sich auf den Straßen blutige Schlachten mit der Ordnungsmacht liefern. Man beschwört die Krise der Gesellschaft, aber es ist bald keine Krise mehr, sondern das Ende der alten Gesellschaft und der Aufbruch zu neuen Ufern – in der Politik genauso wie in der Kunst. Für Romy Schneider eine fremde Welt. Aber daß der Star von den neuen Ideen fasziniert ist, kann ihr Mann nicht verhindern. Der Einfluß der sich ändernden Außenwelt auf Romy Schneider steigt im selben Maße, wie der Einfluß von Professor Higgins auf sie sinkt. Zunächst ist das nur zu merken, als sie auch vor Fremden plötzlich beginnt, nicht mehr brav alles zu tun, was Harry sagt, auch schon mal über die Migräne ihres Mannes und die damit verbundenen Rituale des Leidens lästert. Die Tonlage zwischen den beiden wird schärfer, es ist auch nicht nur freundlicher Spott, wenn Harry Meyen bemerkt: »Meine Frau hängt immer mit offenen Lippen vor dem Fernsehapparat, wenn in der Tagesschau Willy Brandt auftritt«, der noch Außenminister einer großen Koalition ist, aber bald schon als Bundeskanzler die Hoffnungen des neuen Deutschland verkörpern wird.

Ferien verbringt man wieder in vertrauter Eintracht in Paris oder in St. Tropez, wohin sie ein Freund von Harry Meyen, der Hamburger Kaufmann Hubertus Wald, in sein Haus an der Riviera oder in seine Wohnung in Paris einlädt. Natürlich kostenlos. Romy Schneider bedankt sich auf französisch: »Quelle joie! Après le studio pas d'hôtel – comme j'étais bien + calme ici. Merci de tout cœur, je vous embrasse. Danke, danke, Eure Romy.« Harry Meyen hilft seinem Freund aus einer momentanen Klemme, leiht ihm 500 000 Mark vom gemeinsamen Konto, später wird das Darlehen je zur Hälfte auf Romy Schneider und Harry Meyen aufgeteilt – und auch zurückbezahlt. Brief von Harry an Hubertus Wald in »seinem typischen Humor« (Wald): »Lieber Hubertus – Du schenkst Springer Hunde, lädtst ... zu Reisen um den Globus ein, und mir bezahlst Du miese acht Prozent! Hunde gehen mir auf die Nerven, heilige Kühe bringen mich auf die Palme, und mit dem Geld komme ich gut aus. Meine einleitenden Worte sollten aber nur unterstreichen, wie sehr meine Wünsche für Deine Gesundheit von Herzen kommen, ich halte Dir die Daumen, Dein Harry. Romy denkt auch an Dich und wünscht Dir alles Liebe.«

Romy Schneider bricht aus, auf ihre Art, so wie sie es gelernt hat. Weil ihr für den Agentenfilm *Otley*, der von einem jungen englischen Team produziert wird, eine Nebenrolle angeboten ist, zieht sie mit Kind und Kindermädchen für drei Monate nach London. Kann sie es noch? Kommt die bald Dreißigjährige noch zurecht mit den neuen Stars der Popkultur? Finden die sie nicht hoffnungslos altmodisch? Aber sie fühlt sich gleich wieder zu Hause vor der Kamera, und bald ist es vorbei mit den Vorsätzen, ein ruhiges, bürgerliches Leben zu leben. Vorbei mit den Plänen, nur noch alle zwei Jahre einen Film zu drehen und ansonsten Theater zu spielen. *Otley* ist eine Art Training, danach will sie wieder an der Spitze mitmachen, eine richtige Hauptrolle. Sie will wissen, ob sie nach der selbstverordneten Pause noch wirkt und beim Publikum ankommt. So ganz nebenbei muß sie auch wieder Geld verdienen, denn die Auseinandersetzungen mit Thyrsos haben gezeigt, daß nicht mehr viel übriggeblieben ist vom finanziellen Erfolg der frühen Jahre, was nicht nur an Blatzheims Geschäften lag, sondern auch an Romy Schneiders Lust, Geld auszugeben.

Ausgerechnet Alain Delon, ihr Ex-Geliebter, bietet ihr die Chance zu einem großen Comeback. Nicht ganz uneigennützig, wie zu vermuten ist, denn allein die Vorreklame für den Film verspricht ein sattes Publikumsinteresse. Romy Schneider soll (statt Monica Vitti, die eigentlich vorgesehen war) die weibliche Hauptrolle spielen in *Der Swimmingpool*, der in Südfrankreich gedreht wird, in St. Tropez. Das Drehbuch prüft diesmal nicht Harry Meyen, das entscheidet Romy Schneider selbst. Und sie sagt natürlich zu. Sie habe vor Aufregung geradezu geschrien, als Delon in Berlin anrief und ihr die Rolle anbot, erzählt Harry Meyen später. Er spricht nicht über seine Gefühle, aber er weiß sehr wohl, daß er gegen Alain Delon trotz aller Liebesbeteuerungen Romys keine Chance hätte. Der ist halt der Mann, bei dem sie eine Gänsehaut bekommt.

Schon bevor die Dreharbeiten im August 1968 beginnen, fragen die Boulevardzeitungen sich und ihre Leser, ob es denn bald wieder knistern werde zwischen den beiden. Alle alten Geschichten vom einstmals berühmten Liebespaar werden nacherzählt. Harry Meyen erklärt auf Anfrage kühl, daß er Alain Delon als Schauspieler schätze, das Drehbuch für interessant halte und auf mögliche Komplikationen für seine Ehe keinen Gedanken verschwende. Er habe Besseres zu tun, Proben für eine neue Theaterinszenierung. Nein, mitfahren könne er leider auch nicht, vielleicht komme er mal irgendwann für ein paar Tage. Die Spekulationen werden auch dadurch angeheizt, daß Alain Delon sich gerade von seiner Frau Nathalie getrennt hat, die er geheiratet hatte, weil sie schwanger war. Wie schon einmal, zehn Jahre zuvor, bei der Ankunft von Sissi in Paris, steht Delon am Flughafen. Zur Freude der Fotografen umarmt er Romy Schneider, als sie in Nizza aus dem Flugzeug steigt. Die Rolle, die sie zu spielen haben, ein Liebespaar, macht ihnen auch keine großen Schwierigkeiten, sie waren ja schließlich mal eines und kennen einander sehr genau. Daß der Gegenspieler, der tot im Pool endet, im Film ausgerechnet Harry heißt, hält nur der echte Harry Meyen für einen lächerlichen Zufall.

Delon hat sich in St. Tropez eine Villa gemietet, er wird wie stets von einem ganzen Hofstaat von Agenten und Sekretären und vor allem korsischen Bodyguards begleitet. Romy Schneider schreibt einer Freundin, daß wenigstens in dieser Hinsicht alles sei wie früher. Aber sonst – der braungebrannte Macho reizt sie nicht mehr. Wenn die Fotografen um ein gemeinsames Bild bitten, krault sie ihn zwar liebevoll im Haar, doch kaum ist die Szene vorbei, geht jeder der beiden seiner Wege. Romy Schneider wohnt im Luxushotel Byblos, fühlt sich nach den Jahren als Hausfrau in Berlin endlich wieder in einem Milieu anerkannt, das sie gleichzeitig liebt und haßt, das sie verabscheut, weil es soviel Leben schluckt, und das sie braucht wie eine Droge. Den Technikern aus dem Stab fällt auf, daß Romy Schneider viel trinkt, Rotwein und Champagner. Aber wie stets ist sie pünklich bei den Dreharbeiten, zu denen sie jeden Morgen um sieben Uhr abgeholt wird, und wie stets fordert sie von sich, wenn die Klappe fällt, das Beste. Als Harry Meyen und David sie besuchen, stellt ihnen ihr Freund Hubertus Wald seine Villa in St. Tropez zur Verfügung. Die Familie verbringt dort einige Wochen während der Dreharbeiten, aber Harry sitzt immer ein bißchen unglücklich unter den Filmleuten, wenn abends gefeiert wird. Er versteht kein Französisch, seine Frau muß für ihn übersetzen. Ein weiteres Stück seiner Überlegenheit schwindet. Der Mann, der am Rande der Dreharbeiten betont gelassen zuschaut, wenn Romy mit Alain Liebesspiele im Wasser treibt, wird von den Franzosen »Le Pimpf« genannt. Angesichts seiner ganz persönlichen Geschichte mit dem Regime, das Menschen zu Pimpfen machte, auch nicht sehr komisch. Romy Schneider, die das spürt, nimmt nur einmal noch eine Einladung bei Delon zum Essen an, ist ansonsten stets mit ihrer Familie zusammen und erklärt den mitgereisten Journalisten immer wieder, daß die Beziehung zu ihrem Ex-Verlobten rein freundschaftlicher Natur und nichts kälter als eine tote Liebe sei. Die *never ending story* von Romy und Alain verschwindet erst aus den Klatschkolumnen, als ein Clochard auf einer Müllhalde in der Nähe von Versailles bei Paris einen Jutesack mit einer männlichen Leiche findet. Anhand der Fingerabdrücke kann der verstümmelte Körper identifiziert werden. Es ist ein Jugoslawe namens Stefan Markovich, und nun hat Delon die Schlagzeilen für sich allein, denn dieser Markovich war sein Leibwächter, sein Double, sein Sekretär, sein Freund.

Endlich ein neuer Skandal.

Und was für einer. Mit allen Elementen, die große Aufmerksamkeit garantieren, weil die Mischung stimmt – Sex, Mord, Politik, Dekadenz in besseren Kreisen. Markovich nämlich soll nicht nur für Delon Sparringpartner bei den Boxspielen der Filmstarclique gewesen sein, sondern auch der Frau seines Chefs sehr zugetan. So schreiben es die Zeitungen. Das allein reichte natürlich nicht für Mord, aber es gab noch ein Gebiet, auf dem der Jugoslawe Spezialist war – Erpressung. Von den Parties der besseren Kreise hat er bei gewissen Spielen mit gewissen Mädchen gewisse Fotos gemacht und dann verkauft. Sein letzter Wohnsitz: 22 Avenue de Messine in Paris. Das Haus gehört Alain Delon, und der bestätigt auch bald, daß Markovich für 2 000 Francs im Monat bei ihm angestellt gewesen, die Beziehung in letzter Zeit allerdings abgekühlt sei, weil sich Markovich mit seltsamen Typen umgeben habe. Mit dem Mord habe er selbstverständlich nichts zu tun. Leider hat der so plötzlich verstorbene Leibwächter einen Brief hinterlassen, der auch der Polizei vorliegt, in dem er an seinen Bruder schreibt, falls »mir was zustößt, dann haltet euch an Delon, seine Frau Nathalie und François Marcantoni.« Letzterer, den Veröffentlichungen nach ein korsischer Gangster, der in Paris einen Nachtclub besitzt, ist Trauzeuge gewesen, als Delon im August 1968 Nathalie Barthélémy geheiratet hat.

Als die Polizei mit Delon redet, liefert der ein Alibi. Am Tag, an dem Markovich zum letzten Mal lebend gesehen wurde, habe er in St. Tropez mit Romy Schneider eine Liebesszene gedreht. Doch es stellt sich bald heraus, daß an diesem Tag drehfrei war, und eine Postkarte, die Delon an eine Freundin in Paris geschrieben hat, trägt nicht nur den Poststempel vom 22. September, sondern ist auch in Paris eingesteckt worden. Das könne schon sein, erklärt daraufhin Delon, er habe die Karte einem Freund mitgegeben, selbst aber St. Tropez nicht verlassen.

Nun glaubt natürlich niemand, daß der Star den Mord selbst begangen hat, aber daß er ihn in Auftrag gegeben haben könnte, weil Markovich verfängliche Photos von intimen Festen im Hause Delon besaß und damit eine Erpresserkarriere beginnen wollte, das kann man sich in Paris schon vorstellen, und selbst seriöse Zeitungen wie die *Times* oder *Le Monde*, die Zürcher *Weltwoche* oder die deutsche *Zeit* berichten lustvoll über die Affäre. Nathalie und Alain Delon werden mehrere Male verhört, einmal bleibt der Filmstar sogar sechsunddreißig Stunden in Polizeigewahrsam. Aber er verläßt das Kommissariat als freier Mann, ihm kann nichts bewiesen werden. Vergeblich hofft in Deutschland die *Bild*-Zeitung: »Geht es Delon jetzt an den Kragen?«, während die *Herald Tribune* auch im Sumpf der dubiosen Vermutungen, angeblichen Erpressungen wegen seltsamer Sexspiele und gegenseitigen Anschuldigungen gelassen bleibt. Sie vermeldet lakonisch: »Delon Grilled For Second Day.« Mit Delon wird sein Freund und Agent Georges Beaume vorläufig in Haft genommen, aber auch er, der Trauzeuge von Romy Schneider und Harry Meyen, ist bald wieder auf freiem Fuß.

Als nächstes finden die Journalisten heraus, daß es sich in Delons Nähe schon immer recht gefährlich gelebt haben muß. Sein erster Leibwächter Milos Milosevic ist in Hollywood nach einer Party im Haus der fünften Frau von Mickey Rooney tot aufgefunden worden, im Blut neben seiner Gastgeberin liegend. Doppelter Selbstmord stand im Polizeiprotokoll und auch, daß in der Nacht zuvor Delon und seine Frau Nathalie mit »Freunden aus Paris« Gäste des Festes gewesen seien. Dieser Milosevic hatte Delon, als er nach Hollywood ging, nicht nur seinen Freund Markovich als Nachfolger empfohlen, sondern ihn auch mit seiner damaligen Freundin Francine Canovas bekannt gemacht, die sich später Nathalie Barthélémy nannte und kurzfristig Frau Delon wurde.

Ins angebliche Komplott verwickelt, so wird in unendlich vielen Artikeln gerne spekuliert, sind auch der prominente Gaullist Georges Pompidou und seine Frau Claude, beide mit Delon bekannt und manchmal Gäste in seinem Haus. Ist auch der Politiker erpreßt worden? Die Ehrenerklärung de Gaulles für Pompidou nimmt die Öffentlichkeit zur Kenntnis, aber viel lieber liest man am Frühstückstisch die angeblich neuesten Enthüllungen und Verdächtigungen. Viermal insgesamt wird Delon verhört, aber es kann ihm nichts nachgewiesen werden. Verhaftet wird dagegen sein Freund Marcantoni, aber auch der schweigt eisern, und als er nach zehn Monaten Untersuchungshaft freikommt, stellt sich bald heraus, daß die 40 000 Mark Kaution sein alter Kumpan Alain Delon bezahlt hat. Dessen Ruhm allerdings wächst. Die Affäre, an deren Entwicklung Delon der Presse die Schuld gibt, die einen Sumpf aus unbewiesenen und unbeweisbaren Verdächtigungen angerührt habe, schadet weder seinem Image noch seiner Karriere. Erst 1976 werden die Akten endgültig geschlossen, nachdem auch der letzte Zeuge, der Markovich lebend gesehen hat, ein gewisser Uros Milicevic, nicht mehr reden kann. Er wird in einem Hotelzimmer in Brüssel erschossen aufgefunden. Der Fall Markovich, der für die Journalisten soviel spannender wurde als die filmische Wiedervereinigung von Romy und Alain in *Der Swimmingpool*, ist nie aufgeklärt worden. Und er hat auch Delons Ansehen nicht geschadet, bis hin zur Ernennung zum Ritter der Ehrenlegion. Die hat Frankreichs Staatspräsident François Mitterand am Le-Pen-Freund Alain Delon im Februar 1990 persönlich vorgenommen.

Die Premiere von *Der Swimmingpool* am 30. Januar 1969 wird ein großer Erfolg. Romy Schneider schreibt es voller Freude über ihr gelungenes Comeback an eine Freundin. Im P. S. allerdings notiert sie: »Schiß hatten wir alle – denn wer konnte schon so sicher sein, daß nicht doch irgendwo aus dem Hinterhalt ein irrer Jugoslawe auf Alain schießt, dann hätte er sicher mich erwischt, so ist das ja immer.«

IX

Auf der Liste, die sie sich für ihre Serie am Anfang aufgeschrieben hatte, machte Anna Wendtlin hinter dem Stichwort Markovich einen Haken. Die Geschichte war zwar eine eigene Serie wert, dachte sie, aber wer will es nach so vielen Jahren noch wissen und was kann man heute noch recherchieren, was damals nicht herausgefunden wurde. Wenn Delon darüber reden würde... und sie erinnerte sich daran, daß ihr vor Jahren Karsten Schuler erzählt hatte, wie ihm die Polizeiprotokolle vom Verhör mit Alain Delon zugespielt worden waren und kurz vor Veröffentlichung der Geschichte eine einstweilige Verfügung von Delon den Druck verhindert hatte. So schlimm fand Schuler das damals nicht, denn es gab inzwischen wichtigere Affären aufzudecken. Aber er hätte zu gerne gewußt, woher Delon den Tip bekommen hatte, daß eine Geschichte über den in den Archiven versunkenen Markovich-Skandal in Vorbereitung war. Das Foto allerdings, das die *Frankfurter Illustrierte* damals gekauft hatte, mußte noch irgendwo in einer Mappe liegen. Es zeigte Delon, Nathalie und Markovich am Strand von St. Tropez. Vielleicht konnte man das Bild jetzt in der Romy-Schneider-Serie benutzen? Anna Wendtlin notierte es sich auf einem Zettel.

An diesem Freitag flog sie nachmittags nach Frankfurt, wechselte in ihrer Wohnung die Wäsche und nahm noch am selben Abend eine Maschine nach Berlin. Laurent wollte das Wochenende mit seinen Eltern auf dem Land verbringen, in dem Haus, in dem er Romy Schneider nach dem Tod ihres Sohnes David vor den Reportern versteckt hatte. Anna Wendtlin hatte ihm vage erklärt, daß sie in Berlin ein paar Kleinigkeiten recherchieren wollte. Vielleicht ein Gespräch mit der Schauspielerin Eva Renzi führen, die damals mit ihrem Mann Paul Hubschmid im selben Haus wie das Ehepaar

Meyen gewohnt hatte, vielleicht war auch Bruno Ganz jetzt bereit, über seine Liebesgeschichte mit Romy zu reden, die sie damals so unbedingt hatte geheimhalten wollen und von der doch alle gewußt hatten. Am Montag, versprach sie ihm, wollte sie zurück sein in Paris. Wen sie wirklich treffen würde, das hatte sie ihm nicht sagen wollen, um ihn nicht zu verletzen, und auch den wahren Ort ihres Rendezvous hatte er nicht erfahren. Mit dem Namen Sylt hätte er eh nichts anfangen können.

Als am Samstagvormittag die Insel in der Ferne aus dem Meer auftauchte, über dem sich ein blauer Sommerhimmel wölbte, drückte sich Anna Wendtlin ganz dicht an die Scheibe, als würde sie vom Flugzeug aus schon die Dünen erkennen können. Es war erst ein paar Jahre her, aber es kam ihr vor wie ein halbes Leben, als sie gemeinsam mit Romy Schneider von Hamburg nach Sylt gefahren war, in ihrem Wagen, denn die Schauspielerin hatte zwar mit achtzehn die Führerscheinprüfung bestanden, war aber seither nie mehr Auto gefahren. Wenn eine Filmrolle von ihr eine Szene verlangte, in der sie hinter dem Steuer saß, wurde mit technischen Tricks gearbeitet, so daß die Landschaft am stehenden Auto vorbeiflimmerte und Romy Schneider möglichst nie selbst chauffieren mußte. Von wegen, lieber Biasini, dachte Anna, von wegen Romy habe all die Autos selbst gefahren, die in der Steuererklärung aufgelistet sind, vom Bentley über den Porsche bis zum Ferrari. Bezahlt wahrscheinlich schon, aber gefahren hast nur du sie. An Sylt hatte Romy Schneider schlechte Erinnerungen, weil sie den sommerlichen Auftrieb der besseren Deutschen immer degoutant fand, schlabberige Nacktärsche an Buhne 16. Nie vergessen hatte sie auch einen fürchterlichen Streit mit ihrem damaligen Ehemann Harry Meyen, als sie zusammen in Axel Springers Haus Klenderhof in Kampen eingeladen waren. Natürlich war es um Politik gegangen, und natürlich waren sich die Herren einig gewesen, daß diese aufmüpfigen Jugendlichen lieber studieren statt demonstrieren sollten und daß sie eigentlich kein Recht hätten, auf die Straßen zu gehen, wo es doch allen so gut ging. Auch wurde diskutiert, wie lange dieser Spuk mit der neuen sozialliberalen Koalition noch dauern könne, gegen die von allen Zeitungen des Springerkonzerns in einer Sprache geschrieben wurde, als gelte es, einen Krieg zu gewinnen. Ihr habt ja alle ein Brett vor dem Kopf, hatte Romy Schneider geschrien. Zugegeben, nicht mehr ganz nüchtern, aber das waren die anderen ja auch nicht. Ihr begreift doch gar nicht, daß es noch Menschen gibt, die nicht nur daran denken, möglichst viel zu verdienen und möglichst schnell Karriere zu machen und möglichst so zu leben, wie ihr lebt. Endlich passiert mal was in diesem Muffland, endlich ist mal was los, und ihr wollt nur eure Scheißordnung erhalten, eure alte. Harry hatte nicht etwa mit seiner Frau über ihre Meinung gestritten, sondern sich nur beim Hausherrn für sie entschuldigt, sie sei halt ein bißchen überarbeitet, nicht wahr, und von Politik, das möge man verstehen, habe sie nun wirklich keine Ahnung. Noch in derselben Nacht war Romy Schneider ausgezogen, hatte in einem Hotel in Westerland übernachtet und war am nächsten Morgen mit dem ersten Zug nach Hamburg gefahren, während Harry Meyen seine Gastgeber beruhigte, dies sei nur eine Laune, mittags am Strand werde sie schon wieder auftauchen. Im Eisenbahnabteil war Romy Schneider, wie immer mit dunkler Brille und Kopftuch, um nicht erkannt zu werden, von einem Mitreisenden angesprochen worden – sind Sie nicht Romy Schneider? Und wie immer in solchen Situationen hatte sie glänzend reagiert, nein, das sei sie nun wirklich nicht oder glauben Sie, Romy Schneider würde zweiter Klasse fahren, wenn sie unterwegs ist?

Diese Geschichte hatte Romy Schneider ihr prustend und lachend erzählt, als sie damals mit dem Autozug über den Hindenburgdamm fuhren. Und beim Spaziergang im Klapholttal hatte sie zum erstenmal Anna die Narbe gezeigt, die vom Selbstmordversuch nach der Trennung von Delon zurückgeblieben war. Männer, ich sag' dir, Männer. Dieses ganze Theater nur wegem dem Ding, das die da unten hängen haben, und das ganze Theater nur, weil wir seit Tausenden von Jahren glauben, daß wir es brauchen. Dabei brauchen wir es eigentlich gar nicht, wenn man es richtig bedenkt. Geht ja auch anders.

Anna Wendtlin wurde von einer schlanken, etwa vierzigjährigen Frau erwartet, die nervös an einer Zigarette zog und an einem offenen VW-Cabrio stand, das vor dem kleinen Flughafengebäude in Westerland parkte. Erst als beide eingestiegen waren und die Frau den Motor gestartet hatte, sprach sie Anna an.

»Ich bin immer noch nicht sicher, ob ich mit Ihnen reden soll. Sie haben mich so einfach am Telefon überfallen, bevor ich richtig darüber nachdenken konnte.«

Ach was, überfallen, dachte Anna. Du willst doch ganz einfach herausbekommen, wieviel ich schon weiß, und deshalb hast du mich hierher nach Sylt bestellt, damit uns bloß keiner von deinen Bekannten in Berlin zusammen sieht und dein Mann vielleicht Fragen stellt.

»Ich verstehe Ihre Nervosität, aber ich will ja nichts Böses von Ihnen, und ich habe Ihnen versprochen, daß ich keinem von unserem Treffen erzählen werde. Meine Redaktion glaubt, daß ich das Wochenende in Berlin verbringe und mit Leuten rede, die Romy Schneider in ihrer Berliner Zeit kannten.«

Die Frau war nicht überzeugt, und während der Fahrt hinüber nach Keitum wollte sie von Anna noch einmal ganz genau wissen, wie sie auf ihre Spur gekommen war und ob wirklich niemand etwas wußte von ihr. Niemand, versicherte Anna Wendtlin. Nicht einmal Laurent hatte eine Ahnung. »Ich habe nur Ihre Nummer in Berlin gewählt, die auf einer der Quittungen vom Hotel Schweizerhof stand. Und weil ich von Romy wußte, daß sie in Berlin bei den Dreahrbeiten zu *Sans-Souci* jemanden getroffen hatte, der ihr sehr viel bedeutete. Es war nur ein Versuch von mir, und den Rest wissen Sie ja. Außerdem haben Sie sich ja nur getroffen, wenn auch andere Leute dabei waren. Also, wer sollte je auf Sie kommen?«

Sie hielten am Café Nielsen in Keitum und setzten sich an einen Tisch im Garten mit Blick aufs Watt. Im Schlamm stapften kleine Kinder in Gummstiefeln, und vom nahe gelegenen Schwimmbad hörte man das Juchzen und Kreischen der Badenden.

»Also gut«, sagte die Frau, »fragen Sie. Aber ich habe nur eine Stunde Zeit, mein Mann ist mit seinen Eltern am Strand, und wenn die zurückkommen, muß ich wieder zu Hause sein.«

»Ich will mit Ihnen kein Interview machen oder Sie ausfragen. Sie sehen ja, ich habe kein Tonband dabei und auch nichts zum Schreiben. Erzählen Sie mir doch einfach, wie Sie Romy kennengelernt haben und in welcher Stimmung sie war. Hat sie zum Beispiel zu Ihnen je über Selbstmord gesprochen?«

Die Frau schwieg. Dann, nach einer längeren Pause, begann sie stockend zu reden. Nein, über Selbstmord hatte Romy Schneider nicht mit ihr gesprochen. Aber über den Tod ihres Sohnes und warum Gott so schlecht zu ihr sei und womit sie das verdient habe.

»So hat das eigentlich angefangen. Ich wurde ihr als Psychiaterin vorgestellt und als Bekannte eines Arztehepaares in Hamburg, das Romy gut kannte. Sie war wohl irgendwie froh, jemand zu treffen, der nichts mit dem Film zu tun hatte, den sie gerade drehten, und auch nichts mit dem Kreis, der damals um sie und Harry in Berlin herum war und vom dem sie keinen mehr sehen wollte. Wir haben uns mit einer Flasche Wein in eine Ecke zurückgezogen, und die anderen haben uns auch in Ruhe gelassen, weil sie wohl zufrieden waren, daß Romy überhaupt das Hotel verlassen hatte und gekommen war. Eigentlich durfte sie ja nichts trinken wegen ihrer Nierenoperation, aber das wissen Sie ja sicher.«

Anna nickte und winkte der Kellnerin, zwei Kännchen Kaffee, bitte. Die Frau schaute auf ihre Uhr.

Ja, und dann hatten sie stundenlang miteinander geredet und Romy Schneider hatte immer wieder vom Tod ihres Sohnes gesprochen, auch vom Selbstmord seines Vaters und davon, daß sie den beiden ihren neuesten Film widmen wollte, von dem sie natürlich nicht wissen konnte, daß es ihr letzter sein würde. Sie habe jetzt einen Mann in Paris, der sie heiraten wolle und mit ihr ein neues Leben beginnen, aber sie sei sich nicht sicher, ob sie es auch schaffen würde, denn eigentlich habe sie keine Lust mehr auf Männer. Dann hatte sie plötzlich vom Besuch bei ihrem todkranken Vater im Krankenhaus erzählt, daß sie ihn leider viel zu spät kennengelernt habe und wieviel sie von ihm geerbt hätte, viel mehr als von ihrer Mutter.

»Der litt wie sie unter Lampenfieber, fast krankhaft, hat sie gesagt. Und der sei letztlich daran gestorben, nicht nur an seinem kaputten Herzen.«

»Seltsam, daß sie darüber mit Ihnen sprach. Ihr Vater ist doch 1967 gestorben, und sie hat nie darüber gesprochen, doch einmal, mit mir, als wir uns mal in Quiberon getroffen haben...«

»Nein, so seltsam ist das nicht«, antwortete die Frau, und man merkte ihrer Stimme an, daß sie sich wieder auf dem sicheren Terrain ihres Berufes bewegte. »Im Gegenteil. Das ist geradezu klassisch, wenn man die Geschichte kennt. Sie hat ihn als junges Mädchen nie erlebt, und sie hat ihn in allen Männern später gesucht, mal simpel ausgedrückt. Das klingt absurd, denn vom Alter her hätte ja nur Meyen in dieses Muster gepaßt und keiner der Jüngeren, mit denen sie lebte. Aber auch wieder nicht so absurd, wenn man länger nachdenkt, denn die hatten alle was von dem jungen Albach-Retty, wenn die Erzählungen über ihn stimmen.«

»Und wie paßt ihre Verehrung für Visconti in diese These?«

»Geradezu ideal. Der hat sie geliebt, und den hat sie geliebt. Er wollte von ihr nichts als Frau, er war ja homosexuell, und sie hat ihn zwar begehrt, aber genau gewußt, daß es nicht ging. Das war wirklich ein Vater-Tochter-Verhältnis.«

Anna hatte an dieser Erklärung ihre Zweifel, weil sie ihr zu einfach erschien, aber sie ließ sich nichts anmerken. Die Frau schwieg wieder, als müsse sie erst neue Kräfte sammeln, bevor sie weitersprach. Nach diesem ersten Abend hatten sie sich noch ein paarmal getroffen während der Dreharbeiten in Berlin, mal bei einer Party von Artur Brauner, dem Koproduzenten von *Sans-Souci*, mal im Restaurant, aber immer mit Leuten, nie allein. Und lange Telefongespräche hätten sie geführt, mitten in der Nacht, stundenlang. Gut, daß ihr Mann damals unterwegs war, der hätte ja sonstwas gedacht. Ja, dachte Anna, die kenn' ich, die langen Telefongespräche. Vor allem in den letzten Wochen vor ihrem Tod. Sie schaute die Frau an.

»Ich weiß, was Sie hören wollen. Aber wir haben nicht miteinander geschlafen, auch nicht, als ich bei ihr im Hotel war. Ich konnte einfach nicht, obwohl ich spürte, daß sie es brauchte, daß sie mich brauchte. Verstehen Sie, ich war ja nicht irgendeine Freundin oder eine Affäre für sie, so wie diese Modeschöpferin. Ich war ja durch diese langen Gespräche so etwas wie ein Therapeut, ein Arzt... Ja, und das nächste, was ich hörte, war die Nachricht von ihrem Tod. Wir haben uns seit Berlin nie wieder gesprochen, vielleicht war sie auch enttäuscht von mir oder beleidigt, weil ich nicht mit...«

Dann verstummte die Frau wieder, und Anna wußte, mehr würde sie nicht erfahren, auch wenn sie ihr nicht glaubte, daß nichts zwischen Romy Schneider und ihr gewesen war.

»Was werden Sie schreiben?«

Verflucht noch mal, dachte die Journalistin, nichts werde ich schreiben können, nichts, weil man so etwas ja nicht schreibt und die Juristen wahrscheinlich ihre letzten Haare verlören, wenn sie das lesen würden. Obwohl Romy es mir selbst erzählt hat, wie das mit den Mädchen angefangen hat, damals in der Delon-Zeit. Und wie sehr sie sich beim erstenmal geekelt hat, aber für Delon eben alles getan habe, auch das, was sie eigentlich nicht wollte. Genauso wie ich nichts schreiben darf von dem Erpressungsvideo und nichts von dir, obwohl das genau die Geschichten sind, die mein Chefredakteur gerne hätte und die natürlich gelesen werden, auch von denen, die angeblich immer mit Goethe auf dem Nachtschrank einschlafen. Laut sagte sie:

»Gar nichts, das habe ich Ihnen ja versprochen. Sie haben mir trotzdem sehr geholfen, weil ich manches jetzt besser verstehen kann und manches in Romys Leben vielleicht verständlicher wird.«

»Hat sie Aufzeichnungen oder einen Brief hinterlassen?«

»Nein, nichts. Machen Sie sich keine Sorgen. Es gab nur diese Telefonnummer von Ihnen, und die kenne nur ich. Wenn Ihnen noch etwas einfällt, können Sie mich ja anrufen. Oder in der Redaktion hinterlassen, daß ich mich melden soll. Die haben immer eine Nummer, unter der ich erreichbar bin. Nur heute nicht...« Aber schon während sie die Rechnung bezahlte, wußte Anna genau, daß sie von dieser Frau, von der sie nicht einmal den Namen kannte, nie wieder etwas hören würde.

Die Frau lächelte, sie hatte Annas Gedanken erraten. Sie gingen zusammen zum Auto und fuhren zum Flughafen. Als Anna Wendtlin ausgestiegen war, nickte die Frau ihr noch einmal kurz zu und raste dann, wie befreit, mit quietschenden Reifen davon. Anna setzte sich in der leeren Flughafenbar an einen der kleinen Tische und holte aus ihrer Tasche einen dicken Stapel mit Manuskriptpapier. Unschlüssig starrte sie die leeren Blätter an und kaute auf ihrem Kugelschreiber. Aber erst im Flugzeug zurück nach Berlin begann sie zu schreiben. Wieder ein Stück vom Puzzle gefunden, dachte sie, aber wo paßt es am besten hin?

X

Die Produktion eines Films ist für Romy Schneider wie eine Liebesaffäre. Wenn der Regisseur sie während der Dreharbeiten nicht betrügt, sie also ernst nimmt, spielt sie für ihn in einem fast hypnotischen Zustand. Im Schutz von guten Rollen fühlt sie sich dann auch nackt geborgen. Noch stärker ist ihre sinnliche Ausstrahlung später auf der Leinwand zu spüren, wenn sie während der Aufnahmen auch eine echte Romanze erlebt, was in den folgenden Jahren seltener wird, weil sie manchmal drei Filme in zehn Monaten dreht oder gerade im Chaos einer auslaufenden Beziehung steckt. Es spricht sich allerdings herum in Filmkreisen, daß eine Produktion mit Romy Schneider reibungsloser verläuft, wenn ein junger Mann zur Hand ist, der sich intensiv um die Hauptdarstellerin kümmert, auch nach Drehschluß. Manche Regisseure, wie etwa Andrzej Zulawski, werden sich nach dem Tod ihres Stars schuldig fühlen, ihn auf diese zynische Art emotional ausgebeutet zu haben. Auch Zulawski hatte ihr eine Affäre bestellt: »Wir haben es alle gewußt und wir haben sie alle benutzt.« Unter Zulawskis Regie verkörpert sie 1974 die Rolle einer Schauspielerin, die in einer schweren seelischen Krise steckt und ins Pornomilieu abgerutscht ist. Bei den Dreharbeiten gibt es oft Streit und viele Konflikte, was man sogar im fertigen Film zu spüren glaubt. Aber Romy Schneider ist, wie immer, wenn sie gefordert wird, hervorragend. Für diesen Film bekommt sie 1976 den César, eine in Frankreich dem berühmten Oscar vergleichbare Auszeichnung, als beste Darstellerin des Jahres.

Wenn die letzte Klappe gefallen ist, das Produkt Romy Schneider also im Kasten, verabschieden sich die von der Produktion geheuerten jungen Männer. Es war nett, Madame. Und Romy Schneider greift dann in ihrer Enttäuschung wieder zu ihren altbewährten Fluchthelfern Alkohol und Tabletten. Mit den Tabletten hat sie wohl während der Meyen-Ehe angefangen, und später glaubt sie ohne Optalidon gar nicht mehr drehen zu können. Ende der siebziger Jahre ist sie, ohne es je zugeben zu können, im medizinischen Sinne tablettensüchtig.

Zwischendurch, nach enttäuschenden Affären mit jungen Männern, gibt es immer wieder Phasen, in denen sie sich bei Frauen bestätigen will: »Ich bin halt«, sagt Romy Schneider einmal, »ein rechtes Mischimaschi.« Bei ihren Eroberungen verhält sie sich so, wie sie es von den Männern erlebt hat: Neben ihren flüchtigen Abenteuern, mal mit der Ehefrau eines Masseurs, mal mit einer Kostümbildnerin, will sie morgens nicht aufwachen, die müssen vorher das Haus verlassen haben. Eine große Zuneigung, von der nur wenige Vertraute wußten, bestand zwischen Romy Schneider und Simone Signoret, der Frau von Yves Montand, die sie auch als künstlerisches Vorbild sah. Montand ahnte natürlich nicht, warum Romy Schneider so resistent gegen seine Eroberungsversuche war, aber er hätte auch unter sogenannten »normalen« Umständen keine Chance gehabt. Er war ganz einfach nicht ihr Typ.

Der Erfolg von *Der Swimmingpool* sowohl bei der Kritik als auch beim Publikum macht Romy Schneider glücklich und sie fühlt sich nach der selbstgewählten Zwangspause von Berlin wieder obenauf: »Ich bin sicher, daß die APO mich nie als Sissi akzeptieren würde, aber in *Swimmingpool* werden sie mich mögen, denn das ist eine sehr erotische Rolle.« Doch in diesem Jahr 1969 interessiert sich von der aufmüpfigen Jugend keiner so recht für Romy Schneider oder für Filme überhaupt, denn die Realität ist spannender als jedes Kino. Das Land, in dem auch die gebürtige Wienerin mit dem deutschen Paß wählen darf (was sie übrigens nie getan hat, weil sie immer zu spät daran dachte, die nötigen Unterlagen für eine Briefwahl zu besorgen), erlebt so etwas wie ein politisches Erdbeben. Zum erstenmal wird ein Sozialdemokrat deutscher Bundeskanzler. Willy Brandt ist zudem einer, der mit der nationalsozialistischen Vergangenheit nichts zu tun hat, ein Emigrant, also das, was man in bestimmten Kreisen immer noch einen Vaterlandsverräter nennt. Hat er nicht in fremder Uniform gegen die Deutschen gekämpft? Hat er. Ist er nicht zudem ein uneheliches Kind? Ist er. Romy fühlt sich ihm nahe, weil auch sie, wenn auch aus ganz anderen Gründen, als Vaterlandsverräterin beschimpft worden war, als sie zu Delon nach Paris zog. Der Wechsel zu einem anderen Deutschland scheint vollends Wechsel in eine bessere Zukunft, als der rigorose Moralist Gustav Heinemann, auch er Sozialdemokrat, zum neuen Bundespräsidenten gewählt wird und dabei seinen CDU-Gegenspieler Gerhard Schröder schlägt, dem sogar die NPD-Stimmen bei der Bundesversammlung nicht zum Erfolg reichen. Die Konservativen in der Bundesrepublik müssen zwar nicht die wirtschaftliche, aber die politische Macht abgeben. Was die Demonstrationen der Studenten nicht geschafft haben, ist der Sturz des Systems. Was sie aber erreicht haben, ist eine Bewußtseinsänderung innerhalb des Systems. Die alte Ordnung samt ihren allgemein als verbindlich akzeptierten Regeln, was sich denn schickte und was nicht, zerbricht. Die Mehrheit der Westdeutschen wählt nicht mehr die Generation der schuldigen Väter samt ihren spießigen Vorstellungen von Moral, sondern die Verheißung einer nicht nur politischen, sondern auch gesellschaftlichen Utopie von Freiheit, die plötzlich sogar in diesem verknöcherten Staat Deutschland machbar scheint.

Mit Harry Meyen, dem Konservativen aus Überzeugung, führt Romy Schneider erregte Diskussionen. Sie hat zwar nicht die besseren Argumente, weil sie zuwenig informiert ist über die Verhältnisse in Deutschland, aber sie setzt ihre Emotion dagegen und hat keine Angst mehr, ihre Begeisterung für die neue Zeit und ihre sogenannten losen Sitten auch auszudrücken. Harry Meyen, der Mann mit Eigenschaften, wird mehr und mehr zum Mann ohne Einfluß. Ihre Schwärmerei für die Politik Willy Brandts und sein Versprechen, mehr Demokratie zu wagen, soll sogar weiter gegangen sein, wie einer ihrer Liebhaber, der französische Sänger und Schauspieler Serge Reggiani, in seinen postum veröffentlichten Erinnerungen wissen will. Er meint, daß sie Brandt nicht nur angehimmelt und oft mit ihm telefoniert habe, sondern den berühmten *womanizer* auch nach einer Begegnung in Bonn näher erlebte. In der Einbildung des Franzosen zu nahe. Reggiani ist auf Brandt so eifersüchtig wie später der amerikanische Produzent Robert Evans auf ihn, weil Romy Schneider von dessen Villa in Hollywood aus immer Serge Reggiani angerufen hat.

Harry Meyen, der Prinzgemahl an ihrer Seite, arrangiert zwar den Alltag mit David und Kindermädchen, zu dem Romy Schneider nach anstrengenden Dreharbeiten zurückkehrt und in den sie sich scheinbar zufrieden fallen läßt. Peer Schmidt, der in vielen Rollen unter der Regie von Harry Meyen gespielt hat, erinnert sich an einen »wunderbaren Weihnachtsabend in Berlin. Ich habe den Nikolaus gespielt, das habe ich öfter für Kollegen gemacht, die kleine Kinder hatten. Und der kleine David hat mir Fragen gestellt wie kein anderes Kind in seinem Alter. Alles wirkte sehr zufrieden, sehr bürgerlich, sehr harmonisch«.

Aber die Ehe stirbt zusehends. Sie leidet nicht nur darunter, wie später beide erkennen, daß sich Romy Schneider immer schuldig fühlt, weil sie sich nicht wie andere Mütter intensiv um ihr Kind kümmern kann, sondern auch an ihren verschiedenen Erlebniswelten, die nicht mehr in Einklang zu bringen sind. »Es war so, daß wir uns nach den ersten beiden Jahren keine Mühe gegeben haben und langsam vor uns hingedämmert sind.« Die impulsive Romy Schneider, die mit ihrem Instinkt so vieles richtig erkennt und dennoch so vieles falsch macht, sucht nach einem Ausweg für Harry Meyen, nach einem Stück Erfolg, das er so braucht wie sie. Wieder läßt sie ihre Beziehungen spielen, diesmal zu Hamburgs Staatsopernintendanten Rolf Liebermann, und besorgt Harry Meyen einen Regieauftrag. Der König des Boulevards soll Wagners *Thannhäuser* inszenieren, und er schreckt vor der Aufgabe nicht zurück, an der schon einige große Regisseure gescheitert sind. Meyen stürzt sich in die Arbeit. Der Haushalt in Berlin wird aufgegeben, man zieht nach Hamburg in die Agnesstraße, in eine Wohnung, die aus steuerlichen Gründen auf den Namen von Magda Schneider-Blatzheim gemietet wird. Harry Meyen läßt sich ein chromstahlkühles Arbeitszimmer einrichten, Romy Schneider dagegen will ihre weichen, flauschigen Ecken. Ein Innenarchitekt erfüllt die verschiedenen Wünsche. Die Wagner-Inszenierung wird zu einem in Hamburg noch bis heute nicht vergessenen Desaster und wird in den Feuilletons noch viel schlimmer verrissen als Meyens Bernhard-Regie bei den Salzburger Festspielen. Auch Romy Schneiders nächster Film, *Inzest*, in dem sie eine Mutter spielt, deren erotische Phantasien ihrem siebzehnjährigen Sohn gelten, dem Ebenbild eines früheren Liebhabers, wird von der Kritik niedergemacht: »Kein Wort, keine Geste, kein Blick erwachen hier zum einfachsten Leben. Von nichts kommt nichts. Es ist deshalb unnütz, sich Fragen zu stellen.« Aber die Hauptdarstellerin zumindest bleibt ungeschoren: »Nur Romy Schneider mit ihrem wunderbaren Gesicht ragt aus diesem unglaublichen Abschaum heraus« (*La Saison cinématographique*).

Romy Schneider und ihr wunderbares Gesicht. Das Gesicht ist das Geheimnis ihres Erfolgs, gibt der kleinen, zierlichen und eher unscheinbaren Frau, die immer wieder Gewichtsprobleme hat, aber mit eiserner Disziplin auch immer wieder abspeckt, jene Ausstrahlung, die das Kino immer schon brauchte, um Träume zu erzeugen und Illusionen. Nur wer eine solche Ausstrahlung hat, wird in der Traumfabrik zum Star. Wenn sie sich auf der Leinwand mit ihren typischen kleinen, schnellen Schritten in eine Szene stampfen sah, schloß sie schnell die Augen. Furchtbar fand sie sich dann: »Meine Haxen sind eigentlich krumm und so kurz wie die von der Magda«, sagt sie, »aber mit meiner Fresse reiß' ich alles wieder raus.« Dieses Gesicht ist es, das den französischen Regisseur Claude Sautet so fasziniert, daß er Romy Schneider, die er persönlich nie getroffen hat, die weibliche Hauptrolle in seinem neuen Film *Die Dinge des Lebens* anbietet. Er erzählt ihr am Telefon die Geschichte, und Romy Schneider sagt sofort zu, noch bevor sie das Drehbuch gelesen hat. Es geht um eine eher banale Dreiecksbeziehung, aber wenn Schauspieler wie Romy Schneider und Michel Piccoli die Liebenden spielen, wird aus alltäglichen Momenten plötzlich großes Kino, aus Trivialem plötzlich Trivialkunst, und was schon sind die Filme anderes, an die man sich erinnert – von *Dr. Schiwago* bis *Vom Winde verweht*. Romy Schneider spielt die Geliebte eines erfolgreichen Architekten, der sich von seiner Frau nicht trennen kann. Bei einem Autounfall wird er schwer verletzt, doch bevor er stirbt, sieht er in einer Art Rückblende die »Dinge des Lebens«, die erst dann wichtig werden, wenn man weiß, daß man sie nie wieder erfahren wird.

Die Arbeit mit Claude Sautet, der von intellektuellen Filmkritikern als »Weichzeichner« verspottet wird, dessen Filme beim Publikum aber große Erfolge sind, ist für die Karriere von Romy Schneider so wichtig wie einst die Zeit mit den genialen Despoten Luchino Visconti oder Orson Welles, die aus dem Nachkriegsmodell »Sissi« eine ernsthafte Schauspielerin geformt haben, zu denen sie aufblickte, von denen sie lernte, für die sie aus ihren Kostümen schlüpfte. Sautet und Romy Schneider gehören zur gleichen Generation, sie arbeiten auf derselben Wellenlänge (Sautet: »Sie verträgt keine Mittelmäßigkeit und nicht das Versiechen der Gefühle. Sie hat ein Gesicht, das mit den Jahren nur noch schöner werden kann«), die Szenen entstehen aus gemeinsamen Diskussionen, die üblichen Machtkämpfe um die Hierarchie während der Dreharbeiten entfallen. Sautet – »endlich mal kein Tyrann«, sagt Romy Schneider – macht sie mit seinen Filmen in Frankreich zum Filmstar Nummer eins der siebziger Jahre, zur *actrice française*. Nach den *Dingen des Lebens* werden sie gemeinsam ähnliche Geschichten aus dem Alltag verfilmen, zum Beispiel *Das Mädchen und der Kommissar* oder *César und Rosalie* oder *Eine einfache Geschichte*. Da findet Romy Schneider Rollen, in denen sie das spielen darf, was sie am besten kann – gebrochene und gleichzeitig starke Frauen, Frauen mit sinnlicher Kraft und Frauen, die manchmal so emanzipiert sind, daß sie zum Glück keine Männer mehr brauchen. Wer will, kann Parallelen zum wahren Leben der Schauspielerin finden. Beim Publikum sind diese Filme erfolgreich, weil Romy Schneider für die Frauen zur Identifikationsfigur wird und für die Männer zur Verkörperung der Traumfrau, die sie nie kriegen werden. Die französische Illustrierte *Paris Match* vermeldet voller Überschwang, daß vierzig Jahre nach Marlene Dietrich und Greta Garbo endlich wieder ein Weltstar geboren ist. Claude Sautet, dessen enge Beziehung zu Romy Schneider als Affäre mißdeutet wurde, nach ihrem Tod: » Sie war wie ein kleines Mädchen, sie hatte immer große Angst. Damit sie sich sicher fühlen konnte, brauchte sie eine Menge von Liebesbeweisen.«

Parallel zum beruflichen Aufstieg des Stars, um den sich Regisseure reißen, der sich seine Rollen selbst aussuchen kann und in Frankreich pro Film eine Million Francs verdient, beginnt der Abstieg ihrer Ehe mit Harry Meyen, in die sie so viele ihrer bürgerlichen Hoffnungen gesetzt hat. Zwar hat sie bei den Dreharbeiten zu *Bloomfield* in Israel selbstverständlich Fotos von David und Harry in ihrer Garderobe stehen, aber sie ergibt sich, wenn auch voller Schuldgefühle, einer leidenschaftlichen Liebesromanze mit ihrem Partner, dem britischen Schauspieler Richard Harris. Sie nennt ihn Dickie, er sie Rosy Posy. Der Regisseur Harris nimmt den Schauspieler Harris zugunsten von Romy Schneider zurück. Er setzt die Frau in Szene, mit der er die Nächte verbringt, mit der er wie ein verliebter Junge Ausflüge macht in Israel, mit der er immer wieder dem mittelmäßigen Drehbuch entflieht. Beide wissen von der Endlichkeit ihrer Liebe. Er erzählt ihr von dem Dorf, in dem er geboren ist, und davon, wie wichtig dieses Gefühl von Heimat für ihn sei, und sie erzählt ihm, daß sie dieses Gefühl nie gekannt hat und sich eigentlich am meisten vor der Kamera zu Hause fühlt. Beide trinken viel. Das Kind Romy Schneider rührt ihn, die Frau Romy Schneider reizt ihn. Der verliebte Brite, der eigentlich viel lieber auf der Bühne Shakespeare spielen will und es haßt, sich für Geld in mittelmäßigen Filmen zu prostituieren, schenkt ihr ein Skakespeare-Sonett (»The Passionate Pilgrim« – »Der Verliebte Pilger«) und deklamiert es für sie auf der Terrasse des Hotels in Tel Aviv, in dem das Filmteam wohnt:

> Lieb Röslein, vor der Zeit gepflückt, zu bald erblichen,
> Gepflückt als zarte Knosp, im Lenz erblichen, ach
> Des Ostens Perle du, vom Moder früh beschlichen
> O Kleinod, das so schnell des Todes Stachel stach,
> Wie grüne Pflaumen, die in Windes Wallen,
> Eh sie der Herbst gereift, vom Baume fallen.

Zurück in Deutschland, spielt Romy Schneider wieder mal für ein paar Wochen Frau Meyen, aber eigentlich hat sie sich schon bei den Dreharbeiten zu *Die Dinge des Lebens* entschlossen, künftig wieder in Paris zu wohnen, wo sie sich heimisch fühlt. Harry Meyen wehrt sich anfangs gegen den Umzug, weil er die Sprache trotz aller Berlitzkurse nicht in den Griff bekommt und weil die bisherigen Aufenthalte in Paris mit ihr für ihn frustrierende Erlebnisse als Anhängsel eines Stars waren. Er weiß, daß er in Paris erst recht auf die Rolle von »Herrn Schneider« festgelegt sein wird, der sich um den

»Alltag des Lebens« kümmert, während Madame Karriere macht und das Geld verdient. Man bleibt zunächst in Hamburg. Harry Meyens zweite Staatsoperninszenierung, *Der Barbier von Sevilla*, wird ein ebenso großer Reinfall wie sein Wagner-Versuch. Daß er, wie es sich Romy Schneider in ihren Verträgen ausbedungen hat, als Synchronregisseur ihrer Filme eingesetzt wird, scheint ihm keine große Karriere. Seine Erfolge am Theater, wo er immer wieder brillante Inszenierungen sogenannter leichter Stücke abliefert, gelten im Kulturtempel Deutschland als gehobener Tingeltangel. Meyens Konsum an Tabletten und Alkohol wächst.

Romy Schneider flieht dankbar zu Dreharbeiten. Nach der Rolle einer Frau aus dem Arbeitermilieu (*La Califfa*), in der sie wenig glaubhaft zum Klassenkampf in einer norditalienischen Industriestadt aufrufen muß, aber eine Nacktszene hinlegt, die den Verleih zu der abenteuerlichen Formulierung »In ihrer Reinheit unmoralisch und in ihrer Unmoral rein« greifen läßt, dreht sie wieder mit Claude Sautet in Frankreich, und wieder wird es ein großer Erfolg. Michel Piccoli ist ihr Partner in *Das Mädchen und der Kommissar*, und Romy Schneider spielt die Hure Lilly so überzeugend, daß sogar die gefürchtete Kritikerin Ponkie in der *Abendzeitung* über die Kunst der Deutschen in dem »brillanten Zwielicht-Kino« ins Schwärmen gerät: »Romy Schneiders Nutte Lilly ist ein Bravourstück schauspielerischer Disziplin: Balanceakt zwischen angetünchter Gossenkühle und verkapptem Gefühl.« Zum erstenmal hat Romy Schneider im Kino eine Hure spielen dürfen, und daß der Film ein so großer Erfolg wird (in Frankreich, nicht in Deutschland) liegt nicht nur an der spannenden Thrillergeschichte. Was schon Visconti an ihr gereizt hat, diese unter der Bürgerlichkeit versteckte Schamlosigkeit, die kein Tabu kennt, wird von den Franzosen begriffen. Madame Schneider gehört zu ihnen, und damit gehört sie ihnen auch. Vier Filme hat sie in diesem Jahr 1970 gedreht, ein fünfter für Anfang 1971 ist schon festgelegt, wiederum mit Alain Delon als Partner. Joseph Loseys *Die Ermordung Trotzkis* wird dann in Deutschland unter dem Titel *Das Mädchen und der Mörder – Die Ermordung Trotzkis* laufen. Romy Schneider bereitet sich auf die Rolle vor, indem sie alles liest, was über Trotzki geschrieben wurde, und ist ganz enttäuscht, als Losey ihr vor Beginn der Dreharbeiten in Mexiko erklärt: »Vergiß es. Wir machen keinen Dokumentarfilm, wir haben ein eigenes Skript.«

Daß sie nicht nur wegen der dauernden Anspannung, stets vor der Kamera präsent sein zu müssen, immer mehr trinkt, allerdings keinen einzigen frühen Drehtermin versäumt, daß sie angewiesen ist auf kleine Tabletten, die sie jeden Morgen schluckt, wissen nur die wenigen Menschen, denen sie Nähe erlaubt. Längst nämlich täuschen die rührenden Fotos von der heimkehrenden Romy Schneider, die von ihrem Sohn und ihrem Mann am Flughafen abgeholt wird, nur noch die Journalisten und ihre Leser. Die wahren Szenen dieser Ehe finden im Verborgenen statt, und Romy Schneider ist verzweifelt, weil sie immer mehr spürt, daß es zu Ende geht. Es gibt halt nicht, wie in ihren Filmen, ein Drehbuch, an das man sich klammern kann, und keine Einstellung ist wiederholbar. Aber sie will auch »keine fette deutsche Hausfrau werden«, also zu Hause bleiben. Sie will dahin, wo allen Beteuerungen zum Trotz das für sie wahre Leben stattfindet, vor die Kamera.

Sie ist zweiunddreißig Jahre alt und macht den letzten Schritt zur Emanzipation vom alten Sissi-Image, als sie 1971 bei den Filmfestspielen in Cannes, wo Viscontis *Tod in Venedig* gezeigt wird, ihrem verehrten, geliebten Lehrer zusagt, die Rolle der Kaiserin Elisabeth in seiner *Ludwig II.*-Verfilmung zu übernehmen. Die Dreharbeiten sollen im Januar 1972 beginnen, und sie freut sich darauf, weil sie endlich die wahre Sissi spielen darf, eine Art Revolutionärin in einer an der höfischen Etikette erstarrten Gesellschaft. Die Sissi nämlich, die das langweilige Hofleben schon lange satt hat und sich blendend versteht mit einem anderen Außenseiter, dem versponnenen, homophilen Märchenkönig von Bayern. Elisabeth kann sie verstehen, ihr fühlt sie sich verwandt, denn »auch ich habe mich als Frau befreit, schon lange, bevor die Befreiung der Frau zum Thema wurde.« Viel wichtiger als die Emanzipation auf der Leinwand ist deshalb die politische Emanzipation von Romy Schneider, die in Deutschland wieder mal Schlagzeilen macht. Zusammen mit vielen anderen prominenten Frauen bekennt sie in der Illustrierten *stern*, daß auch sie abgetrieben hat, und fordert mit ihrer Unterschrift die Abschaffung des Paragraphen 218. Sogar bei einer Demonstration auf der Straße will sie mitmachen, aber ihr Mann, der die Veröffentlichung im Sommer 1971 geschmacklos findet und negative Auswirkungen auf ihre Karriere befürchtet, verhindert ihre Teilnahme. Später wird Harry Meyen seinen Anspruch auf das halbe Vermögen von Romy Schneider auch damit begründen, daß er seine Hälfte sauer damit verdient habe, Ordnung in das Chaos zu bringen, in dem seine Frau zu leben gewohnt war, und daß er sie immer wieder davon abgehalten habe, Dummheiten zu begehen, Verträge zu brechen, wichtige Leute zu beleidigen.

Romy Schneider entwickelt nicht nur ein neues Image, sie gibt sich auch ein anderes Erscheinungsbild. Ihr langes mädchenhaftes Haar – Sissis Locken waren immer eine Perücke, die ihr Kopfschmerzen bereitete – weicht einem frechen Pagenkopf. Sie ist weit weg von Deutschland, in Mexiko, wo der Trotzki-Film gedreht wird, und bleibt dort vom Ansturm der Journalisten verschont, obwohl sie wieder einmal die Geliebte ihres Ex-Geliebten Alain Delon zu spielen hat. In Deutschland sorgen die Bombenanschläge der Baader-Meinhof-Terroristen für Aufregung. Die sozialliberale Koalition in Bonn wankt, aber fällt nicht, von Böll erscheint ein neuer Roman, *Gruppenbild mit Dame*, dessen Hauptfigur Leni ein paar Jahre später Romy Schneider verkörpern wird, und in Berlin macht ein Schauspieler in einer Peter-Stein-Inszenierung als Peer Gynt Furore, der Mann heißt Bruno Ganz.

Die Aufzeichnung des Theaterabends aus der Schaubühne läuft Monate später am ersten Weihnachtstag im Fernsehen. Hildegard Knef beschreibt in ihren Erinnerungen diesen Abend als Psychodrama zwischen zwei Ehepartnern, die sich nichts mehr zu sagen haben: Weil ihr Fernsehapparat kaputt war, hatte sich Romy Schneider kurzerhand bei Hildegard Knef eingeladen, den ganzen Abend über saß sie, schwarzer Hosenanzug, ungeschminkt, auf dem Boden vor dem Bildschirm, kroch förmlich in ihn hinein, wenn Großaufnahmen von Bruno Ganz kamen, trank den Wein automatisch wie Wasser und sprach kein Wort mit Harry, der still und stumm seinen Whisky in sich hineinschüttete.

Nur Magda Schneider, mit der Romy gelegentlich telefoniert und der sie manchmal noch Briefe schreibt, verbreitet in bunten Blättern großmamaselige Zitate über das glückliche Familienleben ihrer berühmten Tochter. Sie redet gern und viel, nach Romy

Schneiders Meinung zuviel. Immer wieder, auch und besonders in den folgenden Jahren, kommt es zu lautstarken Auseinandersetzungen, wenn die Tochter staunend und wütend erfahren muß, was Magda Schneider angeblich mit ihr alles erlebt hat. Kräche mit Zeitverzögerung, denn Romy Schneider liest während der Dreharbeiten nichts und erst nach Rückkehr die vom Argus-Dienst gesammelten Artikel, in denen sie erwähnt wurde. Was nicht nur erklärt, daß über Romy Schneider soviel Undementiertes in den Archiven steht und immer wieder verbreitet wird, denn allein für die wöchentlichen Gegendarstellungen wäre ein Anwalt vollauf beschäftigt gewesen, sondern auch ihren fast pathologischen Haß auf Journalisten. Zu den wenigen, die ihr Vertrauen nicht mißbraucht haben, dem Filmkritiker Alfred Nemeczek etwa, bewahrt sie eine rührende Anhänglichkeit; ihm schreibt sie einen Brief, in dem sie mehr von sich preisgibt als in vielen sogenannten Interviews: »Ich bin wohl recht unlebbar für mich selbst, schon gar für andere« oder »Das Nicht-Leichte wird für mich immer reizvoll sein, und fast alles aus sich selbst herauszuholen ist etwas, was mich vielleicht mein Leben lang beschäftigen wird« und »Ich brauche Hilfe, so wie alle anderen ernsthaften Schauspieler sie auch brauchen – ich will nicht mehr so allein gelassen werden.« Als Absender dieses Briefes übrigens, den sie nach einem Nemeczek-Besuch im Dezember 1976 bei den Dreharbeiten zu *Gruppenbild mit Dame* schrieb, hat die in manchen Momenten auch selbstironische Romy Schneider eine »Frau Schmulblick« angegeben. Ein Name, den ihr Harry Meyen mal am Anfang ihrer Ehe gegeben hat, als sie ihn schmollend aus der Ecke heraus anschaute.

Die Dreharbeiten zu *Ludwig II.* beginnen im Januar 1972 im österreichischen Bad Ischl, wo einst »Sissi« laut Marischka ihren Kaiser Franz Joseph kennenlernte. Der Film wird auf englisch gedreht, als Synchronregisseur hat Romy Schneider ihren Mann durchgesetzt. »Luca« will die Geschichte des bayerischen Märchenkönigs und seiner Cousine Elisabeth zwar möglichst wahrhaftig erzählen, doch »man darf die Dokumentation nicht übertreiben, sonst erschlägt sie die Phantasie«. Fast vier Stunden lang wird Romy jeden Morgen vor Beginn der Aufnahmen geschminkt und in das teure Kostüm gezwängt, das ihre Rolle vorschreibt. Wenn sie nachts um eins stundenlang auf einem Pferd verharren muß, ist ihr sogar der geliebte »Luca« nur noch ein böser Tyrann. Einmal zerreißt er einen Mantel aus Kaninchenfell, man trägt Zobel, alles andere ist Dreck. Nach einem heftigen Streit mit ihm läßt sie sich drei Tage bei den Dreharbeiten nicht sehen und vergräbt sich im Hotel. Visconti hört Callas und ist ebenfalls für keinen zu sprechen. Endlich, am dritten Tag, macht sie den ersten Schritt und bittet Visconti um Verzeihung für ihren Ausbruch. Die Agenten, die hinter den Kulissen verhandelt und gestritten hatten – sogar Harry Meyen wurde gefragt, ob er nicht irgendeinen Einfluß habe auf seine Frau –, atmen auf. Visconti geht in die Hofbäckerei und läßt für seine geliebte Romina eine Torte backen. Er übergibt sie ihr selbst. Die Dreharbeiten sind gerettet.

Die Fotos des Standfotografen von Kaiserin Elisabeth zeigen eine wunderschöne Frau voller Selbstbewußtsein, von »Sissi« nicht einmal mehr ein Hauch. In ihrer letzten Wohnung in Paris hängt eines dieser Fotos neben vielen privaten Porträtaufnahmen als einziges Filmbild an der Wand.

Romy Schneiders Partner als König Ludwig ist der österreichische Schauspieler Helmut Berger, von ihr auch gern scherzhaft »La Berger« genannt. Er ist ein enger Freund Viscontis. Während der Dreharbeiten geht er immer erst dann in die Diskothek, wenn Visconti eingeschlafen ist, so sehr fürchtet er dessen Eifersucht. Romy Schneider und Helmut Berger sind sich ähnlich in ihrer exzessiven Art zu leben, jeder weiß um die Gefährdung des anderen und verdrängt dabei die eigene. Noch Jahre später flüchtet sich Berger zu Romy Schneider, wenn er wieder mal das Gefühl hat, zugrunde zu gehen. Und sie, fast wie eine Mutter, schafft es als einzige, ihn zu trösten, läßt ihn manchmal neben sich im Bett schlafen, um ihn zu beruhigen, weil sie weiß, daß er nichts von ihr will. Als in Bad Ischl gedreht wird, ist es noch umgekehrt, da hört sich Berger die strindbergschen Geschichten von Romy Schneiders kaputter Ehe an, da ist er es, der sie mit einer Holzfigur aufheitert, die er in der Hotelhalle gefunden hat und die er ihr als bester »Schmäh-Schauspielerin« aller Zeiten feierlich übergibt. Da ist er es, der nachts neben ihrem Hotelbett sitzt und sie behütet, bis sie, mit Hilfe von Alkohol und Tabletten, in einen bleiernen Schlaf sinkt.

Von der Zerrissenheit hinter der Kamera, die nur dann schwindet, wenn David mit seinem Kindermädchen die berühmte Mama besuchen darf, ist im Film nichts zu merken. Romy Schneider, die Perfektionistin, die nie eine Schauspielschule durchgestanden hat, ist für Visconti die Elisabeth, die er sich vorgestellt hat: »Romina, du bist wundervoll.« Der Film wird vom deutschen Verleih rigoros geschnitten und erst Ende der siebziger Jahre in seiner gesamten Länge in der Bundesrepublik gezeigt. Aber auch der »Verschnitt« begeistert nach der Premiere die Kritiker, vor allem die »schauspielerische Bravour und Souveränität« Romy Schneiders wird in der *Süddeutschen Zeitung* gelobt: »Wenn sie hysterisch auflacht oder sich in ihrem Gesicht Bitterkeit und Lust zu einer fröhlichen Bosheit paaren, dann bricht der Film regelrecht auf, dann öffnet sich etwas, was zugleich Passion und Professionalität, Können und Individualität ist, sichtbar, erfahrbar, durchschaubar... Ein Sieg Romy Schneiders, der nicht genug bewundert werden kann.«

Als der Film bei den Filmfestspielen in Venedig aufgeführt wird, liefert sie sich mit Harry Meyen bereits einen erbitterten Krieg um das, wonach man den Wert einer Ehe noch bemessen kann, wenn sie zerbrochen ist: Lampen, Teppiche, Möbel, Wertpapiere, Bargeld. Sie hat sich anfangs willig in München zu einem Notar schleppen lassen und in ihrer lebensfremden Unschuld erst einmal unterschrieben, was Harry vorgeschlagen hatte. Unser Sohn soll doch abgesichert sein, wenn uns mal was passiert. Vordergründiger Anlaß für die juristischen Maßnahmen, von denen Romy Schneider nichts versteht, ist der Flugzeugabsturz eines gemeinsamen Bekannten, der seine Familie ohne irgendwelche testamentarischen Bestimmungen hinterlassen hatte. Meyen findet in Rolf Bossi einen Anwalt in München, der auch als Verteidiger von Gangstern keine Schlagzeile scheut. Ein Erbschaftsvertrag wird aufgesetzt, in dem allerdings Romy Schneider nicht jene Klausel entdeckt, die besagt, daß im Falle ihres und Harrys Todes für den gemeinsamen Sohn David eigentlich nichts übrig bleibt, der quasi zugunsten einer Stiftung enterbt wird. Der Anwalt Romy Schneiders, fast schon zu spät von ihr eingeschaltet, ficht den Vertrag sofort an und hat auch Erfolg damit.

Unterschrieben hat sie allerdings auch den Passus, das beiderseitige Vermögen sei grundsätzlich als Gesamtgut, das heißt als gemeinschaftliches Vermögen anzusehen. Romy Schneider fühlt sich deswegen hintergangen. Wie sie in einer Klagedrohung, mit der dieser Vertrag vom 7.9.1972 angefochten wird, empört feststellt, sei sie nur davon ausgegangen, daß es sich um ein Testament handele, mit dem die Versorgung des gemeinsamen Kindes David Haubenstock sichergestellt sein sollte. Keinesfalls sei sie bereit, einer Regelung zuzustimmen, nach der jeder im Falle einer Scheidung die Hälfte bekäme. Eine von Verletzungen, Rachegefühlen und Emotionen belastete Auseinandersetzung beginnt. Denn Harry Meyen glaubt, durchaus im Recht zu sein. In einem seiner vielen Briefe schreibt er, sie hätten ja schließlich beide bei Null angefangen, denn »Du bist, bis wir uns begegneten, von allen nur betrogen worden«. Gegenüber dem Anwalt betont er, daß er eigentlich auch ein moralisches Recht auf die Hälfte des Vermögens habe: »Als wir geheiratet haben, haben wir, sagen wir mal, so gut wie kein Vermögen gehabt. Sie stand unter dem Eindruck, mehrere Millionen zu besitzen, die ihr Stiefvater aber verwaltet bzw. durchgebracht hat. Er hat, als ich heiratete und wissen wollte, wieviel Geld sie hat, die Auskunft verweigert und dann angeboten, 10 000 Mark zu überweisen. Ich hatte damals in Berlin meine große Theaterzeit und verdiente pro Abend 1 000 Mark, und hatte viel mehr Geld als sie.« Er vergißt dabei zu erwähnen, daß es Romy Schneider war, die damals von ihrem Geld an Anneliese Römer, Meyens Ehefrau, die geforderten 200 000 Mark für die Zustimmung zur Scheidung überwies. Romy, stellt Meyen fest, habe nie eine Beziehung zu Geld gehabt und sei immer allzu leicht Einflüssen ausgesetzt gewesen. Was sicherlich auch stimmt.

Einer Freundin in Hamburg schreibt Romy Schneider empört, es sei eine »bodenlose Gemeinheit und zu einfach, von mir zu behaupten, ich wäre unberechenbar, ich schmeiße das Geld zum Fenster raus, usw. (eine teure Wohnung und einige Flüge, verdammt noch mal, ich habe es doch verdient)... Ich will die Scheidung, ich will eine ganz und gar freie Person sein, in jeder Beziehung, kein halber Straßenköter. Halbehalbe ist ganz schön hart, aber vielleicht muß ich in diesen sehr sauren Apfel beißen... Ich bin die blödeste und großzügigste Kuh von Europa (ich bin bescheiden und sage nicht, of the world), aber FREI will ich sein. Let's split all that fucking money – and divorce!«

Bis zu diesem Ziel aber ist es noch ein langer Weg, auf dem man sich gegenseitig nichts schenkt. Wechselseitig werden die Verfügungsgewalten über gemeinsame Konten gesperrt, nachdem Romy Schneider bei einem Besuch in Hamburg feststellen muß, daß sie an ihr eigentliches Konto gar nicht mehr herankommt, weil Harry die Vollmacht für sie hat streichen lassen. Szenen wie aus dem Kino: In einer beim Notar angesetzten Begegnung zwischen den Ehepartnern, bei der es um eine Auflistung der Vermögensverhältnisse geht, ergibt ein zufälliges Telefongespräch, daß Meyen gerade von Hamburg aus eine dreiviertel Million Mark in die Schweiz transferieren lassen wollte. Es wird in letzter Minute verhindert. Bei all den gegenseitigen Vorwürfen – Meyen beauftragt sogar eine Detektei, um das Liebesleben seiner Frau überprüfen zu lassen – gibt es wieder erschütternd hilflose Briefe von ihm an sie, in denen er beteuert, daß »ich nie jemand so geliebt habe wie dich« und daß »für uns beide nichts besseres nachkommt« und daß »es nicht dein Fehler ist, daß du keine Einstellung zum Geld hast«. Dennoch beendet er den Brief voller Wut: »Selbst wenn wir teilen, hast du noch nie soviel Geld gehabt wie heute – aber wer weiß, wer deine Ratgeber in Zukunft sein werden.«

Romy Schneider leidet, obwohl sie längst die Stärkere ist, denn sie liebt ihn nicht mehr. Sie schluckt Tabletten, trinkt zuviel, aber sie spielt. Und es entsteht einer der schönsten Filme ihrer langen Karriere, wieder unter der Regie von Claude Sautet, *César und Rosalie*. Sie hat eine Rolle, die aus ihrem eigenen Leben stammen könnte, eine Frau, die sich zwischen zwei Männern nicht entscheiden kann, auch nicht entscheiden will und erst einmal lieber beide verläßt. Eine starke Frau.

Aber stark ist Romy Schneider nur im Beruf, sonst eher schwach und labil. Wenn sie keine Filme zu drehen hat, lebt sie zu dieser Zeit schon nach einem Rhythmus, wie er typisch ist für depressive Menschen. Unter dem Einfluß von Schlaftabletten und Alkohol schläft sie bis um zwölf Uhr mittags, frühstückt und erledigt ihre Post, alles noch im Bett, und erst am späten Nachmittag, gegen siebzehn, achtzehn Uhr, kommt sie langsam in Fahrt. Anfangs braucht sie Optalidon nur bei Dreharbeiten oder vor wichtigen Terminen, um ihre Nervosität und Angst zu bekämpfen. In den manchmal langen Pausen zwischen den einzelnen Filmen schluckt sie fast nichts. Später wird der Griff zur Tablette eine automatische Handlung, auch im Privatleben. Nach einem Zusammenbruch in Hamburg, im Haus von Freunden, wird sie in die Universitätsklinik Eppendorf gebracht und erst einmal ruhiggestellt. Dieselbe geschlossene Abteilung wird ein paar Jahr später Endstation für Harry Meyen sein. Die offizielle Diagnose bei Romy Schneider lautet »Kreislaufkollaps« und »Schürfwunden«. Der behandelnde Arzt ist nicht nur diskret, er schickt Romy Schneider auch keine Rechnung, weil er es sich zum »Prinzip gemacht hat, die Vertreter der schönen Künste umsonst gesundzupflegen«. Allerdings stellt er anheim, für die Forschung der Uniklinik etwas zu spenden. Romy Schneider kehrt zurück nach Paris, wo sie sich in Neuilly eine Zweizimmerwohnung genommen hat. Wenn Harry zu Besuch kommt, um seinen Sohn zu sehen, wohnt er bei einem befreundeten Zahnarzt in einem anderen Arrondissement und leidet furchtbar unter der Einsamkeit in einer Stadt, deren Sprache ihm immer noch fremd ist.

Romy Schneider fährt von Paris aus mit einer Freundin für ein paar Wochen nach Senegal. Es sind für lange Zeit die letzten Ferien, denn in dem Jahr, in dem die emotionale Trennung von Harry Meyen auch in eine juristische Form gegossen wird, dreht sie mit Jean-Louis Trintignant *Le Train – Nur ein Hauch von Glück*, dann unter der Regie ihres alten Freundes Jean-Claude Brialy die *Sommerliebelei* und anschließend mit Michel Deville *Das wilde Schaf*. Die Produktion von *Trio Infernal* ist erst für 1974 geplant, beginnt aber auch schon Ende des Jahres 1973. Sie beklagt sich nicht über den Streß, denn der Film wird angesichts ihres chaotischen Privatlebens, in dem sie Affären hat, aber nicht immer mit denen, die in den Zeitungen als ihre Liebhaber aufgelistet werden, zum wahren Leben, wo sie zumindest eine feste Ordnung von Drehterminen einhalten, Rollen lernen und präsent sein muß.

Irgendwann in diesem Jahr – sie kann sich später nicht mehr erinnern, wann es genau war – läßt sie für ein paar Tage alles hinter sich, flüchtet nicht wie sonst in das Haus ihrer verkorksten Kindheit oder in die Arme einer Geliebten in Hamburg, sondern taucht in Berlin unter. Freunde dort vermuten sie in Paris und machen sich keine Sorgen, Freunde in Paris vermuten sie in Hamburg in der Wohnung in der Agnesstraße und machen sich auch keine Sorgen. Sie sind es gewohnt, daß sich Romy oft monatelang nicht meldet und dann plötzlich in der Nacht anruft und plaudert, als habe man sich gestern zuletzt gesehen. Sie lebt in Berlin in einer Wohngemeinschaft bei Studenten, die keine Ahnung haben, wer die Frau ist, die sie aufgenommen haben. Ein Taxifahrer, auch Student, hat sie eines Morgens mitgebracht vom Bahnhof. Ihm hat sie erzählt, daß sie als Haushälterin in Paris lebt, gerade ihre Stellung verloren hat und sich nun einen neuen Job suchen will. Bis sie etwas anderes findet, bietet er ihr an, könne sie gerne in der WG bleiben. Romy Schneider macht sogar Küchendienst, was sie immer gehaßt hat, und beteiligt sich an politischen Diskussionen. Nach ein paar Tagen verschwindet sie wieder. Ihre Mitbewohner haben nie erfahren, wer die Frau war, die bei ihnen gelebt hat.

Die Schlagzeilen und Artikel, die sich mit Romy Schneider beschäftigen, haben nicht nur mit Geld zu tun oder mit ihren neuesten Filmen, sondern auch mit sogenannten Skandalen. Sie hat sich in den verheirateten Schauspieler Bruno Ganz verliebt, den sie an der Schaubühne kennengelernt hatte. Mit ihm erfährt sie eine Welt, die so ganz anders ist als ihr bügerlicher, teurer Staralltag: Theater, Kneipen, politische Diskussionen, Ensemble als Familie mit gleichen Rechten für alle. Solange es noch die Hamburger Wohnung gibt, leben sie dort kurzfristig zusammen, als Harry Meyen in Berlin inszeniert. Die Liebe zwischen den beiden wird getragen auch vom Reiz des Verbotenen, des Verborgenen. Ihren Freundinnen berichtet Romy Schneider fest entschlossen, nie wieder Chanel tragen zu wollen oder St. Laurent, nur noch einfache Kleidung, keine großen Schminkereien mehr, auch Champagner müsse nicht sein (ein billiges Halstuch aus dieser Zeit, ein Geschenk, besitzt sie bis zu ihrem Tod). Das wahre Leben sei halt doch das einfache Leben, Bruno Ganz der richtige Mann dafür. Romy Schneider und Bruno Ganz erleben eine große Liebe, wie es sie nur selten gibt im Leben. Auch in der Sprachlosigkeit ihrer Gefühle sind sie sich nahe wie Kinder, die sich an die Hand genommen haben. Was davon nach außen dringt, wird allerdings in Schlagzeilen gegossen.

Einmal werden beide im Berliner Hotel am Steinplatz in einen peinlichen Vorfall verwickelt, der von der Boulevardpresse genüßlich auf Seite eins abgehandelt wird. Der Nachtportier des Hotels hatte sich geweigert, Bruno Ganz morgens um sechs Uhr zusammen mit Romy Schneider auf deren Zimmer gehen zu lassen: »Bei uns ist Frau Schneider Gast, Sie nicht.« Es kommt zu einer kleinen Rauferei, die Scheibe der Eingangstür im Hotel geht zu Bruch, die Polizei wird gerufen, ein Protokoll verfaßt. Die Rechnung des Glasers in Höhe von DM 58,37 wird ebenso bezahlt wie der Verdienstausfall des Portiers, der seine Verletzungen im Krankenhaus behandeln läßt und für seine Woche Krankenlager 900 Mark bekommt. Die Einlassung von Bruno Ganz, er habe, ausgerechnet morgens um sechs Uhr, Frau Schneider nur eine schwere Plastiktüte voller Einkäufe aufs Zimmer tragen wollen, klingt nicht allzu glaubwürdig. Die Anwälte einigen sich außergerichtlich, um zu vermeiden, daß auch andere Details dieser Romanze, die seit Monaten läuft und guten Freunden kein Geheimnis mehr ist, zum öffentlichen Vergnügen ausgebreitet werden.

Romy Schneider, die sich bei anderen Affären oft gewünscht hat, Harry Meyen möge auf den Tisch hauen und sie zur Rede stellen (»Der schaut immer nur weg und macht seine zynischen Scherze«), hat lange Zeit Angst, ihr Noch-Ehemann könne ihren Lebenswandel benutzen, um neue Forderungen zu stellen. Doch der sitzt in Hamburg, schon gefangen im Teufelskreis von Alkohol und Tabletten, unversöhnlich mit sich und den anderen, verzweifelt über das Ende seiner großen Liebe, aber unfähig zu trauern. Kleine Abenteuer mit anderen Frauen, Blondinen bevorzugt, verstärken nur seine Depressionen. Eine Apotheke mahnt die unbezahlten Rechnungen an für die Medikamente, die er sich wie üblich in Klinikpackungen hat schicken lassen – Migrexa, Optalidon spezial und Staurodorm.

Die Aufstellung des Vermögens für den Trennungsvertrag dauert lange, sogar um den Wert einer Schrankwand in der Hamburger Wohnung wird diskutiert. Schließlich ergibt sich eine Gesamtsumme von 2 822 569 Mark, die bei einer Scheidung geteilt werden muß. Festgelegt wird auch, daß die Honorare für die Filme, die sie jetzt dreht, natürlich nicht mehr ins zu teilende Vermögen eingerechnet werden. Harry Meyen hat wieder einen Regieauftrag in Berlin, Romy Schneider ist mit David und Kindermädchen erst einmal nach Paris gezogen. Die gemeinsame Wohnung in Hamburg wird ohne die beiden aufgelöst. Sie haben nur ein paar persönliche Sachen erbeten. Die von Romy Schneider werden an die Adresse von Jean-Claude Brialy geschickt und dort vorerst gelagert, bis sie eine neue Wohnung findet, der Rest wird auf einer Auktion versteigert und die Summe dann geteilt. Harry Meyen bekommt Mitspracherecht bei der Erziehung des gemeinsamen Sohnes, der bei der Mutter lebt. »Er soll, wenn er das mögliche Alter erreicht hat, in ein deutschsprachiges Internat kommen. Und zwar nicht als Sohn eines Filmstars in eine Nobelherberge, sondern als David Haubenstock in ein spartanisches, wo er lernen muß, sich in eine Gemeinschaft einzufügen«, notiert Davids Vater. Weil Romy Schneider angeblich alle Bücher nach Paris mitgenommen hat, schickt er ihr eine Rechnung, knapp 3000 Mark, die sie bezahlen soll, weil er sich viele Bücher neu kaufen mußte.

In München treffen sich die noch Verheirateten am 4. Juni 1973, um den ausgehandelten Ehevertrag zu unterschreiben. Man trennt sich, einander und der Welt versichernd, daß dies noch keine Festlegung auf eine Scheidung bedeutet (die findet offiziell erst zwei Jahre später, im Sommer 1975 statt). Die *Bild*-Zeitung meldet schon am nächsten Tag, daß Romy Schneider ihren Mann mit 1,4 Millionen Mark abgefunden hat; alle am Vertrag Beteiligten beteuern, nicht der Informant gewesen zu sein. Was ganz sicher zutrifft für Romy Schneider, ganz sicher für Harry Meyen und ganz sicher für den Anwalt von Romy Schneider. Nach fast zwanzig Jahren im Filmgeschäft, nach vierzig Filmen, in denen sie meist die Hauptrolle spielte, sind Romy Schneider von ihren Gagen 1,4 Millionen Mark geblieben.

Nachdem beide beim Notar die Vereinbarungen zur Trennung unterschrieben haben, geben sie der Berliner Journalistin (und Romy-Schneider-Freundin) Christiane Höllger gemeinsam ein Interview. Beide dürfen nach Abschrift des Tonbandes streichen und verbessern; Bedingung ist, daß es unverändert gedruckt wird. Nach der ersten Frage, warum Romy Schneider die Ehe verlassen hat, wird das Gespräch zu einem Dialog der Ehepartner.

Romy: »Es war Zeit, wir waren völlig in der Sackgasse, in einem Trott, aus dem wir nicht mehr herauskamen. Wir haben es uns zu bequem gemacht. Ich meine, wir haben nicht über uns selbst nachgedacht. Harry, wenn du ehrlich bist, war es ein bequemes, äußerliches Leben. Wie die meisten sind wir faul geworden, nach den ersten zwei Jahren haben wir uns keine Mühe mehr gegeben. Abends gab's zuviel Kartoffelsalat und Fernsehen. Wir haben uns zum Beispiel nie Gedanken gemacht über meine Person, über meine Vergangenheit, woher ich komme. Das hat sich später gerächt. Ich gab dir allerdings auch keine Chance zu fragen, weil ich meine Vergangenheit einfach mit sehr vielen Tricks leergefegt habe Außerhalb meines Berufs hatte ich nie Interessen, und wenn, nur oberflächliche... Dieser Beruf ist für jemand wie mich gefährlich, voll äußerlicher Reize, man gaukelt schnell auf eingebildeten Höhen herum, läuft vor sich weg und verlernt, in sich zu ruhen.«

Meyen: »Ich finde, an Fernsehen und Kartoffelsalat kann man nicht alles aufhängen. Das fandest du doch mal sehr gemütlich.«

Romy: »Eine Weile war ich damit sogar glücklich. Aber im Laufe der Jahre müssen einfach neue gemeinsame Sachen dazu kommen... Du hast dich doch zu sehr um mich gekümmert und dich zu wenig mit dir beschäftigt, und ich habe das zugelassen.«

Meyen: »Das läßt sich hinterher leicht sagen, das war falsch. Wenn man mit einem Menschen zusammenlebt und den liebt, dann reagiert man oft instinktiv auf das, was man braucht. Und so war das bei mir, ich habe mir einfach gesagt, ich muß das tun und das tun...«

Am Abend dieses 4. Juni 1973 sitzt Romy Schneider mit ihrer Freundin in der Bar des Hotels Bayerischer Hof in München und weint sich so laut ihren Kummer von der Seele, daß die Kellner diskret wegschauen.

Zwei Wochen später zieht sie nach Paris und kauft sich dort nach einem Zwischenspiel in einer von Claude Sautet besorgten Mietwohnung ein kleines Haus im feinen 16. Arrondissement. Selbstbewußt lebt sie ihre neue Freiheit, will nichts mehr verbergen und keine Rücksichten mehr nehmen. Äußeres Zeichen: Der Fotograf

Emil Perauer darf sie in St. Tropez nackt fotografieren, sie ist stolz auf ihren Körper. Sogar um ihre Finanzen will sie sich endlich kümmern und beantragt aus steuerlichen Gründen Wohnrecht in der Schweiz. Das soll der Züricher Anwalt Henrik Kaestlin vermitteln, von dem »ich viel Gutes gehört habe, unter anderem betreut er Lilli Palmer und Curd Jürgens«. Die von Kaestlin gegründete Firma Cinecustodia in Chur verspricht gegen eine Provision von neun Prozent der überwiesenen Summe, die Einnahmen ihrer Klienten steuergünstig anzulegen. Zwischen 1974 und 1980 werden fast sechs Millionen französische Francs – genau 5 964 000 – von den Gagen Romy Schneiders auf das Konto der Cinecustodia eingezahlt. Gleichzeitig hat sie nach der Trennung von Harry Meyen bis zu ihrem Tod über zehn Millionen französische Francs auf ihr eigenes Konto überwiesen bekommen. Zwar hatte Romy Schneider nie eine Beziehung zu Geld, keine Ahnung von den Möglichkeiten, Steuern zu sparen oder ihre Gagen krisensicher anzulegen, zwar hat sie immer großzügig, auch und besonders für andere, Geld ausgegeben, ohne auf die Summe zu achten. Aber selbst bei den hohen Ausgaben für sich und ihren Haushalt, für Kindermädchen, Sekretäre, Anwälte, Geschenke – ist es wirklich glaubhaft, daß sie in zehn Jahren mehr als sechzehn Millionen Francs verbraucht hat, ganz ohne freundliche Mithilfe einiger Herren, die heute darauf hoffen, daß man die Tote ruhen läßt? Harry Meyen übrigens hat das Geld nie angerührt, das er nach der Scheidung bekommen hat. Er hat es zugunsten von David angelegt. Als er sich umbrachte, war sein Sohn Alleinerbe, denn Romy Schneider hatte auf ihren Anteil verzichtet.

XI

Karsten Schuler mußte an diesem Morgen gar nicht erst ins Parkhaus fahren. Vor dem Verlagsgebäude war viel Platz und er stellte seinen Wagen dort ab. Der arbeitet also auch, dachte er, als er den Range Rover seines Verlegers erkannte. Dann kann ich mich ja noch auf einen Besuch freuen. Schuler lächelte nicht bei dem Gedanken. Die zweite Folge der Romy-Schneider-Serie war erschienen, Verkaufszahlen würde es erst am Montag oder Dienstag geben, ein paar Tage nach diesem 17. Juni 1982. Und der Verkauf konnte gar nicht gut sein, weil die meisten Deutschen die Chance auf ein langes Wochenende genutzt hatten und weggefahren waren. Ob der Vertrieb daran gedacht hatte, mehr Hefte ins Ausland und an die Badeorte an der Küste zu liefern? Schuler blickte mißmutig auf seinen Bauch, erinnerte sich an den Rat seines Arztes, möglichst viel zu laufen, und verzichtete auf den Fahrstuhl zu seinem Büro. Als er oben ankam, atmete er schwer und ließ sich krachend in seinen Stuhl fallen. Er war ganz allein, und beim Anblick der Manuskripte, die sich auf seinem Schreibtisch stapelten, grunzte er zufrieden. Solche Tage liebte er, wohl wissend, daß seine Redaktion ihn für pervers hielt, weil er keine Freizeit kannte und auch bei schönstem Wetter an seinem Schreibtisch saß. Der alte Scherz fiel ihm ein, der jedem jungen Redakteur gleich zu Beginn seines Jobs erzählt wurde. Schuler habe unlängst seinen Urlaub aus den Jahren 1967 bis 1976 genommen und einen Tag frei gemacht. An dem Tag habe er sich auch noch das Rauchen abgewöhnt, und seitdem sei er noch unerträglicher als vorher. Achselzuckend, als müßte er sich vor sich selbst rechtfertigen, ging er an einen Schrank und zog aus dem Stapel von Schallplatten eine Aufnahme mit Klavierkonzerten von Horowitz heraus. Er beugte sich tief über den Plattenteller, wobei seine Brille fast von der

Nase rutschte, und legte die Nadel auf Mozarts *Klaviersonate in C-Dur.* Als die ersten Töne aus den Lautsprechern drangen, die er sich hinter seinem Stuhl in die Wand hatte einbauen lassen, setzte er sich an den Schreibtisch und begann zu lesen. Ab und zu machte er eine Bemerkung an den Rand. Das jeweils geprüfte Manuskript legte er in einen kleinen schwarzen Kasten, den am anderen Morgen seine Sekretärin, wie immer stöhnend, ausleeren und bearbeiten würde.

Zwischen den Kopien der Artikel fand er eine Hausmitteilung der Rechtsabteilung, die um ein dringendes Gespräch wegen der Romy-Schneider-Serie bat. Man hatte die Stücke gelesen, die in den kommenden Wochen erscheinen sollten, und war in Sorge um mögliche juristische Komplikationen, vor allem bei »den Passagen, in denen es um die Markovich-Affäre geht, um den Tablettenkonsum von Harry Meyen und um den von Romy Schneider, um die Beziehung zu Bruno Ganz, um die Romanze mit Richard Harris«. Er schrieb an den Rand TERMIN VEREINBAREN und legte den Brief beiseite. Dann stellte er die Musik leiser, griff zum Telefonhörer und wählte die Nummer von Anna Wendtlin.

»Ja?« kam eine verschlafene Stimme aus dem Hörer.

»Ich bin's. Bist du in den nächsten Tagen hier, oder fährst du wieder nach Paris? Die Juristen wollen mit uns reden, kannst dir ja vorstellen, worum es geht.« Und er las ihr den Brief vor.

»Eigentlich wollte ich morgen früh wieder nach Paris fliegen, aber wir können uns auch erst noch treffen, und ich nehme dann die Abendmaschine. Was die erwähnen, kann ich alles belegen. Ich habe sogar die Rechnungen über die Tabletten, und das mit Richard Harris hat sie mir selbst erzählt, ja, ich weiß, rein juristisch reicht das nicht, weil ich beide fragen müßte, aber mit dem Risiko, glaube ich, kann man leben, und die Geschichte mit Bruno Ganz ist erstens lange her, zweitens nie dementiert worden, drittens wichtig, weil er einer der ganz wenigen Männer in ihrem Leben war, der sie wirklich liebte und den sie liebte. Also, wenn das alles ist...« Sie fragte gar nicht erst, warum er sie morgens an einem freien Tag anrief, weil sie wußte, daß er sie nicht verstehen würde. Freie Tage gab es für ihn nicht mehr, seit ihn seine Frau verlassen hatte, und die wiederum hatte ihn verlassen, weil er auch an freien Tagen immer ins Büro gefahren war.

»Besser, du fliegst erst abends. Kannst du nicht die nächste Folge hier schreiben? Heute zum Beispiel? Ein ruhiger Tag, keiner stört dich, und wenn du reinkommst, mache ich dir sogar einen Kaffee. Und morgen treffen wir uns dann mit den Juristen und setzen die Kerle auf den Topf.«

Täuschte sie sich, oder klang da eine Spur von Hoffnung in seiner Stimme? Sollte er sich am Ende doch im Büro einsam fühlen?

»Morgen ist okay, aber heute bleib' ich lieber zu Hause. Ich muß ein paar Sachen aufräumen, und außerdem habe ich da noch eine Art Treatment gefunden, das Romy wohl selbst geschrieben hat, obwohl sie so etwas doch eigentlich nie gelernt hat. Einen Dialog mit Meyen, in dem es um Geld geht und um das Sorgerecht für David und solche Sachen. Mal sehen, was man damit machen kann.«

»Wie du willst, aber denk dran, wir brauchen die nächste Folge gleich am Montag. Übrigens, liest sich alles gut bisher. Und schöne Fotos gibt es auch. Also dann...« Er legte auf, wie üblich, ohne darauf zu achten, ob sein Gesprächspartner noch etwas sagen wollte. Dann hörte er Schritte im Vorzimmer und seufzte, hab' ich's nicht gewußt, jetzt kommt er. In der Tür erschien ein großer Mann, Mitte vierzig, auch an einem solchen freien Tag korrekt gekleidet mit Blazer und Krawatte, Dr. Werner Kaptiva, Verleger der *Frankfurter Illustrierten*.

»Störe ich Sie?« fragte er, während er sich schon hinsetzte und streitlustig auf Schuler blickte.

»Also, ich habe aus Bonn gehört, daß die Koalition langsam auseinanderbricht. Ich habe da so meine Verbindungen, wissen Sie ja. Der Genscher will springen, weil der Schmidt am Ende ist. Was ich Ihnen immer schon gesagt habe. Machen wir da was draus? Steht was in der nächsten Ausgabe? Bevor uns der *Spiegel* wieder zuvorkommt, sollten wir diesmal vielleicht...«

Schuler unterbrach ihn grob.

»Das hatten wir schon in der gestrigen Ausgabe, als jüngstes Gerücht allerdings, denn mehr ist noch nicht dran. Sie sollten Ihr Blatt auch mal lesen und nicht nur den *Spiegel*. Verwendbare Zitate für eine richtig harte Geschichte kriegen Sie eh von keinem.«

Die beiden waren ein merkwürdiges Gespann. Nicht nur fünfzehn Jahre auseinander – Schuler pflegte zu sagen: Als der noch Ingenieur werden wollte, habe ich schon meine erste Zeitung gemacht –, sondern auch politisch völlig verschiedener Meinung. Sie stritten sich bei jeder Begegnung, aber bislang hatte es Kaptiva stets akzeptiert, wenn Schuler am Ende das machte, was er für richtig hielt. Und wenn im Aufsichtsrat Kritik an seinem Chefredakteur laut wurde, den noch sein Vorgänger berufen hatte, war es stets Kaptiva, der ihn vehement verteidigte. Schuler wiederum wehrte sich zwar lautstark und ohne Rücksichten auf Befindlichkeiten gegen jeden Versuch Kaptivas, ihn in seiner journalistischen Arbeit zu beeinflussen, aber nach außen war er nicht nur loyal, weil sich das so gehörte, sondern auch aus Überzeugung. Es gibt weiß Gott schlimmere Typen, sagte er immer wieder. Mit dem kann man leben. Außerdem war es ihm ziemlich egal, weil er genau wußte, solange die Auflage nicht entscheidend bröckelte, konnte ihm wenig passieren. Und selbst wenn sie ihn kippen sollten – er war achtundfünfzig Jahre alt, und daß dies sein letzter Job sein würde, damit hatte er sich abgefunden. Die Frage war nur, was er denn mit sich anfangen würde, falls er eines Tages wirklich Freizeit hätte, und zwar Tag für Tag.

»Na ja, im *Spiegel* werde ich es ja lesen«, antwortete Kaptiva und legte voller Vorfreude auf einen handfesten Krach gleich noch nach: »Wie lange wollen Sie denn die Romy-Schneider-Geschichte noch drucken, meinen Sie nicht, die Leute langweilt es langsam? Das ist doch Opas Illustrierte. Wir sollten mal in Ruhe über ein Konzept für die Zukunft reden, können ja mal ein Wochenende in den Taunus fahren oder so. Die Konkurrenz schläft nicht, sage ich Ihnen immer wieder, die ändern sich ja auch, und ich sehe mit Sorge deren Auflagenentwicklung.«

Schuler lehnte sich zurück im Stuhl, legte wie zufällig seine Füße auf den Schreibtisch, weil er wußte, daß dies Kaptiva ärgerte, und sagte dann leise, in die Sonne blinzelnd und mehr zum Fenster hinaus als zu seinem Gegenüber: »Solange ich es für richtig halte, wird gedruckt. Ich mach' das Blatt ja nicht für Sie oder gar für mich, sondern für die Leser. Und unser Konzept ist ganz einfach, Geschichten zu erzählen, die spannend zu lesen sind, Fotos zu zeigen, die noch keiner gesehen hat. Mir ist es wurscht, was die anderen machen. Das wird auch in der Zukunft so sein. Aber natürlich fahre ich gern mal mit Ihnen in den Taunus.« In Wirklichkeit, dachte er, mach' ich ganz einfach das, was ich selbst auch lesen würde, aber das brauche ich dir ja nicht zu sagen. Und laut: »Neulich habe ich übrigens mit Ihrer Frau telefoniert, die ist ganz begeistert von der Romy-Schneider-Serie.«

Kaptiva schluckte, dann grinste er. Altes Schlitzohr, dachte er, aber eines Tages erwische ich dich noch. Und stellte gleichzeitig fest, daß er sich auf diesen Tag merkwürdigerweise gar nicht freute.

»Tja, dann will ich nicht länger stören, Sie haben ja sicher noch viel zu tun. Ich bin übers Wochenende nicht hier, aber natürlich erreichbar. Falls Sie mich also brauchen, Kontakte nach Bonn oder so...« Er stand auf, befriedigt, weil er das letzte Wort behalten hatte. Als er durchs Vorzimmer ging, hörte er aus Schulers Zimmer schon wieder laut und fast angriffslustig Klaviermusik. Er schüttelte den Kopf. Seltsamer Typ, dieser Schuler, aber wenigstens nicht so langweilig wie die Gestalten, mit denen ich sonst zu tun habe.

Anna Wendtlin saß mit einer Tasse Kaffee in der Sonne auf dem Balkon, noch im Morgenmantel und mit nassen Haaren. Eigentlich hatte sie lange ausschlafen wollen, aber nach Karsten Schulers Anruf drehten sich ihre Gedanken wieder einmal nur noch um Romy Schneider. Sie hatte das Manuskript, von dem sie ihm am Telefon erzählt hatte, aus dem Koffer genommen und noch im Bett überflogen. Jetzt lag es wieder vor ihr, sie wollte es noch einmal in Ruhe und Seite für Seite durchlesen. Aus dem Garten des Hauses, in dem sie in einer ausgebauten Dachwohnung wohnte, klang Geklapper von Frühstücksgeschirr. Anna sang laut und falsch »Summer In The City« und genoß die Wärme. Das Manuskript ist geschrieben wie ein Dialog zu einem Film, dachte sie. Seltsam, daß sie nie davon erzählt hat. Andererseits hat sie sich immer hinter Briefen und Zetteln versteckt, und dieses Treffen mit Meyen hat sie wohl nur so verarbeiten können, als fiktives Drehbuch, neben sich stehend, wie ein fremder Beobachter. Und mit der Form kannte sie sich ja aus. Sogar die Überschriften hatte sie nicht vergessen und auch nicht die üblichen Skript-Anweisungen wie »Innen, Tag« und

»Innen, Abend« etc. Anna steckte sich eine Zigarette an, die erste heute, und begann mit wachsener Spannung zu lesen.

Erste Szene. Anwaltsbüro. Innen/Tag

Romy Schneider und ihr Anwalt sitzen auf einer flachen Couch. Vor ihnen liegt ein Leitzordner mit Dokumenten und juristischen Schriftsätzen. Sie raucht hastig. Der Anwalt öffnet das Fenster. Draußen nieselt es. Hamburger Wetter. Er dreht sich um und geht vom Fenster zurück zur Couch. Ordnet die Papiere. Er schaut sie an.

Anwalt: Hast du etwas genommen?

Romy: Nur ein Optalidon, mehr nicht.

Anwalt: Du weißt doch, daß du aufhören sollst damit. Denk dran, wie du Anfang des Jahres hier in der Klinik...

Romy: Ja, ja, ich weiß. Aber ich bin einfach so nervös. Ich habe Angst. Harry kann so gemein sein. Und ich weiß nicht, was er noch in der Hinterhand hat. Komm doch bitte mit, bitte.

Anwalt: Lieber nicht, lieber nicht. Das macht alles nur noch schlimmer. Dann fühlt er sich erst recht unter Druck gesetzt. Außerdem kann ich ihn nicht ausstehen, diesen Frisör. Und das weiß er auch. Du mußt es allein versuchen. Und versprich ihm nichts, unterschreib nichts, denk an die Geschichte vom vergangenen Jahr. Da hast du auch alles zu früh unterschrieben. Sag einfach weder Ja noch Nein, bevor du nicht wieder mit mir gesprochen hast.

Er setzt sich neben Romy Schneider auf die Couch und schlägt den Aktenordner auf.

Anwalt: Jetzt laß uns noch einmal alles durchsehen, wir haben ja noch ein paar Stunden Zeit. Willst du einen Kaffee? Nein? Einen Tee? Nein, Wein habe ich keinen hier. Paßt auch nicht zur Tablette. Und bitte, rauch nicht so viel.

Romy: Ja, Papa.

Sie lächelt den Anwalt an, und der ist, wie immer, wenn sie ihn so anschaut, gerührt und gleichzeitig bereit, sie wieder, wie schon so oft, aus ihrem Chaos zu retten. Bei ihr wird der alte Zyniker immer weich und zum Ritter, der sie beschützen muß.

Gemeinsam gehen sie die Akten durch.

Anwalt: Wo triffst du deinen Mann, den guten?

Romy: In einem Restaurant. Das heißt, er holt mich im Hotel ab, und dann fahren wir ins Restaurant. Ich wollte nicht in die Wohnung. Er nimmt ein Taxi. Führerschein hat er ja im Moment nicht. Seit damals.

Anwalt: Restaurant ist nicht schlecht. Da muß er sich zusammennehmen. In der Öffentlichkeit wird er ja wohl keinen lauten Krach anfangen.

ZWEITE SZENE. RESTAURANT. INNEN/ABEND

Samstagabend im Mühlenkamper Fährhaus. Gehobene Hamburger Bürgerlichkeit. Alte Stiche an den Wänden. Kellner in dunklen Anzügen, Fliegen. Jeder Tisch bis auf einen ist besetzt. Geschirrgeräusche, Stimmengewirr. Das erstirbt, als Romy Schneider und Harry Meyen das Lokal betreten. Sie in tief ausgeschnittenem blauen Kleid, er mit Sportjackett, englisch, Halstuch. Sie werden vom Oberkellner an ihren Tisch geführt. Meyen wartet, bis Romy Schneider sitzt, dann setzt er sich auch. Wieder normaler Geräuschpegel im Lokal. Die Damen zupfen an ihren Perlen, reden von ihren Kindern oder dem kommenden Urlaub, aber werfen immer wieder verstohlene Blicke zu dem Paar, damit ihnen bloß nichts entgeht. Die Herren sprechen von Geschäften. Alle sind miteinander im Gespräch, aber man hat den Eindruck, daß keiner dem anderen richtig zuhört und aller Ohren in einem gemeinsamen Lauschangriff auf das Paar am Tisch in der Ecke gerichtet sind. Romy Schneider blättert in der Speisekarte, legt sie wieder weg. Sie steckt sich eine Zigarette an.

Romy: Bestell irgend etwas. Und Wein.

Meyen: Wie könnte ich bei dir den Wein vergessen?

Romy: Danke, du bist so reizend.

Sie blickt sich um, und wie auf Kommando senken sich die Blicke ringsum wieder auf die Teller. Man ist zwar neugierig, aber schließlich ist man in Hamburg und nicht in München, wo alles Private öffentlich ist und alles Öffentliche privat. Der Kellner tritt an den Tisch von Romy und Harry. Meyen bestellt. Dann rückt er seine Manschetten zurecht und blickt auf Romy Schneider wie ein Vater, der eine ungeratene Tochter vor sich hat.

Meyen: Also, wo fangen wir an?

Romy: Ein schöner Satz. Das paßt zu dir. Wir sind am Ende, und du fragst, wo wir am besten anfangen.

Sie lacht bitter und laut, und die Köpfe im Lokal verharren über dem Besteck, halboffenen Mundes, um ja nichts zu versäumen.

Meyen: Nimm dich bitte zusammen, wir sind hier nicht in einem deiner seltsamen Filme.

Romy: Die Gagen dieser Filme aber haben dir doch gut gefallen, nicht wahr, Liebling?

Meyen: Danke. Es war ja deine Idee, sich in einem Restaurant zu treffen, wo uns jeder zuhören kann.

Romy, zögernd, leise: Verzeih, Harry, du hast recht. Weißt du was, wir gehen einfach wieder. Wir können ja im Hotel oder bei dir in der Wohnung...

Meyen: Nein, nein, jetzt sind wir schon mal hier. Außerdem habe ich schon bestellt, und das müssen wir eh bezahlen.Wenn du dich zusammennimmst, können wir sehr gut alles hier besprechen. Oder hast du wieder etwas geschluckt?

Romy: Nicht mehr als sonst und nicht weniger als du.

Der Kellner serviert das Essen. Romy Schneider stochert achtlos auf dem Teller herum. Schluckt ihren Rotwein auf einen Zug hinunter. Läßt sich nachschenken. Dann zündet sie sich eine Zigarette an, während Meyen noch ißt. Achtlos schnippt sie die Asche auf ihren Teller.

Meyen, rot im Gesicht: Du hast in dein Essen Asche geklopft, jetzt schau dir bloß diese Schweinerei an.

Romy Schneider blickt ihn an und hält seinen Blick fest, während sie die Zigarette in ihrem Fisch ausdrückt. Dann lacht sie laut.

Romy: Ja, so eine Schweinerei. Was sollen bloß die Leute von mir denken?

Meyen schüttelt nur wortlos den Kopf. Dann legt auch er sein Besteck weg und zündet sich eine Zigarette an.

Meyen: Wie geht es David?

Romy: Dein Sohn läßt dich grüßen, er wäre gerne mitgekommen, aber die Schule, du weißt.

Meyen: Wäre auch unpassend gewesen, jetzt, findest du nicht auch?

Romy: Was ist daran unpassend, wenn der Junge seinen Vater sehen will?

Meyen: Eigentlich nichts, natürlich nichts. Aber unter diesen Umständen, meine ich... Du weißt, ich liebe meinen Sohn, und...

Romy: Und weil du ihn so liebst, ist er dir auch so teuer, nicht wahr?

Meyen: Und darum ist er mir auch so teuer, richtig. Aber ich bin bereit, zu verzichten, weil ein Kind bei seiner Mutter...

Romy: Spar dir diesen Schmonzes. Wieviel willst du?

Den letzten Satz hat sie mit erhobener Stimme gesprochen. Man merkt ihr die Spannung an, unter der sie steht. Das Publikum im Restaurant lauscht interessiert wie bei der Premiere eines neuen Stücks.

Meyen: Kannst du nicht endlich leiser sprechen?

Romy: Ich weiß, daß ich unmöglich bin. Hast du das nicht so an mir geliebt?

Meyen hält den Satz für eine weitere Bosheit und merkt nicht, in welchem Ton sie ihn gesprochen hat, voller Zärtlichkeit und gleichzeitig voller Trauer. Die Kamera allerdings bleibt auf Romy Schneiders Gesicht und auf ihren Augen, die fast beschwörend, als müßte er nur ein einziges richtiges Wort sagen, auf Meyen gerichtet sind.

Meyen: Und du in mir deinen Vater, oder?

Romy: Laß meinen Vater aus dem Spiel, hörst du? Sprich nicht von meinem Vater, nie wieder, hörst du, nie wieder.

Sie stößt das Weinglas um, der Kellner eilt herbei, bringt ihr ein neues, schenkt ein, wartet auf Meyen, aber der scheucht ihn mit einer Handbewegung achtlos weg.

Romy: Also, wieviel soll mir David nach deinen Berechnungen wert sein?

Meyen: Drück es meinetwegen aus, wie du willst. Tatsache aber ist doch, daß ich für dich auf meine Karriere verzichtet habe in den letzten Jahren...

Romy: ...oder die Chancen nicht genützt hast, die ich dir besorgt habe, Salzburg, Hamburg...

Meyen: ...daß ich wieder neu anfangen muß, und das in meinem Alter. Ich habe einen Anspruch auf die Hälfte von allem, was du in unserer Ehe verdient hast. Ich verzichte auf das Sorgerecht von David...

Romy: Das du wahrscheinlich eh nicht bekommen würdest, weil immer die Mutter...

Meyen: Welche Mutter? Ich höre immer Mutter, Mutter. Meinst du diese Mutter, die immer unterwegs ist und filmt und nie Zeit hat für ihr Kind und es immer beim Kindermädchen läßt? Meinst du die Mutter, die immer neue Liebhaber hat, die ihr Kind dann in der Zeitung anschauen darf? Welche Mutter meinst du eigentlich? Oder meinst du gar deine Mutter, diese entsetzlich dumme Person, die...

Romy (unterbricht ihn): Wir sind hier nicht in einem deiner Boulevardstücke, mein Lieber. Nimm dich zusammen bitte vor (und sie hebt die Stimme) all den netten Leuten hier.

Die netten Leute beginnen schnell wieder ein Gespräch, als Romy Schneider lauter spricht und sich im Lokal mit einer alle einschließenden Handbewegung umschaut.

Meyen (wütend, zischend): Ich will meinen gerechten Anteil, hörst du? Dann unterschreibe ich. Und wenn wir uns scheiden lassen, verzichte ich auf das Sorgerecht, und ich verspreche zu schweigen.

Romy: Worüber willst du schweigen? Über deine Whiskysorten? Über deine Migränen? Über deinen Geiz? Über deine verunglückten Inszenierungen? Darüber, wie du mit deiner Frau umgegangen bist?

Meyen: Laß meine Frau aus dem Spiel, sie...

Romy: ...sitzt vor dir, mein Lieber. Wenn sich der Herr erinnern möge, ich bin deine Frau. Und ich sprach davon, wie du mit mir umgegangen bist...

Er macht eine hilflose Handbewegung und stiert auf sein Glas.

Meyen, leise: Verzeih, natürlich, verzeih...

Romy: Ach, vergiß es, Harry, vergiß es. Warum streiten wir uns bloß immer? Es war doch mal anders.

Meyen: Ja, es war mal anders, ganz anders.

Beide schweigen und sind in Gedanken weit weg. Vielleicht sogar zusammen. Dann setzt sich Meyen wieder aufrecht hin.

Meyen: Ich will nicht mit dir handeln, laß uns ganz einfach teilen, und den Rest sollen die Anwälte machen.

Er hebt sein Glas Richtung Romy, trinkt aus. Dann läßt er die Rechnung kommen, beide warten und plaudern belanglose Sätze, über gemeinsame Freunde, über Theaterinszenierungen, über Romys nächsten Film. Sie stehen auf und gehen. Alle Blicke folgen ihnen. Als sie draußen sind, steht ein Mann auf und geht ans Telefon.

3. Taxistand am Restaurant. Aussen/Nacht

Meyen: Also gut, die Anwälte sollen sich treffen. Grüß David von mir. Sag ihm, daß ich ihn liebe...

Romy Schneider wehrt weinend Harrys zögernde Umarmung ab und steigt in ein Taxi. Meyen nimmt das nächste.

4. Taxi mit Meyen. Innen/Nacht

Meyen: Sag ihm, daß ich ihn liebe...

Taxifahrer: Wohin, bitte?

Meyen: ...und seine Mutter auch, seine Mutter auch.
Taxifahrer: Wohin bitte, Herr Meyen?
Meyen: Egal, irgendwohin.

5. Hotelzimmer. Innen/Tag

Romy Schneider liest in *Bild* die Schlagzeile: »Krach zwischen Romy und Harry Meyen. Es ging um Millionen«. Wütend zerknüllt sie die Zeitung, geht ans Telefon und wählt eine Nummer.

Romy: Geben Sie mir bitte den Herrn Doktor. Romy Schneider, ja. (Pause) Ich bin's. Hast du die Zeitung gesehen? Kann man da was machen? (Pause) Wir waren beide sehr laut, ja. (Pause) Also gut, sollen sie doch schreiben, was sie wollen, diese Geier. Und David sieht das Scheißblatt bestimmt nicht. Ich hasse sie, oh, wie ich sie hasse, diese Journalisten. (Pause) Ja, er ist einverstanden. Die Hälfte. Ja, ich weiß, du mochtest ihn nie. Aber ich... Nein, du mußt mich nicht zum Flughafen bringen. Ich will noch eine Freundin besuchen. Ja, ich pass' auf. Ich nehm' den Hinterausgang oder lass' ein Taxi in die Tiefgarage kommen. Danke, danke für alles. Bis bald.

Sie legt auf und wählt dann, erst zögernd, dann fast hastig, eine andere Nummer. Aus dem Hörer kommt Harry Meyens Stimme. »Hier ist der Anrufbeantworter Hamburg 41 23 09. Anschluß Harry Meyen. Wie üblich bin ich nicht erreichbar. Sie können aber nach dem Pfeifton...«

Sie legt den Hörer zurück auf die Gabel, dann geht sie ans Fenster und schaut hinaus auf die regengraue Alster.

Als Anna Wendtlin fertig gelesen hatte, blieb sie minutenlang nur sitzen und starrte vor sich hin. Von wegen, Romy Schneider hat nichts begriffen, von wegen. Sie ordnete die Blätter sorgfältig und legte sie auf ihren Schreibtisch. Dann schaute sie in ihren Kühlschrank, natürlich leer, sie war zu lange weg gewesen. Ich könnte ja... Spontan griff sie zum Hörer und wählte die Nummer von Karsten Schuler im Büro.

»Ich habe es mir anders überlegt, ich bleib' doch nicht zu Hause.

Willst du mit mir spazieren gehen? Danach darfst du mich zum Frühstück einladen. Wo du willst, mir egal, meinetwegen können wir auch rausfahren. Ich muß dir was erzählen. Ja, in einer Viertelstunde. Ich hol' dich ab.«

Ihre Haare waren inzwischen trocken, sie zog sich an, Jeans und T-Shirt. Dann ging sie zu ihrem alten klapprigen VW-Cabrio, das vor dem Haus geparkt war, stieg ein und fuhr los.

Magda und Romy Schneider in Wenn der weiße Flieder wieder blüht.

Magda und Romy Schneider in Sissi.

Wolf Albach-Retty in Das Glück wohnt nebenan.

Romy Schneider und Alain Delon im Dezember 1960.

Romy Schneider an der Côte d'Azur.

David Christopher, geboren 3. 12. 1966, Romys Sohn aus der Ehe mit Harry Meyen.

Straßenszenen in Paris 1973, nach der Trennung von Harry Meyen.

Romys Tochter Sarah, geboren Juli 1977, aus der Ehe mit Daniel Biasini, April 1981.

Sommerurlaub 1970 im Haus eines Freundes mit dem dreieinhalbjährigen David.

Simone und Curd Jürgens, Harry Meyen und Romy Schneider.

Mit Omar Sharif in einem Nachtlokal in Paris.

Dreharbeiten zu Gruppenbild mit Dame *nach Böll, 1976.*

Paris, 1973.

Daniel Biasini besucht seine Frau bei den Dreharbeiten zu Gruppenbild mit Dame, *1976.*

Mit ihrem letzten Lebensgefährten Laurent Pétin, September 1981.

In Quiberon beim letzten großen Interview, das Romy Schneider gegeben hat.

»Ich werde weiterleben, und richtig gut.« (Romy Schneider im Interview mit Michael Jürgs.)

XII

Zunächst lebt Romy Schneider nach der Trennung von Harry Meyen mit dem Kindermädchen und ihrem Sohn David in Paris in der großen möblierten Wohnung, die ihr Claude Sautet besorgt hat. Das ebenso teure wie häßliche Appartement in Neuilly will sie nicht mehr betreten. Auch die Wohnung in der Innenstadt ist eine Zwischenstation, denn sie muß zwischen Ende Juni und Ende August 1973 Paris schon wieder verlassen und einen Film in der französischen Provinz drehen. Sie spielt eine deutsche Jüdin, die im von Nazis besetzten Frankreich vor ihren Verfolgern flieht und sich dabei in einen jungen Franzosen verliebt: »Ich spiele das auch deshalb, um ein Signal zu setzen gegen die Nazitypen, die in Deutschland immer noch was zu sagen haben«, erklärt Romy Schneider. Sie hat zwar nicht unrecht, wird aber in der sogenannten Heimat sofort wieder angegriffen; so spricht man nicht über das Land, dem man doch so viel zu verdanken hat, die Karriere zum Beispiel. Wieder mal wird antifaschistisch mit antideutsch verwechselt, aber auch das ist ja nichts Neues. Auf diese bequeme und populäre Art hat man nach dem Krieg viele Kritiker des allzuschnellen Verdrängens deutscher Schuld mundtot gemacht. Und mit einer Schauspielerin wie Romy Schneider ist das besonders einfach, denn ihre Einschätzung über die immer noch mächtigen Nazitypen in Deutschland kann sie ja nicht mit Beispielen belegen, die Namen aus Wirtschaft und Politik sind ihr nicht geläufig, sie erzählt nur das, was sie bei Gesprächen mit ihren französischen Freunden gehört hat.

Das Drehbuch zum Film *Le Train* (vom deutschen Verleih im Titel mit dem Zusatz *Nur ein Hauch von Glück* versehen) basiert auf einem Roman von Georges Simenon und wird von Pierre Granier-

Deferre inszeniert. Mit ihm und dem Drehbuchautor Pascal Jardin, der bis zu seinem Tod ein guter Freund sein wird, verbringt sie ihre Abende, nach veröffentlichten Andeutungen der Klatschjournalisten auch die Nächte. Romy Schneider aber ist viel zu glücklich über ihre neue Freiheit, um sich um derlei Tratsch zu kümmern oder ihn gar zu dementieren. »Wer hat eigentlich erfunden«, notiert sie einmal auf einem ihrer vielen Zettel, »daß Nymphomanie eine ganz verdammte Krankheit war? Ich finde das vorübergehend – in den Pausen-Krisen – Krisen – zu viele? – so gesund, so ganz ungemein gesund.«

Das Haus, das sie sich dann in Paris kauft, wird liebevoll eingerichtet. Zum erstenmal kümmert sie sich, wenn auch nur bis zum Beginn der nächsten Dreharbeiten, selbst um Möbel und Kissen und Gardinen und Teppiche. Bei den Einkäufen versteckt sie sich hinter ihrer großen, dunklen Brille, ärgert sich immer, wenn sie erkannt wird und in den Geschäften gleich die Preise steigen, nur weil sie berühmt ist. Über ihrem Bett hängt ein großes Theaterplakat, das Bruno Ganz als Prinz von Homburg zeigt. Bevor ihre Mutter Magda auf Besuch in die Rue Berlioz kommt, wird ein silbernes Teegeschirr eingekauft, damit auch alles so aussieht, wie es Mama gefällt. Romy Schneider hat zwar oft den spießigen Geschmack ihrer Mutter beklagt, sich aber immer brav bedankt, wenn sie wieder mal Fürchterliches geschenkt bekam, wie etwa flanellige Nachthemden in scheußlichen Farben, die sie nie trug. David besucht eine Ganztagsschule in Paris, der Kontakt zum Vater in Hamburg beschränkt sich hauptsächlich auf die Ferien. Es gibt immer wieder Streit zwischen den Noch-Verheirateten darüber, wer die Flugkosten zu übernehmen habe, wenn David von Paris nach Hamburg fliegt. Aber bezahlt hat dann doch jedesmal Romy Schneider. Ein Jahr später, im September 1974, machen sie sogar noch einmal gemeinsamen Urlaub in St. Tropez, aber jeder lebt sein Leben, und wenn Romy flirtet, nimmt sie keine Rücksicht darauf, daß Harry Meyen alles mitbekommt. Später allerdings beschwert sie sich fast wehmütig, daß er ihr nie einen Krach gemacht und lieber weggeschaut habe, als die Beziehung zu einem anderen Mann in St. Tropez allzu deutlich wurde: »Wenn der in unserer Villa anrief, hat er mich wie selbstverständlich ans Telefon gerufen.« Die offizielle Aussage der beiden nach der Vermögensregelung, es sei nur eine Trennung auf Zeit, weil sie halt in Frankreich arbeiten müsse und er in Deutschland, ist das Papier nicht wert, auf dem sie gedruckt wird.

Meyen leidet vor allem unter der Trennung von seinem Sohn. In dessen Welt hatte er sich geflüchtet, als seine Ehe auseinanderfiel, eine Welt, in der er ein großer, starker, unbesiegbarer Mann war, der für alles eine Erklärung hatte und dem alles gelang. In einem nicht abgeschickten Brief von 1977 beschwert sich Meyen bei seiner Exfrau: »Du hast ihm in dreieinhalb Jahren nicht einmal den Hörer in die Hand gegeben, damit er mit seinem Vater spricht. Zu *einem* Brief hast du ihn allerdings bewegen können.« Manchmal will Romy Schneider in sentimentalen Momenten spontan nach Hamburg fliegen, nur um zu schauen, wie es Harry geht (denn natürlich erfährt sie über gemeinsame Freunde von seiner Situation), nur um mit ihm zu reden, und wohl auch, um ihr Gewissen zu beruhigen. Na ja, so schlecht geht es ihm doch gar nicht. Aber sie macht es nur einmal, und auch da nur als Demonstration für die Öffentlichkeit: bei der Premiere der Harry-Meyen-Inszenierung von Alan Ayckbournes Stück *Frohe Feste* sitzt sie im Parkett des Thalia-Theaters. Bei der anschließenden Premierenparty, die Hubertus Wald für seinen Freund Harry gibt, läßt sich Romy nicht sehen. Über ihre Wehmut siegt dann doch immer die Wut, daß Meyen bei der Trennung so rigoros alle juristischen Möglichkeiten ausgenutzt hat. Erst viel später, nach seinem Tod, wird sich die Erinnerung an »die drei schönsten Jahre meines Lebens« verklären, wird ein Foto von Harry Meyen neben einem Foto des gemeinsamen Sohnes in jedem Hotel auf ihrem Nachtschrank stehen. Und ihren letzten Film, *Die Spaziergängerin von Sans-Souci*, wird sie im Abspann, unter ihrem Namen, dem toten Sohn David und seinem Vater Harry Meyen widmen.

Viel lieber fliegt sie für ein paar Tage zu Bruno Ganz, als der mit der Schaubühne in Wien gastiert. In den wenigen Tagen, die sich beide immer wieder stehlen können, sind sie glücklich. Auch diese Beziehung – »er ist halt auch ein Schauspieler wie ich« – zerbricht schließlich an der Wirklichkeit und daran, daß diese Wirklichkeit für Romy Schneider wieder mal vor der Kamera stattfindet. Drei

Filme werden 1974 fertig, alle drei zeigen Romy Schneider in extremen Situationen, in allen muß sie an die Grenzen ihrer Möglichkeiten gehen; alle drei beweisen aber auch, warum sie in Frankreich zum Star geworden ist, der jede Rolle spielen und es sich leisten kann, auch große Angebote abzulehnen (so wie, gemeinsam mit Alain Delon die Rolle der Liebenden im *Letzten Tango*).

In *Trio Infernal* unter der Regie von Francis Girod spielt sie, fast bis zur Unkenntlichkeit starr geschminkt, das deutsche Kindermädchen Philomena Schmidt, das nach dem ersten Weltkrieg in Marseille lebt. Sie verliert ihre Stellung, als ihre Herrin stirbt, und wird die Geliebte des stadtbekannten Rechtsanwalts Sarret. In Frankreich darf sie nur bleiben, wenn sie einen Franzosen heiratet. Dieser findet sich in einem alten Mann, der freilich einen Monat nach der Hochzeit einen Herzinfarkt erleidet. Sein Erbe teilen sich Philomena und Sarret. Aus Deutschland kommt Philomenas Schwester Catherine; auch für sie besorgt Sarret einen Mann, der nach ein paar Monaten stirbt und viel Geld hinterläßt. Die drei leben davon, bis die Summe ausgegeben ist. Über einen Versicherungsbetrug bietet sich ihnen die Chance, wieder an Geld zu kommen. Voraussetzung ist ein zweifacher Mord. Das »Trio Infernal« begeht einen Doppelmord, die Leichen werden in der Badewanne durch Salzsäure zersetzt, die Reste im Garten begraben. In gewagten Positionen – Romy Schneider und Michel Piccoli überlassen nichts der Phantasie – ergeht sich das Trio nach seiner Bluttat in einer Orgie der Lust. Romy Schneider überwindet Hemmungen, die immer noch in ihr stecken wie in »jedem Mädchen meiner Generation«, durch reichlich Alkohol vor jeder Szene. Als Piccoli, der sie erst lange hat überreden müssen, die Rolle überhaupt anzunehmen, einmal zu lebensecht nach der nackten Romy greift, bekommt er eine Ohrfeige, die nicht im Drehbuch steht. Am Ende des Films stirbt auch Schwester Catherine unter mysteriösen Umständen, wieder zahlt die Versicherung. Und Saurret heiratet Philomena... Das Drehbuch beruht übrigens auf einer wahren Geschichte aus dem Jahre 1931. In Wirklichkeit allerdings sind der Anwalt und die beiden deutschen Näherinnen wegen gemeinschaftlich begangener Morde in Marseille hingerichtet worden.

Der »unmoralische« Film – unmoralisch, weil das sogenannte

Böse ganz selbstverständlich siegt –, in dem Romy Schneider ausspielt, was Luchino Visconti ihre deutschen Eigenschaften nennt, nämlich gleichzeitig keusch zu wirken und schamlos zu sein, ist in Frankreich ein großer Erfolg. »Girod ist über die Grenzen des Horrors hinausgegangen. Zum erstenmal wird der Beweis erbracht, daß jemanden kaltblütig zu töten und danach die Leiche verschwinden zu lassen, einen seltenen Mut und geradezu Meisterschaft erfordert«, schreibt die französische Wochenzeitung *L'Express*. In Deutschland wird wieder einmal gerätselt, was das sexgeile, blutige Monster Philomena Schmidt mit Romy Schneider gemeinsam haben könnte. »Du Sau, bleib doch, wo Du bist«, heißt es in Briefen und: »Daß sie zu den letzten Ekelhaftigkeiten greifen muß, macht sie nicht fortschrittlicher.« Vergebens weist sie bei einem Interview während der Synchronaufnahmen (Romy Schneider hat mit einer Ausnahme alle Fassungen ihrer Filme für Deutschland selbst synchronisiert) darauf hin, daß sie eine Rolle zu spielen hatte und daß diese Rolle mit ihr nichts zu tun hat: »Ich bin Schauspielerin. Sissi hat auch nichts mit mir zu tun. Ich stelle etwas her mit meinem Kopf und nicht mit meinem Körper. Solche Rollen sind für mich eine Mutprobe, und ich kann solche Rollen spielen, ohne mein Profil als Schauspielerin zu verlieren.« Daß trotz aller Erklärungen ihr Ruf in Deutschland endgültig dahin ist, auch durch die Selbstbefriedigungsszene in *Trio Infernal*, nimmt sie achselzuckend zur Kenntnis.

Deutschland interessiert sie nicht mehr als Filmland, obwohl zum erstenmal nach dem Krieg die Arbeiten junger deutscher Regisseure auch in Frankreich Begeisterung auslösen – Herzog, Schlöndorff, Wenders, Kluge. Allein die Filme von Fassbinder findet sie spannend, die sind nicht so intellektuell, sondern spiegeln Gefühlsdramen wider, die Romy Schneider aus dem echten Leben kennt wie aus ihren Filmen. Mit ihm würde sie gerne arbeiten, aber ein geplantes Projekt zerschlägt sich. Viel mehr berührt sie der Rücktritt von Willy Brandt nach der Guillaume-Affäre, denn Willy Brandt ist für sie die Verkörperung des anderen Deutschlands, zu dem sie sich bei ihren Freunden in Frankreich bekennen kann. Vergebens versucht sie, den Mann, dessen Foto mit einer sehr persönlichen Widmung zu den Dingen gehört, die sie in ihrer Handtasche immer mit sich herumschleppt, telefonisch zu erreichen, um mit ihm zu sprechen. Zwischen ihren Dreharbeiten liest sie zwei Bücher, die gegensätzlicher nicht sein können, die sie aber beide faszinieren und die in Deutschland gerade Furore machen – Joachim Fests Hitler-Biographie und *Die verlorene Ehre der Katharina Blum* von Heinrich Böll, in dem die Hatz auf vermeintliche Terroristen angeprangert wird. Nach dem Erscheinen von *Katharina Blum* geht eine Diskussion in Deutschland los, die beweist, daß die alten Denkmuster noch lange nicht ausgedient haben, die dem Faschismus so nützlich waren. In Bölls Buch unterstreicht Romy Schneider jene Passagen, in denen sie Parallelen, also journalistische Jagdszenen aus ihrem eigenen Leben, zu entdecken glaubt. Die Rolle der Katharina Blum hätte sie später gern übernommen, mit ihr konnte sie sich identifizieren.

Auch ihr nächster Film spielt in einer Welt, in der keine bürgerlichen Regeln gelten; wieder ist Romy Schneider gefordert, bis an ihre Grenzen zu gehen. Andrzej Zulawskis *Nachtblende* wird hierzulande später zwar zerrissen als ein »Werk der aufgewühlten, schrillen und schwülen Exaltationen«, als »BubbleGum, der so tut, als käme er direkt aus Fausts Laboratorium« (*Zeit*), aber die Rolle der Nadine Chevalier, einer zur Pornodarstellerin heruntergekommenen Schauspielerin, die in einer tiefen seelischen Krise steckt (und die von ihr im Gegensatz zu *Trio Infernal* mit fast nacktem, also ungeschminkten Gesicht gespielt wird), hat Romy Schneider so gereizt, daß sie die Schwächen des Drehbuchs hinnahm. Allerdings ist das Urteil über den Film in Frankreich ganz anders. Er ist zwar umstritten, aber schon in den ersten zehn Wochen nach seiner Uraufführung sehen ihn fast 400 000 Besucher. Romy Schneider bekommt sogar 1976 für ihre Rolle der Nadine den französischen Oscar, den César, als beste Darstellerin des Jahres.

Die Produktion der *Nachtblende* ist nicht nur deshalb schwierig, weil Klaus Kinski aus jedem seiner Auftritte ein Drama macht. Auch mit dem Regisseur wechselt Romy Schneider wüste Beschimpfungen, das Team staunt nur so, welche vulgären Ausdrücke sie kennt. Zulawski: »Man wählt einen Schauspieler oder eine Schauspielerin nicht nur nach dem Talent. Es muß eine gewisse Ähnlichkeit zwischen ihm und der Rolle bestehen.« Und ihr Partner Fabio Testi, der sie im Film leidenschaftlich zu lieben hat, merkt sehr bald, daß die kleine, zierliche Madame Schneider nicht nur starke Frauen spielt, sondern auch hinter der Kamera durchaus ihren Mann zu stehen weiß. »Frauen sind nicht mehr eure Laufburschen, und mit dem Pascha-Gehabe der Regisseure und Schauspieler ist es endgültig vorbei«, brüllt sie einmal Zulawski an. Als Testi lächelnd diesen Ausbruch beobachtet, dreht sie sich um zu ihm: »Grins mich nicht so an, du seltsamer Vogel. Du bist auch nicht besser als die anderen Männer. Putz dir die Zähne und rasier dich erst mal, bevor du mit mir eine Liebesszene spielen willst!« Aus dem Versöhnungsessen, zu dem sie den Italiener kurz darauf einlädt und das natürlich von der Presse registriert wird, entsteht selbstverständlich die Legende vom neuen Liebhaber der Romy Schneider.

Kompliziert auch die Dreharbeiten zum dritten Film in diesem Jahr. Bei *Trio Infernal* war es die wilde Hemmunglosigkeit bei gleichzeitiger kühler Brutalität, waren es zum Teil so widerliche Szenen, daß sich »alles in mir sträubte«. Bei *Nachtblende* waren es die wüsten Auseinandersetzungen mit Zulawski und seine maßlosen Forderungen, die sie erst nach der Premiere des Films als Trick des Regisseurs erkennt, um alles aus ihr herauszuholen. Bei den *Unschuldigen mit den schmutzigen Händen* hat sie vor allem damit zu kämpfen, daß Claude Chabrol sie vor der Kamera allein läßt. Die beiden verstehen sich auf Anhieb nicht – obwohl sich jeder den anderen für die Arbeit gewünscht hat –, und Romy Schneider war immer eine Schauspielerin, die nur dann glänzende Leistungen brachte, wenn sie sich bei einem Regisseur aufgehoben fühlte. So spielt sie bei Chabrol in Routine und Schönheit, doch ohne die Hingabe, mit der sie *Nachtblende* zum Erfolg gemacht hatte, die Rolle der Julie Wormser, die gemeinsam mit ihrem Liebhaber ihren Mann (Rod Steiger) beseitigt, von dem sie wiederum in einem raffinierten Täuschungsmanöver hereingelegt wird. Er überlebt und erpreßt danach seine Frau zum Sex. Als sie endlich erkennt, daß sie in Wahrheit doch nur ihn liebt, stirbt er tatsächlich. Wieder ist die Mischung von Sex und Gewalt an den Kinokassen erfolgreich, und am Ende dieses Jahres 1974 hätte die Sechsunddreißigjährige auch finanziell in ganz anderen Größenordnungen verhandeln können, also jenseits ihrer Gagen – jeweils etwa eine Million französischer Francs pro Film – etwa Beteiligungen an den Einnahmen ihrer Filme fordern oder das Recht, mit einer eigenen Gesellschaft als Koproduzentin aufzutreten, wie es ihre Kollegen in Frankreich machten. Aber dafür hat sich Romy Schneider nie interessiert. Wenn ein Drehbuch spannend schien, spielte Geld keine Rolle, und sie sagte zu, bevor ihr Agent überhaupt anfangen konnte, über Bedingungen nachzudenken.

Der neue Sekretär, den sie beschäftigt, hat von solchen Dingen zunächst auch keine Ahnung. Er ist von der LIRA-Film bei den Dreharbeiten zu *Trio Infernal* als eine Art Mädchen für alles eingesetzt worden und hat pro Woche mal dreihundert, mal vierhundert Francs verdient, je nach Arbeitsanfall. Was er bisher gemacht hatte, war unklar. Gern erzählt er die Geschichte von seinen Lehrjahren in den Vereinigten Staaten (abgebrochenes Studium als Bauingenieur), gern erzählt er von seinen Ambitionen, mal eigene Filme zu produzieren. Manche wollen wissen, daß er sich in den USA nur herumgetrieben habe und daß Rauschgift nicht zu den Verlockungen zählte, von denen er sich schaudernd abgewendet hätte. Für das Filmteam ist der Sechsundzwanzigjährige einfach ein verwöhntes französisches Bürgersöhnchen, das nichts Richtiges gelernt hat, von seinen Eltern unterstützt wird und jetzt was abbekommen will vom Glanz der Filmwelt. Romy Schneider findet ihn angenehm, und daß er gut aussieht, vom Typ sogar ein wenig wirkt wie der junge Alain Delon, ist nicht hinderlich.

Nach Beendigung der *Trio Infernal*-Dreharbeiten engagiert sie ihn als persönlichen Sekretär und zahlt ihm 2500 Francs im Monat. Dafür steht Daniel Biasini nicht nur gegen Mittag viermal pro Woche mit einem Mäppchen voller Briefe in ihrer Wohnung bereit, wenn Romy Schneider aufsteht, dafür bringt er auch schon mal David zur Schule oder kümmert sich um nötige Rezepte für die Tabletten, die der Star braucht. »Ich hab' da einen netten jungen Mann, der mir viel abnimmt«, erzählt sie Freunden, und manchmal darf er sie auch begleiten zu einem der ausgedehnten Abendessen in Paris. Wenn sie dann müde wird oder zuviel Wein getrunken hat, fährt Daniel Biasini Madame nach Hause, schläft aber nicht mir ihr, sondern bleibt nur bei ihr, bis sie eingeschlafen ist.

Eine geschickte Taktik – denn Biasini will mehr sein als nur ein gelegentlicher Begleiter. Er hat sehr schnell gemerkt, daß Romy Schneider an Männern schnell die Lust verliert, wenn sie erst einmal das Gefühl der siegreichen Eroberung genossen hat. Er macht sich rar, wie später sein Kumpan Bernhard Tissier in einer sogenannten Enthüllungs-Serie notierte. Die *Bunte*, die das 1976 druckte, hat nicht nur Tissier für seine indiskreten (und nicht belegbaren) Plaudereien gut honoriert, sondern für alle Behauptungen und Vermutungen noch einmal bezahlen müssen, wie noch ausführlich zu berichten sein wird, weil ein deutsches Gericht solche Art von Journalismus überhaupt nicht komisch fand.

Ob Romy Schneider in diesem Jahr 1974 Daniel Biasini jenseits seiner Sekretärtätigkeit auch als Mann brauchte, ist zumindest fraglich. Denn in einem Telegramm an ihre Mutter Magda zum Jahreswechsel spricht sie davon, daß beruflich alles hervorragend laufe, privat aber alles »null« sei: »Meine Mama – mehr Erfolg kann man kaum haben, was Beruf betrifft – mein Privatleben ist null – ruf' Dich morgen Sonntag an – wie immer Deine Rosemarie – etwas traurig, etwas allein.«

Die Schlagzeilen in Deutschland haben vorerst nichts mit Biasini zu tun, sondern mit einem Mann, der im Zuchthaus ein Buch geschrieben hat (*Die Verrohung des Franz Blum*) und damit zum Mediendarling geworden ist - Burkhard Driest. Neben ihm sitzt Romy Schneider im Oktober 1974 in einer Talkshow, was damals noch etwas Besonderes ist im deutschen Fernsehen, und läßt sich von Dietmar Schönherr befragen. Die Scheu des ganz in schwarz gekleideten Stars, eine für sie typische Scheu, die ihr aber von vielen ein Leben lang als Arroganz ausgelegt wird, ihre Wortkargkeit und scheinbare Teilnahmslosigkeit (»Es ist nicht mein Metier, über mich zu reden«) gibt sich erst, als Driest spricht. Der genießt die Rolle des Macho in prallen Jeans und rockigem Leder, er weiß, was das Publikum hören will. Provokationen, starke Sprüche eines ehemaligen Bankräubers, der aus einem bürgerlichen Leben ausgebrochen und dafür eingesperrt worden ist. Seine Aussagen über den Knast, gewalttätiges Pendant der scheinbar geordneten Welt draußen, findet Romy Schneider faszinierend. Ihre Sätze: »Sie gefallen mir« und »Sie gefallen mir sogar sehr« werden natürlich sofort als unverblümte Aufforderung verstanden, und die Boulevardpresse gießt in Schlagzeilen, was die Nation bewegt: »Romy blieb die ganze Nacht bei dem wilden Burkhard« oder »Ex-Bankräuber verdrehte dem Superstar den Kopf« oder »Romys Nacht mit diesem irren Typ«. Die Beteiligten schweigen, aber das wird nicht als störend empfunden. Um so kräftiger läßt sich spekulieren über die Affäre des einstigen Bürgeridols mit dem ausgewiesenen Rebellen gegen das Bürgertum. Wenn Burkhard Driest in den folgenden Wochen irgendwo auf Flughäfen oder in Restaurants erkannt wird, fragen »diese Typen mit den flachen Köfferchen« erschauernd-neugierig immer nur eines, ob er denn nun habe oder nicht. Klar, man will sich moralisch entrüsten, aber zu gern hätte man ein paar Einzelheiten mehr gewußt, damit die Entrüstung auch belegbar wird. Selbst die feine *Zeit* erkennt das Thema und läßt es sich sogar im Jahresrückblick nicht nehmen, auf intellektuellem Niveau selbstverständlich und mit spürbarer Verachtung für die offensichtliche Geilheit der anderen Presse, über »Romy und ihren irren Typ« nachzudenken. Daß die beiden sich verstanden, weil jeder im anderen auch ein Opfer jener bürgerlichen Welt zu sehen glaubte, die das Abweichen von der Norm entweder mit Knast oder mit Verachtung bestrafte, war für die öffentliche Spekulation nicht interessant genug.

Harry Meyen, der gemeinsam mit einem Hamburger Freund die Talkshow angeschaut hat, regt sich nicht darüber auf, ob Romy nun mit Burkhard Driest etwas angefangen hat oder nicht. Das interessiert ihn nicht so sehr, weil er in den Nächten, in denen die Gedanken nur durch Tabletten und Alkohol zu stoppen sind, derzeit nicht alleine ist. Er findet es nur unmöglich, daß ein »solcher Typ« im deutschen Fernsehen seine Provokationen loswerden darf, und wundert sich immer noch, daß seine Romy, die doch früher gläubig seinen politischen Überzeugungen gefolgt war, so offensichtlich von ganz anderen Meinungen begeistert ist. Ein Star hat in seinem Weltbild unpolitisch zu sein. Und wohin linke Ansichten führen, hat man ja gerade erlebt – Erschießung des Berliner Kammergerichtspräsidenten von Drenkmann, Befreiung des Brandstifters Andreas Baader, Verurteilung von Ulrike Meinhof. (Die Veröffentlichungen über das Leben dieser Frau hat Romy Schneider übrigens alle gelesen, sie war von ihr fasziniert. Nicht etwa, weil sie den Weg der Journalistin, die zur Terroristin wurde, nachvollziehen konnte. Sie hielt die Biographie für einen großen, spannenden Filmstoff, auch weil es ein so deutsches Thema vom Ausbruch einer höheren Tochter war, und sie hätte gern die Rolle der Ulrike Meinhof gespielt.)

Die abenteuerlichste Veröffentlichung zu Romy Schneiders Begegnung mit Burkhard Driest stammt ausgerechnet von ihrer Mutter. In ihrer *Bild*-Serie »Leb wohl, Romy« läßt sie nach der Ankündigung: »Alle sollen wissen, wie es wirklich war« am 5. November 1982 über ihren Schwiegersohn Daniel Biasini und ihre Tochter schreiben: »Das Ende ihrer Ehe kündigte sich vor Millionen deutschen Fernsehzuschauern an. Romy war in Köln, sollte mit Dietmar Schönherr eine Talkshow machen. Am Abend davor rief sie mich an: ›Mami, meine Kehle ist wie zugeschnürt, ich bringe da kein Wort heraus.‹ Sie brachte dann aber doch verräterische Worte heraus. Der Ex-Zuchthäusler, Schriftsteller und Schauspieler Burkhard Driest hatte gerade seine unbürgerliche Weltanschauung verkündet, da sagte Romy: ›Ich mag Sie, ich mag Sie sogar sehr.‹ Ich sehe sie noch heute vor mir, mit ihrer strengen, schwarzen Kappe auf dem Kopf. So war meine Tochter: spontan, voller Gefühl, ohne Rücksicht auf Verluste. Ganz Deutschland glaubte damals: Die Romy hat was mit dem Driest! Mir hat Romy nur erzählt, Driest und sie seien nach der Fernsehsendung zu verschiedenen Einladungen gegangen. Aber was soll's – ein großer Flirt war sie schon immer.«

Sowas liest man gern. Allerdings war die Talkshow im Oktober 1974, und das angebliche Ende der Ehe mit Biasini konnte sich deshalb schwerlich »vor Millionen Fernsehzuschauern« ankündigen, weil Romy Schneider ihn erst im Dezember 1975 geheiratet hat.

Außer dem Gehalt von Romy Schneider hat der schlanke junge Mann 1974 keine Einnahmen, als ihr Sekretär jedoch eine beschränkte Bankvollmacht, damit Daniel Biasini sich auch dann um Rechnungen kümmern kann, wenn der Star gerade bei Dreharbeiten ist und nicht gestört werden darf. Wenn sie zusammen ausgehen, allein oder mit Freunden, wird ohnehin alles von Romy

Schneider bezahlt. Nicht in bar, immer läßt sie die Rechnung an ihre Pariser Adresse schicken. Und da wiederum ist es dann Biasini, der die jeweiligen Summen überweist. Er prüft sozusagen sich selbst, und wenn er Geld braucht, berichtet sein Freund Tissier, läßt er angeblich von einem der Konten Romy Schneiders Nachschub kommen. Das kann natürlich auch prahlerisches Gerede eines Angebers gewesen sein, um zu demonstrieren, wie wichtig er angeblich war, denn sowohl Romy Schneider als auch Daniel Biasini weisen später in entsprechenden eidesstattlichen Versicherungen solche Behauptungen zurück. Romy Schneider hat sowieso keinen Überblick über ihre Einnahmen oder Ausgaben, und erst im Sommer 1981, als sie nach einer Nierenoperation in einem Pariser Krankenhaus liegt, beklagt sie, daß »einfach meine Konten abgeräumt wurden«, und ist in ihrer Fassunglosigkeit darüber nicht einmal mehr zu einem Wutausbruch fähig.

Auf ihren Konten, sowohl auf dem eigenen als auch auf dem der Schweizer Firma Cinecustodia, die ja ihre Gagen steuergünstig verwaltet und dafür neun Prozent Gebühren nimmt, ist im Jahr 1974 insgesamt ein Eingang von fast 2,5 Millionen französischen Francs verzeichnet.

Die Frau, die ihre Kindheit in die Tasche stecken und davonlaufen sollte – obwohl es wahrscheinlich besser gewesen wäre, sie hätte ihre Kindheit weggeworfen und wäre dann befreit davongelaufen, denn was für andere ein Paradies war, die Erinnerung, war für sie eine Hölle –, hat in den letzten einundzwanzig Jahren sechsundvierzig Filme durchgestanden. Sie ist auf dem Höhepunkt ihres Ruhms und ihres Könnens. Nur in Deutschland ist sie immer noch die verlorenene »Sissi«, egal, was sie danach gedreht hat. Warum erliegt diese Frau wie ein junges Mädchen dem Charme des elf Jahre jüngeren Biasini? Warum durchschaut sie nicht das Spiel, in dem sie nur scheinbar eine Hauptrolle hat, in Wirklichkeit aber als Opfer ausgewählt wurde? Warum gelingt es ihr, die doch vor der Kamera alles beherrscht, wieder nicht, so zu leben, wie sie möchte? »Romy suchte Helden«, versucht der Regisseur Alberto Bevilaqua, mit dem sie *La Califfa* gedreht hat, eine Erlärung zu finden, »und Helden sind Dummköpfe. Immer hat sie sich Männer ausgesucht, die scheinbar Biß hatten, äußerlich. Der richtige Mann für sie wäre einer gewesen, der nichts Heldenhaftes hat, aber wie sie eine innere Tiefe – und eine sexuelle Kraft.«

Das Heldentum von Biasini besteht zunächst einmal darin, daß er sie zappeln läßt und mit großen Gesten irgendwohin abreist, wenn sie ihn gerade braucht. Nicht er, der unbekannte junge Schönling aus dem Pariser Vorort muß sich um den Weltstar bemühen, der Star soll ihm hinterherlaufen. Alle, die Romy Schneider zu ihren Freunden zählt, sehen es, und alle erleben es, aber keiner sagt es ihr. Und die Gelassenheit einer Brigitte Bardot oder einer Jeanne Moreau zum Beispiel, die sich einen solchen jungen Mann für eine Zeitlang gegönnt, aber dann wieder ihr eigenes Leben gelebt hätten, die besitzt Romy Schneider nicht. Dafür wiederum ist Frankreichs Star zu deutsch, zu tiefsinnig, zu grüblerisch. Die Ausbrüche in schnelle Abenteuer genießt sie immer nur kurzfristig, danach wird sie jedesmal schnell von dem zutiefst bürgerlichen Schuldgefühl überwältigt, sich eigentlich falsch verhalten zu haben. Wenn sie an einen Mann glaubt, dann soll es für immer sein, und an diesem unbedingten Traum scheitert sie.

Der, den sie liebte, wurde immer erstickt von ihrem absoluten Anspruch. Nicht nur überhäuft mit Geschenken wie teuren Uhren – die waren geradezu ein Tick von ihr –, teuren Kleidungsstücken, eingebettet in einer luxuriösen Umgebung entweder an der Riviera oder in Paris. Sie behandelte, je nach Laune, ihre Männer auch als Helden – Ausnahmen wie Richard Harris oder Sammy Davis jr. gab es, aber die waren ja selbst große Stars –, die es zu verehren galt, oder als Lakaien, die man auch in aller Öffentlichkeit herunterputzen konnte – schau her, ich bin der Star, was bist du schon ohne mich. Natürlich tat es ihr anschließend sofort leid, und sofort gab es wieder ein teures Geschenk oder wieder eine Unterwerfungsgeste, um alles wiedergutzumachen.

Daniel Biasini ist ein Meister in diesem Spiel. Vom Typ und vom Charakter her eigentlich nichts weiter als ein angenehm anzusehender ständiger Begleiter, lernt er schnell. Die Filmwelt, die er eigentlich nur als Handlanger erleben durfte, wird sein Lebensziel. So zu leben wie im Kino, ohne Sorgen ums Geld, mit den Prominenten auf Tuchfühlung, plötzlich selbst prominent sein, ohne dafür etwas tun zu müssen, das ist die Chance, die sich ihm mit

Romy Schneider bietet. Und diese Chance läßt er sich nicht entgehen. Er hat mich sogar geschlagen, erzählt sie später, aber ich habe es mir gefallen lassen, weil er so stark war. Und weil anschließend ich so stark war, als wir uns im Bett wieder versöhnten. Es schmeichelt ihr, daß ein so junger Mann sie begehrt, und sie läßt sich mit ihm treiben. Daniel, Chérie, was kann ich für dich tun, was willst du haben?

Als er im Februar 1975 wohlüberlegt auf eine längere Reise in die Vereinigten Staaten geht, angeblich als sorgender Vater, der einen unehelichen Sohn, eine Jugendsünde, besuchen will, ist Romy Schneider ihm schon so verfallen, daß sie vor lauter Angst, er könne nicht zurückkehren, wieder zuviel trinkt und wieder zu viele Tabletten schluckt. Die Dreharbeiten zu einem ihrer wichtigsten und besten Filme, *Le Vieux Fusil* (in Deutschland erst als *Das alte Gewehr*, dann unter *Abschied in der Nacht* in den Kinos), leiden darunter allerdings nicht, weil sie sich, wie stets vor der Kamera, diszipliniert zusammenreißt. Eine Kritik in *France Soir* rühmt später: »Philippe Noiret und Romy Schneider haben uns oft schon erstaunt, beglückt, zu Tränen gerührt oder zum Lachen gereizt. Hier erreicht ihr Spiel eine unbeschreibliche Fülle.« Wieder ist es eine Rolle für Romy Schneider, die mit der deutschen Vergangenheit zu tun hat. Sie spielt, vor allem in vielen Rückblenden, die Französin Clara, die von deutschen SS-Schergen vergewaltigt und auf grauenvolle Weise mit einem Flammenwerfer ermordet wird, so wie sie alle Bewohner des Dorfes ermordet haben (historische Ähnlichkeiten mit dem SS-Massaker in Oradour sind nicht zufällig). Ihr Mann rächt sie und die Tochter, muß dafür selbst zum unerbittlichen Mörder werden, der die deutschen Killer in jener Burg vernichtet, in die sie sich zurückgezogen haben, die er aber seit seiner Kindheit in allen ihren geheimen Winkeln kennt. Am Schluß, als die Résistance anrückt, verliert er den Verstand, denn nur mit der Erinnerung an unbeschwerte Tage kann man das Grauen der Gegenwart überleben.

Als Biasini aus den USA zurückkommt, avanciert er bald zu Romy Schneiders ständigem Begleiter. Die Zeitungen fangen an, über ihn zu berichten, was er genießt. Er wird mit Alain Delon verglichen, was ihm schmeichelt. Den Journalisten erzählt er von eigenen großen Plänen als Fernsehreporter und von seinen harten Jahren in den USA, wo er sich durchbeißen mußte in der Schule des Lebens. Das wird hingeschrieben, ohne daß es einer nachprüft. Auch Romy Schneider erzählt voller Bewunderung von den schweren Zeiten, die ihr Daniel überstanden habe. Beim Geburtstag von Magda Schneider, den ihr die Tochter in Paris ausrichtet, tanzt er mit der künftigen Schwiegermutter Wiener Walzer, die prompt in einer ihrer zahlreichen geschwätzigen Erinnerungen (diesmal ist es *Das Neue Blatt*) davon schwärmt, daß er ihr »gleich vom ersten Augenblick unseres Kennenlernens an sympathisch« war. »Ich finde, er paßt sehr gut zu Romy, vor allem, was sein Temperament anbelangt.«

Daniel Biasini ist fast am Ziel. Beigetragen hat dazu auch ein sentimentaler Ausflug. Romy Schneider ist wieder einmal in der Diätklinik in Quiberon, in der sich viele französische Filmstars immer wieder ein paar Wochen lang, am liebsten im Februar oder im März, weil da noch keine Touristen den südbretonischen Badeort überschwemmen, für den Rest des Jahres fit und trocken machen lassen. Wenn die Königinnen und Könige der Leinwand mit ihren weißen Bademänteln durch die Halle eilen, stets auf dem Weg zu irgendeiner Massage oder irgendeinem heißen Süppchen, ist das Ganze so unwirklich, daß man unwillkürlich nach der Kamera sucht. Man erkennt jeden und jede, weil man natürlich alle Filme gesehen hat, aber man weiß keine Namen mehr. Ist das Claude Brasseur, oder sieht der nur so aus? Und der da, Bruno Cremer oder nur der Bruder des Portiers? Alkohol ist streng verboten, aber mancher Masseur liefert, falls gewünscht, diskret ein paar Flaschen aufs Zimmer, kassiert und schweigt.

Biasini besucht Romy Schneider dort und fährt mit ihr auf der Fähre hinüber zur Insel Belle-Ile, die eine dreiviertel Stunde Bootsfahrt von Quiberon entfernt im Atlantik liegt. Er kauft in dem Delikatessengeschäft in der kleinen Straße, die vom Hafen zur Kirche führt, für ein Picknick ein und macht sich mit Romy von Le Palais gleich nach Pointe de Poullains auf, an die Spitze der Insel.

Dort liegt das verfallene Haus der großen Schauspielerin Sarah Bernhardt, versteckt fast hinter bizarren Grotten im kieselsteinigen Sand. Dort hat sie gelebt, als sie sich vom Ruhm zurückziehen wollte, allein, hat zum Leuchtturm geschaut, der durch sein warmes Licht auch in stürmischen Nächten Trost versprach, oder sie hat gebadet in einer der kleinen Buchten. Im Sommer fahren dort die riesigen Busse zur berühmten Ruine und spucken die Tagestouristen mit ihrem schußbereiten Kameras aus.

Daniel Biasini und Romy Schneider sind in diesem Frühling 1975 allein, als sie mit ihrem Leihwagen ankommen. Sie sitzen in den ersten wärmenden Sonnenstrahlen, essen Mitgebrachtes aus dem Korb und trinken Rotwein. Daniel gesteht ihr, daß er nur Sehnsucht nach ihr gehabt habe, und Romy ist glücklich, weil sie genau das hat hören wollen. Endlich hat sie den Mann fürs Leben gefunden.

Doch außer ihr glaubt das niemand.

XIII

Den Kaffee tranken sie aus Pappbechern, weil alle Tassen dreckig waren. Angewidert verzog Anna Wendtlin beim ersten Schluck das Gesicht. Dann steckte sie sich eine Zigarette an und suchte vergebens nach einem Aschenbecher. Seit Karsten Schuler nicht mehr rauchte, hatte er alles aus seinem Zimmer verbannt, was ihn an seine geliebte, aber nun verbotene Sucht erinnern könnte. Achselzuckend schnippte sie die Asche in den Kaffee, was ihr einen mißbilligenden Blick von Dr. Hagen Rupper einbrachte. Der Jurist der *Frankfurter Illustrierten* legte Wert auf Formen und dies nicht nur in seinen ausgefeilten, fast literarischen Schriftsätzen, mit denen er immer wieder die Redakteure zu retten versuchte, die es mit der Recherche nicht allzu genau genommen hatten. Das machte er schon seit fünfundzwanzig Jahren, und er hatte längst aufgehört, Niederlagen oder Siege zu zählen. Er saß neben Anna, und beide warteten, bis Schuler ein Telefongespräch beendet hatte.

»Also dann«, knurrte der und ließ den Hörer achtlos auf die Gabel fallen, »legt los. Wir wollen hier ja nicht gemeinsam alt werden.« Seine schlechte Laune war fast greifbar. Anna überlegte, ob er gerade am Telefon die neuesten Auflagenzahlen gehört hatte und deshalb so sauer war. Aber dann sagte Schuler wie zu sich selbst, keine Bestätigung erwartend: »Diese Langweiler in Bonn. Können keinen sprechen für eine Geschichte. Sind angeblich alle übers Wochenende nicht erreichbar.« Er ließ offen, ob er die Politiker damit meinte oder seine Korrespondenten.

Rupper räusperte sich und schaute auf einen Zettel, der vor ihm lag. Dann drehte er sich zu Anna Wendtlin, die trotzig ihre Zigarette im Kaffee verzischen ließ, und begann mit seiner Aufzählung.

»Das liest sich ja alles ganz aufregend, aber wohl nur so lange, bis wir die erste Klage auf dem Tisch haben. Ich nehm' mal ein paar

Beispiele. Wir behaupten, daß Romy Schneider bisexuell war. Wer von uns hat die Lampe gehalten? Wir behaupten, ihren ersten Liebhaber zu kennen, und nennen ihn zwar nicht beim Namen, aber man könnte ihn herausbekommen nach unserer Beschreibung. Na, der wird sich freuen. Wir deuten an, daß Alain Delon mit der korsischen Mafia zwielichtige Geschäfte gemacht hat, und wir berichten von Leuten, die ihre Konten abgeräumt haben könnten, und wir behaupten, daß sie tablettensüchtig war, und wir behaupten, daß sie kräftig getrunken hat. Wir behaupten...«

»Hör doch auf, Hagen«, unterbrach ihn Schuler grob, »sag einfach, welche Belege du sehen willst und wie hoch du das Risiko eines Prozesses einschätzt. Wenn wir nur den üblichen Scheiß drucken wollen, den die anderen gerade alle schreiben, suchen wir uns lieber ein ganz anderes Thema. Geschichten ohne ein gewisses Risiko sind für dich einfacher, aber mich langweilen sie entsetzlich.« In Wirklichkeit wußte er natürlich, daß auch Rupper nichts lieber hatte als einen schönen Prozeß, in dem er seine ganze Kunst und seine Erfahrung ausspielen konnte.

Hagen Rupper war keineswegs beleidigt, er kannte Schuler schließlich auch schon seit Jahrzehnten und hatte sich längst abgewöhnt, dessen Attacken persönlich zu nehmen.

»Können Sie denn für alles Ihr kleines Händchen heben, was Sie da geschrieben haben?« fragte er Anna und würdigte Schuler keiner Antwort.

Anna Wendtlin, die den alten Juristen mochte, weil er trotz aller Routine immer noch kampfeslustig in jede neue Auseinandersetzung ging und sich für »sein« Blatt schlug, in dem viele schon so schrieben, als könnten sie auch woanders schreiben, der manchmal sogar fast sauer war, wenn es keine Prozesse gab, griff nach Ruppers Zettel – »Darf ich?« – und las seine Notizen durch.

»Also, das mit ihren Neigungen zu Frauen hat sie mir selbst gesagt, die Geschichte von ihrem ersten Liebhaber wird offengelassen, außerdem stimmt sie. Bei Alkohol und Tabletten brauchen wir gar nicht erst zu streiten, ich weiß genau, wieviel sie genommen hat, und ich habe selbst erlebt, daß sie getrunken hat. Viel wichtiger ist mir, daß nicht der Eindruck entsteht, wir würden uns darüber aufregen oder sie postum verurteilen...«

Wieder war es Schuler, der unterbrach.

»Gerade, weil man beim Lesen merkt, wie sehr du sie mochtest, ist die Geschichte gut. Und wenn sie auch noch stimmt...«

»Natürlich stimmt sie«, schnappte Anna Wendtlin zurück, freute sich aber gleichzeitig über das versteckte Lob. Mehr konnte man von Schuler nicht erwarten. »Und auch das mit Biasini stimmt alles, es könnte sogar noch viel schlimmer werden, falls ich die Beweise alle zusammenbekomme. Wenn der uns verklagt oder der Kaestlin, dann kommt richtig Freude auf, denn dann werden die sich wundern, was wir noch so alles haben. Schaut mal her.« Sie legte die Kopie eines eng beschriebenen Schreibens auf den Tisch.

»Was ist das?« fragte Rupper und wollte danach greifen, aber Schuler war wie üblich schneller, was seine Laune spürbar verbesserte. Anna beugte sich zu ihm herüber:

»Das ist die Aufforderung eines französischen Finanzbeamten, eines gewissen Inspektors Gelu, an Monsieur Daniel Biasini, endlich zu erklären, warum er mit Romy denn hauptsächlich in Zürich, in der Segantinistraße 50, gelebt habe, wo er doch in Frankreich ein Haus in Paris und eines in Ramatuelle unterhalten habe, samt mehrerer Gärtner, Kindermädchen, Hausangestellter und sogar Chauffeure. Und warum folgende Autos auf seinen, Biasinis Namen, zugelassen gewesen seien – ein Porsche 911 S, ein Rolls-Royce, ein Range Rover, ein Jaguar, ein Ferrari, ein Cadillac. Wollt ihr auch noch die jeweiligen Autonummern? Die habe ich auch.«

»Der Junge hat Geschmack«, sagte Rupper anerkennend, »der fuhr nicht die Popelwagen, die unsereiner sich leisten kann. Alle auf einmal?«

»Nein, natürlich nicht. Aber wer hat wohl die Dinger bezahlt? Dreimal dürft ihr raten...«

Schuler studierte aufmerksam die Kopie und nickte immer wieder bei einzelnen Zeilen.

»Wann ist der Brief geschrieben?«

»1981, und das Ganze ging zunächst noch um die Einnahmen des Jahres 1978; von den anderen Jahren war noch gar nicht die Rede.«

»Und was wollten die?«

»Ganz einfach, Steuern sehen wollten die. Und zwar nicht zu

wenig. Wenn du nur dieses eine Jahr hochrechnest, also 1978, in dem Romy vielleicht 900 000 Francs verdient hat, mehr waren es gar nicht, und dann die anderen Jahre, in denen sie gleich mehrere Filme drehte, dann kommst du langsam auf die Summe, die jetzt genannt wird. Rund neun Millionen Francs Steuernachzahlung wollten die Franzosen haben. Von wegen, daß die Firma in der Schweiz ihr die französische Steuerfahndung vom Leib hielt.«

»Aber das heißt doch«, sagte Rupper langsam, «das heißt doch, daß jetzt nach ihrem Tod...«

»Das heißt, daß jetzt die Erben von Romy Schneider zur Kasse gebeten werden. Und zwar kräftig. Da sie aber nichts hinterlassen hat, weder Immobilien noch Bargeld in ausreichender Menge, wird sich so schnell kein Erbe melden, der wäre ja verrückt.«

»Gibt es denn ein Testament?« fragte Rupper.

Anna nickte.

»Wir haben eine Kopie, werden wir auch noch veröffentlichen. Aufgesetzt hat sie es am 10. Mai 1982 in Zürich, also neunzehn Tage vor ihrem Tod. Alleinberechtigte Erben, hat sie geschrieben, sollen ihre Tochter Sarah sein und Laurent Pétin, ihr letzter Lebensgefährte. Sarah lebt bei ihrem Vater, also bei Biasini, der ist ihr Vormund, klar. Und der wird sich hüten, im Namen seiner Tochter das Erbe anzunehmen. Der kennt ja die Hintergründe mit der Steuer besser als jeder andere. Und Pétin wird sich auch nicht melden, der hat schon genug zu tun mit dem Haus, das sie sich ein paar Wochen vor ihrem Tod gekauft haben. Also...«

»Also wird keiner das Erbe annehmen. Woher haben wir eigentlich diesen Brief vom Finanzamt, und woher haben wir das Testament?« fragte Rupper.

»Wir haben es«, sagte Schuler lakonisch, »wir wollen dich doch nicht damit in Verlegenheit bringen, daß wir dir erzählen, woher wir es haben, oder? Das könntest du als Jurist doch gar nicht verantworten.« Und er grinste anzüglich.

»Ja, dann«, sagte Rupper, und Anna vermeinte, aus seiner Stimme eine gewisse Befriedigung herauszuhören, »ja, dann gibt es hier für einen anständigen Juristen wie mich wohl nichts mehr zu tun. Widerlich, diese Journalisten, einfach widerlich.« Er lächelte Anna an, knuffte Karsten Schuler kurz am Arm und ließ die beiden allein.

»Er ist halt der Beste, noch einer von den alten Haudegen«, grunzte Schuler. »Keiner dieser alerten Yuppies, denen bei jedem harten Satz der Arsch auf Grundeis geht.« Dann blickte er Anna an. »War nett gestern, das Frühstück. Machen wir mal wieder.« So, wie er es sagte, klang es nach einer Liebeserklärung, und Anna ärgerte sich, daß sie rot wurde. Schuler lehnte sich zurück und legte wie üblich seine Beine auf den Schreibtisch. Ihr fiel ein, was sie bei allen Erzählungen über Romy Schneider zu fragen vergessen hatte.

»Sag mal, man munkelt davon, daß wir einen Herausgeber bekommen und daß Kaptiva schon einen Vertrag mit ihm gemacht haben soll.«

Schuler blickte zum Fenster hinaus. Dann zuckte er mit den Schultern. »Weiß nicht, keine Ahnung. Man redet so viel. Und wenn ich mich um jedes Geschwätz kümmern würde, dann käme ich nicht mehr zu meiner Arbeit. Aber wenn schon, verhindern können werden wir es eh nicht, und vielleicht ist der Mann ja gut.«

»Fürs Blatt oder für den Verlag?« fragte Anna und erwartete keine Antwort.

»Brauchst du eigentlich noch Hilfe, oder willst du weiterhin alles allein machen?« fragte Schuler. Er schien plötzlich Zeit zu haben, was bei ihm selten war. Auf seinem Schreibtisch stand eine Sanduhr, die er mal geschenkt bekommen hatte, doch die meisten seiner Besucher erlebten nicht, wie der Sand auslief, die waren schon vorher wieder draußen. Die Lust auf schnelle Entscheidungen hatte er sich aus den Zeiten bewahrt, als er noch bei einer Tageszeitung gearbeitet hatte. Seine Gegner warfen ihm das vor, und er wußte sehr wohl, daß die Zahl seiner Gegner in den letzten Jahren gewachsen war, was ihm allerdings keine schlaflosen Nächte bereitete. Wer in dem Job so alt geworden ist wie ich und so lange überlebt hat, den kann nichts mehr erschüttern, sagte er oft, und er glaubte es inzwischen selbst.

»Wenn jemand in Berlin beim Nachlaßgericht mal nachschauen würde, ob sich schon jemand gemeldet hat wegen des Testaments, dann könnte ich mir diese Reise sparen. Weiß nicht, wie man es am besten macht, wahrscheinlich muß man eine offizielle Erlaubnis haben. Aber vielleicht hilft auch eine diskrete Spende für den Schachclub des Gerichts oder die Tischtennisabteilung, was weiß ich, was die haben. Vielleicht hat Horst in Berlin ein paar Kontakte.«

Schuler nickte und machte sich eine Notiz. »Wieso eigentlich Berlin?« fragte er dann.

»Romy und Biasini haben in Berlin geheiratet; sie hatte einen deutschen Paß, aber keinen deutschen Wohnsitz, deshalb ist Berlin zuständig. Übrigens deshalb auch beide Scheidungen in Berlin, weil es keinen Wohnsitz in der Bundesrepublik gab. Wie das im Gesetz oder in der Verordnung genau begründet wird, müßte man prüfen lassen, aber für meine Geschichte ist das nicht so wichtig. Ich will morgen wieder nach Paris fliegen und sehen, was Laurent inzwischen herausgefunden hat. Außerdem muß ich ja noch mit ein paar Freunden von ihr reden, mit ihrem letzten Agenten oder mit dem Kindermädchen. Falls die überhaupt etwas sagt. Hat sich eigentlich Magda Schneider auf meinen zweiten Brief hin gemeldet?«

»Nein, war ja auch nicht zu erwarten. Die hatte doch längst den Vertrag mit der *Bild*-Zeitung in der Tasche. Die Wahrheit ist halt immer exklusiv, und deshalb kostet sie auch soviel Geld. Was will eigentlich Pétin von uns haben?«

»Nichts. Im Gegenteil. Er wäre beleidigt, wenn ich ihm etwas anbieten würde. Obwohl er es gebrauchen könnte. So hoch ist sein Einkommen nicht, und jetzt muß er ja noch das Haus abbezahlen.«

»Übrigens, über den habe ich bisher nicht genügend erfahren, da will ich auch noch mehr wissen. Wie er Romy kennenlernte, und wie sie miteinander umgingen, und wie er mit den Kindern zurechtkam.«

»Kommt alles noch. Erst mal muß ich noch mehr über Biasini wissen, da ist mir vieles noch unklar.«

Das Telefon klingelte, er nahm den Hörer ab, winkte ihr mit der anderen Hand zu. Lautlos formte sie das Wort AUFLAGE und blickte ihn fragend an. Er reckte den Daumen nach oben. Sie stopfte ihre Notizen wieder in ihre bereits gepackte Reisetasche und ging. Wenn auch noch die Auflage stimmte, überlegte sie, könnte ich doch vielleicht am Ende der Serie mal fragen, wie es mit einer Woche Extraurlaub ist oder vielleicht sogar einer kleinen Gehaltserhöhung? Im hauseigenen Reisebüro holte sie sich ein Ticket für die Abendmaschine nach Paris, dann fuhr sie direkt über die Autobahn zum Flughafen. Das Flugzeug hatte wie üblich Verspätung; lustlos blätterte sie in der Wartehalle in ein paar Zeitungen, die sie sich gekauft hatte. Eigentlich bin ich ja blöde, dachte sie, die anderen machen sich ein schönes Wochenende und lesen in Ruhe, was ich geschrieben habe, um mir dann bei der Blattkritik zu erzählen, wie man es hätte besser machen können, und ich bin schon wieder unterwegs, statt ins Kino zu gehen oder... Plötzlich fiel ihr ein, daß sie schon mindestens vierzehn Tage lang ihren Vater nicht angerufen hatte, und sie schaute auf die Uhr. Noch ein paar Minuten Zeit bis zum Aufruf. Sie ging zu einer Telefonzelle und wählte die Nummer in München, die sie auswendig konnte. Nach dem dritten Klingeln wurde abgenommen.

»Bist du es, Alter? Nein, nichts ist los, gar nichts. Ich habe nur daran gedacht, wie lange wir uns schon nicht mehr gesprochen haben. Geht es dir gut? Ja, ich bin wieder mal unterwegs nach Paris, am Flughafen, ja. Hast du meine Geschichte gelesen? Danke. Ich melde mich wieder. Und vielleicht fliege ich über München zurück, dann könnten wir uns sehen. Ja, wäre schön. Halt dich gerade, tschüß.« Ihre Maschine wurde aufgerufen.

Am Ausgang auf dem Flughafen Charles de Gaulle wurde sie erwartet. Laurent Pétin stand an einer Säule gelehnt und musterte die Ankommenden. Sie umarmte ihn flüchtig und fragte ihn dann verblüfft: »Woher hast du gewußt, wann ich ankomme?«

»Ganz einfach, ich habe bei deinem Chef angerufen, und der hat es mir gesagt. War richtig freundlich und hat sich sogar bemüht, mit mir französisch zu sprechen. Übrigens muß ich dir was zeigen, du wirst staunen.«

Er nahm ihre Tasche und ging mit ihr zum Parkhaus, wo sein Auto stand. Als sie auf die Straße nach Paris einbogen, griff er über sie hinweg ins Handschufach und holte einen Umschlag heraus. »Lies mal.« Anna entfaltete den Brief, knipste die Leselampe an und starrte auf den Bogen Papier. »Was ist das?«

»Das ist die Kopie eines Briefes, den Biasini ans Finanzamt geschrieben hat. War heute morgen in meiner Post, ohne Anrede, ohne Begleitschreiben. Aber lies doch erst mal...«

Anna Wendtlin las. Absender: Monsieur Daniel Biasini, 51, Avenue Bugeaud, 75016 Paris. Datum: 13. Januar 1981. Gerichtet an den Finanzinspektor Gelu, 8, Rue Volnay. Woher kannte sie nur den Namen Gelu? Richtig, dachte sie, das ist doch der Beamte, der von Biasini wissen wollte, warum er so viele Autos in Frankreich gefahren hat, wo er doch angeblich in Zürich wohnte. Gelu. Biasini teilte in diesem Brief dem Steuerbeamten in dürren Worten mit, daß er bestreite, der zuständige Adressat für dessen Nachforschungen zu sein, weil »ich praktisch von unserer Heirat bis 1979 nicht mit meiner Frau gelebt habe«.

»Und was bedeutet das, Laurent?«

»Das bedeutet«, sagte Laurent und haute grimmig auf das Lenkrad, »das bedeutet, daß der feine Herr versucht hat, sich rechtzeitig abzuseilen und den Ärger mit der Steuer Romy zu überlassen. Er hat ja gar nicht mit ihr gelebt, er weiß ja von nichts, er kennt ja nur zufällig ihr Bankkonto, aber sonst? Nein, er weiß von gar nichts. Die Autos hat er nur gefahren, damit sie bewegt wurden, und das Boot hat sich von alleine finanziert, und seine Flugtickets und Uhren und Anzüge lagen morgens wohl plötzlich vor der Tür, gestiftet von einem unbekannten Gönner. Er hat praktisch nichts besessen, und er kann deshalb auch keine Steuern bezahlen, ist doch klar.«

Anna pfiff durch die Zähne. »Endlich eine richtige Spur, Laurent. Wir sollten auf den unbekannten Absender ein Glas trinken, wer immer es gewesen sein mag. Laß uns doch essen gehen, ich habe keine Lust, schon wieder im Hotel herumzusitzen. Und dir tut es auch gut, wenn ich dich so anschaue. Oder hast du was vor?«

Pétin schüttelte den Kopf und sie fuhren zur Place des Vosges in Brialys Restaurant L'Orangerie, in dem sich Anna Wendtlin und Romy Schneider manchmal getroffen hatten und das auch Laurent gut kannte. Der Ober führte sie an den kleinen Tisch in der Ecke und versicherte ihnen, wie erschüttert er gewesen war über die Nachricht vom Tode Madame Schneiders. Einen Moment lang fürchtete Anna, daß Laurent sich wieder umdrehen und gehen würde, aber er hörte dem Mann ernst zu und dankte ihm dann mit einem kurzen Satz.

»Mein lieber Monsieur Biasini«, sagte Anna beim ersten Schluck Champagner, »der Brief wird dir noch leid tun.«

XIV

Für vier Sommermonate, von Juni bis September, mietet Romy Schneider in St. Tropez eine Villa. Sie ist nicht allein, denn ihr Sekretär, der zum ständigen Begleiter avanciert ist, lebt bei ihr und von ihr. Ein Sommer des *laisser faire*. Man geht abends regelmäßig aus, mal zu zweit, mal mit Bekannten, Frühstück gibt es erst gegen Mittag, und danach liest Romy Schneider ihre Post. Nach wie vor sind auch aus Deutschland Dutzende von Briefen dabei, die ihr von Paris nachgeschickt werden. Wenn sie ihre Telefonanrufe erledigt, und die können lange dauern, weil sie gerne telefoniert und spontan, fährt Biasini mit der Yacht *Danychar*, die seinen Eltern gehört, aufs Meer. Manchmal kommt Romy Schneider mit, obwohl sie den Wellengang schwer verträgt. Es gibt Fotos der Paparazzis an der französischen Riviera, die auf dem Sonnendeck des Bootes eine nackte Romy Schneider zeigen, die gerade Biasini eincremt. Natürlich werden die Fotos überall in Europa gedruckt; damit ist die neue Beziehung des deutschen Filmstars öffentlich. Und warum sollte Romy Schneider sich verstecken? Sie fühlt sich frei, auch wenn in Hamburg noch ein Mann lebt, mit dem sie pro forma verheiratet ist. Ihr Sohn David, der für ein paar Wochen kommen darf, lehnt den neuen Liebhaber seiner Mutter zunächst ab. Doch irgendwann begreift auch der erst Achtjährige, daß seine Eltern endgültig verschiedene Leben leben und daß es nie mehr so sein wird wie früher. Er spricht oft von seinem Vater und kann stolz nachmachen, was der ihm vorgespielt hat – Lieder von Frank Sinatra singen zum Beispiel (»Den kennt meine Mutter und mein Vater auch«). Einige Jahre später, als er schon älter ist, wird er bei allen Besuchen alter Freunde seiner Mutter als erstes fragen, ob sie auch seinen Papa gekannt hätten. Und wenn sie bejahen, wird er sich Geschichten von seinem fernen Vater erzählen lassen, den er nur um zwei Jahre überleben sollte. Die Scheidung Romy Schneider/Harry Meyen wird im Juli 1975 offiziell in Berlin vollzogen, der Stadt, in der sie sich kennengelernt hatten.

Prominente, die sich in den Schickeria-Kreisen der französischen Riviera noch mehr zu Hause fühlen als Romy Schneider, kennen Daniel Biasini, Sohn einer Französin und eines Italieners, nicht nur als Kellner aus einem der Restaurants in St. Tropez. Dort hatte er nach seinem Wehrdienst und vor seinem Amerikaausflug gejobbt. Man schätzt auch den diskreten Charme der Bourgeoisie, den er ausstrahlt, und lädt ihn manchmal ein, wenn es außer Champagner noch andere Leckereien gibt, Kokain zum Beispiel. Nein, gedealt hat er nie, bestätigen alle, das war ihm zu gefährlich.

Irgendwann in diesem Sommer merkt Romy Schneider, daß sie schwanger ist und daß die Affäre mit Daniel Biasini, von der sie sich zunächst nur eine Abwechslung versprochen hat – »Nein, Liebe auf den ersten Blick war es wirklich nicht« – mehr ist als die Sommerliebelei. Romy Schneider: »Ich bin ein bißchen wie Elizabeth Taylor. Die heiratet auch immer gleich die Männer, die sie liebt, und will ein Kind von ihnen.« Sie weiß nicht viel von Biasinis Vergangenheit und will so genau auch gar nichts davon wissen. Auch das gehörte zu ihren Eigenschaften: Wenn sie einen Mann liebte und total für sich vereinnahmte, wollte sie ihre himmelhochjauchzende Begeisterung für ihn nicht durch zu viele Fragen oder gar zu viele Antworten stören lassen. So, wie sie auch nur schwer jemanden an sich heranließ, wenn es um mehr ging als die üblichen Gespräche, wenn also wirklich nach dem gefragt wurde, was sie im Innersten beschäftigte und womit sie nicht fertig wurde. In Hollywood hätte sich ein Star wie sie ganz selbstverständlich bei einem Psychiater auf die Couch gelegt und seine Probleme besprochen, und alle hätten das für normal gehalten. Sprachlos, wie sie oft war, versuchte Romy Schneider, sich ihre Gefühle und Sorgen, ihre Depressionen und Selbstzweifel auf Zetteln und Briefen von der Seele zu schreiben. Aber das war, wie so vieles bei ihr, immer nur die Flucht aus dem Augenblick und nie eine Therapie. Eine Gratwanderung zwischen Illusionen, denen vom sogannten echten Leben und den »echten« Illusionen vor der Kamera.

Romy Schneider glaubt, daß Daniel Biasini eine harte Zeit hinter sich hat, und das macht ihn eher noch attraktiver für sie. Denn neben aller Verliebtheit wächst ein fast mütterlicher Instinkt in ihr, ihn auch deshalb beschützen und für ihn sorgen zu müssen. Die Autos, die sie ihm schenkt, sind das passende, wenn auch teure Spielzeug für einen großen Jungen. Außerdem hat er seine Arbeit als Sekretär sehr gut gemacht, wie auch Romy Schneiders Pariser Agent Jean-Louis Livi zu rühmen weiß, der endlich auf seine Briefe und Anrufe schnelle Antworten bekam. Wie sich später herausstellen sollte, verstand Biasini nicht nur etwas von den großen Abrechnungen, er prüfte sogar penibel die Ausgaben der Haushälterin Olga und hatte alles im Griff, wenn Romy Schneider bei Dreharbeiten unterwegs war. Die Gerüchte, daß er in krumme Geschäfte verwickelt und nur ein Taugenichts sei, der sich noch nie verweigert habe, wenn die Chance auf eine fröhliche Nacht bestand, lassen Romy Schneider kalt. »Ich bin doch kein Trottel«, sagte sie und glaubt besser als alle anderen zu wissen, daß der neue Mittelpunkt ihres Lebens, ein »schöner, junger und intelligenter Mann«, ein ganz anderer Mensch sei, als es seinem Playboy-Image entsprach. Daß die fast Siebenunddreißigjährige sich als Frau durch ihn bestätigt fühlt, macht sie in diesen vier unbeschwerten Monaten in St. Tropez weiblicher, entspannter, begehrenswerter denn je. Monatelang braucht sie auch keine Tabletten.

Die Eroberungslust der Männer konnte Romy Schneider immer gut nachvollziehen, weil sie selbst ihrer Lust genauso folgte, wenn ihr ein Mann gefiel oder eine Frau. Was heute in den neunziger Jahren als Trend in der Frauenbewegung beschrieben wird – daß die Frau selbst begehrt, auf die Männer zugeht und nicht mehr wartet, bis sie begehrt wird –, hat Romy Schneider immer schon gelebt. Wer ihr gefiel, den versuchte sie zu erobern. Die vielen, die sie deshalb verurteilten, sind größtenteils natürlich Männer gewesen, die in diesem »männlichen« Verhalten einer Frau eine Gefahr für ihre traditionelle Vormachtstellung – der Mann ist der Eroberer und nicht die Frau – witterten. Instinktiv, denn für eine Kopfgeburt hat es bei den meisten Berichten über Romy Schneider nie gereicht. Man muß nur die gedruckten Vermutungen nach der berühmten Talkshow mit Burkhard Driest nachlesen und wird feststellen: am größten war die Verblüffung darüber, daß Romy Schneider sich so benommen hat wie ein Mann, dem eine Frau gefällt und der sie auf klassische Art und Weise anmacht. So, wie er es gelernt hat. Im Zwiespalt mit dem flirtfröhlichen Erbteil ihres Vaters und der gleichzeitigen emotionalen Nähe zu einem braven deutschen Weltbild, Erbe ihrer in Augsburger Kleinbürgerlichkeit aufgewachsenen Mutter, liegen auch viele Ursachen für jene Depressionen und Schuldgefühle, unter denen Romy Schneider zeit ihres Lebens litt, und an denen sie letztlich zerbrach. Tabletten und Alkohol ließen für gewisse Zeiten die seelischen Probleme vergessen, aber sie zerstörten gleichzeitig den Körper. Sie war als Frau eigentlich viel moderner – nur eben zur falschen Zeit – und der herrschenden Moral weit voraus, vor allem der in Deutschland, als die meisten Theoretikerinnen des Feminismus, deren Bücher zwar erfolgreich sind, aber mit dem wahren Leben nichts zu tun haben. Romy Schneider spürte das Salz auf ihrer Haut schon viele Jahre, bevor ein Buch dieses Titels derlei weibliche Gefühle beschrieb und damit zum Bestseller wurde.

Daß es Daniel Biasini gut mit ihr meint und keineswegs böse Absichten hat, so erzählt sie triumphierend allen Zweiflern, könne man schon daran sehen, daß er auf Gütertrennung bestanden habe, bevor sie heirateten. Auch dieser Schachzug ist nicht ungeschickt von Biasini, denn von ihrem Meyen-Trauma weiß er sehr wohl; sie hat ihm davon erzählt und sich immer wieder beklagt, daß sie nach der Trennung 1,4 Millionen Mark hat bezahlen müssen. Meyen in einem bitteren und nie abgeschickten Brief (»Ich schreibe diesen Brief nicht für Dich, sondern weil ich das Bedürfnis habe, mich zu artikulieren«) an seine ehemalige Frau unter dem Datum vom 31.8.1977: »Daß du nach Deinen gescheiterten Affären mit Herrn Evans, Reggiani, Ganz... bei einem Jungen gelandet bist, ist nicht unverständlich, denn zumindest ist durch die Tatsache, daß er fast zehn Jahre jünger ist als Du, sein Intelligenzniveau Deinem angepaßt.«

Mit dem Wissen der Überlebenden ist es heute leicht, Romy Schneider als zumindest naiv zu verurteilen, weil sie liebesblind nicht gemerkt hat, wie sehr sie wieder einmal ausgebeutet wurde und wie sehr ihr wieder einmal die Sicherheit vor der Kamera im

Alltag fehlte. Dort schrieb kein Drehbuchautor den Schluß so um, daß er ein Happy-End ergab. Dort würde kein Regisseur darauf achten, daß auch die Statisten richtig besetzt wurden. Sie selbst hat es damals natürlich nicht so empfunden, und für sie zählte nur das Gefühl. Sie handelte stets spontan und fragte sich, wenn überhaupt, erst im nachhinein, was sie eigentlich getan hatte und warum. Ihre trotz aller gegenteiligen Beteuerungen eben doch nicht verarbeitete Beziehung mit Delon und deren Scheitern wird offenkundig, wenn sie in ihrem neuen Mann so sehr die Ähnlichkeit mit ihrer großen Liebe rühmt. Was Biasini keineswegs eifersüchtig macht, sondern ihm im Gegenteil sogar gefällt, denn so wie Delon will er gerne sein. Vor allem dessen zumindest im Kino demonstrierte Härte hat es ihm angetan. Viele seiner späteren Machosprüche wie jener B-Movie-Satz, mit dem er Romy 1981 verließ, als er mit 30 000 Francs von ihrem Konto nach Amerika flog – »Wenn ich wiederkomme, rauche ich eine Gauloise, trinke einen Kaffee und werde wissen, daß ich auch ohne dich leben kann« –, sind ein Versuch, sich dem Image des »eiskalten Engels« zu nähern. Der immerhin, das geben sogar seine Gegner zu, hatte Klasse, auch in seiner Brutalität.

Harry Meyen als Vater-Ersatz für Romy Schneider und Daniel Biasini als Delon-Ersatz, so einfach ist es denn doch nicht. Denn das ganze Bild stimmt schon nicht mehr, wenn man weiß, daß Romy Schneider in einem Mann sowohl den Geliebten Alain Delon als auch den Vater Wolf Albach-Retty gesehen hat. Das war die von ihr zärtlich »Luca« genannte väterliche Leitfigur Luchino Visconti, dessen Ring sie immer trug. Ihm übrigens widmet sie im April 1976 den César, den sie für *Nachtblende* und *Das alte Gewehr* bekommt. Den damit verbundenen Scheck spendet sie im Angedenken an den kurz vor der Verleihung verstorbenen Italiener zugunsten einer Künstlerhilfe. Visconti verkörperte für sie geradezu das Ideal von einem Mann – einer, zu dem sie aufblicken konnte, einer, der sie ernst nahm, einer, der an sie als Schauspielerin geglaubt hat, als alle noch hämisch das Ende von »Sissi« bejammerten, zudem ein Mann, der mit ihren Launen zurechtkam und den sie begehrte. Visconti jedoch war ein Mann für Männer und seine Liebe zu »Romina« platonisch.

Es ist heute einfach, zu einfach, Daniel Biasinis damaliges Verhalten als kühl kalkulierten Plan zu bewerten. Danach ist es für ihn logisch, sich für Romy Schneider neben seiner »Haushaltsführung« auch als sorgender Kümmerer und einfallsreicher Liebhaber emotional unentbehrlich zu machen, um dann ohne viel Arbeit das angenehme Leben eines Prominenten führen zu können. Schnelle Wagen in rasendem Wechsel, ein Büro auf den Champs-Elysées, in dem er, der sich gern als künftiger Filmproduzent gebärdet, meist untätig herumsitzt und mit seinen Freunden telefoniert, teure Anzüge, schöne Reisen, alles von Romy Schneider bezahlt. Am meisten wird ihn Jahre später Laurent Pétin hassen, weil der in seiner arglosen, anständigen und fast buchhalterischen Geradlinigkeit solche Typen nicht nur verachtet, sondern am liebsten für immer aus Romys Leben herausgeprügelt hätte (einmal haben sich die beiden sogar tatsächlich geschlagen und konnten nur mühsam getrennt werden). Aber die Interpretation der Liebesgeschichte von Romy Schneider und Daniel Biasini als geplantes Komplott auf der einen und blinder Hingabe auf der anderen Seite hält der Wirklichkeit nicht stand. Romy Schneider liebt diesen Mann, nur das zählt für sie, und sie empfindet seine Zuwendung ebenfalls als Liebe. Wie es mit ihren Finanzen aussieht, interessiert sie wie immer wenig, davon versteht ja auch Daniel viel mehr als sie. Nein, Warnungen vor Biasini will Romy Schneider nicht hören... auf den kann ich mich verlassen, der hat mir im letzten Jahr auch dann geholfen, wenn es mir beschissen ging und keiner sonst erreichbar gewesen ist. Bei der Nierenentzündung zum Beispiel war er es, der mich nachts zum Arzt gefahren und mir die Hand gehalten hat, und er hat mich getröstet... Wo wart ihr denn da?

Die meisten derer, die immer schon gewußt haben wollen, wie es einmal enden würde, folgen gern der Einladung zur Hochzeit von Daniel Biasini und Romy Schneider am 18. Dezember 1975, zumal es eine verrückte Hochzeit zu werden verspricht. Am frühen Nachmittag die Trauung in Berlin, weil Romy Scheider nach deutschem Eherecht heiraten will und es angesichts ihres Zustandes auch in Frankreich mit den nötigen Formularen vielleicht zu lange dauern würde. Trauung auch nicht etwa auf einem Standesamt, sondern ganz zwanglos, vor einer geschmückten Eichentruhe im

Wintergarten des Hotels Gehrhus sitzend. Was nicht ohne Pikanterie ist, denn in diesem Hotel hatte Romy Schneider zu Beginn ihrer Affäre mit Harry Meyen eine Suite gemietet, in der sich die beiden Verliebten ungestört treffen konnten. Für die Trauung im Hotel hat Romy Schneider eine Sondergenehmigung bekommen, die der Berliner Anwalt Gerd-Joachim Roos besorgt, einer ihrer Trauzeugen (neben ihrer Freundin, der Journalistin Christiane Höllger). Romy Schneider ist im fünften Monat schwanger, außerdem geschwächt durch eine Grippe, und daher angeblich nicht in der Lage, den Weg zum Standesamt zu machen. Daß sie deshalb so schwach ist, weil sie die Nacht vor der Hochzeit fröhlich bis morgens um drei Uhr mit Freunden Champagner getrunken hat, weiß der Standesbeamte ja nicht. Auch der Bräutigam sieht ein wenig übernächtigt aus, er hat in Paris den Abschied vom Junggesellenleben gefeiert und ist erst mit der Morgenmaschine nach Berlin gekommen. Daniel Biasini, schwarzes Samtjackett, sagt: »Ja« und Romy Schneider, Blütenkranz im gelockten Haar und tiefes Dekolleté im bunten Kleid, sagt: »Oui«, die Journalisten gebärden sich wie wild, bis Romy Schneider sie anschnauzt: »Dies ist kein Filmfestival in Cannes, dies ist eine Hochzeit – seien Sie doch bitte nicht so aggressiv!« Reporter werden sich in ihren Berichten am nächsten Tag darüber aufregen, daß die eigentliche Hochzeitsfeier, typisch für Romys gebrochenes Verhältnis zu Deutschland, mit all den Prominenten, die man so gerne gesehen hätte, in Paris stattfindet. Und zwar am Abend des Hochzeitstages, weshalb das Brautpaar auch nicht viel Zeit hat, denn um 17.20 Uhr geht ihr Flugzeug von Berlin an die Seine. Bei der Frage am Gate, was sie sich denn geschenkt haben, weist Romy Schneider trotzig auf ihren dicken Bauch: »Das da.«

Wie schon bei der ersten Hochzeit im Jahr 1966 ist die Mutter bei der eigentlichen Trauung ihrer Tochter nicht dabei, und wieder ist Romy Schneider wie damals, als sie Harry Meyen heiratete, schwanger. Damals hatte Magda Schneider allerdings erst nach dem Ereignis davon erfahren, diesmal immerhin wird sie zwei Tage zuvor von Romy zur Hochzeitsfeier nach Paris eingeladen, die am Abend des 18. Dezember in Jean-Claude Brialys Restaurant L'Orangerie stattfindet. Wieder Blitzlichtgewitter der Fotografen;

diesmal gibt es außer Romy Schneider und Daniel Biasini wenigstens etwas zu sehen, denn viele Produzenten sind gekommen, Filmagenten und Modemacher, auch ihr Lieblingsregisseur Claude Sautet ist da und natürlich Helmut Berger, der brüderliche Gefährte aus dem *Ludwig II.*-Film. Simone, die geschiedene Frau von Romy Schneiders Jugendschwarm Curd Jürgens, hochschwanger von ihrem griechischen Freund, sitzt neben Romy Schneiders Mutter. Die ist ganz begeistert von der gepflegten Bürgerlichkeit ihrer neuen Verwandtschaft, den Eltern von Biasini und seinem jüngeren Bruder Charles. Und ihr Schwiegersohn hat eh ihr Herz gewonnen, seit er mit ihr im Nachtclub Wiener Walzer getanzt hat. Magda Schneider muß mit ihrem Lebensgefährten Horst Fehlhaber, einem ehemaligen Kameramann, den sie bei einer Fernsehserie kennengelernt hat, im Hotel übernachten, zu Hause will Romy Schneider mit ihrem Mann und ihrem Sohn David alleine sein.

Wenige Wochen später – das neue Jahr hat kaum begonnen – fährt Romy Schneider, die jetzt Romy Biasini heißt, mit ihrem Mann im beigen Bentley auf einer Landstraße Richtung Paris. Sie ist nicht angeschnallt. Bei einem Auffahrunfall wird sie gegen die Windschutzscheibe geschleudert, erleidet außer einem Schock aber nur leichte Verletzungen. Im Krankenhaus allerdings beginnen Blutungen. Sie verliert ihr Kind durch eine Fehlgeburt. Abenteuerliche Spekulationen, Biasini habe den Unfall durch wildes Fahren provoziert und eine Fehlgeburt in Kauf genommen, zeigen zwar, wie man Romy Schneiders Ehemann einschätzt, entbehren aber jeder Grundlage.

Bevor sie mit ihrem nächsten Film beginnt, *Die Frau am Fenster*, reist Romy Schneider wieder nach Quiberon, um ein paar lästige Pfunde loszuwerden. Sie hat immer gern gegessen, und ihre Lieblingsgetränke, Bordeaux und Champagner und manchmal Kognak, sind nicht kalorienarm. Aber stets hat sie mit geradezu preußischer Disziplin rechtzeitig vor Dreharbeiten abgespeckt, bis »mein Kampfgewicht« erreicht war. Das Wort preußische Disziplin mochte sie gar nicht hören, Preußentum war für die geborene Österreicherin der Inbegriff des militaristischen Deutschtums, und sie hatte sich nicht von Deutschland befreit (oder zu befreien geglaubt), um ausgerechnet in Frankreich als kleine Preußin gerühmt zu werden.

Der Fotograf Giancarlo Botti hat am eigenen Leib erlebt, wie sehr sie diese Begriffe haßte. Bei einem Abendessen während der Böll-Verfilmung *Gruppenbild mit Dame* hatte er ganz harmlos Romy Schneider gelobt und ihre preußische Stärke bewundert, sie sei immer so bestimmt und befehlend und knapp. Daraufhin goß sie ihm heißen Glühwein über die Hand, beschimpfte ihn wütend, rannte nach draußen, kam wieder mit einer Handvoll Schnee und warf ihm den ins Gesicht. Anspielungen auf ihre deutsche Abstammung ließ sie sich allenfalls von ihrem alten Freund Jean-Claude Brialy gefallen, der sich nichts daraus machte, wenn sie streitsüchtig war: »Ich spannte zum Beispiel einen großen Regenschirm auf, nahm sie beim Arm und ging mit ihr unter diesem Schutzdach spazieren. Sprich dich ruhig aus, Mama, du bist eine arme deutsche Frau, und du benimmst dich halt wie eine Deutsche. Das mochte sie gar nicht und meinte: Immer sagst du zu mir, ich sei eine schmutzige Boche. Ich bin aber in Wien geboren. Und ich sagte: Aber Darling, wenn du so schreist, bist du halt mehr Deutsche als Österreicherin.«

Der Streit mit dem italienischen Fotografen war schnell wieder vergessen; wie immer taten ihr die Ausbrüche, die als Starallüren in der Branche berühmt waren, schon kurze Zeit später leid. Außerdem mochte sie Botti; er war einer der wenigen Fotografen (wie auch der Deutsche Robert Lebeck), denen Romy vertraute, weil sie sicher war, nie unvorteilhaft »abgeschossen« zu werden. Botti durfte Romy Schneider auch nackt fotografieren, was sie selbst vorgeschlagen hatte, als er für einen Porträtauftrag der französischen Zeitschrift *Elle* bei ihr war: »Sie hatte keine Komplexe, obwohl sie ja wußte, daß sie nicht wie eine Skulptur gebaut war. Auch bei ihren Nacktszenen in Filmen war sie ja völlig frei und ohne Hemmungen. Sie war nicht perfekt, klar, aber sie war sehr anziehend.« Die beiden reden viel, trinken Champagner, hören Musik. Er fotografiert sie fast die ganze Nacht hindurch, und die Aufnahmen, die er macht, gefallen ihr gut. Jedes Foto, das veröffentlicht wird, muß vorher von ihr freigegeben werden. »Sie sah sich so, wie die Männer, die das Glück gehabt haben, mit ihr zu schlafen, sie gesehen haben, und sie fand sich sehr schön«, so Botti. Als eine französische Zeitschrift eines der Fotos aus dieser Reihe auf dem Titel hat, bewahrt sie das Heft auf und schreibt in ihrer im Laufe der Jahre immer größer und abfallender werdenden Handschrift auf Oberschenkel und Bein des Romy-Schneider-Covers: »Woran ich dabei dachte, weiß der Himmel, ich nicht – wenn ich überhaupt an was dachte, dann wahrscheinlich an etwas, was mir wohl fehlte. Sag' ich mir halt heute. Bzw. So what!«

Während Romy Schneider in Quiberon ihre Diät durchleidet, bleibt Biasini in Paris. Wie schon bei Harry Meyen hat die Ehefrau ihre Beziehungen spielen lassen und ihrem jungen Mann Termine bei französischen Film- und Fernsehproduzenten besorgt. Man will ja später eine eigene Firma gründen und eigene Stoffe verfilmen, nach Drehbüchern von Biasini. Sie glaubt ihn bei der Arbeit, zumal sie ihm auch eine teure Kameraausrüstung gekauft hat, als er angedeutet hatte, vielleicht als freier Fernsehreporter Geld zu verdienen, harte Reportagen in Beirut zu machen oder in den Vereinigten Staaten. Biasini allerdings ist lieber in den Nachtclubs von Paris, arbeiten kann man ja ein andermal. Immerhin kümmert er sich intensiv um David, hilft ihm bei den Schularbeiten, geht mit ihm zum Sport, weiß Anworten auf seine Fragen. Der Junge, der in dieser entscheidenden Phase seines Lebens ohne Vater aufwächst und meist auch ohne Mutter, weil die Geld verdienen muß und bei Dreharbeiten nicht gestört werden darf, schließt sich eng an Biasini an und akzeptiert ihn als Vater-Ersatz. Das sollte in ein paar Jahren, wenn die Auseinandersetzungen zwischen Romy Schneider und Daniel Biasini beginnen, noch viele Probleme bringen.

Unter der Regie von Pierre Granier-Deferre und erneut mit Philippe Noiret, dem Partner aus dem *Alten Gewehr* – ein Film übrigens, der in Frankreich sämtliche Besucherrekorde brach –, spielt sie wieder eine politische Rolle, die Margot Santorini in *Die Frau am Fenster*. Nach der Jüdin, die in *Le Train* vor den Deutschen fliehen muß, nach der Französin, die im *Alten Gewehr* von der SS vergewaltigt und ermordet wird, ist sie diesmal eine Diplomatengattin, die im faschistisch beherrschten Griechenland einem von der Polizei verfolgten Widerstandskämpfer Unterschlupf gewährt, sich in ihn verliebt und ihm die Flucht ermöglicht. Die Buchvorlage stammt von Pierre Drieu La Rochelle, und dort wird die Margot beschrieben: »... Es war da ein Rätsel um diese schöne junge Frau, die ein wenig wienerisch war, aber noch viel mehr pariserisch... und eine Kraft in diesem weichen Körper.« Eine Beschreibung, die auch auf Romy Schneider paßt. »Ich bin nicht so politisch wie Jane Fonda«, sagte Romy Schneider einmal, als ob sie sich entschuldigen müßte. Manche ihrer Filme jedoch, gerade die wichtigen, waren sehr politisch und wurden in Deutschland sogar in den Nachrufen auf den Star vergessen. Man mag kaum an Zufall glauben, daß es ausgerechnet die Filme waren, in denen die Deutschen oder die Faschisten – was zu einer bestimmten Zeit dieses Jahrhunderts identisch war – die Bösen spielten, wie es eben der geschichtlichen Wirklichkeit entsprach. Und es ist sicher auch kein Zufall, daß die angeblich so deutsche Romy Schneider nie auf der Seite derer eingesetzt wurde, die andere unterdrückten und vernichteten. Auch ihr ganz persönliches Engagement in solchen Rollen, viel wichtiger als lautstarke Deklamationen, die als politisches Bewußtsein galten, aber lange nicht so wirkten wie dramatische Geschichten, die Menschen ins Kino lockten und dort Bewußtsein änderten, wurde ihr in Deutschland verübelt. Da blieb sie teils kaisertreue Sissi, teils französische Hure, teils tragisch liebende Frau, mehr nicht. Hans-Christoph Blumenberg, damals noch Kritiker, später selbst Filmregisseur, brachte es in seinem sensiblen, intelligenten Romy-Schneider-Nachruf in der *Zeit* auf den Punkt: »Verhöhnt haben wir sie bis über den Tod hinaus. Als der Norddeutsche Rundfunk... meldete, die Schauspielerin Romy Schneider sei im Alter von dreiundvierzig Jahren in Paris gestorben, da war wieder einmal von der ›Sissi‹ die Rede. Und dann auch kurz davon, daß sie später bei Visconti gedreht habe: unter anderem auch die Filme *Der Kardinal* und *Die Verdammten*. Den *Kardinal* (in dem Romy Schneider 1963 unter der Regie von Otto Preminger auftrat) kann man dem großen Luchino Visconti wahrlich nicht anlasten. In den *Verdammten* wiederum, Viscontis Horrorgemälde einer deutschen Stahlschmelzersippe, kam jene Schauspielerin nicht vor... Die doppelte Falschmeldung scheint bezeichnend für unser Verhältnis zu Romy Schneider... Am Ende sah es wenigstens eine Weile so aus, als würden wir sie respektieren. Aber am Tage ihres Todes versetzte ihr auch das Zweite Deutsche Fernsehen noch eine posthume Ohrfeige: mit der als ›Ehrung‹ gemeinten Ausstrahlung der 23 Jahre alten

Nichtigkeit *Katja – die ungekrönte Kaiserin*, einer schaurigen französischen Spekulation mit dem *Sissi*-Erfolg.«

Nicht nur, weil sie in Frankreich lebt und Französisch inzwischen als ihre eigentliche Muttersprache empfindet, zögert sie lange, bevor sie für den Herbst 1976 die Rolle der Leni in der Verfilmung von Bölls *Gruppenbild mit Dame* akzeptiert. Lieber hätte sie die Katharina Blum gespielt, und auch alles, was über Ulrike Meinhof veröffentlicht wurde, besonders nach deren Selbstmord, hat sie gelesen. Diese so besonders deutsche Biographie sollte man verfilmen oder die einer ganz anderen Rebellin, der wilden Franziska Reventlow. Solche Rollen möchte sie gerne spielen – »die hätte ich mehr als nur spielen können!« –, aber dafür gibt es natürlich keine Drehbücher und keine Produzenten. Sie kann Ulrike Meinhofs Weg in die Gewalt, in den Terrorismus, nicht verstehen, aber sie findet in deren frühem Aufbegehren gegen eine bürgerliche Konvention von Familie und Karriere Ähnlichkeiten zur eigenen Biographie, so, wie sie fasziniert ist von der Selbstverständlichkeit, mit der sich die Reventlow über eine Moral, die den Männern alles und den Frauen nichts erlaubte, hinweggesetzt hat. Außer diesen beiden Frauenfiguren, in deren Schwächen und Stärken sich Romy Schneider wiederfindet, sind es Wedekinds *Lulu* und Ibsens *Nora*, die sie immer gereizt haben. Bei *Lulu* scheitert eine Zusammenarbeit mit Liliana Cavani, weil die Vorstellungen, die Romy Schneider und die Italienerin von dieser Figur haben, zu weit auseinandergehen. Und als Joseph Losey, mit dem sie ja *Die Ermordung Trotzkis* gedreht hat, die *Nora* verfilmt, denkt der nicht an den europäischen Spitzenstar Romy Schneider, sondern an den nötigen Erfolg auf dem amerikanischen Markt und gibt die Rolle an Jane Fonda.

Bevor sie für die Böll-Dreharbeiten nach Deutschland fährt, verlebt Romy Schneider einen unerträglich heißen Sommer in St. Tropez, dreht nach Außenaufnahmen in Griechenland die letzten Szenen der *Frau am Fenster* in Rom und spielt eine kleine Rolle in Claude Sautets neuem Film *Mado*. Ihre Szene mit Michel Piccoli dauert nicht lang, prägt aber die Erinnerung an diesen Film. Sie liegt als Helene mit aufgequollenem Gesicht, erschlagen von Tabletten und Alkohol, noch am frühen Nachmittag im Bett, als Piccoli (Simon) sie nach dem Selbstmord ihres Mannes besucht.

Romy Schneider spielt ungeschminkt und ungeschützt, zeigt das verwüstete Gesicht einer unglücklichen Frau, kein Hauch von der erotischen Ausstrahlung ihrer anderen Filme. Zwischen Tränen, Selbstvorwürfen und Anschuldigungen schwankend, hat sie in dieser Szene ein Stück von sich selbst preisgegeben. Das erkennen auch die französischen Kritiker: »Romy Schneider ist großartig« (*Le Nouvel Observateur*) oder »Romy Schneider ist sensationell. Sie hat recht, wenn sie diese Szene als eine der schönsten bezeichnet, die je für sie geschrieben wurden« (*France-Soir*). Romy Schneider selbst notiert sich, daß diese Szene für sie ein »neuer Ausgangspunkt« gewesen sein könnte. Sie spricht dabei nicht von der Schlußeinstellung, in der Michel Piccoli an der Klinik vorfährt, in der Helene eine Entziehungskur beginnen muß... In Deutschland geht der Film fast unregistriert von Publikum und Kritik unter.

Das Land, in dem nach dem Zwischenspiel der Visionen und Utopien, nach den vielversprechenden Zeiten des Aufbruchs, in denen ein Willy Brandt mehr Demokratie wagen wollte, wieder Alltag herrscht und Bundeskanzler Helmut Schmidt den Staat verwaltet wie ein großes Wirtschaftsunternehmen, bereitet ihren Empfang auf besondere Weise vor. Ein angeblich guter Freund von Daniel Biasini, sein ständiger Begleiter Bernard Tissier, hat seine angeblichen Erinnerungen an die Zeit aufgeschrieben, in der Romy Schneider ihren Sekretär näher kennenlernte, und hat diese »Enthüllungen« an die *Bunte* verkauft. Nachdem die erste Folge erschienen ist, droht Biasini damit, den Kerl zu erschießen, und auf verstörte Nachfragen seiner Ehefrau, was denn wahr sei an diesen Erzählungen, erklärt er ihr empört, wenn sie ihm nicht glaube, daß die Geschichte frei erfunden sei, würde er sie verlassen. Natürlich glaubt sie ihm, verspricht auch, die nächsten beiden Folgen der unglaublichen Geschichte gar nicht mehr zu lesen (was sie dann später doch tun muß), und beauftragt ihren Anwalt, gegen den Verfasser und die Zeitschrift juristisch vorzugehen.

Bei der *Bunten* ist gerade Will Tremper, den Romy Schneider aus ihren Berliner Jahren mit Harry Meyen kennt, stellvertretender Chefredakteur geworden. In der hart umkämpften Zeitschriftenbranche gilt der Mann, der einst die auch nicht gerade zimperlich geschriebene *stern*-Serie »Deutschland, deine Sternchen« mit detaillierten Einzelheiten aus dem Intimleben der prominenten und weniger prominenten Filmschaffenden verfaßt hat, als journalistische Allzweckwaffe. Einer, der für eine gute Geschichte seine Großmutter verkaufen würde, erzählt man bewundernd. Diesmal hat er allerdings nicht sich verkauft, sondern für sich gekauft, eine dreiteilige Serie von eben diesem Tissier, der nicht nur mit Fotos belegen kann, daß er immer nahe an der Seite von Romy Schneider und Daniel Biasini war. Unter dem Titel »Romy, wie sie liebt und leidet« werden seine Erzählungen von Heft 28 bis Heft 30 im Jahre 1976 gedruckt, und das schadet der Auflage nicht. Natürlich, so ist in einem rührenden Vorlauftext zu lesen, erfülle man mit den Enthüllungen nur seine journalistische Pflicht, die Wahrheit und nichts als die Wahrheit zu schreiben.

Romy Schneider und Daniel Biasini geben eidesstattliche Erklärungen ab, in denen sie die Behauptungen bestreiten, die Tissier über ihre Beziehung aufstellt. Obwohl sie machtlos sind gegen die nicht justitiablen Zwischentöne, bleibt noch genug, wie man in den einstweiligen Verfügungen nachlesen kann, die gegen die *Bunte* eingereicht werden. Verboten werden sollen die Behauptungen:

Frau Schneider habe gesagt: »Ich liebe und schlafe, wann und mit wem ich will«,

Frau Schneider habe Daniel Biasini eine Vollmacht über ihre Bankkonten gegeben und Daniel Biasini kontrolliere die Konten seiner Frau,

Frau Schneider habe ihrem Chérie Daniel Biasini einen cremefarbenen Bentley für 80 000 Francs gekauft und ihm nach einem Unfall bald ein neues Fahrzeug versprochen,

Frau Schneider habe ihr Haus in der Rue Berlioz in Paris für 1,8 Millionen Francs gekauft und noch einmal rund eine Million hineingesteckt, sie habe jetzt also in Paris ein Haus für rund drei Millionen Francs,

Frau Schneider habe neben ihrem Pariser Haus für drei Millionen Francs rund zehn Millionen weitere Francs in der Schweiz,

Frau Schneider habe in der Zeit, in der sie den Film *Das alte Gewehr* mit Philippe Noiret gedreht habe, eine Beruhigungspille nach der anderen genommen, veränderte Augen gehabt, anders gesprochen, einzelne Worte merkwürdig betont und unter diesen Drogen auch privat weiterhin Theater gespielt,

Frau Schneider habe nach der Trennung von Harry Meyen zu viele kurze Liebschaften gehabt, insbesondere mit den Regisseuren Sautet und Granier-Deferre, mit den Schauspielern Dutronc, Trintignant, Frey und Reggiani, mit Bruno Ganz, mit dem Rundfunksprecher Christian Barbier, mit dem Friseur Max Guérin und dem Grafen Giovanni Volpi, dem Drehbuchautoren Pascal Jardin, dem Regisseur Andrzej Zulawsi, dem Schauspieler Nino Castelnuovo – der einzige, der ihr einen Korb gegeben habe, sei Yves Montand gewesen.

Weiterhin entspreche nicht der Wahrheit, daß »Biasini telefonisch von Romy Schneiders Geldern Deckung kommen lasse – je nach Lust, Laune und Bedarf« und daß er, wie Biasini ausführt, »das einstmals bescheidene Boot meiner Eltern inzwischen in eine ansehnliche Yacht verwandelt habe: 120 000 Francs hätte ich für das fünfzehn Meter lange Schiff dazugegeben, wie immer mit einem Scheck, den ich von Romy Schneiders Konto habe abdecken lassen.« Auch sei er nicht in Salzburg von einer Polizeistreife erwischt worden, als er auf dem Rücksitz des Bentley ein Mädchen geliebt habe, und auch bei speziellen Adressen in Paris sei er nicht gewesen, während sich Romy Schneider zu Hause habe massieren lassen.

Insgesamt, schreibt Romy Schneiders Anwalt, sei die Serie in der *Bunten*, um es mit Verlaub, »aber ganz deutlich zu sagen, das Säuischste, was jemals über die Antragstellerin verbreitet worden ist«, und er findet in einem Nebensatz auch eine Begründung für das gespannte Verhältnis, das Romy Schneider zeit ihres Lebens zur deutschen Presse hatte: »Eben weil Romy Schneider über ihr Privatleben nie sprach... ist dies vielleicht überhaupt die Erklärung für die nachgerade unbeschreibliche Aggressivität, mit der sich ein Teil der deutschen Presse seit Jahren mit ihr beschäftigt.«

Die Gegenseite gräbt zwar tief in den Archiven, aber sie zitiert nur die gesamte deutsche Yellow-Press mit den abenteuerlichsten Geschichten über Romy Schneider, zum Teil sogar gynäkologische Einzelheiten ihrer angeblichen Schwierigkeiten, Kinder zu bekommen. Schließlich bemüht man zur Verteidigung das hehre Wort von der Pressefreiheit. Ach was, Pressefreiheit, kontert da Romy Schneiders Anwalt wütend: »In Wahrheit geht es hier darum, ob der neuerdings als stellvertretender Chefredakteur der *Bunten Illustrierten* agierende Will Tremper das Recht haben soll, sich neue Liebschaften auszudenken, die er der Antragstellerin (also Romy Schneider) ins Bett legt, um alsbald, wenn die Namen dieser Phantome in der *Bunten* abgedruckt sind, das Deckbett eilfertig abgegebener strafbewehrter Unterlassungserklärungen über die Szene zu ziehen, über die Ei-Leiter das Weite zu suchen und die Antragstellerin, sind ihm dann neue schwungvolle Liebhabernamen eingefallen, abermals auf die konkrete Verletzungsform verweisen zu lassen.«

Das Gericht gibt Romy Schneider und ihrem Ehemann Daniel Biasini kurz vor Beginn der Dreharbeiten zu *Gruppenbild mit Dame* am 8. September 1976 in allen Punkten recht. Denn an Ereignissen, die sich »im Bereich der Intimsphäre abspielen, besteht kein berechtigtes, öffentliches Informationsinteresse, unerheblich, ob es stimmt oder nicht.« Die *Bunte* darf die Behauptungen nicht nur nicht wiederholen – als sie 1980 über Romy Schneider und Burkhard Driest schreibt, die Nacht nach der gemeinsamen Talkshow der beiden sei damals sehr lang gewesen, wird sie aufgrund des Urteils von 1976 noch einmal wegen Verletzung der Intimsphäre zur Kasse gebeten –, die Illustrierte muß auch Schmerzensgeld bezahlen. In den USA hätte ein solches Urteil den Betroffenen Millionen eingebracht, in Deutschland sind es 25 000 Mark für Romy Schneider und 10 000 Mark für Daniel Biasini.

Das Geld wird übrigens überwiesen auf das Konto 60549601 bei der Schweizerischen Bankgesellschaft in Zürich, und dieses Konto gehört einer Firma namens Solsud, ein Subunternehmen des geschäftstüchtigen Anwalts Henrik Kaestlin und seiner Cinecustodia, das sie für Romy Schneider gegründet haben und das offiziell ihr gehört. Über den Prozeß ist Kaestlin eigentlich gar nicht so glücklich, obwohl er gewonnen wurde. Nach seiner Erfahrung, schreibt er in einem Brief, sei es besser, auf solche Berichte wie den in der *Bunten* gar nicht zu reagieren, weil das Publikum freundlicherweise doch schnell vergesse. Für einen Anwalt eine überraschende Ansicht, oder spricht da mehr der Geschäftsmann Kaestlin, der seine

Transaktionen mit Klienten lieber in aller Stille abwickelt und kein besonderes Interesse an irgendeiner Öffentlichkeit hat?

Lange wohl muß Will Tremper an dieser Niederlage gelitten haben. 1981 schreibt er in der *Bunten* einen sentimental-verlogenen »Offenen Brief« an Romy Schneider im Anklang an diesen Prozeß: »Ich habe noch heute keins [schlechtes Gewissen], obwohl Du ziemlich wütend auf mich gewesen sein mußt, als die *Bunte* vor fünf Jahren, unter meiner Verantwortung, das Manuskript des engsten Kumpels Deines Mannes, Daniel Biasini, abdruckte, aus dem klar hervorging, daß die beiden jungen Herren Dich hereinlegen wollten. Wir hatten damals viel Geld an Dich zahlen müssen, weil ein Hamburger Gericht entschied, daß Biasini Deine Privatangelegenheit sei. Es freut, glaube ich, niemanden bei *Bunte*, daß der Verlauf dieser Ehe unsere Serie nachträglich voll bestätigt hat, niemand verlangt auch die Rückzahlung des Schmerzensgeldes von Dir. Du hast es Dir schwer verdient.« Romy Schneider reagierte darauf für ihre Verhältnisse erstaunlich gelassen, in einem vor der Veröffentlichung von ihr Seite für Seite paraphierten und damit zum Druck freigegebenen *stern*-Interview: »Der Tremper... Das ist ein journalistisches Fossil aus der *Sissi*-Zeit. Über den lohnt sich nicht zu reden.«

Ihre erste Begegnung mit dem deutschen Film nach so vielen Jahren findet noch in Paris statt. Romy Schneider bekommt Besuch von einem der Produktionsleiter des Sechs-Millionen-Mark-Projekts, dem alerten Enddreißiger Hans Brockmann. Er kann seine Aufregung angesichts des großen Stars, den er noch nie gesehen hat, nur mühsam durch professionelle Anmerkungen zu Drehbuch und Ablauf der Dreharbeiten überspielen. Er spricht von der großen Chance dieses Films und von dem großen Etat. Endlich mal wieder großes Kino in Deutschland machen. Romy Schneider hört ihn sich amüsiert an, weil sie natürlich in Frankreich andere Dimensionen gewöhnt ist. »Wir verkraften auch große Stars«, sagt er stolz, und Romy Schneider antwortet lakonisch: »Mich auch?« Sie macht ihm klar, daß sie keinen Publicityrummel wünscht und keine Interviews geben wird, Fotos ohne Text seien ihr das Liebste. Später wird sie von ihrer Freundin Christiane Höllger, die für diesen Film die Pressearbeit übernommen hat, dann doch zu Gesprächen mit dem *stern* und mit *Emma* überredet.

Kaum in Berlin angekommen, wo im Oktober die Dreharbeiten beginnen, wird sie auf Schritt und Tritt verfolgt und fotografiert. Ein Journalist, den sie zur Rede stellt, als er mit einem Notizblock in der Hand schon am Flughafen die Zahl ihrer Koffer zählt, gibt ihr zur Antwort: »Gnädige Frau, ich bin auf Sie angesetzt, während Sie hier sind.« Sie fühlt sich verfolgt, als ob sie auf einer der Fahndungslisten stünde, die überall hängen und auf die Gefahr durch flüchtige RAF-Terroristen hinweisen.

Von Anfang an gibt es Schwierigkeiten bei der Produktion. Der jugoslawische Regisseur Aleksandar Petrovic, der mit seinem Erstling *Ich traf sogar glückliche Zigeuner* 1967 in Cannes den Spezialpreis der Jury gewonnen hatte, ist nach Romy Schneiders Auffassung mit einer solchen Riesenproduktion überfordert. Sie findet keinen Halt in ihm. Am Drehbuch mäkelt sie herum, weil ihr die Leni zu keusch dargestellt ist: »Wo bleibt das Schamlose?« Sie kann ihm auch nicht verzeihen, daß er ihr erst nach Unterzeichnung des Vertrages gesagt hat, daß Heinrich Böll für die Rolle der Leni am liebsten Angela Winkler gehabt hätte, die in der *Katharina Blum*-Verfilmung die Hauptrolle gespielt hat. Sie ist wütend, denn »hätte man mir gleich die Wahrheit gesagt, nur dieser Begriff ist nicht bekannt im Filmgeschäft, dann hätte ich diesen Vertrag nicht unterschrieben.« Sie ist tief getroffen und persönlich verletzt, denn nach der Lektüre von *Gruppenbild mit Dame* hat sie sich geradezu identifiziert mit der Leni Gruyten in Bölls Roman, die gegen alle Vorurteile und Konventionen so lebt, wie es ihr gefällt, und über den Augenblick nicht hinausdenkt. Eine Frau, deren Geschichte auch ein Stück deutscher Geschichte ist, so wie Romy Schneider ihre Biographie stets als deutsch empfunden hat: »Leni ist sehr deutsch. Leni ist eine Person, die mir sehr nahesteht. Sie holt nur aus sich selbst heraus. In diesem Sinne würde ich mich auch sehr deutsch nennen. Hart, präzise, gut sein wollen, das sind Eigenschaften, mit denen es sich schwer leben läßt.« Und sie hat sehr gut verstanden, daß Böll den Franzosen und den Italienern ganz andere Fähigkeiten zuschreibt als den Deutschen, nämlich die, richtig leben zu können: »Einer der Gründe, weshalb auch ich als Deutsche gern in Frankreich bin.«

Eben weil sie sich vor den Dreharbeiten verraten und während der Dreharbeiten allein gelassen fühlt und sogar aggressiv reagiert, als ihr Mann sie besucht und ihr kühl rät, das Ganze einfach professionell durchzuziehen, so schlecht sei die Gage doch nicht (»Für den Scheiß kommt der aus Paris angeflogen«), bemüht sie sich um ein Gespräch mit Heinrich Böll. Als Petrovic ihr sagt, daß Böll inzwischen seine Meinung geändert habe und mit ihr einverstanden sei, nachdem er sich *Das Mädchen und der Kommissar* angeschaut hat – »Ich vertraue auf ihre schauspielerische Qualität und auf ihre Sensibilität« –, glaubt sie ihm das nicht. Aber einfach nur nach Köln fahren und den Nobelpreisträger besuchen, das traut sie sich noch nicht. Schon in Paris hat sie mit Entwürfen eines Briefes begonnen, immer wieder verbessert und durchgestrichen, den sie an Böll schreiben wollte. Ein Beispiel in dem für sie typischen Stil mit immer neuen Einschüben, Bemerkungen in Klammern, Unterstreichungen, Abkürzungen:

»Sehr verehrter Herr Böll, ich wollte schon seit langer Zeit mich in einen Zug od. ein Flugzeug setzen und mutig zu Heinrich Böll fahren oder fliegen – ich habe es nicht getan – aus Feigheit & aus Angst – Sie zu belästigen, Sie zu stören – Nachdem ich erst jetzt – Während der letzten Vorarbeiten für die Leni, in Paris (damit meine ich: Kleider suchen – Schuhe, einen oder keinen Hut – eben alles Äußerliche, aber seit 20 Jahren (15?) weiß ich, daß jedes Detail mir wichtig ist und stimmen muß – für die Zeit, für die Person, die Frau, die ich versuche, so gut ich kann, zu sein in der Verfilmung Ihres *Gruppenbild mit Dame* – Ich bin nicht allein, alle, glaube ich zumindest, versuchen und tun ihr Bestes – für diesen Film. Nur keine Person wird, wie ich erfahren mußte, so belogen und dämlich behandelt (ich meine als Star, dieses Getue & Gemache hasse ich seit Jahren – spreche aber gegen Mauern – –) wie ich, die in einer gewissen deutschen Presse als eine Art von Skandal-Filmdame beschrieben werde – wenn Sie in einem Gespräch mit einem jungen Schriftsteller von Abfall sprechen, dann möchte ich Ihnen bitte sagen dürfen, daß ich recht wohl weiß und verstanden habe – wenn man in diesem Filmgeschäft (anders will ich das jetzt nicht nennen – – – es kann auch ein sehr schöner Beruf sein – –) nicht Abfall wird, wie ich – dann hat man es recht schwer – Niemals hatte mir jemand gesagt: daß Heinrich Böll ja ganz gegen Dich war und die Schauspielerin, die Katharina Blum spielte, lieber hätte für die Leni – das habe ich von Herrn Petrovic erst vor kurzer Zeit, per Telefon in Paris, erfahren. Hätte er dies früher gesagt – hätte ich diesen Vertrag nicht unterschrieben – – denn mit diesem Gedanken kann ich, als Schauspielerin, die ernsthaft arbeitet, schwer, garnicht od. nur frustriert arbeiten. – – – Ich lebe seit Jahren in Frankreich und es stimmt so sehr, wenn Sie sagen, dort weiß man noch ein bißchen mehr ›Leben‹ und nicht nur Arbeit + Arbeit + schlechtes Gewissen, und was muß ich morgen alles tun – – – Ich kann nicht wissen, wer was und wie man vor Ihnen über mich sprach – ich kann es mir nur sehr gut vorstellen! Das ist glaube ich, auf andere Art und Weise, genauso schlimm, eine Person zu deformieren wie diese Presse es tut mit Ihnen – mit mir – letztenendes ist es dasselbe bei Ihnen – u.a. glotzte man durch die Ritzen (Fenster) als Solschenizyn zu Ihnen kam – Sie sagen ›Kann man denn so viele Blumenvasen haben oder dieses Pack wollte Ihre Vasen zählen‹ – Bei mir steht die Bildztg. vor dem Kofferraum des Wagens, mit Block und Bleistift – und schreiben auf, wieviele Gepäckstücke ich mitgebracht habe – Lieber Herr Böll – ich hoffe, Sie nehmen es mir nicht übel, Ihnen all dieses Zeugs da zu schreiben. Ich wollte Ihnen nur einiges sagen und erklären, Dinge, die man weder Ihnen noch mir sagt. Alle lügen – betrügen und haben Angst – ich versuche zumindest einigermaßen mit meinen Ängsten zurechtzukommen (ein wenig ist schon viel für mich). Wenn ich darf, komme ich zu Ihnen nach Köln, oder vielleicht sehen wir uns einmal hier in Berlin, ganz wie Sie wollen (mit der Leni bin ich auf jeden Fall allein) Ihre Romy Schneider –«

Auf anderen Zetteln stehen dann Sätze, die mehr aussagen über den Seelenzustand von Romy Schneider als alle Erinnerungen derer, die sie bei den Dreharbeiten erlebt haben. »Angst und Mißtrauen sind ganz und gar da, ich würde es gern vergessen oder verstehen, aber das geht nicht mehr – das ging damals, als ich mit fünfzehn Jahren meinen ersten Film in Berlin machte und nicht einmal wußte, was ist Angst, Mißtrauen – was sind alle diese Leute um mich herum? Gruppenbild ist der fünfzigste Film, nun weiß ich es.« Und fast demütig: »Daß Sie Frau Winkler lieber hätten für diese Rolle, kann ich gut verstehen (die Leni ist nur, das ist meine Meinung, noch schwieriger zu spielen als die Katharina), außerdem kennen Sie mich gar nicht, haben mich nie gesehen (warum sollten Sie auch?)...«

Sie verbessert und ergänzt den Brief immer wieder und schickt ihn erst endgültig ab, als schon einige Wochen der Dreharbeiten vorbei sind und sie sich erst recht im Chaos der täglichen Produktionsabläufe allein gelassen fühlt. Im Dezember lädt Böll Romy Schneider nach Köln ein, in die Stadt, von der sie nur die verkrusteten Blatzheim-Schneider-Zeiten ihrer Kindheit in Erinnerung hat und in die sie eigentlich nie mehr zurückwollte. Sie ist aufgeregt wie ein Schulmädchen, hat zwei Flaschen französischen Rotwein unter dem Arm, und einen Adventskranz bringt sie auch mit. Böll empfängt sie in seinem einfachen Wohnzimmer, der Adventskranz wird aufgestellt, die Kerzen werden angezündet, der Dichter spricht davon, daß er im Moment ein »bißchen müde und kaputt sei«, was Romy Schneider nachempfinden kann. Ihr geht es genauso. Sie rauchen und trinken und reden, Romy Schneider erzählt von den Dreharbeiten, und er spricht von Leni. Sie diskutieren über Deutschland, so ein bißchen sei auch Böll wie sie ein Dissident, notiert sie später. Es war alles ganz normal und angenehm, erzählt sie ihrer Freundin in der Nacht am Telefon, als sie aus dem Hotel anruft, das jetzt Blatzheims Sohn Joachim, ihrem ehemaligen Stiefbruder, gehört. »Die besten vier Stunden, die ich in Deutschland hatte, waren die mit Böll.« Beruhigt fährt sie zurück zu den Dreharbeiten, die im österreichischen Zwettl beendet werden. Daniel Biasini besucht sie dort. Angeblich hat er in Paris seine Abende damit verbracht, mit seinem Bruder Charles fernzusehen. Auf einem Foto aus dieser Zeit sieht man Romy Schneider mit gläubigem Blick zu Füßen ihres lässig im Schaukelstuhl rauchenden Ehemannes sitzen. Der *stern* beschreibt sie und ihre Rolle in der Produktion in einer leisen, behutsamen Geschichte. Auf dem Titelblatt erscheint sie, geschminkt als fünfundsechzigjährige Leni, fotografiert von Robert Lebeck, den sie seit dieser Zeit zärtlich und vertrauensvoll »Lebo« nennt. Von einer anderen Begegnung mit Romy Schneider schreibt wenig später Alice Schwarzer in *Emma*:

»Was für ein entwaffnendes Nebeneinander von Dominanz und Demut, von Intelligenz und Irrationalität. Sie ist eine Frau, die Karriere gemacht hat, ist berühmt, tüchtig und reich und träumt von der großen Liebe, einem Menschen fürs Leben, dem zweiten Kind und selbstgestrickten Pullovern. Eines schließt das andere aus. Heute. Aber sie will beides... Sie ist einer der absolutesten Menschen, denen ich je begegnet bin. Hier! Heute! Jetzt! Sofort! Alles! Oder nichts... Sie hat die Radikalität eines Kindes. Sie ist nicht räsonabel, sie hat sich nicht zur Räson bringen lassen...« Und, sicher auch ein Schlüsselsatz für das Leben von Romy Schneider, den so deutlich nur eine andere Frau erkennen und hinschreiben konnte: »Ich glaube, Männer haben immer versucht, sie zu erniedrigen, weil sie Angst vor ihrer Stärke haben müssen.« Der Vergleich von Demut und Dominanz hat Romy Schneider am besten gefallen, den hat sie unterstrichen.

Die Dreharbeiten enden wie sie angefangen haben, im Chaos. Oft wird das Drehbuch quasi während der Aufnahme der betreffenden Einstellung geändert, manchmal müssen die Schauspieler stundenlang warten, bis sich der Regisseur endlich entschieden hat. Die Schlußszene wird in zwei Variationen geprobt, auch hier dauert die Entscheidung unendlich lange. Romy Schneider flüchtet sich immer wieder in den normalen Alltag ihrer Freundin Christiane Höllger, und manchmal kehrt sie auch den Star heraus, läßt sich krankschreiben und die Produktion im unklaren, ob sie überhaupt wieder auf den Set kommt. Der Film, in den Romy Schneider so viele Hoffnungen setzte, weil sie die Leni so gut verstehen konnte, weil sie so viele Parallelen zu ihrem Leben entdeckt hatte und weil es die erste Arbeit im haßgeliebten Deutschland nach so vielen Jahren war, wird von der Kritik gnadenlos verrissen: »Schlecht ausgeleuchtete Nahaufnahmen... konfus und dilettantisch... Ähnlichkeiten mit der literarischen Vorlage rein zufällig... ärmliche Abschreibungsproduktion... Nachsynchronisation, die offenbar in der Waschküche hergestellt worden ist...« (*Die Zeit.*)

Einzig Romy Schneider als Leni wird gelobt. Zu Recht erhält sie für ihre Rolle 1977 den Bundesfilmpreis in Gold als beste Darstellerin des Jahres. Den ersten und einzigen Preis, den sie in Deutschland je bekommen hat, holt sie allerdings nicht selbst in Berlin ab. Die Ärzte haben ihr die Reise verboten.

Denn Romy Schneider, achtunddreißig Jahre alt, ist wieder schwanger.

XV

Anna Wendtlin stöhnte: »Und wie sollen wir da je durchfinden? Das versteht doch kein Mensch.« Sie saß im Büro eines Wirtschaftsprüfers und Steuerberaters in Paris, der sich gegen ein kräftiges Honorar bereit gefunden hatte, auch am Wochenende zu arbeiten. Der Mann war um die sechzig Jahre alt, empfohlen hatte ihn ein Freund ihres Vaters, der früher bei *Paris Match* war. Monsieur Jean Baldeck galt nicht nur als Experte für internationales Steuerrecht, er sprach auch fließend deutsch, weil er im Elsaß geboren war. Und komplizierte Erklärungen über Finanzen wollte die Journalistin in ihrer eigenen Sprache hören; selbst dann begriff sie noch wenig genug.

»Wir werden es gemeinsam versuchen, Madame«, sagte Baldeck und nahm einen großen, leeren Block von seinem Schreibtisch. »Wenn Sie bitte so freundlich sein würden, nicht zu rauchen. Das vertragen meine Pflanzen nicht«, und dabei warf er einen sorgenvollen Blick auf all die Efeus und Kakteen, die am Fenster fast eine grüne Wand bildeten. Anna Wendtlin wollte erst protestieren, dann aber drückte sie resigniert ihre Zigarette aus und schob dem Steuerberater einen großen Computerausdruck über den Schreibtisch.

»Das sind die Gagen aller ihrer Filme seit 1973, also seit der Trennung von Harry Meyen. Damals wurde das Vermögen aufgeteilt, wie ich Ihnen erzählt habe, und sie behielt etwa 1,4 Millionen Mark. Die Restgage von *César und Rosalie* mit 731 000 Francs ist zwar noch unter dem Jahr 1972 verbucht, also vor der Vermögensaufteilung, aber die ging schon voll auf Romy Schneiders Konto. Rechts finden Sie die Summen, die auf ihr eigenes Konto überwiesen wurden, links dann die Zahlen, die auf das Konto der Cinecustodia in der Schweiz gingen.«

»Und die nahmen wieviel, sagten Sie, an Provision?«

»Neun Prozent. Aber mir ist bis heute nicht klar, worin eigentlich die Leistung bestand, für die sich diese Firma mit neun Prozent Verwaltungsaufwand bezahlen ließ. Ich habe allerdings hier auch Verträge zwischen Cinecustodia und Romy Schneider, die sollten Sie auch mal lesen; da ist nicht die Rede von einer Provision, sondern nur davon, daß Romy Schneider bei dieser Firma angestellt ist und für ihre Tätigkeit jenseits aller Spesen im Monat 12 000 Schweizer Franken bekommt, also 144 000 pro Jahr. Beginn der Vereinbarung ist der 1. Oktober 1973. Ich weiß aber wiederum nicht, wann dieser Vertrag endete.«

Baldeck nahm den Vertrag und las ihn sorgfältig durch. Ab und zu brummte er vor sich hin und machte sich eine Notiz.

»Wissen Sie, warum als Adresse von Romy Schneider eine Casa Bossi in Montagnola, Tessin, eingetragen ist? Nach dem, was Sie mir erzählt haben, hat sie dort doch nie gelebt.«

»Das muß wohl etwas zu tun haben mit den Schweizer Bestimmungen über einen Wohnsitz im Land und davon hing wohl ab, wo sie Steuern zu bezahlen hatte. Das ist nur eine Pro-forma-Adresse. Dieses Haus in Montagnola gehört Rolf Bossi, der auch Anwalt ihres ehemaligen Mannes Harry Meyen war.«

Baldeck nickte und malte sorgsam hinter die Tessiner Adresse einen Haken.

»Und dann gibt es hier noch einen anderen Vertrag zwischen Cinecustodia und Romy Schneider. Da wird ihr eine lebenslange Rente von 8000 Schweizer Franken, vom sechzigsten Lebensjahr an beginnend, zugesagt. Datum: 19. September 1974. Als Adresse ist eine Segantinistraße 50 in Zürich angegeben. Hat sie da denn gewohnt?«

Anna dachte nach. Dann schüttelte sie den Kopf.

»Ich weiß es nicht, aber irgendwo habe ich den Namen dieser Straße schon mal gelesen... warten Sie... Ich hab's. Der Inspektor der französischen Steuerbehörde hat in seinem Brief an Biasini davon gesprochen. Er wollte Beweise dafür, daß sie dort gelebt hat. Richtig, Segantinistraße in Zürich. Jetzt erinnere ich mich. Dann war das wohl eine Art offizielle Adresse in der Schweiz, unter der sie später gemeldet war, als die Bossi-Verbindung platzte. Aber wenn, dann war sie da unter ihrem Mädchennamen Rosemarie Albach gemeldet. Wie oft sie da überhaupt war, weiß ich nicht. Das ist ja eben der entscheidende Punkt – hat sie nie Steuern bezahlt, weil sie hoffte, sie käme so davon, oder hat ihr die Cinecustodia, also der Kaestlin, versprochen, sie müsse keine Steuern in Frankreich bezahlen, wenn sie alles über die Schweiz laufen ließe? Und hat sie nun Steuern in der Schweiz bezahlt oder auch da nichts? Die Fragen kann mir natürlich Kaestlin beantworten, aber ich weiß nicht, ob er mich überhaupt empfängt. Je mehr ich von dem begreife, was Sie mir erklären, desto besser kann ich ihn befragen, klar. Denn der ist mit allen Wassern gewaschen und nicht von ungefähr einer der reichsten Männer der Schweiz. Was ich auch noch nicht untersucht habe, sind Firmen wie Transatlantic und Transocean, Briefkastenfirmen in Liechtenstein. Die besitzen alle Fernsehrechte an den *Sissi*-Filmen, aber ob Romy Schneider Anteile hielt, weiß ich nicht. Und dann wird bei einer sogenannten Hongkong Trade Company, die angeblich Kaestlin gegründet hat, in meinen Unterlagen ein Anteil von 2 Millionen 197 000 Schweizer Franken auf den Namen Romy Schneider verzeichnet, aber auch da ist nicht ersichtlich, ob diese Anteile später wieder an sie überwiesen wurden, beispielsweise für den Kauf des Hauses in Ramatuelle... Alles höchst kompliziert, und wahrscheinlich will es auch keiner unserer Leser so genau wissen, aber man muß sich zumindest darum kümmern.«

Wieder nickte der Mann und machte sich ein Zeichen – diesmal allerdings keinen Haken – hinter der Züricher Adresse, die in dem Pensionsvertrag verzeichnet war. Dann legte er die beiden Verträge zur Seite und beugte sich über die Aufstellung der Filme und Gagen. Ab und zu drückte er eine Zahl in seinen kleinen Taschenrechner und schrieb sich das Ergebnis auf einen Zettel. Anna Wendtlin wagte ihn nicht zu stören und sehnte sich nach einer Zigarette. Nach zehn Minuten endlich blickte er hoch von seinen Notizen.

»Ich habe alles mal unter Berücksichtigung der jeweils gültigen Wechselkurse zwischen 1972 und heute, also in insgesamt elf Jahren, zusammengerechnet. Danach sieht es so aus, daß in dieser Zeit

4 Millionen 747 740 Mark an Gagen auf ihr Konto überwiesen wurden... Übrigens, können Sie mir diese seltsamen krummen Zahlen erklären, die bei jedem Film auftauchen?«

»Ganz einfach, das verstehe sogar ich. Da sind zuvor, vor der Überweisung, die Provisionen des jeweiligen Agenten abgezogen worden, also zehn Prozent der Gesamtsumme.«

»Ach so. Also noch einmal: 4 Millionen 747 740 Mark auf ihr eigenes Konto. Dann 2 Millionen 948 200 Mark auf das Konto der Cinecustodia. 950 000 Mark, wohl die Gagen von *Gruppenbild mit Dame* und *Bloodline* auf ein weiteres, ein drittes Konto. Das macht zusammen Einnahmen von 8 Millionen 645 940 Mark. Was ich noch nicht mitgerechnet habe, ist jetzt die Summe, die sie nach der Vermögensteilung 1973 behalten hat. Wenn ich die auch noch dazuzähle, kommen wir auf, Moment, ja, auf über zehn Millionen Mark. Ganz nett. Und wieviel, sagten Sie, ist davon übriggeblieben?«

»Nichts. Rein gar nichts. Kein Haus, keine Aktien, keine Wertpapiere, nichts. Nur die Forderung der Steuer, etwa neun Millionen Francs, also nach heutigem Kurs etwas über drei Millionen Mark.«

»Da kennen Sie sich wieder besser aus als ich – ist es denn denkbar, daß Madame Schneider soviel Geld einfach nur ausgegeben hat? Hat sie denn so aufwendig gelebt, daß sie... grob gerechnet... ja, pro Monat in den letzten zehn Jahren rund 100 000 Mark ausgegeben hat?«

Anna schwieg. Genau diese Frage hatte sie sich oft gestellt. Einerseits schien ihr das unmöglich und daher auch ihre Überzeugung, daß nicht alles mit rechten Dingen zugegangen war, daß sich andere von Romy Schneiders Konten bedient haben mußten. Andererseits, wenn man zusammenzählte, was sie ausgegeben hatte für Haushälterinnen und Kindermädchen und Kleider und teure Geschenke und Luxus-Häuser und natürlich Autos und Reisen, dann mußten 100 000 Mark im Monat plötzlich gar nicht soviel Geld sein.

»Es ist natürlich denkbar, daß sie soviel ausgegeben hat, obwohl ja während der jeweiligen Dreharbeiten ihrer Filme, und sie hat in der betreffenden Zeit immerhin einundzwanzig Filme gedreht, alle Spesen wie Hotel usw. von der Produktion übernommen worden sind, und es gab auch sehr hohe Tagesspesen. Also mußte sie da eigentlich nicht an ihr Kapital ran. Es gab nur ein einziges Jahr, 1977, in dem sie fast nichts verdient hat, da ist ihre Tochter Sarah geboren, und sie hat nicht gearbeitet. Viel wahrscheinlicher ist, daß sie ausgenommen worden ist wie eine Weihnachtsgans. Aber beweisen Sie das mal, das ist fast unmöglich, jetzt nach ihrem Tod. Die einzige, die wirklich hätte Auskunft geben können, war sie selbst. So in etwa jedenfalls, denn viel verstanden von Finanzen hat sie eigentlich nie.«

Baldeck lächelte. »Das merkt man. Bei einer richtigen professionellen Beratung hätte sie ganz leicht und ohne Risiko in diesen Jahren allein schon durch Zinsen eine Million verdienen können. Wenn ich mir vorstelle, wie geschickt Alain Delon sein Geld angelegt hat und dabei reich geworden ist... Na ja, das ist ein ganz anderes Thema. Ich schlage vor, Sie gehen jetzt mal ein paar Stunden spazieren und natürlich ein paar Zigaretten rauchen und kommen dann wieder. Bei dem, was ich jetzt nachzuprüfen habe, können Sie mir sowieso nicht helfen. Ich muß einmal sehen, wieviel ich herausbekomme. Aber hoffen Sie bitte nicht auf ein Wunder. Ich bin kein Zauberer... Warten Sie mal, habe ich auch alles? Also hier die Gagen aller Filme, dort die Bankeingänge, dort einige Bankauszüge, die Verträge mit Cinecustodia und hier...« Er ordnete die einzelnen Papiere zu kleinen Stapeln auf seinem Schreibtisch und schien sich auf die bevorstehende Begegnung mit den Zahlen zu freuen wie auf ein geheimnisvolles Rendezvous. »Und was ist das hier?« Baldeck reichte ihr ein Formular.

»Das ist die Bankvollmacht für Daniel Biasini, aber ich weiß wiederum nicht, wann die abgelaufen ist und wie oft er sie benutzt hat. Das einzige, was ich noch habe, ist ein allerdings nicht mehr abgeschickter Brief von Romy Schneider, den sie kurz vor ihrem Tod an die Bank in der Schweiz geschrieben hat. Sie könne sich einige Abbuchungen von ihrem Konto nicht erklären und verlangt Aufklärung. Und hier, noch etwas, die Aufstellung der Wertpapiere und Aktien aus dem Februar 1982, ein paar hunderttausend Mark. Die tauchen später auch nicht wieder auf, aber auch hier weiß ich nicht, ob sie es selbst verbraucht hat. Und die Bank gibt mir natürlich keine Auskunft.«

»Natürlich nicht«, sagte Baldeck trocken, »sonst würde ja das ganze System zusammenbrechen. Denken Sie nur mal an die Millionensummen aus dem Zweiten Weltkrieg, die von Opfern vor allen Dingen und die von den Tätern, die in der Schweiz gelagert wurden. Was glauben Sie, was mit dem Geld geschieht, wenn sich vierzig Jahre lang keiner mehr meldet, was glauben Sie... Also, ich versuche mal, ein wenig Ordnung in alle Unterlagen zu bringen, bis Sie wiederkommen. Sagen wir, in drei Stunden?« Er blickte sie fragend an. Anna Wendtlin nickte, nahm ihre Handtasche und ließ Monsieur Baldeck allein.

Zur gleichen Zeit saß Karsten Schuler in Frankfurt wieder mal an seinem Schreibtisch und las. Er hatte sich nur ein paar Äpfel mitgenommen, doch mehr aus schlechtem Gewissen. Daß er in seinem Alter noch einmal abnehmen würde, glaubte wirklich nur sein Arzt. Als er in Annas Manuskript an die Stelle mit dem Böll-Brief kam, schrieb er an den Rand: »Warum reden wir mit dem nicht? Könnte doch interessant sein!« und legte das Blatt zur Seite. Dann fiel ihm ein, daß Anna Wendtlin ja gar nicht da war, und er griff zum Hörer. Den Literaturkritiker hatte er vorhin gesehen, als er ins Haus kam, der saß auch in seinem Büro und arbeitete.

»Sagen Sie mal, junger Freund, könnten Sie sich vorstellen, daß der Böll mit uns über seine Begegnung mit Romy Schneider spricht? Warten Sie mal... das war im Dezember 1976 und er erinnert sich bestimmt noch. Nein, nicht nächste Woche. Versuchen Sie es doch einfach gleich, jetzt, am Sonnabend. Der ist bestimmt nicht verreist. Ja, ich bin hier unten. Sagen Sie mir Bescheid.« Dann brummte er in die bereits tote Leitung, von wegen, nächste Woche, wo sind wir hier? Bei *Westermanns Monatsheften*? und beugte sich wieder über seine Manuskripte.

Als nach einer halben Stunde das Telefon klingelte, sagte er nur fragend: »Ja?« ohne sich zu melden. »Und Sie haben ihm auch erklärt, daß es nicht um irgendein Geheimnis oder eine Enthüllung geht, sondern nur um ein, zwei Sätze über Romy Schneider? Aha. Haben wir ihm irgend etwas getan oder ein Buch verrissen oder... also grundsätzlich nicht? Na gut, war ein Versuch. Danke. Was schreiben Sie denn eigentlich? So, so, Bob Dylan. Lebt der auch noch. Dann schreiben Sie mal was Schönes, Matthias, und nicht wieder so lang.« Er legte auf und strich seine Bemerkung neben der Böll-Passage wieder durch. Dann ging er an sein Schallplattenregal, während er lustlos auf einem Apfel herumkaute. Diesmal wählte er Bruchs *Konzert Nr. 1 g-Moll* in einer Aufnahme mit Itzhak Perlman. Klassikschnulze, würde sein Freund Antonio sagen, aber Schuler liebte Bruch. Er nahm ein langes Lineal vom Schreibtisch, stellte sich mitten in den Raum und gab den Einsatz in Richtung Lautsprecher. Nur die wenigsten wußten, daß er eigentlich am liebsten Dirigent geworden wäre. Der Pförtner, der auf seinem Kontrollgang durch die leeren Flure, von der Musik angelockt, leise ins Vorzimmer getreten war, stand für einen Moment im Türrahmen und schüttelte den Kopf. Schuler sah ihn nicht.

Anna Wendtlin hatte in einem der Straßencafés einen Salat gegessen und Kaffee getrunken. Die Stadt war voller Touristen, auch viele Deutsche hatten das lange Wochenende genutzt, um den Tag der deutschen Einheit bei den Franzosen zu feiern. Auf der Rückseite der Rechnung machte sie sich ein paar Stichworte für die nächsten Gespräche. Die Haushälterin Olga würde sie treffen und vielleicht auch das Kindermädchen Bernadette. Das war schwierig, weil die mit Sarah im Haus der Familie Biasini auf dem Land lebte und selten in die Stadt kam, aber Laurent hatte versprochen, sie anzurufen. Also abwarten. Den Namen Matti strich sie wieder durch, bevor sie sich auf den Weg zurück in Baldecks Büro machte. Schon zu lange her, die weiß ja hauptsächlich was aus der Berliner Zeit mit Harry Meyen, als sie Davids Kindermädchen war. Und wo die jetzt lebte, wieder bei ihren Eltern in Celle oder ganz woanders, hatte Anna nicht herausfinden können.

Monsieur Baldeck goß gerade seine Pflanzen, als Anna Wendtlin in sein Büro zurückkehrte. Auf seinem Schreibtisch lag ein großes Stück Papier mit ein paar Zeilen und ein paar Zahlen. Sie setzte sich hin, aber an seinem mißmutigen Gesicht konnte sie erkennen, daß er nicht viel gefunden hatte. Er ordnete die kleinen Stapel mit Dokumenten und gab sie ihr.

»Sie werden enttäuscht sein, aber wir kommen einfach nicht weiter, wenn wir nicht irgendeine Unterlage haben, wo das Geld hingegangen ist, nachdem es auf diesen Konten eintraf. Es kommt mir zwar auch verdächtig vor, aber ich habe keine Beweise finden können für unkorrekte Abbuchungen oder Ähnliches. Eine Spur könnte diese seltsame Hongkong Trade Company sein, aber da müßten sie auf die Cayman Islands fliegen, denn dort ist die Firma gemeldet. Das ist, sagen wir mal so, eine Art schwimmendes Liechtenstein. Eine berühmte Insel für Steuerflüchtlinge und entsprechend abgeschottet. Die Reise können Sie sich sparen, weil erfahrungsgemäß nichts dabei herauskommt.«

Anna Wendtlin schrieb mit.

»Auch nicht bedeutend, aber vielleicht ein Ansatzpunkt, falls Sie in Zürich einen Gesprächspartner finden, ist das hier«, und er schob ihr seine Notizen über den Schreibtisch, »vielleicht über eine Art Wirtschaftsdetektei, obwohl ich die Aussichten eher düster sehe. Einmal ihr Konto 581312 01 V bei der Schweizerischen Bankgesellschaft in der Züricher Bahnhofstraße 45 und einmal, bei derselben Bank, ihr Wertpapier-Depot unter der Nummer 581312 S 4. Eigentlich könnten nur der Erbe oder die Erbin Auskunft verlangen. Gibt es ein Testament?«

Anna Wendtlin nickte.

»Ja, gibt es, aber das hilft uns nicht weiter. Das kann lange dauern, bis die Angelegenheit entschieden ist.«

»Tut mir leid«, meinte Baldeck bekümmert, »aber viel mehr habe ich auch nicht. Vielleicht ist das noch wichtig für Sie, weil ich die Summe in Ihren Aufstellungen nicht gefunden habe. Sie sprachen doch davon, daß die Gage für ihren letzten Film noch fehlt, aber nach meiner Rechnung ist die sehr wohl bezahlt worden, allerdings über einen gewissen Zeitraum verteilt. Insgesamt 364 710 Mark. Kann das stimmen, oder ist das zu wenig?«

»Nein, das kann stimmen. Sie hat leider nie die Höchstgagen bekommen wie andere Filmstars. Wahrscheinlich hat sie sich schlecht verkauft oder dem Agenten keine Zeit gelassen für richtige Verhandlungen. Ich weiß es nicht. Ist das dann alles?«

Der Mann ihr gegenüber nickte.

»Leider, ja, das ist alles. Ich hätte gerne bessere Nachrichten für Sie gehabt, aber ich kann ja nichts erfinden, nicht wahr? Aber falls Sie noch etwas bei Ihren Recherchen entdecken, können Sie mich jederzeit anrufen, jederzeit. Das interessiert mich ganz persönlich.

Denn irgendwo stinkt die ganze Sache schon, da gebe ich Ihnen recht, nur müßte man halt wissen, wo der Gestank genau herkommt. Tja...«

Baldeck erhob sich und wartete, bis Anna Wendtlin alle Dokumente wieder in ihrer Tasche verstaut hatte. Dann brachte er sie zur Tür.

»Und die Rechnung?« fragte sie.

»Die schicke ich Ihnen zu, das hat Zeit. Ich wünsche Ihnen alles Gute, Madame, *au revoir.*« Dann drehte er sich um und ging wieder zu seinen Pflanzen.

Anna Wendtlin kehrte zu Fuß zurück in ihr Hotel und rief in Frankfurt an. Es dauerte eine Weile, bis Schuler ans Telefon ging. Im Hintergrund vernahm sie Geigenklänge.

»Was hörst du?«

»Nur ein bißchen Bruch, nichts Besonderes. Hast du etwas herausgefunden?«

»Nein, fast nichts. Wir haben noch einmal alle Bankauszüge durchgeschaut und alle Gagen zusammengezählt, übrigens über zehn Millionen Mark in den letzten elf Jahren, aber keine Beweise für irgendwelche Schweinereien gefunden. Mist. Ich war so sicher, so verdammt sicher. Jetzt sitz' ich hier rum, Laurent ist bei seinen Eltern auf dem Land, den nächsten Termin habe ich erst morgen abend, und Paris kann ich auch nicht mehr sehen.«

»In solchen Fällen von Frust empfehle ich immer Arbeit. Schreib doch einfach deine Geschichte weiter, muß ja irgendwann doch sein«, antwortete Schuler und dirgierte mit kleinen, sparsamen Gesten weiter.

»Ein ganz überraschender Vorschlag, vielen Dank für den Rat. Vielleicht fliege ich auch schnell nach München und besuche meinen Vater. Habe ihn eh lange nicht gesehen. Sag mal, was würdest du mit zehn Millionen Mark machen?«

Schuler dachte einen Moment nach, verblüfft von der unvermittelten Frage. »Wahrscheinlich eine kleine Zeitung kaufen und in den Verlegerverband eintreten. Ich wollte immer schon mal zu Kaptiva Herr Kollege sagen.« Er gluckste bei der Vorstellung vor sich hin und gab den Bläsern einen so fulminanten Einsatz, daß ihm sein Lineal aus der Hand rutschte.

»Also dann, melde dich wieder. Mein Orchester wartet.« Wie üblich legte er auf, ohne eine Antwort abzuwarten.

Anna Wendtlin packte ihren Koffer, ließ bei Air France einen Flug nach München reservieren und rief dann bei Pétins Eltern an. Laurent war nicht da, bedauerte seine Mutter, und ihrer Stimme war anzumerken, daß sie sich Sorgen machte.

»Er wollte nach Boissy fahren und auf den Friedhof gehen... Soll er Sie zurückrufen, wenn er wieder da ist?«

»Nein, vielen Dank. Ich muß schnell nach Deutschland zurück, nein, nichts Besonderes. Ganz privat. Meinen Vater besuchen. Sagen Sie ihm doch bitte, ich bin morgen abend wieder im Hotel zu erreichen. Ja, ich weiß, ich mach' mir auch manchmal Sorgen um ihn, aber wir können ihm nicht helfen. Niemand kann das. Ach, noch etwas, das will er sicher wissen. Das Gespräch heute nachmittag hat nichts ergeben, er weiß dann Bescheid. Auf Wiedersehen, Madame.«

Im Flugzeug blieb der Platz neben ihr frei. Anna Wendtlin breitete die Dokumente aus, die sie Baldeck gegeben hatte, und las sie Stück für Stück durch, obwohl sie fast alles schon auswendig kannte. Vielleicht habe ich doch etwas übersehen, dachte sie, irgendwo muß es doch einen Hinweis geben. Irgendeine Spur...

XVI

Daß Romy Schneider 1977 keine Einnahmen hat außer ein paar Restzahlungen für längst abgedrehte Produktionen, liegt nicht etwa an fehlenden Angeboten. Davon gibt es genug. Doch ihre Schwangerschaft verläuft kompliziert (»Ich bin froh und habe zur selben Zeit Angst vor meiner eigenen Courage«, schreibt sie einem Freund in Deutschland), und sie will nichts riskieren, also nicht wieder wie in der Vergangenheit neun von zwölf Monaten vor der Kamera stehen. Deshalb lehnt sie alle Offerten und Anfragen ab, liest aber schon Drehbücher, die im kommenden Jahr realisiert werden sollen. Frank Wedekinds *Lulu* zum Beispiel interessiert sie, aber Romy Schneider wird sich dann später mit der italienischen Regisseurin Liliana Carvani nicht einigen können, vor allem, weil sie auch die junge Lulu in prachtvoller Nacktheit spielen soll und es lächerlich findet, sich in ihrem Alter auf jung zurechtschminken zu lassen.

Sie ist jetzt achtunddreißig Jahre alt und ihr Arzt hat sie zur Vorsicht gemahnt, weil in ihrem Alter und angesichts ihres allgemeinen körperlichen Zustandes eine Geburt nicht unproblematisch sein wird. Daß aus ihrer Sehnsucht nach Ruhe eine fast anderthalbjährige Filmpause werden sollte – die Dreharbeiten zu ihrem nächsten Film *Eine einfache Geschichte* beginnen erst im Frühsommer 1978 –, ahnt sie natürlich nicht. Ums Geld muß sie sich keine Sorgen machen, glaubt sie, das ist ja gut angelegt. Die hohe Gage für ihre letzte Rolle, die der Leni in *Gruppenbild mit Dame*, ist ein gewisser Trost dafür, daß der Film verrissen wird, aber ihre Enttäuschung kann das nicht ausgleichen. Zuviel Kraft hat sie gerade in diese Rolle investiert, die sie nicht nur an ihr eigenes Leben erinnerte, mit der sie auch ihr gebrochenes Verhältnis zu Deutschland aufarbeiten wollte: »Ich konnte hier die Seiten meines Wesens einsetzen, die deutsch geblieben sind.« Immerhin macht sie sich keine Vorwürfe, denn sie weiß sehr genau, daß es nicht an ihr lag, sondern an der chaotischen Regie, die den Böll-Film zu einem Mißerfolg werden ließ.

Alles vergessen in der Vorfreude auf ein zweites Kind. Romy Schneider zieht sich aus der Öffentlichkeit zurück. Die wenigen Meldungen und Artikel, die bis zur Geburt von Sarah erscheinen, sind denn auch mehr von der Phantasie der Reporter geprägt als von tatsächlichen Ereignissen. Die *Bild*-Zeitung weiß schon Ende Januar 1977, daß der Star im Juni ein Baby bekommen wird; angeblich hat sie es ihrem Schweizer Vermögensverwalter Hendrik Kaestlin gestanden, und der wiederum wird zitiert: »Romy, zur Zeit in Zürich, fühlt sich wie die meisten Frauen im vierten Monat, hundeelend, Brechreiz, Schwindelgefühl, Müdigkeit.« Dieselbe Zeitung hatte ein paar Wochen davor, wie immer gut informiert, sich und ihren Lesern die Frage gestellt: »Spricht so eine verheiratete Frau? Spricht so eine neue Liebe?« Dabei hatte Romy Schneider in einer italienischen Zeitung nur ganz nebenbei davon gesprochen, daß Alain Delon noch immer ein Mann sei, auf den sie rechnen könne und der ihr sicher immer helfen würde, falls sie ihn brauche. Im März dann wird vermeldet, daß sie sich »auf ihre größte Rolle« vorbereite, die einer Mutter, und sich deshalb unter falschem Namen in der Schweiz ein kleines Häuschen gemietet habe, um Ruhe zu haben. David sei zur Großmutter nach Berchtesgaden geschickt worden (in Wirklichkeit geht er in Paris zur Schule), Romy Schneider habe sogar aufs Autofahren verzichtet (sie ist nie Auto gefahren) und der Genfer Frauenarzt Hubert de Watteville könne diesmal nicht ihr Geburtshelfer sein, weil die »Flüge zu ihm« für sie zu anstrengend seien. Der Widerspruch zwischen der ruhigen Hütte in der französischen Schweiz und der gleichzeitigen Sorge, das eine Autostunde entfernte Genf nur durch anstrengende Flüge zu erreichen, fällt keinem auf. Je weniger Romy Schneider sagt, desto mehr wird getürkt (so nennt man in der Zeitungsbranche die Last, Geschichten zu erfinden).

König der Türken ist Anfang des Jahres ein gewisser Jörg Bobsin. Im *Neuen Blatt* wird unter der Überschrift: »Die schweren Schicksalsschläge der letzten Zeit ließen mich fast verzweifeln« ein Interview mit Romy Schneider veröffentlicht, das der sogenannte Autor im Dezember 1976 mit ihr geführt haben will. Auszüge: »Ich erreichte sie per Telefon. ›Das war kein gutes Jahr für Sie, nicht wahr?‹ ›Nein.‹ Ein tiefer Zug aus der Zigarette. Romy bläst den Rauch in die Telefonmuschel. ›Es war kein gutes Jahr. Die schweren Schicksalsschläge der letzten Zeit ließen mich fast verzweifeln.‹ Romy macht eine Pause. ›Wissen Sie, ich war früher nie sonderlich abergläubisch, aber zwei Wochen vor meiner Fehlgeburt Anfang 1976 geschah etwas Merkwürdiges: Ich hatte einen schrecklichen Traum, den ich nie vergessen werde. Ich sah einen riesigen Adler über mir kreisen, während ich meinen Sohn David ganz fest im Arm hielt, um ihn vor dem Raubvogel zu beschützen. Einen Augenblick später stürzte sich der Adler auf uns und entriß mir mein Kind.‹« Romy Schneider zieht gegen diese Veröffentlichung vor Gericht, denn: »Kein Schwein – Menschen sind das ja keine – hat mit mir telefoniert oder mir per Telef. etwas vorgelesen. Alles total erlogen!«

Die Lektüre der folgenden juristischen Auseinandersetzung zeigt die widerliche Unverfrorenheit, mit der manche Journalisten mit dem »Stoff Romy Schneider« umgingen. Im Prozeß, der sich wegen Terminschwierigkeiten bis zum Mai 1978 hinziehen wird, bekommen die beteiligten Juristen ganz erstaunliche Einblicke in journalistische Freiheiten (nicht zu verwechseln mit der Freiheit des Journalisten). Der Beklagte Bobsin verteidigt sich nämlich damit, daß er 1967, also neun Jahre vor der nun beanstandeten Veröffentlichung, intensive Gespräche mit Romy Schneider in Berlin geführt habe. (Auch daran übrigens kann sich Romy Schneider nicht erinnern.) Daraus hätte er interessante Zitate zusammengeschrieben: »Ich las mir... mein eigenes Material, das lange 67er Interview, durch, und zwar auf Punkte hin, die man möglicherweise mit aktuellen Dingen in Verbindung bringen könnte.« Dieses neu zusammengestellte Material habe er dann Romy Schneider vorgelegt. Nein, leider nicht persönlich, sondern nur am Telefon. Nein, mit Romy Schneider habe sich niemand am Telefon gemeldet, nur mit »Hm«, aber er sei davon ausgegangen, daß es Romy Schneider war und daß sie vielleicht ein Schlafmittel genommen hatte. Den

Widerspruch, wie in fast zehn Jahre alten Zitaten, die er ja angeblich genehmigen ließ, plötzlich Bezüge zu Romy Schneiders jetzigem Mann Daniel Biasini auftauchen können, zu ihrer Fehlgeburt, zu den sogenannten Schicksalsschlägen des Jahres 1976, kann sich der Verfasser auch nicht erklären, zumal er bislang nicht als Hellseher in Erscheinung getreten ist, der schon 1967 wußte, was 1976 geschehen würde. Die freche Dummheit seiner Auslassungen vor Gericht, von Romy Schneider an der Seite ihres Anwalts in hilfloser Wut erlebt, gipfelt in dem Satz: »Nachdem die Klägerin behauptet, seinerzeit überhaupt nicht mit mir telefoniert zu haben, will ich nicht behaupten, daß meine Gesprächspartnerin Frau Schneider war. Ich möchte ergänzen, daß ich seit rund elf Jahren Interviews mit Prominenten mache und daß ich es schon deswegen nicht nötig habe, ein erfundenes Interview wegen ein paar hundert Mark zu veröffentlichen.« Romy Schneider bekommt in allen Punkten recht, der Bauer-Verlag muß 5 000 Mark zugunsten einer Stiftung notleidender Künstler überweisen, weil der Star das Geld nicht für sich haben will.

Bei der Annäherung an das Leben der Romy Schneider scheint es unwichtig, sich mit einem Jörg Bobsin näher zu befassen. Aber gerade solche Details machen verständlich, warum die Schauspielerin sich von vielen Blättern nicht nur verfolgt fühlte, sondern tatsächlich rücksichtlos verfolgt wurde. Machen deutlich, warum sie trotz aller juristischen Gegenmaßnahmen unter diesen weitverbreiteten Lügen (denn einer schrieb vom anderen ab) so gelitten hat. Deshalb ist die Biographie dieses deutschen Weltstars auch ein Stück deutscher Pressegeschichte und wahrlich kein Ruhmesblatt für die Damen und Herren der öffentlichen Meinung. Brialy: »Sie war zum Beispiel sehr glücklich, als sie mal zu Dreharbeiten nach Berlin reiste, weil es eine Art Rückkehr war. Und gleichzeitig hatte sie Angst vor den deutschen Journalisten.« Auch die vielen Journalisten, die sich ihrer auf ihre Weise bedient haben, tragen eine Mitschuld an Romy Schneiders frühem Tod.

Selbst die letzte Meldung vor der Geburt von Sarah, scheinbar seriös, weil es um Finanzen ging, hat mit der Wirklichkeit nichts zu tun. Romy Schneider sei nun im Klub der Millionäre, ist zu lesen, die einzige Schauspielerin in Frankreich, die pro Film eine Gage von über einer Million Mark bekäme. Man weiß es sogar genau: »Die Deutsche kassiert pro Film die stolze Summe von 1,25 Millionen Mark.« Man könnte über solche Meldungen achselzuckend hinweggehen. Aber auch Finanzbeamte lesen Zeitung, und die sind dann, wenn es um Steuerzahlungen geht, nur schwer davon zu überzeugen, daß nicht stimmt, was sie doch schwarz auf weiß gelesen haben. In den bald beginnenden Briefwechseln mit der französischen Steuerfahndung wird denn auch auf solche und andere Berichte Bezug genommen. Vor allem die angebliche Überweisung von zehn Millionen Mark, Gagen der *Sissi*-Filme, zu ihrem vierzigsten Geburtstag – »jetzt bekommt Romy das Geld, das ihr Stiefvater Blatzheim für sie angelegt hat« –, sorgt später bei den Behörden für Verwirrung und klammheimliche Vorfreude auf fette Einnahmen. Natürlich stimmt auch an dieser Meldung nichts außer dem Namen Romy Schneider, und natürlich beeilt sich die Zeitung, in einer schriftlichen Erklärung zu versichern, so etwas nie wieder zu behaupten (»offenbar sind wir einer falschen Information zum Opfer gefallen«). Aber wie bei allen Falschmeldungen bleibt auch diesmal etwas hängen und trägt bei zum Bild des millionenschweren Stars, der die Steuer betrügt.

Tatsache aber ist, daß Romy Schneider trotz ihrer Popularität und trotz ihrer auch an der Kasse erfolgreichen Filme nur ganz selten eine Gage von über einer Million bekommen hat, Francs wohlgemerkt und nicht Mark. Bei ihren Entscheidungen war nie das Geld ausschlaggebend, sondern die Qualität der Drehbücher oder eine Geschichte, die sie reizte. Und manchmal entschied sie aus einer Stimmung des Augenblicks heraus und dachte dabei erst recht nicht an die Gage. Im Gegensatz zu vielen ihrer französischen Kollegen (Jeanne Moreau, Jean-Paul Belmondo, Alain Delon) war Romy Schneider auch nicht an den Einspielergebnissen ihrer Filme beteiligt. Für ihre letzten Filme in den frühen achtziger Jahren ist sie sogar weitaus unter ihrem Marktwert als europäischer Spitzenstar bezahlt worden, weil die Produzenten ganz brutal ihre Unsicherheit nach den privaten Katastrophen ausgenutzt haben und aus den Selbstzweifeln Romy Schneiders im umgekehrten Sinne Kapital schlugen. Ihr Ex-Mann in Hamburg bezweifelt gar, ob sie es ohne ihn überhaupt soweit gebracht hätte. In seinem nie abgeschickten Brief an seine ehemalige Frau zählt der zutiefst unglückliche Harry Meyen, der seine Verzweiflung im wahrsten Sinne des Wortes täglich herunterschluckt, die Filme auf, bei denen er Romy Schneider angeblich nur mühsam daran gehindert habe, während der Dreharbeiten abzureisen (*Ludwig II.* oder *Qui?*), und schließt daraus: »Wäre ich nicht gewesen, würdest Du heute bestenfalls in Deutschland auf Tournee Theater spielen.«

Den Beginn des Sommers verbringt Romy Schneider mit ihrem Mann und David noch in Paris; natürlich vergißt sie manchmal die strengen Diät-Vorschriften, raucht weiterhin und trinkt – wenn auch nicht viel – Wein oder Champagner. Wenn sie mal bei einem Glas Rotwein »erwischt« wird, erscheinen prompt verlogene Warnungen in verschiedenen Blättern, in dem Alter doch besser aufzupassen, geschrieben natürlich nur in tiefer Sorge um das kommende Mutterglück. Ein besonders geschmackvoller Satz aus der *Bunten* soll nicht verschwiegen werden: »Noch sind Romy und ihr Baby nicht aus dem Schneider...« Tabletten allerdings nimmt sie keine, denn wenn sie nicht unter dem Druck von Dreharbeiten steht, wenn sie keine chaotischen privaten Verhältnisse zu bewältigen hat, ist Romy Schneider »gesund wie ein Mädchen vom Lande«. Erst im Juni zieht sie mit ihrer Familie an die Riviera, nach St. Tropez. Ihre Mutter bewohnt inzwischen das Haus der Tochter in Paris, in der Rue Berlioz, man telefoniert regelmäßig. Romy Schneider fühlt sich in Südfrankreich zu Hause, und was in Deutschland passiert, vor allem die terroristischen Attentate der Rote-Armee-Fraktion und die daraufhin beginnende Hysterie des Staates, erfährt sie nur aus den Zeitungen. Sie hat die wenigen Kontakte zu Freunden in Deutschland einschlafen lassen. Manche erinnern sich, daß sie sogar oft jahrelang nichts hörten von Romy Schneider und plötzlich angerufen wurden, du, ich bin gerade hier, ich komme gleich vorbei. Dieses Schweigen war nie bös gemeint, es gab halt in ihrem von spontanen Gefühlen bestimmten Lebensrhythmus immer wieder Ereignisse und Menschen, die ihr noch ein bißchen näher, noch ein bißchen wichtiger, noch ein bißchen spannender waren als die von gestern. Was auch die Suche nach der Wahrheit im Leben von R.S. so schwer macht, denn in den Anekdoten derer, die sie nur sporadisch gesehen haben, verwischen sich

Erlebtes und Gelesenes, bis keiner mehr weiß, was stimmt und was nicht, was aufgeklärt werden kann und was ein Rätsel bleibt.

Sie liegt in der Sonne und liest – Brecht, Handke, Fontane, Fitzgerald –, geht nackt schwimmen, damit das Kind in ihrem Bauch das Wasser »direkt spüren kann« und schläft viel. Wenige Restaurantbesuche, keine Parties. Von ihrer Umwelt will sie nichts wissen. Auch wenn ihr Mann zu dringenden Terminen nach Paris muß und Bekannte am Telefon erzählen, sie hätten ihn in irgendeinem Restaurant mit irgendeinem Mädchen gesehen, bleibt sie gelassen. Wahrscheinlich Geschäftsgespräche. Sie vertraut ihm und weiß, daß er sich auf das Kind genauso freut wie sie. So wie sie sich bei Dreharbeiten voll auf ihre Rolle konzentriert, so konzentriert sie sich jetzt darauf, dieses Kind gesund auf die Welt zu bringen. Mitten im heißen Sommer geht es ihr schlechter, sie wird in ein kleines Krankenhaus bei St. Tropez (L'Oasis) eingeliefert und muß wochenlang mit hochgebundenen Beinen still liegen, um jedes Risiko einer Frühgeburt auszuschließen. Einen Kaiserschnitt kann man erst im siebten Monat wagen. Wie alles, was sie wirklich will, schafft Romy Schneider auch diese Tortur. Am 21. Juli 1977 wird Sarah Magdalena geboren (Sarah, weil der Name so gut zu David paßt, Magdalena nicht nur nach dem Namen ihrer Mutter, auch Romy heißt ja eigentlich Rosemarie Magdalena), Biasini und seine Frau sind »ganz verrückt vor Freude«, wie der Vater verkündet, aber zunächst muß Sarah noch fast zwei Monate lang im Brutkasten bleiben. Romy Schneider wird ins Krankenhaus nach Nizza verlegt, das technisch besser ausgestattet ist. Daß sie ihre Tochter von Paris aus nicht besucht, erklärt Magda Schneider so: »Weil mir meine Ärzte jede Aufregung verboten hatten – wegen meines Herzinfarkts 1971.«

Erst im September kann Romy Schneider mit ihrer kleinen Tochter nach Paris zurückkehren; jetzt erst ist Sarah transportfähig: »Ich bin froh, daß das Kind gesund zur Welt gekommen ist. Aber ich bin auch sicher, daß es mein letztes sein wird.« Da es keines der berühmten Starfotos – strahlende Mutter mit neugeborenem Kind – gibt, wuchern sofort die Spekulationen. Ist Romy Schneiders Tochter Sarah krank? Warum versteckt sie ihr Kind? Auch der Star selbst läßt sich nicht blicken, aber das hat andere Gründe. Sie will erst ihre Diät beenden, bevor sie wieder in der Öffentlichkeit auftritt. Keiner soll eine fett gewordene Madame sehen. Zur Premiere von Françoise Dorins Stück *Si t'es beau, t'es bon* im Théâtre des Arts Hébertote am 21. September 1977 erscheint zu Ehren des Hauptdarstellers und Freundes Jean-Claude Brialy an der Seite von Daniel Biasini eine strahlende, schöne Romy Schneider. Es wird notiert, daß sie neben dem Ehering noch immer den geflochtenen Ring trägt, den ihr Visconti einst geschenkt hat. Zwei Tage später wird sie neununddreißig und da haben sich die von ihr besonders geliebten Klatschjournalisten etwas Besonders ausgedacht. Aus einer kleinen Rangelei nach der Theaterpremiere auf dem Weg zu Brialys Restaurant entsteht folgende *Bild*-Meldung: »Aber, Romy! Ex-Sissy Romy Schneider (39) hat in Paris nach einer Theater-Premiere einen Fotografen geohrfeigt. Ausgelöst hatte die Prügelei ihr Mann Daniel Biasini. Als er den Fotografen am Theatereingang sah, ging er ihm an den Kragen. Der Fotograf wehrte sich, packte Biasini an der Krawatte und drehte zu. Romy ging dazwischen.« Über zwanzig Jahre nach dem ersten *Sissi*-Film wird die inzwischen neununddreißigjährige immer noch mit dem »Ex-Sissi«-Attribut belegt, als habe sie seitdem nichts Wesentliches in ihrem Leben vollbracht.

Die Familie lebt in Paris ein fast normales Leben – wenn man davon absieht, daß jeder Schritt in der Öffentlichkeit beobachtet und beschrieben wird. Bevor sie aus dem Haus geht, schaut Romy Schneider zunächst aus dem Fenster und prüft, ob keine Fotografen lauern. Eine Vorsichtsmaßnahme, die ihr zur Gewohnheit geworden ist. Bei einem Empfang zur Eröffnung eines Restaurants in Paris oder bei der Premiere eines Films – immer müssen Romy Schneider und ihr junger Ehemann mit besonderer Aufmerksamkeit rechnen. Notiz der Münchner Boulevardzeitung *tz* ein paar Monate nach der von *Bild* notierten Ohrfeige: »Da knutschte Romy Schneider an ihrem um Jahre jüngeren Ehemann Daniel Biasini rum wie eine streng gehaltene Internatsschülerin, die nach drei Jahren Askese im Kohlenkeller endlich einen Heizer erwischt.« Da Romy Schneider keine Interviews gibt – »Ich drehe derzeit nicht, also gibt es nichts zu erzählen, und über mein Privatleben rede ich nicht, das geht keinen was an« –, bleibt ihre gesprächige Mutter die einzige Hoffnung der Boulevardjournalisten. Eine Hoffnung, die selten enttäuscht. Wenn Romy Schneider ihr Baby nicht präsentiert, sondern lieber unerkannt morgens um sieben Uhr in einem Park in Paris den Kinderwagen spazierenfährt, kann das doch nur bedeuten: Das Kind ist krank, oder? *Bild* kümmert sich unerschrocken auch um solche Geheimnisse: »Nur heimlich gehen Romy oder ihr Mann Daniel Biasini mit ihrer Tochter spazieren, meistens im Morgengrauen, wenn die Straßen in Paris leer sind. Dieses Versteckspiel ließ wilde Spekulationen aufkommen. Zum Beispiel: Die kleine Sarah ist schwerkrank! Das Kind kam im August vorigen Jahres als Frühgeburt zur Welt, wog nur 2250 Gramm und mußte 35 Tage im Brutkasten liegen. ›Meine Privatsache‹, sagt Romy jedesmal, wenn sie nach ihrem Kind gefragt wird.« Bei einer so verstockten Mutter, die nicht bereit ist, *Bild* das zu erzählen, worauf deutsche Leser doch einen Anspruch haben, kann wieder mal nur eine helfen – die Großmutter. »Ihre Mutter Magda Schneider gab *Bild* eine plausible Erklärung für Romys Verhalten: ›Sie hat furchtbare Angst vor einer Entführung.‹ Und weiter: ›Die Kleine ist pumperlg'sund, wiegt zwanzig Pfund, hat dicke Pausbäckchen, große blaue Augen und schon neun Zähne. Und Mama sagen kann sie auch schon. Ein süßer Fratz.‹«

Nach solchen mit Magda-Zitaten gespickten Artikeln, von denen es ja viele gab, herrschte immer wieder wochenlang Funkstille zwischen Mutter und Tochter. Die Beteuerung, man sei halt naiv auf den netten Anruf eines netten Menschen hereingefallen, mag Romy Schneider nicht mehr akzeptieren, auch das hört sie als Entschuldigung ja nicht zum erstenmal. Zu oft auch hat sie in solchen Streitigkeiten zurückgesteckt, weil Mutter Magda mit Hinweis auf ihr schwaches Herz immer wieder erfolgreich intensiven Gesprächen ausgewichen ist. An die Öffentlichkeit dringt nichts davon, denn Romy Schneider erzählt nur guten Freunden von ihren Problemen, sie will ihre Verletzungen nicht weitergeben und andere verletzen. Beim *stern*-Interview 1981 zum Beispiel klagt sie zwar während des Gesprächs ihre Mutter weinend an, sie um ihre Kindheit betrogen zu haben. In der von ihr freigegeben Fassung des Interviews allerdings fehlt dieser Satz, sie hat ihn gestrichen. Und ängstlich fast erkundigt sie sich später, was denn Magda nach der Lektüre des gedruckten Gesprächs gesagt habe. Sie ist geradezu erleichtert, als ihr erzählt wird, die Mutter habe es mit Freude gelesen.

An der Riviera findet Romy Schneider 1978 ein Haus, in dem sie leben möchte. Sie kauft in Ramatuelle eine Villa, und die Familie zieht um. Auch David, der perfekt französisch spricht, geht dort zur Schule. Daniel Biasini arbeitet an einem Drehbuch, wie seine Frau stolz erzählt. Von wegen Gigolo, der beißt sich auch alleine durch... Sie bereitet sich auf einen neuen Film vor, macht also zunächst wieder eine Abmagerungskur im Diététique Hôtel in Quiberon und läßt dann sicherheitshalber in einem Krankenhaus in Paris einen gründlichen Check-Up durchführen. Mit ihrem Lieblingsregisseur Claude Sautet wird Romy Schneider *Eine einfache Geschichte* verfilmen, genau der richtige Stoff nach so einer langen Pause. Die Rolle der Marie empfindet sie als geradezu ideal, weil sie wieder einmal Parallelen zur eigenen Biographie entdeckt hat. Sautet: »Ich wollte einen Charakter zeichnen. Inspiriert zum großen Teil durch den wahren Charakter Romy Schneiders, mit dieser Sprödigkeit, die mich immer frappiert hat, dieser Art von Stolz im Alltäglichen, dieser Würde, die sie auf eine ganz persönliche Art und Weise zeigt. Sie ist gleichzeitig Emotion und Spannkraft, Panik und Heiterkeit, vor allem aber besitzt sie Stärke. Sie hat eine Art von Anständigkeit, die aus ihr selbst herausstrahlt und die sie unabhängig macht.« Romy Schneider spielt eine geschiedene vierzigjährige Frau, die sich gerade von ihrem Geliebten trennt und das Kind, das sie von ihm erwartet, abtreibt: »Seit langem fehlst du mir gerade dann am meisten, wenn wir zusammen sind. Am Anfang sagtest du mit soviel Sicherheit, man muß die Menschen lieben, wie sie sind, und nicht, wie sie sein sollten. Ich habe das auch geglaubt. Aber es gelingt dir nicht, und mir gelingt es auch nicht«, heißt es im Drehbuch. Mit ihrer Mutter kann Marie nicht über ihre Probleme reden (auch hier die Parallele zum Leben der Romy Schneider), die versteht sie nicht, und ihr halbwüchsiger Sohn hat eigene Sorgen in seiner eigenen Welt. Ihre Freundinnen helfen, und wenn sie mit denen zusammen ist, lebt sie auf. Starke Frauen, die sich in der Männergesellschaft nur schwach geben, weil es so von ihnen erwartet wird. Marie trifft sich mit ihrem Ex-Mann, und dabei geht es zwischen den beiden viel lockerer zu als während ihrer Ehe, weil jeder sein eigenes Leben entdeckt hat. Sie schlafen miteinander, und sie erwartet sogar ein Kind von ihm. Wie es weitergeht, weiß sie nicht, und auch der Zuschauer erfährt es nicht. Das übliche Kino-Happy-End fehlt bei dieser einfachen Geschichte. Romy Schneider über Sautet: »Er hat mir meine Angst, meine Enttäuschungen genommen... er hat mir etwas über mich selbst beigebracht.«

Während der Dreharbeiten kümmert sich Daniel Biasini intensiv um die Kinder und den Haushalt. Vor allem David weicht ihm nicht mehr von der Seite; er hat einen neuen Vater gefunden, der ihn mitnimmt bei Bootsfahrten aufs Meer, der mit ihm Motorrad fährt, der ihm spannende Abenteuer aus Amerika erzählt. Wenigstens in der Beziehung zu David kann sich Daniel Biasini so geben, wie er ist. Jungen in dem Alter halten die Posen starker Männlichkeit für erstrebenswert, und Biasini nimmt seine Rolle als Vater ernst. Mit Babys wie Sarah kann er noch wenig anfangen.

Das übrigens wird sich später, nach Romy Schneiders Tod, ändern, als Sarah zum Vater zieht, genauer: zu seinen Eltern, und dort aufwächst. In schöner Regelmäßigkeit werden dann Fotos von Vater und Tochter veröffentlicht, und man muß dafür nicht auf der Lauer liegen, um einen unerlaubten Schnappschuß anzubringen. Daniel Biasini geht offensichtlich mit der von Romy Schneider so gehaßten Presse sehr viel lockerer um, wenn sie das glaubt, was er erzählt, also keine unerlaubten Fragen stellt, und breitet bereitwillig das Privatleben seiner Tochter aus. Die Dauer-Serie in *Paris Match*, die unter dem stets wiederkehrenden Motto steht: Ach, wie gleicht Sarah doch der unvergessenen Romy, beginnt 1983. Da erzählt dann Daniel Biasini, wie er in einer langen Unterhaltung Sarah erklärt hat, daß ihre Mutter nie wiederkehrt: »Schritt für Schritt entdeckt sie in meinen Schilderungen ihre Mutter. Und ich in Sarah meine zweite Romy.« Entsprechend rührende Fotos zeigen Sarah mit Papa im Swimming-pool, beim Kartenspielen, beim Essen, auf dem Motorrad und beim Zubettbringen. Das Weihnachtsfest 1984 verbringt Daniel Biasini mit Sarah in Tirol, aber sie sind nicht allein. Die Fotografen von *Paris Match* dürfen natürlich dabei sein und am 11. Januar 1985 stolz ihren Lesern davon berichten. Diesmal ist

Sarah »das unsterbliche Gesicht von Romy«, sie muß berichten, wie sehr sie es mag, wenn ihr Papa von Mama erzählt, man sieht sie bei der Schneeballschlacht, beim Frühstück, malend, etc. Fast anderthalb Jahre dauert es, bis wieder die frappierende Ähnlichkeit mit der Mutter festgestellt wird, und wieder auf dem Titel. Diesmal, im Juni 1986, sind Vater und Tochter in Marokko; Fotos zeigen Sarah auf Papas Schultern, im Wasser, auf dem Pferd. Und was hat er ihr in Marokko gesagt? »Deine Mutter hat dieselben Sterne gesehen wie du«, denn Daniel Biasini war mit Romy Schneider auch einmal in Marrakesch. Bei der Reportage über eine Safari in Kenia, im März 1987, sind schon drei glückliche Menschen zu sehen – Sarah Biasini, Daniel Biasini und seine Lebensgefährtin Gabriella Heidrich, ein deutsches Mannequin, mit dem er »seit drei Jahren lebt«. Mit ihr spricht, erfährt man, das Kind deutsch, und natürlich reden sie oft über ihre Mutter. In der Bildergeschichte vom August 1989 aus St. Tropez ist Gabriella schon wieder verschwunden, hier »lächelt Sarah wie Romy, hat die Schönheit ihrer Mutter«, ist aber am Ende der zu Herzen gehenden Beschreibung (die Fotos zeigen diesmal Sarah und Vater beim Einkaufen, auf dem Markt, auf einem Boot) ein »ganz normales Mädchen namens Sarah Biasini«. In dieser Ausgabe von *Paris Match* erklärt der sorgende Vater, daß er »nichts dagegen hat, wenn sie Schauspielerin werden will«. Das Weihnachtsfest 1990 verbringen die beiden, wie man wiederum in einer Titelgeschichte vom Januar 1991 erfährt, in der Suite des berühmten Hotels Royal Monceau in Paris, beim Dinner im Restaurant Maxim, und wieder sind wir dicht dabei. Vater rasiert sich, Vater tanzt mit ihr, Vater liest Zeitung. »Wo beginnt die Frau und wo endet das Mädchen?« fragt die Zeitschrift und läßt ihre Leser ratlos zurück, weil die es auch nicht wissen. Sie erfahren aber, daß Vater und Tochter »immer über Romy sprechen und ich alle Fragen beantworte« (Biasini). Wichtigste Neuigkeit: Romys Tochter will nicht mehr Schauspielerin werden, sondern Jura studieren.

Sechs Titelgeschichten seit 1983 können kaum Zufall sein, darf vermutet werden. Bis zu »60 000 Mark bezahlen Bildagenturen für einen Termin im Hause Biasini«, berichtet undementiert das *Hamburger Abendblatt*. Was aber trotz des hohen Honorars für alle Beteiligten ein Geschäft sein kann, denn die Agentur, die exklusiv die

Fotos von Vater und Tochter machen darf (und ein Ende ist nicht abzusehen, solange Sarah ihrer Mutter gleicht), verdient gut am Weiterverkauf dieser Bilder, nachdem sie in *Paris Match* erschienen sind. Solche Fotos, zusammen natürlich mit Fotos von Romy Schneider, werden europaweit gerne gedruckt. Biasini sieht das unter ganz anderen Gesichtspunkten: »Nach dem Tod Romys fielen Journalisten aus aller Welt über Sarah her – sogar in der Schule. Meine Strategie dagegen war, Fotos machen zu lassen, solange die Nachfrage nicht nachläßt. Die Leute wollen diese Geschichten lesen, weil sie Romy verehren. Ich kann ihnen Sarah nicht vorenthalten. So haben wir etwas für die Presse getan und Sarah hat die übrigen einundfünfzig Wochen des Jahres Ruhe...« Nur böse Menschen könnten da auf den Gedanken kommen, daß auch die Tochter von Romy Schneider ausgebeutet wird. So wie einst ihre Mutter.

Romy Schneider muß für die Produktion der *Einfachen Geschichte* ihre Familie in Ramatuelle wieder alleine lassen – Kindermädchen Bernadette, Nadou genannt, versorgt Sarah, Angestellte kümmern sich um Haus und Garten. Aber es gibt Probleme in der sommerlichen Idylle, denn David möchte zurück in die Großstadt, zurück zu seinen Freunden. Als dann zwei Jahre später seine Mutter das Haus in Südfrankreich vor allem seinetwegen wieder verkauft und zurückzieht nach Paris, setzt er nach wenigen Monaten in Paris, in denen er mit Daniel Biasini und Sarah meist allein ist, sogar noch mehr durch – daß er bei seinen Großeltern, also Biasinis Eltern, im kleinen Ort St.-Germain-En-Laye außerhalb von Paris wohnen und dort zur Schule gehen darf. Die Probleme, die dadurch zwischen Mutter und Sohn entstehen, eskalieren aber erst, als sie sich 1981 von Biasini trennt. Da wird David seiner Mutter ihren neuen Liebhaber vorwerfen, da wird er, in aggressiver Verzweiflung, unter dem erneuten Zusammenbruch der Familie leiden (Sarah bleibt mit ihrem Kindermächen bei Romy Schneider in deren Pariser Wohnung). Seinen echten Vater hat er nie vergessen; er hat alle Fotos gesammelt, die er von Harry Meyen bekommen konnte, aber er hat ihn zu selten gesehen in den Jahren, die für seine Entwicklung so wichtig waren. Auf den wenigen Bildern, die von David zwischen 1975 und 1979 veröffentlicht werden, sieht er immer ernst aus, fast traurig. Nur ein einziges gibt es, auf dem er richtig fröhlich lacht. Da sitzt er, bei der denkwürdigen Hochzeitsfeier in Brialys Restaurant in Paris, auf dem Schoß von Daniel Biasini und klatscht begeistert in die Hände.

Als Claude Sautets *Eine einfache Geschichte* in Paris Premiere hat, sind die Filmkritiker begeistert. Der *Nouvel Observateur* wird geradezu blumig: »Wie soll man bei dem Niveau, das Sautet, Dabadie, Jean Boffety bei der Aufnahme, Philippe Sarde in der Musik und die Schauspieler – Romy Schneider in ihrer schönsten Rolle, in der tiefgründigsten und aktuellsten, die man einer Schauspielerin angeboten hat – erreicht haben, noch von einem Film sprechen, da es ein Werk ist, das sich mit der Wucht eines Orchesters im Herzen festsetzt?« Und *Le Monde* schreibt: »Natürlich liebt Sautet die Frauen genauso wie Bergman, weil sie süß und gewaltig sind, weil sie freigebig und verrückt sind, und weil sie Seltenes und Geheiligtes in sich bergen. Der schönste Film Sautets. Ein großer französischer Film.« Wenige Monate später, im Februar 1979, bekommt Romy Schneider, zum zweitenmal in ihrer Karriere, den begehrten französischen César als beste Schauspielerin des Jahres.

Ein anderer Filmkritiker allerdings, Michel Flacon von *Le Point*, erlebt bei der Premiere eine ganz andere Geschichte, auch ganz einfach, aber eher banal. Einen Dialog zwischen Daniel Biasini und Romy Schneider, der nach seiner Erinnerung etwa so ging:

»Daniel, würdest du bitte den Knopf deiner Jacke zumachen. Wie sieht das denn aus...«

»Was macht das schon aus, geschlossene Jacke oder offene Jacke. Wir sind ja hier nicht auf einem Modeball, sondern bei einer Filmpremiere...«

»Daniel, ich bitte dich, könntest du bitte aufhören, mich vor allen Leuten zu blamieren...«

»Ach, laß mich doch in Ruhe. Ich bin alt genug, um zu wissen, was ich tue. Hör auf, andauernd an mir herumzunörgeln. Merk dir eins, verflucht noch mal, ich bin nicht dein Schoßhündchen, das du frisch gewaschen und gut frisiert ausführen kannst. Wenn du nicht sofort aufhörst herumzumeckern, dann kannst du diesen ganzen Affentanz hier alleine machen.«

»Ist das jetzt wieder eine deiner typischen Launen? Was glaubst du eigentlich, wer du bist? Du kannst froh sein, daß ich dich überhaupt mitnehme, du Scheusal. Mit deinen verfluchten Launen kannst du einem wirklich jede Freude nehmen.«

»Jetzt geht das wieder los. Aber Liebling, ich kenne diese Platte, also vergiß es. Du bist alles, ich bin nichts. Ja, ja, ich weiß, ohne dich würde ich heute noch Chauffeur sein.«

Bei den Dreharbeiten zu Terence Youngs Film *Blutspur*, den Romy Schneider nach der *Einfachen Geschichte* noch vor dessen Premiere beginnt, wird gemunkelt, sie habe sich in ihren Partner Ben Gazarra verliebt. »Heißer Flirt bei kühlen Drinks – oder mehr?«, fragt *Bild* sich und seine Leser, nachdem Augenzeugen erzählt hatten, daß Romy Schneider in einer Münchner Hotelbar händchenhaltend und champagnertrinkend mit ihrem Filmpartner gesehen worden war. Was nichts bedeutete bei ihr, sie hielt bei intensiven Gesprächen mit Menschen, denen sie glaubte vertrauen zu können, oft deren Hand, um ihre Sätze durch körperliche Berührung zu unterstreichen. Und daß sie Champagner lieber trank als Bier, machte sie allenfalls in Deutschland verdächtig.

Andere Bekannte des Ehepaares Biasini berichten von Auseinandersetzungen der beiden in aller Öffentlichkeit; meist ging es um Lächerlichkeiten wie bei dem Streit um das offene oder geschlossene Jackett. Oft kann sich Romy Schneider bei solchen Streitigkeiten nur in die Attitüde des Stars retten, beleidigt ihren Mann dadurch, daß sie ihm klar macht, wer in der Familie das Geld heranschafft und wer von beiden berühmter ist. Wer lädt dich denn ohne mich ein zu den Filmfestspielen in Cannes? Niemand. Durch wen kennst du denn Roman Polanski oder Curd Jürgens? Doch nur durch mich. Sie hat nie gelernt, denn auch das muß man lernen für ein normales Leben, Differenzen mit Partnern auf gleicher Ebene auszutragen, also ohne Starallüren (so wie sie nie gelernt hat, auch mal allein zu sein, zu sich selbst zu finden). Anschließend tut es ihr immer wieder leid, da überhäuft sie, gutwillig und harmoniesüchtig, wie sie dann ist, ihren Mann mit Geschenken. Aber die Abstände zwischen Streit und Versöhnung werden kürzer, die gegenseitigen Verletzungen tiefer. Später, als die Ehe schon in einem Zustand dauernden Kampfes ist, gibt es nicht nur verbale wechselseitige Wutausbrüche. Zweimal wird der vor Schrecken völlig erstarrte David erleben, wie sich seine Mutter und sein geliebter Ersatzvater vor seinen Augen prügeln.

Aber mit wem soll Romy Schneider über ihre Schwierigkeiten reden? Denen, die sie vor der Ehe gewarnt haben, will sie nicht die Genugtuung bereiten, im nachhinein recht zu behalten. Und im sogenannten normalen Leben, also jenseits der Kinobranche, hatte sie kaum Freunde, bei denen sie sich in depressiven Momenten ausweinen konnte, weil sie für solche Freundschaften, die ja auch von regelmäßiger Zuwendung lebten, keine Zeit hatte. Entweder drehte sie Filme, oder sie steckte gerade in einer aufregenden neuen Beziehung, in der sie sich dann immer nur auf den einen, den geliebten Menschen konzentrierte. Der einzige, der auch in solchen Phasen nie vergessen wurde, ist Jean-Claude Brialy, den sie voller Zuneigung »Papa« nannte. »Sie hatte großes Vertrauen zu mir, weil wir uns nie verraten haben, nie etwas vormachten«, sagt Brialy. »Es gibt Dinge in ihrem Leben, die ich weiß, aber über die ich nie reden würde. Wenn sie erschöpft oder traurig war, rief sie mich an, aber nie, um sich zu beklagen. Sie war selbst dann sehr verschlossen, sehr zurückgezogen in sich. Ich war es, der sagen mußte: Maman, ich fühle, daß du traurig bist, und ich will nicht, daß du traurig bist.«

Angesichts ihres durch impulsive Entschlüsse geprägten Lebens sind auch die langen Pausen in der jahrzehntelangen Freundschaft mit ihrer deutschen Freundin Christiane Höllger erklärbar. Die Verbindung zerbrach zwar nie, lag aber oft auf Eis. Sich bei der Mutter auszuweinen oder gar Rat zu holen, war sinnlos, dafür war die Beziehung durch die öffentlichen Plaudereien von Magda Schneider zu gespannt, außerdem sah sie als vierzigjährige Frau keine Lösung in den Fluchten der frühen Jahre. Den Lebensgefährten von Magda Schneider, Horst Fehlhaber, mochte Romy nicht. Neben persönlicher Antipathie hatte das sicher auch Gründe, für die der arme Mann gar nichts konnte. Sie lagen in der Vergangenheit, und man könnte sie mit dem »Stiefvater-Blatzheim-Trauma« umschreiben. Im Grunde, erzählt ein alter Freund der Familie, konnten Romy Schneider und ihr Bruder Wolf Albach, der als Arzt bei München lebte, froh sein, daß ihre Mutter umsorgt wurde: »Sonst hätte sie sicher in schönem Wechsel bei ihren Kindern gelebt, mal in München und mal in Frankreich. Und beide Kinder hatten doch gar keine Zeit, sich mit ihr zu beschäftigen. Die waren froh und glücklich, daß es Fehlhaber gab, der sich auch um Magdas Krankheiten kümmerte und über Klippen hinweghalf, auch die Klippen zwischen Romy und ihrer Mutter.«

Die Widersprüchlichkeiten im Wesen der Romy Schneider werden besonders deutlich in Momenten von Spannungen, von Umbrüchen, wenn sie wieder mal auf irgendeiner Klippe gestrandet ist, die doch lange schon zu erkennen war. Und es wird deutlich, was es so schwer machte, ihr bei der Bewältigung von Krisen zu helfen. Für ihre Probleme hätte sie einen Therapeuten gebraucht, dem sie vertrauen konnte, und nicht, wie in vielen Krisen ihres Lebens, Ärzte oder Psychiater, die sie vollstopften mit angeblich beruhigenden Medikamenten, die dann wiederum neue Ängste auslösten. Ihrer fast schon manischen Perfektionssucht vor der Kamera, immer auf der Suche nach der noch besseren Einstellung, nie zufrieden mit sich selbst, stand gegenüber ein fast hilfloses Sich-treiben-Lassen im Alltag. Sie war stolz darauf, überall in Europa begeisterte Fans zu haben, aber sie konnte nicht damit umgehen, daß diese Fans von ihrem Star erwarteten, auch im echten Leben so zu agieren und so zu reden wie auf der Leinwand – und daß der Ruhm mit einem Verlust an Privatleben bezahlt werden mußte, wollte sie nicht akzeptieren.

Oft erschreckt sie Freunde durch eine radikale Ichbezogenheit, in der sie alles um sich herum vergißt – und im nächsten Moment beweist sie eine geradezu rührende Selbstlosigkeit, ein Unterordnen den Bedürfnissen und Sorgen der anderen. Theatralische Gesten einer Diva beherrscht sie seit ihren frühen Filmen, und gleichzeitig ist sie unschlagbar in der Kunst, solche Diven und Stars aufs komischste zu veräppeln, vorzuführen, lächerlich zu machen. Sie ist eitel und selbstironisch zugleich, trägt heute teure Modellkleider und teuren Schmuck und morgen ein T-Shirt und Jeans. Sie will erkannt, aber nicht belästigt werden. Eine Frau, die jeden Trick einer unwiderstehlichen Verführerin einsetzt, wenn sie einen Menschen will – und sich anschließend amüsiert, wenn die Kerle so einen »entseelten« Blick kriegen. Die aber auch, in Momenten alles vergessender Sehnsucht, eine scheue, sanfte, im klassischen Sinne hingebungsvolle Liebende ist. Schamlos und verklemmt, weinerlich schwach und unbesiegbar zäh, chaotisch und diszipliniert – alle Beschreibungen passen auf Romy Schneider, alle sind irgendwann richtig, und alle sind irgendwann falsch.

Sie wurde ausgebeutet, vor allem finanziell, aber sie hat auch ausgebeutet, vor allem emotional. In depressiven Phasen ihres Lebens, und die wurden in den letzten Jahren immer zahlreicher, erzählte Rosemarie Magdalena Albach offenherzig von ihren Ängsten, in der Hoffnung auf Hilfe. Von ihren Ängsten als junges Mädchen, vielleicht doch keine große Schauspielerin zu werden. Von ihren Ängsten als große Schauspielerin, auch morgen noch Angebote zu bekommen. Wenn diese Hilfe dann angeboten wurde, war sie schon wieder die verschlossene, schroffe, abweisende Romy Schneider. Selbst die wenigen, die es gut mit ihr meinten und die sie zu verstehen glaubten, kamen damit nicht zurecht. Ich bin keine schlechte Mutter, ich ruf' doch jeden Tag an, wenn ich unterwegs bin, und ich habe doch die besten Kindermädchen. Ich bin keine gute Mutter, das kann ich doch gar nicht sein bei den vielen Dreharbeiten, ich bin ja nie da, ich muß das ändern. Romy Schneider war nicht nur das Opfer der anderen, sie war auch ein Opfer ihrer selbst. Nichts in diesem Leben verlief in normalen Bahnen. So oft sie auch den Reiz eines bürgerlichen Alltags beschwor, so oft benutzte sie, wenn sie mal für ein paar Monate »normal« gelebt hatte, die erste sich bietende Chance, dieser Eintönigkeit zu entfliehen in die »normale« Aufregung bei Filmarbeiten. Sie hätte länger leben können, wenn sie ruhiger gelebt hätte. Aber sie lebte nach einer ähnlich selbstmörderischen Philosophie wie Rainer Werner Fassbinder, der kurz nach ihr starb und es so formuliert hatte: »Das mag nun jeder selbst entscheiden, ob er lieber kürzer, aber intensiver, oder länger, aber genormter leben will.« Die Hauptrolle in seinem Film *Die Ehe der Maria Braun* hätte sie schon gereizt, weil es wieder eine so besonders deutsche Geschichte war, sie hat auch das Drehbuch gelesen, aber ihre schlechten Erfahrungen mit dem deutschen Film seit Bölls *Gruppenbild mit Dame* waren zu frisch. Lieber drehte sie in Frankreich.

Die deutsche Schauspielerin Hanna Schygulla, die als »Maria Braun« international berühmt wurde, schreibt in einem sehr persönlichen Artikel sechs Jahre nach Romy Schneiders Tod: »Romy Schneider ist an gebrochenem Herzen gestorben, lesen sich die Schlagzeilen am 29. Mai 1982, und es liest sich wie der traurige Schluß eines Märchens, des Märchens von der Königin mit dem seligverheißenden Lächeln und dem melancholischen Blick, der die andere Seite der Dinge kannte. Es gibt Gesichter, auf denen man lange verweilen kann, Gesichter, in die man träumend versinkt, denn sie sind uns sehr nah und haben doch auch etwas von so fern Herkommendes, daß sie uns weit weg entführen. Sie hat so ein Gesicht. Manche haben von der Musik in diesem Gesicht gesprochen. Für den einen war sie Mozart und für den anderen Verdi oder Mahler, Musik zwischen seliger Gelöstheit, dramatischster Spannung und dem Wissen um die Unlösbarkeit dieser Spannung.«

Als sie im Februar 1979 unter Tränen und in dankbarer Sprachlosigkeit zum zweitenmal in ihrer Karriere den César entgegennimmt, ist in Hamburg ein am Leben zerbrechender Harry Meyen gerade wieder ins Krankenhaus eingeliefert worden. In der Psychiatrie der Eppendorfer Universitätsklinik soll durch eine Entziehungskur noch einmal versucht werden, den einst umschwärmten Frauenliebling und Theaterhelden von seiner Sucht zu befreien, von dieser Mischung aus Schmerztabletten, Schlaftabletten, Aufputschmitteln, Alkohol. In der Öffentlichkeit ist er schon aufgegeben, am Ende, nicht mehr zu retten. Ein Versager. Ein Alkoholiker. Ein Süchtiger. Ein Geizkragen. Ein Mann ohne Zukunft. Dazu noch einer, der seine Frau um die Hälfte ihres Vermögens erleichtert hat. So genau weiß man das zwar alles nicht, aber für eine journalistische Hinrichtung reichen die Vermutungen allemal. Was ist schlimmer als sein ganzes Leben lang als »Sissi« verfolgt zu werden, fragt er in lichten zynischen Momenten die wenigen verbliebenen Freunde, die seinen Abstieg nicht nur von außen beobachtet haben, sondern, wenn auch vergebens, Hilfe anbieten. Ganz einfach, gibt er selbst die Antwort, als Ex-Mann »Sissis« bezeichnet zu werden. Gern hätten die Journalisten gedruckt, was er über Romy Schneider hätte erzählen können, aber er entzieht sich. Will über Rollen reden, über Pläne. Das aber wollen die nicht hören. Hatte man doch erfahren, wie er schluckte und soff. War er nicht bei *Tatort*-Dreharbeiten in München betrunken am Drehort auf dem Boden eingeschlafen? Erzählte man sich nicht, daß er bei den wenigen Kontakten zur Außenwelt seltsam lallt, alles wiederholt, mit stieren Augen nur herumsitzt? »Hätte ich ein Image wie Harald Juhnke, dann könnte ich mir alles leisten. Dann wäre alles recht. Frauen und Schnaps, je mehr, desto besser.« Harald Juhnke übrigens ist ganz selbstverständlich mit der nächsten Maschine von Berlin nach Hamburg gekommen, um Harry zu helfen, als ihn dessen beste Freundin in ihrer Not einmal anruft.

Aber Meyen, der disziplinierte Preuße, bleibt sich auch im Unglück treu. So was macht man mit sich selbst ab, das geht keinen etwas an. Erst recht nicht die falschen Freunde, die ihn kurzfristig wieder an die Brust drücken, wenn er Erfolg hat. Wie nach der Inszenierung von *Unter der Treppe* mit Will Quadflieg und Klaus Schwarzkopf am Deutschen Schauspielhaus in Hamburg. Das hält dann ein paar Wochen vor, man reicht ihn wieder herum in jenen Hamburger Kreisen, die Romy Schneider »diese Scheiß-Clique« nannte, bis er wieder abtaucht in seine Depressionen und bleiernen Alpträume. Es gibt Tage, da sitzt er von morgens bis abends nur in seiner Wohnung und schaut in den Garten, regungslos, sprachlos, emotionslos. Dann wieder schluckt er so viele Schlaftabletten gegen die ewig kreisenden Gedanken, daß er wie ein Toter achtzehn, zwanzig Stunden durchschläft und seine Haushälterin Angst hat, er könne verhungern. Sie zwingt ihn förmlich, etwas zu essen. Er geht nur noch selten aus dem Haus, magert ab, trinkt, trinkt, trinkt. Sein Gesicht und seine Hände schwellen an, Symptome der Krankheiten Tablettensucht und Alkoholismus.

Die letzten Vertrauten, die er hat, überreden ihn, sich endlich behandeln zu lassen. Zum erstenmal drei Wochen Krankenhaus. Als er entlassen wird, sieht er rein optisch fast wieder aus wie der gute alte Harry. Aber die Sucht ist geblieben, nur ihre Wirkungen sind behandelt worden, nicht ihre Ursache. Man erinnert sich. Ist er nicht immer schon ein bißchen verrückt gewesen? Eine Freundin erzählt: »An seinem einundfünfzigsten Geburtstag hatte er uns eingeladen zu sich nach Hause. Auf dem Tisch lagen Berge von Geschenken in vielen bunten Päckchen. Dazwischen Telegramme von Prominenten, die jeder kannte. Wir waren tief beeindruckt.« Frank Sinatras Lebenshit »I Did It My Way« ist das Lieblingslied von

Meyen, das er auch seinem kleinen Sohn schon beigebracht hat, das er selbst unaufhörlich abspielt. Mit dem berühmten Amerikaner trifft er sich angeblich immer wieder in Hotelfoyers, der hat ihn sogar mal »mit vielen schönen Mädchen im Krankenhaus besucht«. Auch der wünscht »Happy Birthday«, und auch das stimmt, wie alles andere, nicht. Curd Jürgens gratuliert mit »Hallo, alter Junge«, Michèle Morgan und Cary Grant und Mae West grüßen von ferne. Man packt die Pakete gemeinsam aus, und die Frauen staunen über die seltsamen Geschenke – alte Pullover, abgetragene Hausschuhe, ein zerfleddertes Kochbuch. Nur Meyen ist bester Laune. Die Telegramme hat er sich selbst geschickt, die Pakete selbst gepackt.

Er liebte schon immer solche »practical jokes«. Bei den Dreharbeiten zu *Spion zwischen zwei Fronten* (wo er ausgerechnet einen überzeugten SS-Mann spielen mußte), hat er mit verstellter Stimme und in gebrochenem Deutsch seinen Kollegen Gert Fröbe für den nächsten Morgen um acht und nicht wie geplant um elf Uhr zum Drehort bestellt. Dort solle er gleich mal üben, für eine besondere Szene aus dem Fenster zu springen, und sich nicht darum kümmern, wenn die anderen Menschen auf dem Set von dieser besonderen Idee des Regisseurs noch gar nichts wüßten. Fröbe kam um acht Uhr, allerdings ist er nicht gesprungen, weil er mißtrauisch wurde. Als Harry Meyen seinen Scherz gestand, haben beide gelacht und einen drauf getrunken. Jahre später, im Hamburger Hotel Atlantic, ruft ein gewisser Herr Broccoli aus Los Angeles in gebrochenem Deutsch bei Fröbe an und bietet ihm eine Rolle in seiner neuen Bond-Produktion *Goldfinger* an. Da kichert Fröbe nur, nee, Harry, mit mir nicht noch einmal. Wahrscheinlich soll ich morgen früh um acht Uhr da sein, was? Nur mühsam kann ihn Meyen, den er danach im Foyer anpflaumt, diesmal bin ich nicht auf dich hereingefallen, von seiner Unschuld überzeugen, und als der zunächst völlig verwirrte Broccoli zum zweitenmal anruft, sagt Fröbe sehr schnell ja.

Schön auch die Geschichte, die sich Harry Meyen für seinen Freund und Agenten Peter Witt ausgedacht hat, als der die Familie Meyen einmal in St. Tropez besucht. Der Mann, erklärt er seinem staunenden Sohn David, war früher mal ein Affe. Nur mühsam habe er gelernt, nicht nur auf zwei Beinen zu gehen, sondern sich auch wie ein richtiger Mensch zu benehmen. Nur in der Nähe von Bäumen breche der alte Trieb noch in ihm durch, dann will er immer raufklettern. Und darauf solle David aufpassen, was der Kleine auch verspricht. Sobald Witt in die Nähe eines Baumes kommt, wird er von David am Arm gezogen und unter lautem Geschrei daran gehindert, einen Schattenplatz einzunehmen. Der verstörte Agent wird erst aufgeklärt, als bei einem Dinner auf der Yacht des Filmproduzenten Sam Spiegel auch noch ein Korb voller Bananen auf seinem Platz steht.

Als ihn die Krankheit immer mehr in dunkle Tiefen reißt und kein Alkohol mehr die depressiven Gedanken vertreiben kann, zieht sich Harry Meyen Stück für Stück aus dem Leben zurück. Das Telefon wird seine einzige Verbindung zur Außenwelt. Er ruft unvermittelt und manchmal mitten in der Nacht an. Frühere Freunde. Sogenannte Freunde. Erzählt von großartigen Angeboten, die er leider ablehnen müsse, weil er keine Zeit habe. Nervt sie mit Anekdoten aus den glanzvollen Tagen in Berlin, die sie alle schon mal gehört haben. Anrufbeantworter werden eingeschaltet. Er erreicht auch am Telefon bald keinen mehr.

Dennoch gibt es nicht nur Frauen in Hamburg, die ihn verehren, die sich um ihn kümmern, die nicht aufgeben, ihn retten zu wollen. Es gibt auch Frauen, die ihn als Mann wollen und versuchen, in ihm irgendein erotisches Gefühl zu wecken. Vergeblich. Er lebt jenseits dieser Lust, schon lange. Eine dieser Frauen, die sich im Dezember 1978 von ihm getrennt hatte, wird nach Meyens Tod an Romy Schneider schreiben: »Ich konnte einfach seine Einsamkeit nicht mehr ertragen. Er saß doch tatsächlich von Montag zu Montag auf seinem kleinen Sofa und schaute auf die Rasenfläche vor seinem Haus oder auf den Fernseher. An manchen Tagen war er so verzweifelt, daß er bis zu achtmal am Tage anrief. Und wenn ich einmal anrief, und er war gerade im Bad, und ich legte wieder auf, weil ich dachte, er sei nicht da, rief er fünf Minuten später an und fragte, hast du gerade angerufen? Und das zeigt doch, wie einsam er gewesen sein muß. An manchen Tagen rief er an und spielte mir den Song von Frank Sinatra vor – *my way* – oder er sang mir das ganze Lied durchs Telefon vor... er wollte in der Wohnung bleiben, falls David zu Besuch kommen würde... er hat sehr oft von David und Ihnen gesprochen, vielleicht wenn Sie David dies einmal sagen, wird er seinen Vater etwas besser verstehen – und es wird ihn freuen, daß sein Vater sehr oft an ihn gedacht hat...« Hilflos in ihrer Trauer zählt sie dann Einzelheiten aus Harry Meyens Umgebung auf, damit »Sie nicht denken, ich erzähle Ihnen nur eine Geschichte«: Seine alten abgetragenen Hausschuhe mit dem Monogramm H.M., die schwarzkarierte Couch im Gästezimmer, das Regal mit den Fotos und den Alben, ein paar Buchtitel. Am Schluß bittet sie die »sehr geehrte Frau Biasini« darum, ihr mitzuteilen, wo er begraben liegt, damit sie allein und in Ruhe von ihm Abschied nehmen kann.

Wieder im Krankenhaus, und wieder leidet Harry Meyen unter dem verordneten Entzug. Er kann nicht schlafen. Seine Depressionen stürzen nun ungefiltert von Tabletten und Alkohol auf ihn ein. Er glaubt nicht mehr daran, dem teuflischen Kreislauf zu entkommen. Noch einmal nimmt er seine Kraft zusammen und spielt den behandelnden Ärzten vor, geheilt zu sein. Er war ja immer ein guter Schauspieler, nicht wahr, die beste Besetzung für jene Stücke, die angeblich im prallen Leben spielen. Er täuscht sogar die Frau, die ihn so gut kennt. Einer Freundin, der Schauspielerin Anita Lochner, verspricht er einen weiteren Aufenthalt in einem Sanatorium, in Österreich. Sie will mit ihm dorthin. Man weiß, nach dem Entzug muß die Therapie folgen, die Rehabilitation. Und dann vielleicht neue Aufgaben, ein paar Freunde in der Theaterszene hat er doch noch. Kurt Meisel wird ihm schon was anbieten, im Münchner Residenztheater, der ließ ihn ja auch nicht im Stich, als es ihm ganz schlecht ging.

Er wird entlassen, man ist sicher, daß er begriffen hat, wie schlecht es um ihn steht und daß er keinen Rückfall mehr überleben wird. Man schickt ihn kurz vor Ostern nach Hause, vor Beginn von Feiertagen, die alle Menschen mit der Familie verbringen. Er kommt in eine Wohnung, die fast alles Leben verloren hat, seit er, in einer Zwangsjacke, in die Psychiatrie eingeliefert wurde. Rückkehr in eine tote Wohnung. Aber der Arzt ist ja optimistisch gewesen: Nun wird er es alleine schaffen, nun wird er sich selbst helfen können.

Er hilft sich selbst.

Anita Lochner findet ihn am 15. April 1979, am Ostersonntag, an der Feuerleiter neben seinem Balkon. Er hat sich, nur mit einem Hemd bekleidet, an einem Schal aufgehängt. Eine Stillosigkeit, wundern sich heute noch Bekannte, die so gar nicht paßte zu dem peniblen, stets korrekten und fein gekleideten Harry. Was sie dabei vergessen: Es ist ihm egal, in welchem Zustand sie ihn finden. Seine letzte Inszenierung findet ohne Publikum statt, Kritiken wird es keine mehr geben.

Romy Schneider, die gerade ohne ihre Kinder mit ihrem Mann Daniel in einer von Elizabeth Taylor gemieteten Villa in Acapulco Urlaub macht, wird telefonisch informiert. Sie nimmt das nächste Flugzeug nach Paris und kommt dann direkt nach Hamburg. Mit Biasini gibt es noch Streit vor dem Abflug. Der meint, nun sei es eh zu spät und sie könnten eigentlich auch in Ruhe ihre Ferien beenden.

In Hamburg wird sie schon von Reportern erwartet und gnadenlos gejagt. Vom Flughafen ins Hotel, vom Hotel in die Kanzlei ihres Anwalts, von dort in die Wohnung von Harry Meyen. Im Hotel Interconti versucht sie, durch die Tiefgarage zu entkommen, aber auch dort lauern Fotografen. Sogar in der Wäschekammer gegenüber ihrem Zimmer haben sie sich versteckt. Welch eine Sensation läßt sich da verkaufen und in Schlagzeilen gießen – »Romys Ex-Mann an der Scheidung gescheitert« oder »Romys Ex-Mann schrieb Bettelbriefe vor seinem Tod«. Was nicht stimmte, Harry Meyen litt zwar an einem krankhaften Geiz – aber nicht an Geldmangel.

Die Freunde von Harry Meyen oder die, die sich dafür halten, hinterlassen in der Kanzlei oder im Hotel ihre Bitten um Rückruf. Wo und wann denn die Beerdigung sei. Romy Schneider ruft niemanden zurück. In stockenden, immer wieder durch Selbstvorwürfe – »ich hätte mich mehr um ihn kümmern müssen« – unterbrochenen Gesprächen mit Tini Ravenborg, der Frau, die Harry seit über zwanzig Jahren kannte und die ihn in den letzten sechs Jahren fast täglich besucht und versorgt hat, versucht sie die letzten Tage von Harry Meyen zu rekonstruieren. Was ist ein Delirium genau? Wie sind die Symptome? Kann man das nicht feststellen? Dann wieder juristische Gespräche. Gibt es ein Testament? Oder bekommt automatisch alles David? Und wieder weint Romy Schneider beim Gedanken, ihrem Sohn den Tod des Vaters erklären zu müssen, den er ja nur noch selten gesehen hat und dessen Zustand er dann auch erkannt, aber nicht begriffen hat.

Sie läßt sich in die Wohnung bringen, geht schweigend durch die Räume. Die Haushälterin rettet sich aus ihrer Trauer durch ununterbrochene Erzählungen. Wie gut Harry immer von Romy gesprochen habe und von seinem Sohn, und wie sehr er sich über ihre Erfolge gefreut habe, und... Der Zahlencode an seinem kleinen Koffer ist auf Romy Schneiders Geburtstag eingestellt, 23,9,38. Auf dem Balkon sind noch Kreidezeichnungen zu erkennen, Reste der polizeilichen Ermittlungen. Für die Kripo Routine wie bei jedem Selbstmord. Vor der Tür im Treppenhaus schlagen sich die Fotografen um die besten Plätze. Aus dem Hotel ruft Romy Schneider nur Tini Ravenborg an, sie treffen sich in ihrer Suite und reden miteinander, bis spät in die Nacht. Frau Ravenborg, die mag sie, die hat sie immer gemocht. »Die hat ihn doch auch mal geliebt, so wie ich.« Tini Ravenborg versucht, die weinende Romy Schneider zu trösten, obwohl sie in ihrer Trauer selbst Trost gebrauchen könnte. Nein, Romy, nicht du bist schuld, niemand ist schuld, niemand konnte ihm helfen, niemand. Denk an Montgomery Clift, den hat er bewundert, das hat er gelesen. Auch so einer, der sich selbst nicht entfliehen konnte.

Am nächsten Tag wird Harry Meyen beerdigt. Romy Schneider wirft eine einzelne Rose auf den Sarg, es gibt keine Ansprachen, keinen Pfarrer, keine Musik, keine Feier. Der Beerdigungsunternehmer hat sie auf Schleichwegen zum Friedhof gefahren und später wieder in die Stadt mitgenommen. Sie hat niemanden vom Termin informiert, was ihr noch heute verübelt wird von denen, die Harry in Hamburg gut kannten. Hubertus Wald: »Unbegreiflich, nach wie vor. Man kann doch einen Menschen nicht einfach so verscharren. Seine Freunde hätten doch von ihm Abschied nehmen wollen, aber wir wußten ja nicht mal, wann die Beerdigung stattfand.« Tini Ravenborg, die sie noch in der Nacht getröstet hat, ist fassungslos, daß Romy Schneider ihren ehemaligen Mann beerdigt hat, ohne sie zu informieren. Sie erfährt es durch einen Nebensatz, als sie den Schlüssel für Harry Meyens Depot in der Schweiz übergibt, den er ihr anvertraut hatte. Sie macht Romy Schneider Vorwürfe. Die schweigt. Vom Flughafen, kurz vor dem Abflug nach Paris, ruft sie weinend an und bittet um Verzeihung. Sie habe doch gerade sie, die Frau, die sie so mag, nicht verletzen wollen. Später schreibt sie ihr noch einen Brief, sie solle sie doch mal in Paris besuchen, ganz Paris würde bei ihrer Ankunft leuchten für sie. Aber Tini Ravenborg und Romy Schneider sehen sich nie wieder.

Von der Beerdigung ihres ehemaligen Ehemannes kommend, wird Romy Schneider in Paris von ihrem jetzigen Mann abgeholt. Auch hier lauern die Fotografen. Daniel Biasini bringt sie nach Hause, hilft beim schwierigen Gespräch mit David. Für solche Momente liebt Romy ihn wieder, vergißt die Streitigkeiten, den Kummer. Aber sie ahnt schon, daß auch diese Ehe langsam zerbröckelt. Sie schützt sich, auf ihre Art. Erst mal weg, erst mal in Sicherheit. Erst mal zu Dreharbeiten.

XVII

Selbstverständlich war die Osteria in der Schellingstraße an diesem Samstagabend ausgebucht. Aber Anna Wendtlins Vater, der schon seit Jahren regelmäßig dort essen ging, weil man selten Schwätzern aus der Münchner Medienbranche begegnete und weil die Küche eine solide Qualität ohne Schickschnack bot, hatte für sich und seine Tochter doch noch einen kleinen Tisch bekommen. Sie aßen gegrillten Babysteinbutt und tranken dazu einen eiskalten Chardonnay. Kimble, der alte Hund, schnarchte leise unter dem Tisch. Er hörte nicht mehr so gut, aber als Anna gekommen war, hatte er leicht mit dem Schwanz gewedelt und sich streicheln lassen. Auch seinetwegen lebte Annas Vater auf dem Land. »Wenn es mal soweit ist, soll er die Chance haben, sich in Ruhe einen Busch zu suchen, unter dem er für immer einschlafen kann. In der Großstadt gibt es ja nur die Spritze.«

Anna erzählte von ihren Recherchen, und ihr Vater hörte schweigend zu. Nur ab und zu strich er sich nachdenklich über den grauen Bart, als sie von dem Video erzählte und von ihren Vermutungen über mögliche Erpressungen oder bei der Schilderung ihres Treffens mit dem Finanzberater. Wenn ihm etwas unklar war, stellte er knappe, kurze Fragen. Während er nach dem Essen sorgsam die Karte mit den Desserts studierte – er liebte Süßes, bestellte aber nie etwas, weil er um seine Linie fürchtete –, schaute ihn seine Tochter nachdenklich an. Das hast du auch erst spät gelernt, anderen zuzuhören. Als Mutter noch lebte und sie dir etwas erzählen wollte, warst du doch in Gedanken immer ganz woanders. Vielleicht oben an der Orgel, in der alten Kirche, wo du als Kind mit deinem Vater spielen durftest, jeden Sonntag? Deine Träume, mal Musiker zu werden, hast du doch bis heute nicht aufgegeben.

Glaubst du, ich weiß nicht, daß du heimlich Klavierunterricht nimmst? Das Bild von ihrem Vater an der Orgel verschwand, und Anna sah sich plötzlich neben dem Großvater sitzen, zu klein, um mit den Füßen die Pedale zu erreichen, aber mit beiden Händen in den Tasten. Oder war das nur ein Foto, das sie irgendwo gesehen hatte... Ihr Vater unterbrach ihre Erinnerungen.

»Wann mußt du denn wieder weg?«

»Morgen abend fliege ich wieder nach Paris. Wir können also ausschlafen und dann noch einen richtigen Sonntagsspaziergang machen, wie früher. Erst laufen und dann einkehren für ein paar Weißwürste und ein Weizenbier und vielleicht einen warmen Apfelstrudel...«

Ihr Vater nickte. Ja, wie früher. Nie würde er zugeben, daß er sich manchmal doch verdammt einsam fühlte, seit seine Frau tot war, und wie sehr er sich freute, wenn ihn seine Tochter besuchte. Und wie ungeheuer stolz er auf sie war, alle ihre Artikel säuberlich aufbewahrte.

Sie fuhren mit der S-Bahn bis zur letzten Station und nahmen dann ein Taxi zum Haus ihres Vaters, das noch hinter Planegg lag, richtig auf dem Land. Sie übernachtete im Gästezimmer, in dem noch die Puppen ihrer Kindheit saßen und an den Wänden die Urkunden aus der Schule hingen. Im Bücherschrank hatten sie noch gemeinsam bei einem letzten Glas Wein gestöbert, irgendwo mußte ihr Vater doch das Buch mit den Reden von Max Reinhardt haben, die Anna noch einmal genau lesen wollte. Schon als Romy Schneider ihr von dem Zettel erzählt hatte, den sie immer bei sich trug, dem Zettel von Wolf Albach-Retty ,war Anna der Satz mit der Kindheit, die man in die Tasche stecken und dann davonlaufen solle, nicht ganz schlüssig vorgekommen. Aber Logik war ja nie die Stärke von Romy Schneider gewesen, und sie hatte es bald wieder vergessen. Jetzt aber, nachdem bei der Toten gerade dieser Zettel gefunden worden war, wollte Anna es genau wissen. Romy Schneider hatte zwar das Wort Kindheit unterstrichen und an den Rand geschrieben *WELCHE DENN?*, aber das bedeutete nur, daß sie für sich eine Brücke in die Vergangenheit entdeckt hatte, für sich ganz persönlich. Das hieß noch lange nicht, daß der Satz auch wirklich von Reinhardt war.

Ihr Vater hatte unter zufriedenem Brummen das Buch gefunden. Nun lag Anna im Bett und blätterte. Sie mußte nicht lange suchen, bis sie in einer Rede, die Max Reinhardt 1930 vor Studenten der Columbia University in New York gehalten hatte, den Satz fand, auf den Wolf Albach-Retty sich wohl bezogen hatte. Allerdings hatte er etwas sehr Eigenes daraus gemacht; wahrscheinlich hatte er sich nur vage erinnert und war zu faul gewesen, das Original nachzulesen. Bei Reinhardt hieß die Stelle so: »Ich glaube an die Unsterblichkeit des Theaters. Es ist der seligste Schlupfwinkel für diejenigen, die ihre Kindheit heimlich in die Tasche gesteckt und sich damit auf und davon gemacht haben, um bis an ihr Lebensende weiterzuspielen.« Anna war zu müde, um die Rede weiterzulesen. Sie seufzte. Genau das ist das Problem. Ich habe immer noch nicht herausgefunden, was echt war und was gespielt. Und ob Romy Schneider am Schluß selbst noch unterscheiden konnte zwischen Wirklichkeit und Kino. Vielleicht ist der Unterschied zwischen dem, was wirklich war, und dem, was ich schreibe, so wie zwischen dem angeblichen Reinhardt-Zitat und dem echten Reinhardt-Zitat. Sie legte das Buch zur Seite, klopfte dem Hund noch ein bißchen auf den Rücken, bis er sich grunzend ausstreckte, und löschte das Licht. Minuten später schon war sie eingeschlafen, sie merkte nicht mehr, daß ihr Vater vorsichtig die Tür geöffnet hatte, um nach ihr zu schauen. So wie früher, als sie noch ein kleines Mädchen war.

Der Portier des Hotels in Paris gab ihr am nächsten Abend mit dem Zimmerschlüssel zwei Briefumschläge. In einem nur die Bitte um Rückruf und eine Nummer in Frankfurt. Klar, Schuler wollte mit ihr sprechen. Aber die Nummer? War er denn nicht im Büro? Dann fiel ihr ein, daß er am Sonntagabend immer Bridge spielte, wahrscheinlich war das die Telefonnummer seines Clubs. Der andere Umschlag war sorgsam zugeklebt, es stand nur ihr Name darauf und kein Absender.

Erst einmal ihr Chefredakteur. In ihrem Zimmer wählte sie die Nummer, die auf dem Zettel stand, und ließ Schuler ans Telefon rufen.

»Moment, ich muß nur meine Notizen suchen. Ich habe gehofft, daß du mich noch anrufst, also warte, ja, hier. Die Rechtsabteilung bittet dich, noch einmal darüber nachzudenken, ob du die Briefe alle wörtlich zitieren mußt. Also, ihr Vorschlag lautet, den Inhalt der Briefe in indirekter Rede zu erzählen, also den Inhalt zusammenzufassen. Was meinst du dazu?«

»Es liest sich authentischer, weil es ganz einfach authentisch ist.«

Schuler zögerte.

»Bist du sicher, daß du die wörtlichen Zitate brauchst? Ich meine, wer weiß das denn schon...«

»Ich kenne einen, der hat mir und ein paar anderen auch beigebracht, daß wir immer die Wahrheit schreiben sollten und immer Beweise in der Tasche haben sollen, um das zu belegen, was wir schreiben. Nur darauf kommt es an. Hat wenigstens der mal gesagt, den ich kenne. Warte mal, der hieß...«

»Schon gut, schon gut, begriffen. Lassen wir's also so stehen. Was ganz anderes. Hat es Sinn, wenn wir uns mal mit einem Psychologen über Romys Rollen beugen? Also, ich habe mir die Inhaltsangaben ihrer Filme durchgelesen, alles, was sie seit 1959 gedreht hat, seit dem Umzug nach Paris. Mag ja sein, daß dies für Bracheninsider nicht überraschend ist, aber ich als alter Mann, der selten ins Kino geht, halte das für einen interessanten Aspekt.«

»Du sprichst in Rätseln. Was ist ein interessanter Aspekt und welche Rollen meinst du?«

»Paß auf. Zum Beispiel spielt sie in *Boccaccio* eine Art Ehe-Callgirl. Läßt ja ihren Mann nur ran, wenn er bezahlt, wenn ich das richtig verstanden habe. Im *Kampf auf der Insel* ist sie eine Ehebrecherin, in Kafkas *Prozeß* eine Mätresse, und was für eine, den Film habe sogar ich damals gesehen, in den *Siegern* wieder eine Hure, wenn auch Geige spielend, in *Halb elf in einer Sommernacht* wieder eine Ehebrecherin. In *Triple Cross* und *Otley* eine Geheimagentin, na gut, streichen wir, das paßt irgendwie doch nicht, merke ich gerade. Aber hier, weiß von einem Mord und schweigt, das ist *Swimmingpool*, dann Mörderin in *Geliebte des anderen*, zwischendurch treibt sie es mit ihrem Sohn, in *Inzest*, dann zur Abwechslung wieder mal eine Hure in *Mädchen und der Kommissar*, Mördergehilfin in *Trotzki*, Ehebrecherin in *Sommerliebelei* und im *Wilden Schaf*, geile, blutrünstige Mörderin in *Trio Infernal*, Pornodarstellerin in *Nachtblende* und...«

»... Halt, halt, nun mach mal Pause. Das langt. Ich begreife jetzt, worauf du hinauswillst. Aber ich glaube nun wirklich nicht, daß uns da ein Psychologe weiterhelfen kann. Das waren ganz einfach gute Rollen, zumindest viele davon, und die hatten mit ihr nichts zu tun, genausowenig, wie die schlechten Rollen was mit ihr zu tun hatten. Sie mochte manche Drehbücher lieber als die anderen, das war's. Und manche Rollen entsprachen dem Bild, das sie selbst von sich hatte, aber keine von den Figuren, die du aufgezählt hast. Eher die *Dinge des Lebens* oder *Gruppenbild mit Dame* oder *César und Rosalie*. Nein, ich glaube, deine Überlegungen helfen uns nicht weiter.«

Aber so schnell gab Schuler nicht auf: »Könnte es denn sein, daß man bei den Produzenten automatisch an sie dachte, wenn es um die Besetzung bestimmter Figuren ging? Also Huren, Mörderinnen und so. Und nicht an, was weiß ich, Catherine Deneuve oder Jeanne Moreau oder Simone Signoret, na ja, das war wohl schon eine andere Generation, aber du verstehst ja, was ich meine.«

Für einen Moment erinnerte sich Anna an eine Filmszene, in der Romy Schneider in einigen merkwürdigen Momenten ausgesehen hatte wie Simone Signoret. Was war das noch mal... war das *Die Unschuldigen mit den schmutzigen Händen*? Oder das *Alte Gewehr*? Sie sah genau das Gesicht vor sich und wußte noch, wie verblüfft sie gewesen war über die Ähnlichkeit zwischen den beiden Frauen – oder war das nur eine Ähnlichkeit, die bei ihr im Kopf entstanden war? Weil sie gerade von der Beziehung zwischen den beiden geschrieben hatte...

»Bist du noch dran? Hat es dir die Sprache verschlagen?« hörte sie Schulers ungeduldige Stimme.

»Nein, nein, ich habe nur nachgedacht. Selbst wenn ihr Rollen angeboten wurden, von denen die Regisseure glaubten, die seien besonders typisch für Romy, spricht das noch lange nicht für deine These, daß Romy auch im wahren Leben etwas von diesen Frauen hatte. Daß sie deshalb die Rollen bekommen hat. Das halte ich für absoluten Blödsinn, darüber braucht man gar nicht nachzudenken. Wenn es so gewesen wäre, hätte sie in ihrem Privatleben sehr viel gelassener und souveräner reagiert und nicht so chaotisch. Aber um ganz sicher zu gehen – ich rede morgen mit ihrem Agenten, und ich werde ihn natürlich fragen, ob es vielleicht doch einen Zusammenhang gibt... Im übrigen streich mal den Begriff Ehebrecherin aus deinem Wortschatz, wir leben in den achtziger Jahren. Ehebrecherin klingt noch so alttestamentarisch, als würden Frauen gesteinigt oder zumindest verbannt, wenn sie die geordneten Bahnen verlassen. Kerle werden ja auch nicht Ehebrecher genannt.«

Schuler grunzte empört, sagte aber nichts.

»Gibt es sonst etwas Neues, das ich wissen müßte?« fragte Anna, um ihn auf ein anderes Thema zu bringen. »Kommt nun dieser Mann vom Fernsehen und erzählt uns was von Journalismus, oder darfst du noch eine Weile allein entscheiden?« Im selben Augenblick tat ihr der blöde Spruch leid, weil sie sich plötzlich vorstellte, daß es für Schuler in seinem Alter sicher schwer zu verkraften war, wenn plötzlich irgend so ein Aufsteiger an ihm vorbeizog.

»Entschuldige, aber das sind sicher alles dumme Gerüchte. Du weißt ja, wir bleiben auch dann bei dir, wenn du den *Taunus-Anzeiger* machst. Hallo. Hallo. Karsten?« Die Leitung war tot. Er hatte einfach aufgelegt.

Anna zündete sich eine Zigarette an und drückte ganz in Gedanken auf den Knopf des kleinen Fernsehapparats. Nur Werbung. Sie stellte den Ton ab. Warum ist es so verdammt schwer, in ein anderes Leben zu schlüpfen, eine Biographie so zu schreiben, daß man nicht von Dokumenten zugeschüttet wird und dadurch den Blick fürs Wesentliche verliert? Weil du noch immer nicht weißt, was wesentlich ist und was nicht, sagte sie zu sich selbst und drückte wütend die Zigarette aus. So einfach ist das. Sie riß den zweiten Briefumschlag auf, den ihr der Portier gegeben hatte. Ein Zettel. »Ich habe die Zeitungen gelesen. Sehr gut. Vielleicht können Sie damit auch noch was anfangen? Man kommt rum als Einbrecher und findet manches, was mehr wert ist als Geld. Nehmen Sie die Sachen als Zugabe, kostet nichts extra.« Keine Unterschrift, aber sie wußte sofort, wer der Schreiber war. Der geheimnisvolle Mann, den sie in Ablis getroffen hatten, der mit der Videokassette von der willenlosen Romy Schneider. Also Einbrecher war er. Das erklärte zumindest, woher er die Sachen hatte. Sie nahm die Papiere aus dem Umschlag und blätterte sie durch. Bankauszüge eines Kontos in der Schweiz, eines Kontos in Paris, Kopien von Briefen. Sie begann zu lesen und pfiff leise durch die Zähne. Vielleicht war das endlich die Spur, nach der sie so lange gesucht hatte...

Sie rief Laurents Eltern auf dem Land an. Ja, er war zurückgekehrt, alles in Ordnung. Als er ans Telefon kam, erzählte sie ihm von dem Briefumschlag und dem vielversprechenden Inhalt. Am liebsten wäre er sofort in die Stadt gekommen, ins Hotel.

»Das schauen wir uns morgen abend gemeinsam an, Laurent. Ich habe noch viele Termine tagsüber, mit der Haushälterin Olga, mit ihrem Agenten Jean-Louis Livi. Dann versuche ich, Michèle de Broca zu interviewen, die ist ja auch Patentante von Sarah. Ich brauche noch viele Einzelheiten aus der Zeit, bevor sie dich kennenlernte.«

Mitten im Satz verstummte sie. Auf dem Fernsehschirm war ein Foto von Curd Jürgens aufgetaucht. Schnell verabschiedete sie sich von Laurent und stellte den Ton wieder an. »...ist vorgestern im Alter von sechsundsechzig Jahren gestorben, wie erst jetzt bekannt wurde.« Dann folgte eine Auflistung seiner Filme und Preise und ein kurzer Nachruf eines Filmredakteurs. Der vergaß nicht zu erwähnen, daß innerhalb von wenigen Wochen nunmehr die beiden größten deutschen Kinostars gestorben seien, die einzigen Weltstars, die diese Bezeichnung verdient hätten. Romy Schneider und Curd Jürgens.

Die Bezeichnung Weltstar war es wohl, die Anna Wendtlin plötzlich wieder daran erinnerte, daß sie schon lange Marlene Dietrich hatte anrufen wollen. Die mußte doch noch einiges über Romy Schneider wissen, und vielleicht erzählte sie etwas am Telefon. Besuche empfing sie ja schon lange nicht mehr. Ein Freund hatte berichtet, daß sie sich eine sorgsam konstruierte Rutsche hatte installieren lassen, für den Fall ihres Ablebens. Mit dieser Rutsche konnte man dann den Sarg mit der Leiche direkt in den Keller schicken und von dort in einem Auto mit verhängten Scheiben auf einen Friedhof transportieren. Damit wollte der »Blaue Engel« den fotografischen Geiern, die sogar mal versucht hatten, von einem Baukran aus direkt in ihre Wohnung zu »schießen« und ein Foto zu machen, ein letztes Schnippchen schlagen. Ob diese Geschichte stimmte, wußte niemand. Aber selbst wenn sie nicht stimmte, so war sie doch wunderschön erfunden.

Anna wählte die Nummer der Wohnung nahe dem Hotel George V, die ihr jemand aus dem Pariser Büro der *Frankfurter Illustrierten* besorgt hatte. Es klingelte viermal, fünfmal, und gerade, als sie auflegen wollte, meldete sich eine Stimme mit »Oui?«. Hastig begann Anna Wendtlin zu reden, erzählte, wer sie war und warum sie es wagte, Madame Dietrich zu stören, aber es ginge um Romy Schneider und ihre Beziehung zu Marlene Dietrich, und es sei doch immer besser, direkt zu fragen, als über Dritte Gehörtes zu zitieren. Ob denn Frau Dietrich wohl zu sprechen sei? Nein, kam die prompte Antwort. »Madame ist für ein paar Tage auf ihrem Landsitz an der Riviera, und dann wollte sie eigentlich nach Mexiko fliegen. Leider sieht es ganz schlecht aus mit einem Termin für ein Gespräch. Aber ich kann Ihren Wunsch weitergeben.«

»Und wer sind Sie?«

»Ich bin die Sekretärin und spreche morgen wieder mit Madame Dietrich.«

Anna stutzte. Und erinnerte sich an die Geschichten, die man von Marlene Dietrich erzählte. Daß sie oft am Telefon ihr eigenes Hausmädchen spielte oder ihre Sekretärin und dann die abenteuerlichsten Lügen erfand, wo Marlene Dietrich angeblich war und was sie angeblich gerade machte, bis sie selbst nicht mehr wußte, was Wahrheit war in ihrem Alltag und was Teil der selbstgewobenen Legende.

»Frau Dietrich, sind Sie es?« fragte Anna auf deutsch und hoffte auf den Überraschungseffekt. Aber die Frau hatte schon aufgelegt. Als sie es erneut versuchte, ertönte das Besetztzeichen. Anna war überzeugt, daß sie Marlene Dietrich direkt am Telefon gehabt hatte, aber dieses Wissen half ihr auch nicht weiter. Alles Verrückte um mich herum, dachte sie. Wie schön müßte es sein, mal wieder eine ganz normale Geschichte mit ganz normalen Menschen zu machen. Irgendeinen Einsiedler auf der Zugspitze interviewen oder eine Souffleuse am Staatstheater.

Anna Wendtlin schaltete den Fernsehapparat aus und studierte erneut den Inhalt des zweiten Briefumschlags, den sie auf den Schreibtisch gelegt hatte. Sie machte sich Notizen und schrieb Fragen auf, die sie morgen mit Laurent besprechen wollte. Gleichzeitig hatte sie das Gefühl, daß sie den Fall Romy Schneider nie aufklären würde. Jede Antwort, die sie fand, erzeugte eine neue Frage. Wie bei diesen russischen Puppen, dachte sie, man denkt immer, nun sei es vorbei, dann kommt auch schon die nächste.

Sie legte sich schlafen.

XVIII

Die quälenden Selbstvorwürfe nach Harry Meyens Tod – Hätte ich doch mal hinfahren sollen? Hätte ich mich mehr um ihn kümmern müssen? Hätte ich etwas verhindern können? – wird Romy Schneider nicht mehr los. Gewissensbisse werden sie über die Jahre hin begleiten, bis zum eigenen Tod. Rationale Gegenargumente helfen da wenig, mag ihr noch so oft versichert werden, daß sie Harry Meyen nicht hätte retten können, weil die Hölle in ihm selbst lag, so wie auch sie sich ihre Hölle selbst bereitet hat. Tabletten und Alkohol waren ja nur die Symptome seiner Verzweiflung. Die Ursachen für das selbstmörderische Unglück des Harry Meyen lagen tiefer. Zwar auch in der Enttäuschung über die zerbrochene Ehe, zwar auch in der nur selten erfüllten Sehnsucht nach dem fernen Sohn – typische Notiz von Harry Meyen: »Es ist früh am Morgen, ich schaue auf die Bäume und das Wasser der Alster und denke an meinen Sohn« –, zwar auch in der Erkenntnis, beruflich keine Perspektiven mehr zu haben. Aber vor allem in der eigenen verklemmten Biographie, in jener immer gerühmten preußischen Disziplin, wo die Unfähigkeit, sich spontan auch mal anderen Gefühlen hinzugeben als denen der plötzlichen Lust, als besondere Qualität galt. Dabei gab es in seinen letzten Lebensjahren nicht einmal mehr Lust. Das Spiel, sich immer dann mit irgendeiner blonden Schönheit in den Zeitungen abbilden zu lassen, wenn gerade wieder eine angebliche Affäre von Romy Schneider durch bunte Blätter gehechelt wurde, wirkte wie ein Schachzug auf einem Brett, an dem er längst schon alleine saß. Und längst schon schachmatt war.

Romy Schneiders Schuldgefühle verstärken ihre Probleme, ihre Lebensängste, ihre Depressionen. »Muß ich nun ein schlechtes Gewissen haben wegen Harry...?« fragt sie noch zwei Jahre später und ist dankbar wie ein Kind, wenn man sagt: Nein, du doch nicht, als habe man ihr Absolution erteilt. Aber die Schuldgefühle, die nächtlichen Alpträume kommen wieder, und sie werden unerträglich nach dem schrecklichen Unfalltod ihres Sohnes David im Sommer 1981. »Wenn Harry noch gelebt hätte, dann hätte er darauf bestanden, daß sein Sohn in einem Schweizer Internat erzogen wird, dann wäre so etwas niemals passiert...«, schreibt sie verzweifelt. Die Ausbildung Davids in der Schweiz war festgelegt in der notariellen Trennungsvereinbarung des Ehepaares Meyen. Nicht nur, weil »ich Harry immer noch liebe«, sondern auch in einer Art Selbstbestrafung stellte sie bei ihrem letzten großen Film in Berlin große Fotos von Harry Meyen neben denen ihres Vaters und ihrer Kinder in ihrem Hotelzimmer auf.

Nach der Rückkehr von Meyens Beerdigung in Hamburg hätte sie eine Therapie gebraucht oder zumindest Gespräche mit vertrauten Menschen, jedoch bestimmt nicht Gespräche über einen neuen Film, Vorbereitungen der Produktion, Lernen einer neuen Rolle. Oft zwar haben Dreharbeiten Romy Schneider geholfen, sich über Brüche in ihrem Leben hinwegzumogeln, bis sie wieder festen Boden unter den Füßen zu spüren glaubte. Diesmal aber ist die Trennung endgültig. Kein neues Kapitel wird geschrieben, kein altes wiederholt.

Die Geschichte des Films *Die Liebe einer Frau*, nach dem berühmten Roman *Clair de femme* von Romain Gary (frei übersetzt etwa »Die Ausstrahlung einer Frau«), den sie jetzt auf Pressekonferenzen vorzustellen hat, wird sofort mit ihrer eigenen Situation verglichen und auf Harry Meyens Ende bezogen. Zwar waren die Dreharbeiten beendet, bevor er sich in Hamburg umbrachte, aber die Stimmigkeit zeitlicher Zusammenhänge kümmern nicht die, die über Romy Schneider zu schreiben haben. Allzu gut scheint der Inhalt auf das echte Leben des Stars zu passen: Lydia (Romy Schneider) und Michel (Michel Piccoli) verlieben sich ineinander. Er ist verheiratet mit einer todkranken Frau, sie mit einem in geistiger Umnachtung lebenden Mann, der sich nach einem Autounfall, bei dem auch die gemeinsame Tochter starb, nur noch lallend verständigen kann. Beide sind unfähig zu einer neuen Bindung, wollen es aber dennoch miteinander versuchen. Doch zunächst geht Lydia ohne Michel auf eine Reise. Erst bei ihrer Rückkehr wird er sie – vielleicht – abholen dürfen. Romy Schneider nach Abschluß der Dreharbeiten: »Intellektuelle Scheiße.« Was in der Quintessenz ziemlich exakt den späteren Kritiken entspricht und auch die verquaste Erklärung kennzeichnet, die der Regisseur Costa-Gavras als Philosophie seiner künstlerischen Bestrebungen nachreicht: »Zu dem Zeitpunkt, wo gewisse Leute den Krieg der Geschlechter propagieren wollen, schien es mir angebracht zu erinnern, daß das Schicksal des Mannes und der Frau eng verbunden bleibt und daß die Liebe schließlich der einzige Reichtum ist, der durch Verschwendung größer wird.«

Mit Constantin Costa-Gavras hatte sie von Anfang an Schwierigkeiten gehabt. Er war ein wortkarger Mann, er besprach Szenen nicht, sondern gab Anweisungen. Damit können Profis normalerweise umgehen, solange die Gage stimmt, doch der Profi Romy Schneider möchte zwar geführt, aber auch immer einbezogen werden – und zumindest das Gefühl haben, geliebt zu sein. Ihre Versuche, mit ihm zu flirten und so einen Weg zu ihm zu finden, endeten in gegenseitiger Frustration. Gleichzeitig versuchte sie, ihrem Mann Daniel Biasini treu zu sein. Sie weiß, wie groß für sie die Versuchung ist bei Dreharbeiten, wie groß sie immer schon war während ihrer gesamten Karriere. Nicht nur, weil bei monatelanger gemeinsamer Arbeit das Leben vor und das Leben hinter der Kamera nur noch schwer voneinander zu trennen sind.

Deshalb haben die meisten ihrer Affären auch bei der Produktion eines Films begonnen, selten in der drehfreien Zeit. Sie versuchte das einmal mit der Intensität zu erklären, die sie in alle ihre Rollen legte: »Ich habe für jede Einstellung, für jede Szene, noch einen Rest von Gefühl in mir, als Reserve sozusagen.« Und wenn dieser Rest nicht abgerufen wurde, strahlte das auf die Umgebung aus. Sie versank in der Rolle, lebte auf in der Darstellung anderer Leben, und dieses Aufleben gab ihr eine sinnliche Kraft, die scheinbar keine Grenzen kannte. Vor allem nicht die einer festen Beziehung, in der sie vielleicht gerade lebte. Männer, die dies spürten, nutzten stets bei Romy Schneider ihre Chance. »Allein halte ich es abends nach Dreharbeiten nicht aus. Dann drehe ich weiter, oder ich drehe durch.« Eigentlich brauchte sie ihren jeweiligen Ehemann als Halt in solchen Momenten, wenn die Lichter der Scheinwerfer erloschen, aber den wiederum wollte sie lieber nicht bei den Dreharbeiten sehen, sonst »fühle ich mich bei jedem Flirt beobachtet«.

Wer Romy Schneider nur aus dem sogenannten normalen Alltag kennt, der ja in Wirklichkeit seit *Sissi* selten noch normal war, kann sich in der ungeschminkten, lässig gekleideten und eher unscheinbaren kleinen Frau nicht die *femme fatale* vorstellen, von der so viele schwärmen und die als Verheißung männlicher Träume, Hure und Madonna zugleich, auf den Kinoplakaten zu sehen ist. In Deutschland wird sie nach Meyens Tod aus den Schlagzeilen entlassen, natürlich nur bis auf weiteres, bis zur Wiedervorlage. Andere Themen beherrschen das Land in diesem Jahr 1979. Strauß ist der Kandidat der Opposition gegen die sozialliberale Regierung Schmidt, und alte, nie vergessene Ängste vor deutscher Großmannssucht brechen vor allem im Ausland wieder auf. In Frankreich, dem zur Heimat gewordenen Exil von Romy Schneider, geht wieder das Gespenst um vom *boche*, den man entweder zerschmettert zu Füßen hat oder blutrünstig an der Gurgel. In der deutschen Innenpolitik scheiden sich an FJS die Geister; die einen sehen ihn als Retter des durch Terrorismus und Staatsverschuldung angeblich bedrohten Vaterlandes, die anderen als Gefahr für eine endlich normal und erwachsen gewordene Republik. Als Rudi Dutschke an den Folgen des Attentats von Ostern 1968 stirbt, wird noch einmal die Geschichte der aufbegehrenden Jugend erzählt; nostalgische Untertöne sind nicht zu überhören. Im deutschen Fernsehen läuft die US-Serie *Holocaust* über die Judenvernichtung im Dritten Reich. Zum erstenmal lassen sich Massen wenigstens in einer Spielhandlung mit dem konfrontieren, was verbrecherische deutsche Geschichte war und was noch immer nicht aufgearbeitet ist. In England wird eine Frau Regierungschefin, Margaret Thatcher, und in Persien, wo der Deutschen liebster »Sissi«-Ersatz, Kaiserin Farah Diba, auf dem Thron saß, beginnt nach der Vertreibung des Schahs das blutige Regime Khomeinis. Angesichts solcher Ereignisse wird als eher unbedeutend registriert, daß endlich ein deutscher Film beim wichtigsten Filmfestival der Welt, in Cannes, die Goldene Palme erringt, Volker Schlöndorffs Verfilmung des Grass-Romans *Die Blechtrommel*.

Romy Schneider spielt ab Juni 1979 wieder eine Rolle, in der sie Stücke von sich selbst erkennt: »Drei Viertel dieses Films haben mit mir zu tun«, schreibt sie dem Regisseur und verspricht: »Ich werde Deine Katherine sein, ich werde es die ganze Zeit bis zum Schluß sein.« Die Schriftstellerin Katherine Mortenhoe im Debütfilm des französischen Filmkritikers Bertrand Tavernier wird in einer zeitlich nicht genau definierten, aber nicht allzu fernen Epoche Hauptperson einer makabren Fernsehshow. Sie ist todkrank, und für ein stattliches Honorar sollen die Zuschauer live miterleben dürfen, wie sie stirbt. Katherine unterschreibt zwar den Vertrag, doch sie flieht und wird verfolgt von einem skrupellosen Reporter, der sich eine Kamera in seine Augen hat operieren lassen, um immer auf Sendung zu sein. Die Sendung ist begehrt bei den Zuschauern wie keine andere Show und heißt *Death Watch* (so auch der Originaltitel des Films, der in Deutschland unter dem Titel *Der gekaufte Tod* laufen wird). Jäger und Gejagte kommen sich näher, freunden sich an. Der Reporter, gespielt von Harvey Keitel, beginnt seinen Job in Frage zu stellen. Er wird nachdenklich und damit nachlässig. Seit der Operation dürfen seine Augen nie länger als eine Minute lang der Dunkelheit ausgesetzt sein, sonst erblindet er. Nacht für Nacht schluckt er Muntermacher, um nicht einzuschlafen. Doch einmal vergißt er es, verliert die Taschenlampe, mit der er sich nachts immer in die Augen strahlt, und wird blind. Sein Opfer muß ihn führen. Schlußszene in einem einsamen Landhaus irgendwo an der schottischen Küste: Das TV-Team schwebt per Hubschrauber ein, die Schriftstellerin ist gar nicht todkrank, der Arzt, der ihr die Diagnose stellte, war von der Fernsehanstalt gekauft. Jetzt will der Produzent alles aufklären, sein Opfer retten, um noch höhere Einschaltquoten zu erzielen. Er kommt zu spät. Katherine hat sich vor der Meute in Sicherheit gebracht, sich die letzte Freiheit genommen, sich umgebracht.

Während der Film in Schottland gedreht wird, hat Daniel Biasini zunächst in Paris und dann in Ramatuelle an der französischen Riviera wieder mal ein Heimspiel. Für David ist er nach dem Tod des echten Vaters erst recht der Mann geworden, dem seine ganze Liebe gilt, der ihn mitnimmt zu Tennisturnieren, zu Autorennen, zu Ausflügen aufs Meer. Biasini arbeitet, wie seine Frau stolz erzählt, an einem Drehbuch, das er mit Claude Sautet verwirklichen will, aber er wird nicht so recht fertig mit dem Stoff. Es gibt zu viele Ablenkungen, und Romy Schneider ist weit weg. Die wiederum sehnt sich nach der Geborgenheit der Familie, zumindest sieht sie von ferne ihren Alltag so, schreibt ihrer Mutter einen bösen Brief, daß Magda Schneiders Geburtstagsfest im Mai wie schon so oft eine wahre Horrorveranstaltung gewesen sei, inszeniert für die Boulevardpresse, und schwört, wieder einmal, mit mir nie wieder. Wo ihr Alltag stattfindet, ist inzwischen Thema einer Auseinandersetzung mit den französischen Steuerbehörden. Die Finanzbeamten sind nicht davon überzeugt, daß Romy Schneiders eigentlicher Wohnsitz in der Schweiz liegt und sie deshalb in Frankreich keine Steuern bezahlen muß. Hat sie nicht fast alle ihre Filme in Frankreich gedreht? Zwar ist das Haus in Ramatuelle über die zu Cinecustodia gehörende Firma IMFRA gekauft worden, auch das Haus in der Rue Berlioz in Paris (und dann offiziell an Romy Schneider vermietet worden), aber die Beamten der Steuerfahndung beginnen, die Einnahmen des Stars genauer zu untersuchen. Es werden Nachforderungen in Millionenhöhe errechnet, rückwirkend seit vielen Jahren. Romy Schneider ist geschockt. So viel Geld besitzt sie nicht, weder auf ihren Konten noch im Wertpapierdepot in Zürich. Sie läßt die Rechtmäßigkeit der Forderungen von ihren Anwälten prüfen, will aber auf jeden Fall das Haus in Paris verkaufen, um wenigstens eine gewisse Summe bereit zu haben, falls gegen sie entschieden wird. Sie ist beim Gedanken an den Verkauf des Hauses in Paris nicht traurig, nicht nur, weil ihr Geld und Besitz egal sind, solange sie glaubt, etwas zu haben, sondern vor allem, weil sie in Ramatuelle ihren eigentlichen Wohnsitz sieht, ein Refugium der Ruhe zwischen den einzelnen Filmen, zu dem sie nach anstrengenden Dreharbeiten zurückkehrt und wo sie sich fallen lassen kann. Ihr Sohn David und ihr Mann Daniel sind sich allerdings längst einig, daß die Familie zurückziehen sollte nach Paris, wo das Leben stattfindet.

»Ich bin jetzt 54 Filme alt«, schreibt sie einem Freund in Hamburg, und dieser Satz ist nicht als Koketterie mit dem Ruhm dieser vierundfünfzig Filme gemeint. In diesem Sinne fühlt sie sich alt, und in diesem Sinne ist verständlich, daß sie in Zukunft endlich weniger Filme drehen will, weil sie begriffen hat, jeder Film stiehlt ihr ein Stück von dem richtigen Leben, in dem sie viel jünger ist, noch nicht einmal einundvierzig. Aber selbst wenn dieser Wunsch, endlich weniger zu arbeiten, sogar zum erstenmal ernst gemeint ist (davon gesprochen hatte sie oft), selbst wenn ihr das als die einzige Chance scheint, ihre Ehe mit Biasini zu sichern und für ihre Kinder die Familie zu erhalten, weiß sie doch spätestens nach der Beratung durch einen Steueranwalt in Paris, daß sie weder genügend Geld besitzt, um in Ruhe leben zu können, noch um die auf sie zukommenden Forderungen zu erfüllen. Später leiht sie sich sogar von der Bank Rivaud in Paris rund eine Million Francs, für die ihre Schweizer Bank eine Bürgschaft übernimmt (die Schweizer müssen übrigens nach Romy Schneiders Tod zur Deckung dieses Kredits zähneknirschend 300 000 Schweizer Franken an ihre Pariser Kollegen überweisen, weil sie ja weder Immobilien noch Aktien, noch Bargeld hinterlassen hat). Ihre Geldschwierigkeiten sprechen sich in der geschwätzigen Branche herum, und auch das ist eine Erklärung für ihre verhältnismäßig geringen Gagen – gering angesichts ihres Ruhms – in den letzten Jahren. Die Produzenten wissen, daß der Weltstar Romy Schneider dringend Geld braucht, und entsprechend hart wird mit ihr verhandelt. Für eine Hauptrolle wie in *La Banquière* zum Beispiel sind rund 450 000 Mark im Vergleich zu den Gagen anderer französischer Stars eher bescheiden. Was Biasini verdient, reicht gerade für die Telefonrechnungen, wie er selbst zugibt. Sie muß drehen, sie muß arbeiten, selbst nach vierundfünfzig Filmen hat sie nicht genügend gespart, um aufhören zu können, hat sie nie bekommen, was sie verdient hätte. Insofern ist die finanzielle Ausbeutung der Romy Schneider neben ihrer todessehnsüchtigen Lebensweise zwischen Alkohol und Tabletten und neben ihren privaten Tragödien sicher eine weitere Ursache für ihren frühen Tod. Auch an dem Druck, immer und immer wieder in neue Rollen schlüpfen zu müssen, immer und immer wieder sich selbst aufgeben zu müssen, dabei geplagt von einem krankhaften Lampenfieber, das trotz aller Routine blieb, ist sie letztlich zerbrochen. Zweifellos war es Selbstmord, was Romy Schneider ihrem Leben angetan hat.

Das alles klingt sehr widersprüchlich. Wollte sie denn nicht um jeden Preis Schauspielerin werden? Wollte sie denn nicht die berühmte Frau sein, die auf der Leinwand für ein paar Stunden Träume zum Leben erweckte? Hat sie es denn nicht genossen, als Star erkannt und unendlich bewundert zu werden? Alles richtig – und alles falsch. Die vielen Versuche der Romy Schneider, zu sich selbst zu finden, ein ihrer impulsiven Art gemäßes Leben zu führen, haben gerade deshalb scheitern müssen, weil es ihr nie gelang, zwischen Film und Wirklichkeit eine Harmonie zu schaffen, die länger anhielt als ein paar kümmerliche Monate. »Es war eine Synthese zwischen Film und Leben, zuungunsten des Lebens«, sagte sie in einem Interview im Frühjahr 1981. Sie findet einen Begriff dafür, den es zwar nicht gibt, der aber genau ihre Situation trifft, der Begriff heißt unlebbar. Romy Schneider war unlebbar für sich und deshalb auch unlebbar für andere. An den Seilen, die man ihr spannte, hielt sie sich nicht fest, sondern schlüpfte unter ihnen durch, und wenn sie dann in unbekanntem Gelände stand, kam die Angst wieder, der gehetzte Blick, der Griff nach dem Halt, der in Wirklichkeit keiner war. Tabletten. Alkohol. Affären. Sie wollte immer alles und immer alles gleichzeitig. Und sie erfüllte in ihren Ehen immer eine zwar vordergründig selbst gewählte, in Wirklichkeit aber doch erzwungene Rolle, die man in der Gesellschaft gemeinhin dem Mann zuspricht. Die Familie ernähren. Das Geld verdienen. Dafür muß man doch einfach geliebt werden, und geliebt werden will sie, möglichst von allen. »Sie war so ungeheuer deutsch«, sagt einer ihrer liebsten Filmpartner, Michel Piccoli, »sie lebte immer jenseits von Vernunft und Verstand.« Und erinnert sich, wie bitter er lachen mußte, als Romy Schneider in einer Eloge zu ihrem vierzigsten Geburtstag als »reife und heitere Frau« geschildert wurde, ausgerechnet sie, die so voller Angst war, jemanden zu verletzen, weil das ja dazu führen könnte, daß man sie nicht mehr liebte.

Zum Beispiel wollte sie sich eigentlich schon nach ihrem ersten Film Romy Albach nennen oder zumindest Romy Schneider-Albach, wie sie noch in der Besetzungsliste von *Wenn der weiße Flieder wieder blüht* aufgeführt ist. Aber der Produzent und ihre Mutter überzeugten sie davon, daß Romy Schneider einfach besser klingt. Vor allem ihre Mutter überredete sie dazu. Der Name des

Vaters sollte ausgelöscht werden. Und das Mädchen Rosemarie gab nach, um dem geliebten Mammerl nicht weh zu tun. Viele Jahre später hat sie noch einmal überlegt, ihre Karriere künftig unter dem Namen Rosemarie Magdalena Albach fortzusetzen. Der Bruch mit der Familie, mit der Königinmutter, sollte offenkundig werden und auch der Bruch mit all den Filmen, die sie unter dem Namen Romy Schneider gedreht hatte. In *Boccaccio '70* unter der Regie von Luchino Visconti hätte der Neuanfang auch namentlich deutlich gemacht werden können. Aber da erklärte ihr Agent sie für verrückt. Das Produkt, wenn auch damals 1961 nicht besonders begehrt und erfolgreich an der Kasse, hieß nun mal Romy Schneider und nicht anders.

Erst der Tod beendete die Suche nach der verlorenen Identität. Auf dem Friedhof in Boissy Sans Avoir ist ihre letzte Ruhestätte nicht unter Romy Schneider zu finden, dem Namen des Stars, den die ganze Welt kennt. Wie sie es festgelegt hatte, wurde auf dem Grabstein der Name Rosemarie Albach eingemeißelt (der unter dem Namen ihres Sohnes steht). Am Ende zurückgekehrt zu ihren Wurzeln, am Ende die Kindheit wiedergefunden, am Ende nicht mehr davongelaufen...

Widersprüche in Romy Schneider auch zwischen der von ihr häufig beklagten mangelnden Bildung, die sie als Handicap betrachtete, und ihrer intuitiven Klugheit, sie selbst nannte es altmodisch Gescheitheit, die sie auch in schlechten Filmen nie schlecht aussehen ließ. Ihre Profession hat sie sich instinktiv erspielt und ihre Professionalität intelligent erarbeitet. Sie erkannte in Drehbüchern die Schwächen, und sie durchschaute in der Glamourwelt Kino schnell das Geschwafel derer, die ihren Mangel an Ideen als ganz neue Masche verkaufen wollten. Aber sie sagte dies den Autoren und Produzenten und Regisseuren selten, aus Unsicherheit, aber auch, um sie nicht zu verletzen. Sie widersetzte sich nicht, flüchtete allenfalls für ein paar Tage in Krankheiten, ließ sich dann aber wieder überzeugen, weiterzumachen, mitzuspielen, ihrem Instinkt zu mißtrauen. »Ich mache die Leute eher immer besser, als sie sind. Ich habe zuviel Vertrauen.« Wenn sich dann herausstellte, daß sie eigentlich recht gehabt hatte, warf sie das nicht denen vor, die sie überredet hatten. Sie war eher sauer auf sich selbst, daß sie wider besseres Wissen nachgegeben hatte. Sie fühlte sich allen unterlegen, die lange zur Schule gegangen waren oder viele Bücher gelesen hatten oder klug über Philosophie und Politik, Kunst und Musik reden konnten. Das alles hatte sie versäumt, weil sie in den Zeiten, in denen sich eine solche Bildung durch Erfahrung und durch Lernen entwickeln kann, Film um Film gedreht hat. Seit ihrem fünfzehnten Lebensjahr setzte sie fast ununterbrochen in Gestik, in Bewegung, in Körpersprache, in Sinnlichkeit, in Leben um, was andere sich ausgedacht hatten. Deshalb vielleicht ihre verkrampfte Sprachlosigkeit oder naive Bewunderung, wenn sie Menschen begegnete, deren Stärken sie nicht hatte. Und deren Schwächen sie nicht sah oder nicht benennen wollte. Wie etwa die für alle Außenstehenden offenkundigen Schwächen ihrer Mutter, von denen sie sehr wohl wußte und die immer wieder zu heftigen Konflikten führten, die sie aber offiziell, nach außen, verbindlich abtat: »Meine Mutter war auf ihre Art gut zu mir. Die wußte es halt nicht besser, die konnte es halt nicht besser.« Wenn sie sich mal wehrte, endete dieses Sich-Wehren in einem Gefühlschaos. »Ich verbaue mir immer alles durch mein Schreien«, erkannte sie anschließend. Romy Schneider spielte dann den großen Star, zog sich zurück auf Attitüden, weil sie nie gelernt hatte, sich als gleichberechtigter Partner zu streiten. Besonders in den vielen kleinen Auseinandersetzungen nicht, die zum Alltag gehören. Und jeder Krach, jeder Streit, tat ihr ein paar Minuten später schon wieder leid, weil sie geradezu versöhnungssüchtig war.

Manche interpretieren sogar die fast unmenschliche Geduld, mit der sie das Produktionschaos bei *Gruppenbild mit Dame* über sich ergehen ließ – abgesehen von einzelnen Ausbrüchen –, als Versuch der Versöhnung mit dem Land, das sie gejagt hatte. Warum sonst hätte sie in Deutschland drehen sollen, wo ihr doch in Frankreich alle Möglichkeiten offen standen, wo sie sich doch nicht nur als Französin fühlte, sondern auch in dieser Sprache zu Hause war, in dieser Sprache drehte? Solche Erklärungen aber, natürlich erst nach dem Tod des Stars geäußert, weil sie sich dann ja nicht mehr dagegen wehren konnte, sind ähnlich simpel wie die Deutung, ihre Probleme mit Männern hätten ausschließlich in der vergeblichen Suche nach dem nie erlebten Vater bestanden.

Für gewisse Produzenten und manche Regisseure, für bestimmte Freunde und ganz bestimmte Partner war es natürlich bequem, Romy Schneider im Glauben zu lassen, sie sei leider nicht klug genug für das normale Leben. Daß man ihr deshalb alle Entscheidungen abnehmen müsse. Die der Drehbuchwahl, die der Gagenverhandlung, die der Geldanlage. Alice Schwarzer beschrieb das in *Emma* nach ihrem Gespräch mit Romy Schneider in Köln so: »Romy hat, wie so viele Frauen, mörderische Komplexe. Sie hält leicht, allzu leicht, die anderen für schlauer. Wen nimmt's wunder? Gehört sie doch zu der Kategorie Mensch, der unablässig eingehämmert wird, sie sei ja eh dumm, weil nämlich schön. Frau, Schauspielerin und Star – kann doch nur dämlich sein, oder?«

Doch Romy Schneider durchschaute manchmal sehr gut, was um sie herum vorging. Menschen, die ihr Vertrauen nicht enttäuscht hatten, stellte sie nicht nur die richtigen Fragen, sondern sie hatte auch auf deren Fragen die richtigen Antworten parat; da gab es Augenblicke der Einsicht und der Erkenntnis. Leider oft und gerade dann, wenn Alkohol und Tabletten ihre Hemmung weggespült hatten, mal nicht nur wütend aufzustampfen, sondern Konsequenzen zu ziehen. Die guten Vorsätze einer solchen Nacht waren aber schnell vergessen, wenn sich erneut das Karussell der Termine in Bewegung setzte, wenn ein Auftreten auf dem Jahrmarkt der Eitelkeiten gefragt war, wenn ihr einer von denen, die sie ausbeuteten, schöne Augen machte. Auch wenn sie unfähig war, sich zu ändern, wußte sie doch sehr genau um diesen Zustand dauernder Zerrissenheit. *»Je suis cyclique«*, sagte sie in einem langen nächtlichen Gespräch in Quiberon, was bedeuten sollte, sich in einem Zyklus zwischen himmelhochjauchzend und zu Tode betrübt, zwischen Eigenliebe und Selbsthaß zu bewegen. In einem manisch-depressiven Teufelskreis, dessen *ups and downs* in immer schnelleren Abständen aufeinander folgten. Wer Romy Schneider am meisten deprimierte, war sie selbst, und das wußte sie auch. Von wegen dumm, von wegen ungebildet, von wegen nur schön. Wenn sie dumm gewesen wäre, hätte sie es im Leben einfacher gehabt. Und wahrscheinlich sogar ihr Leben überlebt. Die Ärzte, die sie wegen angeblich körperlicher Erschöpfung in einem Sanatorium behandelten, hielten, dumm, wie sie waren, schwere Psychopharmaka für eine Therapie gegen ihre Lebensangst. Sie aber war sogar in diesem französischen Kuckucksnest noch wach und stark genug, einer solchen Behandlung zu entfliehen. Sie spürte, daß es keine Rettung sein konnte, wenn sie auch noch anfing zu stottern, erlernte Texte vergaß und damit gefährdete, was ihr der letzte Halt schien in wieder einmal zerbrechenden privaten Verhältnissen: als Schauspielerin erfolgreich zu sein und Filme zu drehen.

Im Winter 1980 beginnen die Dreharbeiten zu *La Banquière*, auf deutsch unter dem Titel *Die Bankiersfrau* in den Kinos, und Romy Schneider hat die Hauptrolle der Emma Eckhert übernommen. Hintergrund der Geschichte ist die Biographie der Marthe Hanau, die in den zwanziger Jahren in Frankreich Furore machte. Die schöne Tochter eines berühmten Hutmachers heiratet nach einer lesbischen Affäre einen um Jahrzehnte älteren Mann und beginnt sich in der Männerwelt der Finanzen durchzusetzen. Sie gründet mit dem Vermögen einer Geliebten eine Bank, die den Kleinsparern acht Prozent Zinsen gibt im Gegensatz zu den läppischen 1,5 Prozent der Großbanken. Das Volk liebt die Bankiersfrau, sie wird populär. Die etablierten alten Kapitalisten schlagen zurück, werfen ihr Aktienmanipulation und Betrug vor, veröffentlichen Details aus ihrem nicht gesellschaftsfähigen Privatleben und zerren sie schließlich vor Gericht. Sie wird verurteilt zu drei Jahren Gefängnis, nicht nur wegen angeblichen Aktienbetruges, sondern auch wegen ihres bisexuellen Lebenswandels. Sie ist geschäftlich ruiniert, sitzt unter verschärften Bedingungen in einem Frauengefängnis, aber mit treuen Freunden kämpft sie gegen das Urteil an. Als sich die politischen Verhältnisse ändern, wird sie in der Berufungsverhandlung freigesprochen, und sie verbürgt sich bei ihren Gläubigern dafür, die Verpflichtungen zu erfüllen. Bevor sie damit beginnen kann, wird sie bei einem Attentat ermordet. Ihren Kampf gegen die Macht des Geldes und damit gegen die Macht schlechthin, bezahlt sie mit dem Leben, denn sie will zwar nach oben, sie will zwar Macht, aber eben nicht um jeden Preis. Nach der Pariser Erstaufführung loben die französischen Zeitungen voller Begeisterung die »einmalig schöne Romy Schneider« (*Le Nouvel Observateur*). In Deutschland wird der Film ein Jahr später mit Verwunderung registriert, so als habe man gar nicht gewußt, wie gut die

Schauspielerin Romy Schneider ist: »Selten sah man Romy Schneider so gelöst, so diszipliniert – sie beherrscht, man staune, auch das feingestimmte Kammerspiel« (*Die Welt*).

Bei den Dreharbeiten ist sie alles andere als gelöst und diszipliniert. Sie verkriecht sich oft stundenlang in ihrem Wohnwagen und übt, verzweifelt wie eine Anfängerin, nur einen einzigen Satz, den sie für die nächste Szene zu sprechen hat. Bleich und verhärmt kommt sie zur Aufnahme, erst nach drei hastig getrunkenen Gläsern Champagner löst sich ihre Verkrampfung. Auf einem Zettel an ihrer Garderobentür steht zu lesen, daß sie niemanden sehen will außer ihrem Freund Jean-Claude Brialy, der im Film ihren Anwalt spielt, außer ihrem Mann, der allerdings selten kommt, außer dem Regisseur Francis Girod. Ihre Garderobiere Monique, die sich seit vielen Jahren um Romy Schneider kümmert, hat keine Erklärung für den schlechten Zustand ihres Stars. So schlimm war das Lampenfieber noch nie, das hat ja fast schon Züge von Verfolgungswahn. Und das kann nicht nur am Alkohol liegen, wie man in der Produktion munkelt, sie muß auch großen Kummer haben. Aber sie spricht nicht darüber, sie verschließt sich. Ihre Stimmung bessert sich nur, wenn sie mit Jean-Claude zusammen ist und die beiden sich wunderbare Geschichten von alten Zeiten erzählen. Ist es vielleicht die Angst vor dem Alter, die sie deprimiert? Bei einer Großaufnahme, deren Einstellung fast dreißigmal wiederholt wird, bricht es plötzlich aus ihr heraus: »Na, sagt schon, ist sie noch fotogen, die alte Gans?« Wenn das Team sich zu gemeinsamen Mittagessen trifft, zieht sie sich in die Enge ihres Wohnwagens, in ihre Garderobe zurück, kapselt sich ab, will allein sein mit ihrer Einsamkeit. Sie braucht einen starken Mann, der sie gegen ihre Alpträume schützt, aber Daniel Biasini ist dieser starke Mann schon lange nicht mehr, ist es eigentlich nie gewesen. Endlich schüttet sie Monique, die sie hilflos mit Wärmflaschen umsorgt, ihr Herz aus: »Das geht alles zu Ende mit Daniel.« Aber während die noch krampfhaft überlegt, wie sie ihr helfen kann, hat Romy Schneider schon wieder vergessen, was sie quält. Schwärmt davon, daß sie nach diesem Film wieder zurückkehren kann in ihr Landhaus in Ramatuelle, zu ihrem Mann und ihren Kindern, und freut sich diebisch, daß die »Schweine von der Presse« immer noch vor dem Haus in der Rue Berlioz herumstehen, sie aber längst in einem ganz anderen Teil von Paris eine Wohnung gemietet hat, in der Avenue Bugeaud.

Der alte Freund Hermann Leitner, der sie in Ramatuelle besucht, erlebt wiederum eine ganz normale Romy, so, wie er sie von früher kennt. Man trinkt fröhlich und erzählt sich Weißt-du-noch-Anekdoten aus gemeinsam erlebten Zeiten. Sie ist witzig, entspannt und genießt den Tag. Leitner fährt ab unter dem Eindruck, daß sich wohl alle täuschen, die davon reden, ihre Ehe sei kaputt und sie würde darunter leiden. »Entweder hat sie es selbst noch nicht begriffen, oder wir haben uns alle getäuscht.« Eigentlich ist sie doch so locker wie einst als junges Mädchen. Die beiden verabreden sich auf bald, vielleicht in Paris, mal sehen. Leider muß sie ja Ramatuelle verkaufen, obwohl sie so an diesem Haus hängt, aber David will zurück in die Großstadt, er fühlt sich einfach nicht wohl hier. Und in Paris gibt es auch bessere Schulen, er soll eine anständige Ausbildung haben, nicht so wie seine Mutter. Daniel ist gerade unterwegs in Geschäften, nichts Besonderes, aber es geht prima mit ihm. Vor allem mit den Kindern kommt er gut zurecht, er ist wirklich ein guter Vater. Also dann, auf bald. Leitner sieht sie nie wieder.

Noch einmal ein Sommer in Ramatuelle. Daniel Biasini fällt Besuchern dadurch auf, daß er bei Gesprächen schon nach wenigen Minuten gelangweilt aufsteht und sich seinem Spielzeug widmet – schweren Motorrädern, schnellen Autos. Nur bei den Verhandlungen mit dem italienischen Regisseur Dino Risi und dem Produzenten Pio Angeletti, die nach St. Tropez gekommen sind, um über den geplanten Film *Fantasma d'amor* zu reden, hört er aufmerksam zu. Dino Risi erinnert sich übrigens an eine seltsame Szene bei diesem Gespräch. Irgendwann war Romy Schneider plötzlich verschwunden und erst nach einer Stunde zurückgekehrt. Sie sei auf dem Klo gewesen, erzählt sie den erstaunten Männern, sie habe einfach vor Glück mal eine Stunde singen müssen, weil die angebotene Rolle in diesen Liebesphantasien so schön sei

Romy Schneider reist zwischendurch kurz nach Salzburg und besucht ihre Mutter, die mit einem Herzanfall im Krankenhaus liegt. Überschüttet sie mit kindlicher Liebe und vielen Geschenken.

Doch die Harmonie hält nicht lange vor. Wenige Wochen später stirbt ihre Großmutter, die berühmte Burgschauspielerin Rosa Albach-Retty, einhundertundfünf Jahre alt, und wieder gibt es Streit mit der Mutter. Die kann nicht begreifen, daß ihre Tochter es ablehnt, zur Beerdigung nach Wien zu kommen. Was sollen die Leute denken, das gehört sich doch nicht. Aber Romy Schneider bleibt hart. »Komm' ich hin«, erklärt sie am Telefon einer Freundin aus der Jugendzeit, Schauspielerin wie sie, aber keine Filmgröße, sondern ein Theaterstar in der Sicherheit eines Ensembles, »werden sie sagen: Die hat die große Show abgezogen. Ich müßte mich ja verstecken im Trauerzug. Denn sonst springen die Geier doch über die Gräber, nur um ein Foto von mir als trauernder Enkelin zu schießen. Und komm' ich nicht, dann schreiben die sicher, ich sei herzlos. Was ist schlimmer?« Sie kommt nicht. Ihre Großmutter wird in einer würdevollen Zeremonie zu Grabe getragen, und natürlich wird öffentlich über die herzlose Enkelin geschrieben, den Star, der in Saus und Braus in Frankreich lebt, seine Heimat vergessen und verraten hat, nicht mal die Zeit findet, der Großmutter das letzte Geleit zu geben. Ein paar Wochen später fliegt Romy Schneider nach Wien, geht allein auf den Friedhof, nimmt Abschied auf ihre Art. Und keiner erkennt die kleine Frau mit dem Kopftuch und der dunklen Brille.

Bei den Dreharbeiten zu *Die zwei Gesichter einer Frau* (so der deutsche Verleihtitel des Dino-Risi-Projekts) fällt wieder allen Beteiligten auf, wie schlecht es Romy Schneider geht. Der Star spricht fast mit keinem, merkt sich auch keine Namen, benutzt statt dessen als Anrede typische Eigenheiten der Filmleute. Den Kameramann Tonino Delli Colli zum Beispiel nennt sie »die Hand«. Sie wirkt unsicher, gequält von Gedanken, die sie nicht teilen kann, erst recht nicht mitteilen. Einziger Vertrauter ist der Maskenbildner Michel Daruelle, der ihr nicht nur beim Studium der Rolle hilft, sondern sie auch rigoros abschirmt, wenn sie allein sein will. Und sie will meist allein sein, nicht mal abends zum Essen geht sie mit, obwohl sie doch früher solche fröhlichen Runden mit den Mitarbeitern eines Teams geradezu geliebt und am Schluß eines harten Tages als erstes gefragt hat: »Gehen wir los heute abend?«. Ab und an trifft sie sich mit Marcello Mastroianni, der die männliche

Hauptrolle spielt, aber die beiden reden nicht viel, sondern trinken sich mehr oder weniger sprachlos gemeinsam ihren ganz persönlichen Kummer von der Seele.

Nur einem gelingt es, ihre Abwehrmauer zu durchbrechen. Es ist ein junger Mann, den die Produktion aus Paris geschickt hat, nachdem sich der Star mehrfach über die »Amateure« aufgeregt hat, die ihr laufend Drehbücher überreichen lassen, in denen nichts stimmt und zwischen italienischen und französischen Dialogen fröhlich hin- und hergesprungen wird. Laurent Pétin ist eigentlich nur für die Finanzen zuständig, aber zu ihm findet sie sofort Kontakt, weil er sich nicht aufdrängt, weil er nicht vorgibt, alles besser zu wissen. Sie merkt anfangs noch nicht, obwohl sie so etwas sonst mit untrüglichem Instinkt immer sofort gemerkt hat, daß der gutaussehende Sohn aus behütetem Hause unendlich in sie verliebt ist. Später, als sie zusammenleben, erzählt er ihr, daß er sich schon in sie verknallt habe, als er sie einmal in Cannes bei den Filmfestspielen gesehen hatte. Natürlich habe er nur von ferne geschwärmt, denn sie war damals zusammen mit Biasini und im sechsten Monat schwanger. Mit Lauren Pétin verbringt Romy Schneider während der Dreharbeiten in Italien manche Nacht, aber diskutierend, fragend, erzählend. Er hört ihr zu, und da sie selten Menschen getroffen hat, die nicht nur von sich erzählten, sondern Zeit für sie hatten, wird er neben Michel zur einzigen Vertrauensperson bei der Produktion. Es fällt ihm auf, wieviel sie nachts trinkt.

Pétin gelingt es zusammen mit dem Versicherungsarzt, Romy Schneider wieder zu stablisieren, als sie während der Dreharbeiten zweimal zusammenbricht und keiner mehr glaubt, daß dieser Film, der immer nur im Zwielicht von Nebeln spielt, je beendet wird. Ist es die Doppelrolle, die sie zu spielen hat, die Anna Brigatti, eine an Krebs verstorbene Frau, die durch die Liebe eines Mannes nach ihrem Tod scheinbar zurückkehrt ins Leben? Die ihr Geliebter nicht vergessen kann, wobei Wirklichkeit und Traum in einer Grauzone der Phantasie immer wieder verschmelzen? Das Drehbuch verlangt einmal eine junge, schöne Anna und einmal eine gezeichnete, alternde, kranke Anna. Aber mit solchen Herausforderungen ist Romy Schneider immer fertig geworden, die haben sie eher beflügelt, noch besser zu sein. Sie identifiziert sich, wie schon so oft, so sehr mit der

Rolle, daß sie die vielen kleinen Zettel, in denen sie sich sprachlos mitteilt, mit »Anna« unterschreibt. Dino Risi erinnert sich an »ziemlich kaputte Botschaften. Manchmal nur Zeichnungen oder viermal der Buchstabe A in einer Reihe. Einmal nur eine ganz große Zahl. Das war die Uhrzeit, zu der David ankam, ihr Sohn, der sie besuchte und mit dem sie in einer Drehpause Ferien machte«. Auch ihr Ehemann Daniel Biasini, den es ja auch noch gibt, taucht einmal bei den Dreharbeiten auf. Mit seinem neuen Ferrari fährt er in Pavia am Drehort vor, und kurzfristig glaubt Romy Schneider, alles werde wieder gut. Stell dir vor, erzählt sie am Telefon einer Freundin, er ist extra aus Paris gekommen, um mich zu besuchen. Na, so was, antwortet die zynisch, das ist aber nett. Gemeinsam wird die Familie, die gerade auseinanderbricht, später sogar das Weihnachtsfest verbringen. Man wahrt die Form, vor allem vor Biasinis Eltern.

Die Angst der Romy Schneider während der Risi-Produktion ist eine andere als sonst. Es zeigt sich bei diesem Film zum erstenmal deutlich ihre Furcht vor dem Alter. Wird es morgen noch Rollen geben? Kann sie mit den kommenden jungen, schönen Schauspielerinnen noch mithalten? Geradezu mißtrauisch schaut sie sich im Filmteam um, als könnte sie sich in den Augen der anderen wie in einem Spiegel erkennen. Schlaflose Nächte, die sie mit ihren üblichen Mitteln bekämpft, hinterlassen zudem Spuren, und Romy Schneider ist natürlich die erste, die solche Zeichen in ihrem Gesicht entdeckt. Veränderungen, die nicht durch die Kunst des Maskenbildners entstehen. Veränderungen in dem Gesicht, das doch ihr Erfolgsgeheimnis ist, in dem sich die Frauen ihrer Generation erkennen, dessen Verheißung die Männer fasziniert. Nur wenn sie lächelt, selten genug, wird sie wieder zum strahlenden Kind. Komplimente allerdings weist sie dann barsch zurück. Auf einem Zettel notiert sie resigniert: »Schönheit und Jugend sind Geschenke, die wir zurückgeben müssen.« Über ihren psychischen Zustand hinaus gibt es ganz handfeste körperliche Probleme, Schmerzen in der Niere. Auch dagegen schluckt sie Tabletten, obwohl wahrscheinlich gerade der jahrelange Tablettenmißbrauch die Ursache für die Schmerzen ist. Wenige Monate später wird sie in einer dramatischen Operation, fast schon im letzten Moment, im Amerikanischen Hospital in Paris operiert; ihr wird eine Niere entfernt.

Dino Risi bemüht sich intensiv um seinen Star; er begreift bald, daß er zum Beispiel kein Wort am Drehbuch ändern sollte, ohne vorher mit ihr zu sprechen. Denn sie hat ihre Rolle starr auswendig gelernt – »Gibt es die Zeit, die uns alt werden läßt und verbraucht? Innerlich bin ich doch überhaupt nicht älter geworden« –, und dieses Wissen gibt ihr gerade jetzt Sicherheit, die sie so dringend braucht... Wenn er etwas ändert, reagiert sie mit wütenden Beschimpfungen – wozu habe ich den ganzen Scheiß eigentlich gelernt? – und mit tränenreichen Zusammenbrüchen. Dann schließt sie sich in ihrem Hotelzimmer ein, dann müssen die Dreharbeiten unterbrochen werden, bis Romy Schneider sich wieder gefangen hat. Nichts davon allerdings dringt nach außen, das Team hält dicht. Man ist ja gewöhnt an Starallüren. Was hätte es zum Beispiel für schöne Schlagzeilen gegeben, als Romy Schneider bei einer Szene von einem Gerüst ins Wasser rutschte und nur mühsam von zwei Kameraleuten gerettet werden konnte. Die einzige, die sich dabei nicht aufregt, ist übrigens die sonst zwischen Depressionen und Enthusiasmus schwankende Romy Schneider. Der Star bleibt ganz ruhig, als wäre nichts passiert. Als wäre das Ganze nur eine vorher festgelegte Szene aus dem Drehbuch, in der sie als Anna, die aus dem Reich der Toten heimgekehrt ist zu den Lebenden und ihren ehemaligen Geliebten zum Wahnsinn treibt, im Fluß versinkt. Hat sie keine Angst mehr vor dem Tod?

Der Mann, der sich Sorgen um sie macht, weil er sie liebt, ist wieder zurückgefahren nach Paris. Laurent Pétin hat so viel in den nächtlichen Gesprächen von Romy Schneider erfahren, daß er Biasini haßt und sie drängt, diese Ehe, die doch sowieso keine mehr ist, endlich zu beenden. Er sieht sich als den Mann, den sie jetzt braucht. Aber so weit ist Romy Schneider noch nicht. Sie klammert sich an winzige Zeichen wie den Besuch Biasinis und hofft, daß doch noch etwas zu retten sein könnte. Romantisch, heftig, voller ungestümer Gefühle gibt sie, bis zur Selbstaufgabe, Daniel noch nicht auf. Sie haben sich zwar nichts mehr zu sagen, weil jedes Gespräch im Streit endet, aber wenn sie miteinander schlafen, ist alles wie früher. Und Romy Schneider ist wenigstens in solchen Nächten die Stärkere, weil sie begehrt wird. Regisseur Dino Risi, der ein Studium der Psychologie hinter sich hat, weil er ursprünglich einmal Psychiater werden wollte: »Ich glaube, sie brauchte die Liebe einfach um zu leben. Und wenn sie liebte, wollte sie jede Minute alles und gab in jeder Minute alles, total und ausschließlich. Vielleicht sind auch deshalb manche Männer erschreckt vor ihr davongelaufen.«

Mehr als jeden anderen Menschen liebt Romy Schneider ihren Sohn David. Und sie hat Angst auch um diese Beziehung. Denn sie weiß, wie sehr er an seinem »zweiten« Vater hängt und daß er ihr die Schuld geben wird, wenn sie sich von Daniel Biasini trennt. Als es mit Harry Meyen zu Ende ging, war er noch zu klein, um zu begreifen. Jetzt stellt er Fragen, jetzt will er Antworten, jetzt nimmt er Entscheidungen nicht mehr einfach hin, sondern will beteiligt werden. Die meiste Zeit in den letzten Jahren außerhalb der Schule hat er nicht mit seiner Mutter verbracht, die ja bei Dreharbeiten war, sondern mit Daniel. Und mit seinen Großeltern in St.-Germain-En-Laye. In dieser Phase seines Lebens fühlt er sich ihnen näher als seiner Mutter, die darunter natürlich leidet und mal traurig reagiert, mal aggressiv. Aggressiv nicht nur gegenüber Biasinis Eltern oder gegenüber ihrem Mann, aggressiv sogar gegen ihr Kind.

Die zwei Gesichter einer Frau ist einer der drei letzten Filme in der Karriere von Romy Schneider. Nach dieser fast parapsychologischen Erzählung, die im Spätherbst 1980 verfilmt wird, beginnen gleich anschließend, fast ohne Pause, die Dreharbeiten zu einem klassischen Thriller: *Das Verhör*. Die Vorlage zur *Spaziergängerin von Sans-Souci* wiederum ist eine Geschichte, die mit Deutschland zu tun hat und mit dem, was dieses Land während der Nazidiktatur den Menschen angetan hat. Ihr erbärmlicher innerer Zustand bei den Dreharbeiten zu *Zwei Gesichter einer Frau* spiegelt sich auf der Leinwand wider, aber die Kritiker wissen davon nichts, sie bewundern die Kunst der Schauspielerin, solche kaputten Typen zu spielen: »Romy Schneider, als wäre sie ungeschminkt und von Krankheit und Leid gutartig verunstaltet, komponiert mit erstaunlichem Talent die von Leid gezeichnete Anna aus dem Bus und aus der tragischen Gasse. Dann wieder strahlt sie mit ihrer vollkommenen Schönheit das Bild einer wilden Liebe aus, eines Jugendtraums, der die sichere Welt ins Schwanken bringt«, schreibt *Le Monde* nach der Premiere im April 1981.

Ganz anders, und ohne doppelten Psycho-Boden ist der Thriller *Garde à vue* (*Das Verhör*), in dem sie neben Lino Ventura und Michel Serrault eine Hauptrolle spielt, die Frau eines Notars, anerkanntes Mitglied der feinen Gesellschaft, der verdächtigt wird, zwei kleine Mädchen vergewaltigt und ermordet zu haben. Romy Schneider verkörpert in kühler, lasziver Schönheit die mondäne Lebensgefährtin des Verdächtigen, die ihren Mann nicht liebt, ihn nur wegen seines Geldes geheiratet hat und seinem möglichen Untergang, seiner Verhaftung, gelassen entgegensieht. Oder spielt sie noch eine ganz andere Rolle in den grauenvollen Mordfällen...? »Zwei Szenen mit Romy Schneider genügen«, jubelt das *Figaro-Magazine*, »um uns mehr zu erschüttern, als es die volle Aufführungsdauer mehrerer anderer Filme vermag...«

Synchronisation der *Zwei Gesichter einer Frau* in Berlin. Romy Schneider führt viele Telefongespräche mit alten Bekannten, aber sagt verabredete Treffen immer im letzten Augenblick ab. Nur ihrer Freundin Christiane Höllger, die sie lange nicht gesehen hat, erlaubt sie eine schwesterliche Nähe. Deren Sorgen über ihren Tablettenkonsum versucht sie zu zerstreuen. Eigentlich nehme sie nur etwas bei Dreharbeiten, sonst sei sie fast *clean*. Am Telefon Streit mit Daniel Biasini und gleichzeitig fast verzweifeltes Flehen, doch noch nicht alles aufzugeben, es doch noch einmal miteinander zu versuchen, noch sei doch nicht alles verloren. Dazwischen Telexe von Laurent Pétin aus Paris, der sie fast herrisch (als habe er schon Rechte jenseits seiner Verehrung) auffordert, Biasini zum Teufel zu jagen, diesen Ferrarifahrer, diesen Ausbeuter, diesen... und sie solle endlich aufhören, ihren Männern Autos zu schenken. Romy Schneider ruft wütend zurück, bei aller Liebe, das gehe ihn nun wirklich nichts an, das sei nun wirklich ihre Angelegenheit, und so könne er nicht über Biasini reden. Ihr Agent Livi beruhigt sie, sie solle das nicht allzu ernst nehmen. Pétin sei halt noch ein junger Mann und fast wahnsinnig vor Eifersucht. Überall in Paris laufe er herum und schwärme von Romy Schneider. Wieder Versöhnung mit Laurent, der mit ihr nach Bali fliegen will, Urlaub machen, ausspannen. Sie will nicht nach Bali, soll er doch alleine fliegen. Und außerdem ist sie noch eine verheiratete Frau. Ihr Synonym für Flucht heißt Timbuktu, das ist für sie die

Vorstellung vom Ende der Welt, wo nichts mehr stört und niemand mehr anrufen kann.

Sie ist immer noch unsicher über ihre Gefühle für Laurent Pétin. Wieder ein jüngerer Mann, zehn Jahre Unterschied sind doch viel in ihrem Alter, wird das nicht wieder ein Reinfall wie mit Biasini? Und David lehnt ihn fast wütend ab, wirft seiner Mutter vor, sich allzu schnell einen neuen Liebhaber gesucht zu haben. Er will zu Biasini ziehen, wenn es vorbei sein sollte, und Romy Schneider droht ihm in ihrer hilflosen Verletzheit, daß er ins Internat muß, in die Schweiz. Von Laurents Begehren fühlt sie sich bedrängt, denn sie sucht nur Ruhe, Freundschaft, Nähe ohne Sex. Vielleicht auch mal eine Zeitlang gar keinen Mann, obwohl sie das noch nie geschafft hat, weil »ich verrückt bin nach Liebe«. Oder mal Pause machen, mal zu sich finden und sich dann neu entscheiden, wenn die Trümmer der alten Beziehung weggeräumt sind. Und irgendwann den Mut haben, mit Frauen zu leben? Gleichzeitig will sie Laurent auch nicht verlieren, denn durch seine unbedingte Liebe fühlt sie sich geschmeichelt, in seiner Leidenschaft fühlt sie sich jünger, ist das Gespenst des Alters wieder mal vertrieben. Außerdem kann er so wunderbar zuhören und strahlt soviel Normalität aus, hat auch versprochen, sich um ihre Finanzen zu kümmern, sich die Steuerforderungen einmal genau anzuschauen. Er ruft drei-, viermal am Tag in Berlin an und versucht, sie nicht nur zu beruhigen, sondern zu einer Entscheidung gegen Biasini zu bewegen. Auch der läßt sich in Berlin blicken, besucht seine Frau für eine Nacht voller gegenseitiger Vorwürfe, sprachloser Vorwürfe. Ergebnis: Daniel Biasini will erst einmal Abstand gewinnen, allein in die Vereinigten Staaten fahren, zu sich selbst finden, dann könne man weitersehen. Und wenn es nach dieser Trennung auf Zeit bei der Trennung für immer bleibt? Es fällt der berühmte hohle Satz vom Kaffee, den er dann trinken werde und von der Gauloise, die er rauchen werde, und dem tapferen Versuch, sie zu vergessen. Romy Schneider glaubt nicht an diese letzte Chance, dennoch hofft sie darauf. Denn sie hat sich geschworen, eben auch für David, alles zu versuchen, diese Beziehung doch noch zu retten und nicht zu früh aufzugeben. Sie leidet und schreit und tobt, und alle, die das in Berlin erleben, Kollegen, mit denen sie im Synchronstudio arbeitet, sprechen von Starallüren der Romy Schneider, begreifen nichts und können nichts begreifen.

Romy Schneider lebt nach ihrer Rückkehr aus Berlin mit ihrer Tochter Sarah und dem Kindermädchen Bernadette in der feinen Wohnung in der Avenue Bugeaud, die zwar nur gemietet ist, aber für mehrere hunderttausend Mark von Architekten und Dekorateuren eingerichtet und umgestaltet wurde. Auch ihr Sohn hat sein Kinderzimmer dort und Daniel sein Arbeitszimmer. Aber am liebsten hält sich David bei seinen Großeltern auf, wo er auch Biasini treffen kann. Laurent Pétin hat bei David keine Chance. Romy Schneider verteidigt sich nicht, will nichts Schlechtes über ihren Mann sagen, das geht Kinder nichts an, meint sie. Erklären kann sie sich nun mal nicht, hat es ja noch nie gekonnt. Biasini weiß das natürlich und nutzt diese Unfähigkeit seiner Frau, sich zu wehren, baut seine Rolle aus zum Übervater. Doch sie droht nur, statt wirklich etwas zu tun, und macht allenfalls dunkle Andeutungen »daß es mir ein leichtes wäre, das Image zu zerstören, das David von Daniel hat«.

Laurent Pétin begreift diese Schwierigkeiten zwischen Mutter und Sohn, will sie nicht durch seine Anwesenheit auch noch verstärken und kümmert sich in der Hauptsache um die kleine Sarah, die ihren Vater zwar regelmäßig besucht, aber bei Romy Schneider lebt. Er und Romy Schneider zeigen sich selten gemeinsam in der Öffentlichkeit, nicht nur, um keinen Anlaß für neuen Klatsch zu geben. Pétin glaubt zu Recht, daß eine andere als die bisher gewohnte Umgebung von Schauspielern, Agenten und Produzenten Teil einer Strategie sein kann, Romy Schneider für ein normales Leben zurückzugewinnen. Er ist beileibe kein Naivling, aber ein altmodisch anständiger Mann, bei dem alles seine Ordnung haben muß. Er will nicht nur kurzfristig der Geliebte eines Filmstars sein und sich in dessen Glanz ein wenig sonnen, er will sie für immer. Erst heiraten, dann ein Haus kaufen, dann Kinder haben. Das ist sein Traum vom Leben, und diesen Traum geht er methodisch an wie ein Finanzierungsproblem bei einer Filmproduktion. Laurent Pétin ist ein wachsamer Träumer, und er empfindet dies nicht als Makel. Wenn Romy Schneider noch zu retten ist, braucht sie eine feste Ordnung. Er liebt sie in einer romantischen Absolutheit, aber er spiegelt sich nicht selbstverliebt in dieser Liebe, sondern kümmert sich selbstlos um sie. Eine neue Erfahrung für Romy Schneider, die sie nur zögernd ergreift und begreift. Die große Leidenschaft ist es auf ihrer Seite nicht, das weiß sie. Aber was aus den großen Leidenschaften ihres Lebens geworden ist, hat sie ja schmerzlich erfahren. Dafür hat sie teuer bezahlt.

Sie wird, wie sich das gehört, seinen Eltern vorgestellt, die ganz normale Bürger sind, natürlich auch den Star bewundern in der Freundin ihres Sohnes, was wiederum Romy Schneider genießt. Er scheut nicht die Öffentlichkeit, aber er sucht sie auch nicht. Die Rolle des ständigen Begleiters, raunend begrüßt unter Blitzlichtern der Fotografen, liegt ihm nicht. Das ist was für Männer wie Biasini, aber ich, Laurent Pétin, bin selbst etwas. Bei der Feier zur Verleihung des César am 31. Januar 1981 sitzt Romy Schneider mit ihrem Sohn David neben Yves Montand und Catherine Deneuve in der für Ehrengäste reservierten Reihe. Spekulationen, wo denn wohl Daniel Biasini sei, kontert sie scheinbar gelassen, er sei halt unterwegs für eine Fernsehreportage. Sie fürchtet sich davor, daß in den sicher bald beginnenden Scheidungsauseinandersetzungen auch ihr Privatleben eine wichtige Rolle spielen wird und nicht nur das von Daniel Biasini. Und kann sich die phantastischen Geschichten leicht ausmalen, die bald erscheinen werden. Wiedervorlage Romy Schneider, wie gehabt. Finanziell, glaubt sie, kann es allerdings keine Schwierigkeiten geben, so wie damals bei Harry Meyen. Es war ja Gütertrennung vereinbart. Laurent Pétin hat schon Einblick in die Konten von Romy Schneider und fragt sie, meist vergebens, bei bestimmten Abbuchungen, die in schöner Regelmäßigkeit erfolgen, wofür sie das Geld ausgegeben hat. Hat sie die Bankvollmacht vielleicht noch nicht gesperrt? Romy Schneider überläßt alle Recherchen Laurent Pétin, denn sie muß schon wieder ein Drehbuch lesen und sich auf eine Rolle vorbereiten, auf die sie sich allerdings freut. Die der Else in einer dramatisch ausgebauten Adaption von Joseph Kessels Roman *Die Spaziergängerin von Sans-Souci.*

Daniel Biasini fliegt in die Vereinigten Staaten, nach Los Angeles. Romy Schneider finanziert ihrem Mann die Reise mit einem Scheck über 30 000 Francs, die er ihr zurückzuzahlen verspricht. Monate später mahnt sie auf einem Zettel vergebens die Rückzahlung an, schreibt gar an seine Mutter Monique Biasini einen Brief, Entwürfe dazu macht sie in ihrem Notizbuch, in dem sie an ihren Anstand appelliert und um das Geld bittet (»30 000 F Départ de votre fils pour L.A.«), auch um die 50 000, die Vater und Sohn Biasini für die Yacht bei ihr geliehen haben (»50 000 Francs pour Bateau«). Zu dieser Zeit braucht Romy Schneider schon so dringend Geld, da ist ihr die Steuer schon so dicht auf den Fersen, daß auch solche Beträge, die sie früher für *peanuts* gehalten hätte, wichtig werden. Sie läßt sich von ihrem Sohn überreden, ihn mit seinem geliebten Daniel in die USA reisen zu lassen. Später bereut sie das und beschwert sich bitterlich bei einer Freundin, daß Daniel ihrem Sohn da nicht nur das Autofahren beigebracht hat, sondern auch das Haschrauchen, »dieses verdammte Schwein«. Daß Biasini ihren David gegen seine Mutter beeinflußt, trifft sie am meisten. Sie vergißt dabei natürlich ihre eigene Rolle in dieser Affäre gebrochener Versprechungen, enttäuscher Hoffnungen, angeblicher Manipulationen, gegenseitiger Verletzungen. Haschisch haben ja nicht nur die anderen geraucht, sondern auch sie, wenn auch selten. In den Kreisen, aus denen Pétin seine große Liebe Romy Schneider herauslösen will, gilt Haschisch als fast schon normale Droge, und wer regelmäßig Hasch nimmt, fühlt sich nicht schuldig. Daß es manchmal auch mehr als nur Haschisch war, beweist das Foto, das eine offensichtlich unter Drogen stehende Romy Schneider zeigt, an den Haaren festgehalten von einer Hand.

Auch Schmuck habe Daniel Biasini mitgenommen, als er die gemeinsame Wohnung verlassen hat, schreibt sie. Und auch da appelliert sie an Monique Biasini, dafür zu sorgen, daß sie den Ring zurückbekommt »La Bague de mon père«, den Ring ihres Vaters Wolf Albach-Retty, den er ihr hinterlassen hat. Und sie wiederholt in ihrer typischen Schrift »La bague de son PÈRE – de son PÈRE – W.A.R. – tant aimé par sa fille«, so geliebt von seiner Tochter. Dieser Vater, der nie im Leben, egal wie schlecht es ihm auch gegangen wäre, einen Scheck seiner Tochter Rosemarie Albach (»de sa fille Rosemarie Albach«) angenommen hätte, niemals. Der ihr nichts hat hinterlassen können als ebendiesen Ring. Wenn die Angeschriebene noch einen »Rest von Würde und Anstand« in sich habe, so möge sie dafür sorgen, daß dieser Ring sofort zurückgegeben wird. Und wenn sie von einer Reise nach Österreich zurückkomme, hoffe sie, daß alles erledigt sei. Ihre Hauptsorge ist allerdings, daß sie die Liebe ihres Sohnes verlieren könnte, sie verleugnet ihr Ich und spricht von sich in der dritten Person, voller Verzweiflung. Erinnert Monique Biasini daran, daß diese doch auch eine Mutter sei und sie doch verstehen müsse. Romy Schneider »tremble, tremble parce le plus grand AMOUR – son David – on lui arrache cet amour«, sie bangt um ihre größte Liebe, David, weil man ihr diese Liebe entreißt. Und sie hat das Gefühl, daß die »Welt gegen mich ist«.

Diese Verzweiflung notiert Romy Schneider in vielen Entwürfen auf vielen Zetteln. Erst im Juni, als sie nach der Entfernung ihrer kranken Niere im Krankenhaus liegt, schickt sie den Brief endlich ab. Völlig ungewohnt für sie, in pedantischer, sorgsamer Schreibweise, ohne die sonst üblichen Klammersätze und Ausrufezeichen, allerdings mit den typischen Wortunterstreichungen, beklagt sie sich, daß über ihren Kopf hinweg Entscheidungen über Davids Zukunft getroffen werden, dem sie erlaubt hat, bei seinen Großeltern zu wohnen. »Was passiert ist, ist zu wichtig, als daß ich es stillschweigend hinnehmen könnte... Ich zweifle langsam an Deinen guten Absichten und an Deinem psychologischen Verständnis... Du hast nicht nur meiner Entscheidung widersprochen, die David betraf... der in einer schwierigen Phase ist mit mir aufgrund seines Alters, seines Charakters, aber auch wegen meiner Scheidung, aber eben nicht nur deswegen. Das ist zwar schmerzlich für ihn und für mich, aber normal. Aber schlimm ist die Rolle der Menschen um ihn herum. Ihm nicht nachzugeben, ist kein Zeichen mangelnder Liebe, eher das Gegenteil... Im Moment gefallt Ihr Euch in der Rolle der Guten... das wäre leicht zu ändern... Wenn Du diesen Brief David zeigen willst, bin ich einverstanden... ich bewahre für mich eine Kopie auf... P.S. Ich bin nicht sicher, ob David es ausgerichtet hat, aber ich wiederhole, daß ich die 30 000 F zurückhaben möchte, die ich Daniel gegeben habe. Ich brauche sie.«

Sie hat sich zwar fest vorgenommen, daß die Trennung nicht so ablaufen soll wie die von Harry Meyen, bei der es am Schluß um den Wert einzelner Schrankwände oder um angeblich verschwundene Bücher ging. Aber während sie noch eher verhalten die Rückzahlung des Geldes anmahnt, addiert Laurent Pétin noch vor der offiziellen Scheidung, die vom Tribunal de Grande Instance de Paris erst am 6. Oktober 1981 verkündet wird, ganz kühl, was Biasini seiner Frau noch alles schuldet, und denkt gar nicht daran, darum zu bitten (im Scheidungsurteil übrigens ist als ständige Adresse von Romy Schneider die Sengantinistraße 50 in Zürich angegeben). Schließlich sind es seiner Meinung nach ganz legitime Forderungen. Nicht nur die 30 000 für die Reise nach Los Angeles, nicht nur die 50 000 für das Boot, sondern zum Beispiel auch ein Landrover, ein Ferrari. Biasini wiederum behauptet, diese Autos seien von seinem Geld gekauft und er würde sie immer noch abbezahlen. Pétin fühlt sich dennoch unwohl in der Rolle des Buchhalters, er will seine Liebe ausleben. Gleichzeitig weiß er, daß endlich Ordnung in das finanzielle Chaos gebracht werden muß, daß endlich notiert werden muß, wofür das Geld ausgegeben wurde und wer was zu bekommen hat, bevor ein Neuanfang möglich ist. Denn die drohende Steuernachzahlung hat Dimensionen angenommen, die nicht mehr einfach durch die Gage für einen neuen Film abzudecken sind. Man munkelt von neun Millionen Francs, was etwa drei Millionen Mark entspricht. Und wovon soll der Traum bezahlt werden, ein gemeinsames Haus zu kaufen, auf dem Land, und sich endlich niederzulassen? Sein Haß auf Biasini wächst, er macht Romy Schneider heftige Vorwürfe, daß sie sich so lange hat ausbeuten lassen. Die rettet sich, zerrissen zwischen immer noch schwankenden Gefühlen für den neuen Mann, der Angst, ihren Sohn David an Biasini zu verlieren, der Trauer um den Verlust einer doch für die berühmte Ewigkeit gedachten Liebe und der Sorge vor dem kommenden Finanzskandal, in noch mehr Alkohol. Heimlich schleicht sie dann auch zu dem Koffer, in dem sie ihre Tabletten versteckt hat, denn Laurent spült sofort alles in die Toilette, was er von »diesem Teufelszeug« in ihrer Wohnung finden kann.

Der Koffer gehörte Harry Meyen, und das Schloß ist immer noch auf den alten Code eingestellt, das Geburtsdatum von Romy Schneider.

Im März 1981 flieht Romy Schneider wieder mal nach Quiberon, in die Klinik, in der sie schon oft lästige Pfunde losgeworden ist. Es geht ihr so schlecht wie noch nie. Sie ist allein, Daniel Biasini mit ihrem Sohn in den USA, Sarah mit dem Kindermädchen in Paris. Laurent muß in seiner Firma arbeiten. Sie macht brav alle Therapien mit, lebt Diät, läßt sich in den Ruheraum einsperren, in dem man bei gedämpftem Licht zu sich selbst finden soll. Keiner ist auf die Idee gekommen, daß vielleicht diesmal ausgerechnet Quiberon für sie der falsche Ort sein könnte. Hier hat Daniel sie einmal abgeholt, um mit ihr auf die Insel zu fahren, die sie von ihrem Fenster aus jeden Tag sehen kann, Belle-Ile. Und dort hat er ihr seine Liebe gestanden, dort hat eigentlich das begonnen, was jetzt so kläglich endet. Auch stärkere Frauen hätten das nicht ausgehalten. Romy Schneider läßt sich heimlich Chablis auf ihr Zimmer bringen, natürlich hat sie auch ihre Tabletten dabei, keiner kontrolliert ja, wieviel sie davon schluckt. Abwechslung im Ort gibt es auch nicht, Quiberon ist um diese Jahreszeit wie ausgestorben, und nur in der Kurklinik findet, reduziert auf die Bedürfnisse von Gleichgesinnten, so etwas wie Leben statt.

In dieser Situation treffen, begleitet von Romy Schneiders Freundin Christiane Höllger, Journalisten aus Deutschland ein. Reporter des *stern*. Ihnen will sie ein Interview geben, das erste seit Jahren. Versprochen ist, um ihr die Angst vor Journalisten zu nehmen, nur zu drucken, was sie Seite für Seite paraphiert, also freigibt. Sie muß keine Angst haben, daß sie wieder mal für Schlagzeilen benutzt wird, die mit ihr nichts zu tun haben. Und dennoch hat sie Angst.

Am ersten Abend warten die Journalisten mit Christiane Höllger in der Hotelhalle. Den Fotografen Robert Lebeck kennt Romy Schneider. Er war schon bei den Dreharbeiten zu *Gruppenbild mit Dame* dabei und hat sie in behutsamen Bildern so fotografiert, daß sie sich richtig getroffen fühlte und nicht von irgendeiner kalten Kamera abgeschossen wie so oft. Gemeinsam fahren sie durchs nächtliche Quiberon, suchen vergebens eine Kneipe, die noch offen hat. Alles geschlossen, keine Saison in Quiberon. Irgendwo aber, an der Bucht, brennt noch Licht. Eine Familienfeier, es wird sogar getanzt. Tut uns leid, geschlossene Gesellschaft. Kurzes Gespräch mit dem Wirt, Romy Schneider steht abseits, unerkannt, sie hat sich wie üblich unter dem Kopftuch und hinter der dunklen

Brille versteckt. Der Besitzer bittet die späten Gäste an einen Tisch. Man bestellt Champagner, vergessen ist die Entziehungskur, zu der Romy Schneider eigentlich nach Quiberon gekommen ist. Sie hält sich nicht auf mit Floskeln und *small talk*. Sie spricht von ihrer Angst. Sie spricht von der Rolle der Presse, von der sie sich ein Leben lang verfolgt gefühlt hat. Sie spricht von sich, und sie will etwas vom anderen hören. Flasche auf Flasche wird geleert. Ein alter Mann kommt zu Romy Schneider, er hat lange gezögert, bevor er sich traute. »Vous êtes Sissi, n'est-ce pas?« fragt er dann, unbeholfen und fast zögernd, als könnte er nicht glauben, wirklich die Frau getroffen zu haben, die er nur aus dem Kino kennt und aus dem französischen Fernsehen, wo alle drei *Sissi*-Teile gelaufen sind. Die Miene von Romy Schneider erstarrt, nein, ich bin nicht Sissi, ich bin Romy Schneider. Aber dann lacht sie, nimmt die Aufforderung zum Tanz des langbärtigen Bretonen an und wiegt sich mit ihm auf der leeren Tanzfläche zu »Help« von den Beatles. Es ist schon vier Uhr morgens, aber die Nacht ist ihr Tag. Als sie endlich gehen, weil der Wirt halb eingeschlafen scheint, lehnt sie die Einladung ab. Die Rechnung an Madame Schneider bitte, Paris, sagt sie, und wie selbstverständlich nickt der Wirt. Romy Schneider, Paris, notiert er und fragt nicht nach der Adresse. Die wird man schon wissen. Und eine Woche später wird die Rechnung auch tatsächlich ankommen.

Am nächsten Tag beginnt das Interview, keine Routineangelegenheit wie sonst bei Filmstars. Die übliche Sprachlosigkeit, das übliche Sichabtasten entfällt. Die gemeinsame Nacht verbindet nicht nur im gemeinsamen Kopfschmerz. Romy Schneider ist nervös, raucht viel, trinkt Weißwein. Bei bestimmten Fragen scheint sie lange in sich hineinzuhorchen, ob es da schon eine fertige Antwort gibt. Und ob diese Antwort nicht zuviel preisgibt von ihr. Aus dem Abhaken von Fragen und Antworten wird bald ein Gespräch. Sie will Ratschläge, stellt selbst Fragen und wiederholt die Antworten, als müßte sie sich an ihnen festhalten. Haut ihr mich wirklich nicht in die Pfanne, wirklich nicht? Dann weint sie, minutenlang, stockend bricht aus ihr heraus, warum sie ihr Leben für verpfuscht hält und warum sie sich nichts mehr zutraut. Widerspruch der anderen, nein, noch lange nicht, mach doch endlich mal kaputt, Romy, was dich kaputt macht. Man duzt sich, erzählt sich Geschichten, und aus den Geschichten werden plötzlich wieder Fragen. Romy Schneiders Antworten lesen sich wie Schlagzeilen aus ihrem Leben:

»... Ich bin das schwarze Schaf der Familie... stellt euch vor, ich war fünfundzwanzig, als ich meine Eltern zum erstenmal bewußt zusammen erlebt habe, und die haben unentwegt hysterisch gelacht, immer gelacht... Meint ihr wirklich, ich könnte noch an einem Theater spielen?... Ich hatte nie eine Vorstellung von Geld... Ich habe mich als Sissi immer fein ausgedrückt, war immer höflich... Ich will ja nicht bedauert werden, was soll's?... Was ist jetzt meine Welt?... Ach, Blatzheim, wenn man Leute so schreien hört, und so mit der eigenen Mutter... Der Wolf Albach-Retty, mein Vater, sagte immer zu mir, reg di net auf, in Wiener Dialekt. Er ist halt widerlich, der Alte, laß ihn, reg di net auf... Ich bin eine Person, in die Leute Dinge hineintun, die nicht existieren... Es hätte halt alles viel besser sein können, nun ist es zu spät... Es ist mir ganz egal, in welchem Kaff ich jetzt mal lebe, nur leben... Damals ging es mir am besten, wenn ich allein war, im Zimmer von meinem Vater... Ich suche nur das, mich einschließen, leben, a bißerl leben und, na gut, weniger arbeiten... Was die Beziehung zu meinen Kinder betrifft, bin ich sehr ähnlich der Magda..., der Vater, der ist ja krepiert an diesem unentwegten, merkwürdig krankhaften Lampenfieber, das die Mama ja nie hatte, sondern der Vater und ich... Verlieben ist verlieben, und jemanden lieben ist etwas ganz anderes... Ich habe nicht nur dreimal geliebt, aber ich sage dir nicht alles... Die ganzen letzten Wochen und Monate spüre ich, wer wirklich die Freunde sind, in Frankreich und in Deutschland, die sagen, wenn's dir schlecht geht, kannst du anrufen, und dann machst du es mal, und dann sagen die, da können wir dir nun wirklich nicht helfen... Ich glaub' schon, ich könnte den Alain anrufen, doch... Der ist doch ganz und gar sentimental, und auf der anderen Seite ist diese Mafia-Seite... Markovich, den habe ich gekannt, jedesmal, wenn der erschien, bin ich durch die Hintertür weg... Es ist schwierig, einer ist in Los Angeles, und ich sitze in Quiberon, aber ich lasse mir nicht mehr weh tun... Filme, was sollte ich denn sonst machen, ich habe ja nichts anderes gelernt... Der Beruf ist keine Sucht, nein, den mag ich noch, gerade noch... Die Lust zum Flirt ist ungebrochen... Ich bin ja sehr, sehr einfach, nur inzwischen Alkoholikerin geworden... Und Harry liebe ich immer noch... Ich habe es einfach nicht kapiert, daß Luchino in mich verliebt war... Ich war doch ganz froh, wenn ich gesehen hab', daß es ganz gut ist, was ich bringe, aber es ist doch nur Kino... Ich kann mich nicht sehen, ich kann mich nicht sehen... Du haust mich nicht in die Pfanne? Kaputte Leute sind ja immer sehr interessant...«

Bei den Fotos, die Robert Lebeck von ihr macht, bricht sich Romy Schneider den Fuß, als sie von einem Felsen auf den Strand springt. Sie humpelt auf ihr Zimmer, legt sich hin. Ein Arzt wird bestellt. Auf dem Nachtschrank Bilder ihrer Kinder, keines von Biasini. Sie hat Schmerzen, aber das ist nicht der Grund, weshalb sie weint. Sie sucht ihre Tabletten, verbirgt ihr aufgelöstes Gesicht unter dem Kissen. Laßt mich allein jetzt. Nein, nicht in dem Zustand. Müßt ihr wirklich schon fahren? Bleibt doch einfach hier. Also gut, morgen noch. Dann geht es dir sicher besser. Morgen reden wir weiter. Ohne Tonband.

Eingegipst und auf einen Krückstock gestützt kehrt sie zurück nach Paris. Die Dreharbeiten für die *Spaziergängerin von Sans-Souci* müssen verschoben werden. Sie ist ganz stolz, daß die Produktion nicht einen Augenblick lang auf den Gedanken kommt, eine andere Schauspielerin zu engagieren, sondern auf sie wartet. Unter das Interview, das wenige Wochen später in der von ihr genehmigten Fassung im *stern* erscheint, schreibt sie handschriftlich: »Ich werde weiterleben – und richtig gut!«

XIX

Den Zug aus Paris hatte sie in Auray verlassen und war von dort aus mit dem Bus nach Quiberon weitergefahren. Sie saß ganz hinten am Fenster und schaute hinaus in den klaren Sommertag. Im Golf von Morbihan waren bunte Segel zu sehen, und an den Stränden rannten Kinder und Hunde um die Wette. Am Ortsschild Quiberon schon begann der Stau. Der Badeort, den sie nur aus den toten Zeiten des Winters kannte, war fremd in dieser bunten Betriebsamkeit, und als sie am Bahnhof ausstieg und mit ihrer kleinen Tasche zum Hafen ging, versuchte sie vergebens, die Stimmung jener seltsamen Nächte zu erinnern, die sie mit Romy Schneider bei einer ihrer zahlreichen Diätkuren in Quiberon verbracht hatte. Das war zwar erst vor ein paar Jahren gewesen, aber es schien Anna Wendtlin ein Leben weit entfernt. In der Kneipe, in der »Madame Sissi« mit dem alten bärtigen Bretonen getanzt hatte, fand Anna Wendtlin keinen freien Tisch mehr, sie trank ihren Kaffee im Stehen. Zwischen den Flaschen hinten an der Theke entdeckte sie ein Foto von Romy Schneider, mit Widmung. Das Bild ihres Walzers mit dem Fischer auf der leeren Tanzfläche, das Foto aus jener Nacht, das Foto, das Anna von vielen Veröffentlichungen kannte.

Bevor sie mit der Fähre hinüberfuhr nach Belle-Ile, deren Häuser am Horizont über dem funkelnden Wasser wie Spielzeug aussahen, hatte sie noch eine Stunde Zeit. Sie machte einen Spaziergang, entlang am Strand, zum Kurhotel Sofitel, in dem Romy Schneider oft gewohnt hatte. Anna wußte immer noch nicht so recht, warum sie spontan von Paris hierher gefahren war; es gab weder Interviewtermine noch irgend etwas zu recherchieren. Der Masseur, der Romy Schneider heimlich mit Alkohol versorgt hatte, arbeitete inzwischen in der Normandie. Außerdem brauchte sie ihn nicht mehr für ihre Serie. War es also nur eine nostalgische Reise in eine fremde Vergangenheit, wie alles, was sie bisher geschrieben hatte? War es schon die Resignation im Wissen, letztlich gescheitert zu sein, letztlich nichts von dem gefunden zu haben, was man in ihrer Branche einen Scoop nannte? Wen auch soll ich rächen, dachte sie, Romy etwa? Die hat doch endlich ihre Ruhe, der ist es doch jetzt auch egal. In Wahrheit ist das nur mein Ehrgeiz, dafür zu sorgen, daß ein paar Herren unruhige Nächte haben werden, wenn sie lesen, was in der Serie als »Der Fall Romy Schneider« angekündigt worden war.

Sie kam rechtzeitig zur Fähre und blieb die Dreiviertelstunde der Überfahrt auf dem Vorderdeck sitzen, bis die Festung über dem Hafen immer näher rückte und das Schiff in Le Palais anlegte. Mit den Menschenmassen, die als Tagestouristen auf die Insel gekommen waren, ließ sie sich treiben, vorbeischieben an den vielen kleinen Geschäften und fuhr dann mit dem Bus weiter ins Land hinein, hinüber zum großen Leuchtturm. Am Grand Phare stieg Anna Wendtlin aus und wanderte an die Felsenküste, wo das Meer begann, das bis nach Amerika reichte. Vor einem kleinen Restaurant waren ein paar Tische und ein Sonnenschirm aufgestellt, sie bestellte eine Platte *Fruits de mer* und eine Flasche Sancerre. Sie aß mit den Fingern, knackte die Hummerscheren und holte mit spitzen Nadeln die Schnecken aus ihren Gehäusen. Anna war allein auf der Terrasse, doch bevor sie das letzte Glas mit einem stummen *Santé* in die Wolken hob, blickte sie sich vorsichtig um, ob auch keiner sie beobachtete. Nachdem sie bezahlt hatte, bat sie um ein Taxi, aber der Wirt mußte in die Stadt und nahm sie in seinem verrosteten Renault mit zur Anlegestelle der Fähre. Sie fuhren durch Orte, die so seltsame Namen hatten wie Kervilahouen oder Bangor oder Calastrène und in der Nachmittagshitze vor sich hinträumten. In den Ritzen ihrer bretonischen Steinhäuser blinzelten Eidechsen in die Sonne und warteten auf die Dämmerung, um auf Jagd zu gehen.

Auf dem Schiff war sie noch vor der Abfahrt in der warmen Sonne eingenickt und erst wieder aufgewacht, als die Fähre in den Hafen von Quiberon einfuhr. Sie schüttelte ihre wirren Träume ab, in denen sich Romy Schneider und Biasini am Strand von Donnant auf Belle-Ile durch den Sand gejagt hatten, während Delon, Meyen und Pétin stumm als Preisrichter auf einem Felsen standen und ab und zu Tafeln mit Nummern hochhielten. Mit einem Taxi ließ sie sich zum Bahnhof fahren. Die grimmige Miene des Fahrers, der über die kurze Strecke geflucht hatte, hellte sich erst wieder auf, als sie ihm ein großzügiges Trinkgeld gab. In ihrem Abteil schlief Anna Wendtlin gleich wieder ein, zuviel Wein und zuviel Sonne...

In Paris stieg sie um in den Nachtzug nach Frankfurt. Sie fühlte sich zerschlagen und mutlos, erschöpft von einer langen Reise, bei der sich das Ziel immer weiter entfernte, je näher man ihm zu kommen schien. In einer Zeitung, die sie sich gekauft hatte, las sie ein Interview mit Peter O'Toole. Dämliche Fragen, das Übliche. Aber gute Antworten: »Jenseits der Leinwand haben Schauspieler überhaupt kein Ego. Sie sind nur Gefäße imaginärer Wesen. Sie müssen eine Rolle spielen, um die Wirklichkeit zu spüren, und brauchen Aufmerksamkeit, um sich lebendig zu fühlen. Der ständige Zwiespalt, in dem sich Stars befinden: sie müssen einerseits glauben, daß sie etwas Besonderes sind, und sich andererseits gegen diesen Unsinn auflehnen. Sie bestehen auf Privatsphäre, aber nur, solange noch jemand an ihre Tür klopft.«

Sie legte die Zeitung weg und blickte hinaus in die Nacht, in der nur ab und zu Lichter aufblitzen, wenn der Zug in der Nähe eines Dorfes vorbeidonnerte. War es bei dir nicht auch so, Romy? Deine Wirklichkeit war doch eigentlich auch nur das Kino, du hast es gehaßt, und du hast es gebraucht. Aber für eine andere Wirklichkeit warst du nicht stark genug. Am Ende bist du so unwirklich wie im Kino, Romy, und so unerreichbar. Meine Suche nach dir kommt mir vor wie die Suche von Mastroianni in einem deiner letzten Filme. Immer, wenn er glaubte, dich gefunden zu haben, bist du im Nebel verschwunden. Mal warst du jung und schön, und mal warst du alt und verbraucht. Nur deine Augen blieben gleich. Stumpf, gehetzt, verschreckt. Das hätte ein Freund sehen müssen, doch wer kannte dich schon so gut, um das zu erkennen... Nein, Romy, dir kann ja keiner mehr etwas tun. Du bist ja tot. Diese Typen, die dein Leben auf dem Gewissen haben, sind einfach nicht zu fassen. Die machen immer weiter. Mit der nächsten Romy. Mit einer neuen Sissi. Und wenn sie auch die überleben, werden sie wieder in Nachrufen ihre verlogene »Betroffenheit« ausbreiten. Wie bei dir. Aber du hast auch mitgespielt, in jeder Beziehung. Du hast dich doch freiwillig benutzen lassen. Du hast ja nicht aufhören können. Du hast immer nur geredet von Timbuktu, aber du bist nie hingefahren. Warum warst du auch so verdammt deutsch? Immer nur arbeiten und arbeiten und sich quälen, den Sinn des Lebens suchen, daß ich nicht lache, deine blaue Blume suchen, du unheilbar romantische Gans, statt einfach mal nichts zu tun, zu träumen, dich treiben zu lassen und zu warten, was passiert.

Irgendwann in diesem stummen Zwiegespräch war sie dann doch eingeschlafen auf ihrem muffigen Bett. Nach der Ankunft in Frankfurt fuhr sie direkt in die Redaktion, weil sie wußte, daß Karsten Schuler auch um diese Zeit, früh am Morgen, schon an seinem Schreibtisch sitzen würde. Als sie sein Zimmer betrat, warf er ihr nur einen kurzen Blick zu, sagte aber nichts, sondern stand auf und reichte ihr wortlos einen Kaffee. Dann wartete er, bis sie sich eine Zigarette angesteckt hatte.

»Was ist los mit dir? Ist irgend etwas passiert? Den ganzen Tag über haben wir gestern versucht, dich zu erreichen. Sogar bei Pétin im Büro angerufen. Aber keiner wußte, wo du warst...«

»Ich habe einen Tag lang nachgedacht, nur so. Ich war in Quiberon und auf Belle-Ile, einfach ganz spontan. Nein, passiert ist eigentlich nichts, außer...«

»Außer?« fragte er.

Und da brach alles aus ihr heraus, der Frust, weil sie in ihren Recherchen nicht weitergekommen war, der Frust, weil sie nicht die letzten Beweise gefunden hatte, daß Romy Schneider betrogen worden war, daß sie immer noch nicht das Gefühl hatte, eine richtig gute Serie schreiben zu können, in der nicht nur alle Einzelheiten stimmten, sondern auch wirklich deutlich wurde, warum dieses Leben so und nicht anders hatte enden müssen. Und daß sie einfach keine Lust mehr hatte, wie eine Bekloppte durch die Gegend zu fliegen und immer wieder auf Mauern zu stoßen. Und sich anlügen zu lassen von Figuren, die angaben, die besten Freunde von Romy Schneider gewesen zu sein, und in Wirklichkeit keine Ahnung gehabt hatten, wie es um sie stand. Am schlimmsten sei das Gequatsche von dieser entsetzlichen Maria Schell, von wegen mütterliche Freundin seit achtundzwanzig Jahren und ähnlicher Schmonzes. Nichts davon stimmt, einfach nichts.

Schuler unterbrach sie grob.

»Dein Zustand ist ganz normal, bilde dir nichts ein. Als ich noch richtig geschrieben habe, nicht nur Hausmitteilungen, sondern richtige Geschichten, da war ich auch immer verzweifelt, wenn ich nicht alles herausbekommen habe, und das auch noch wußte, und mein Artikel irgendwann einfach fertig sein mußte. Vergiß nicht, du bist kein Detektiv, du suchst keine Indizien, nach denen ein Gericht verurteilen würde oder freisprechen. Du sollst so genau wie möglich und so gut wie möglich über das Leben eines Stars schreiben, das so ganz anders war, als sich das Lieschen Müller vorgestellt hat. Und so ganz anders, als es bisher beschrieben worden ist. Du sollst keine neue Legende erfinden, sondern die alten widerlegen, so weit das geht. Das ist dein Job, nichts sonst. Wenn du dabei auch noch erklären kannst, wer die Finsterlinge in ihrem Leben waren und wer sich auf ihre Kosten einen feinen Lenz gemacht hat, um so besser. Aber du mußt nicht die letzte Überweisung auf ihrem Konto und die letzte Auseinandersetzung mit der Steuer belegen können, das interessiert im Zweifelsfall keinen so genau. Du bist nicht der Testamentsvollstrecker, ganz bestimmt nicht. Wir sind hier nicht im Kino, wo am Schluß immer das Gute siegt und die Bösen hinter Gittern sitzen.«

Er lehnte sich zurück und trank einen Schluck Kaffee. Anna Wendtlin schwieg. Dann holte sie einen kleinen Spiegel aus ihrer Tasche, schminkte sich die Lippen und fuhr sich mit gespreizten Fingern durch die Haare.

»Entschuldige, aber das mußte sein. Ich seh' ja schrecklich aus nach dieser Nacht... Wahrscheinlich hast du recht, wahrscheinlich habe ich mich verrannt, vielleicht weiß ich auch schon zuviel und sehe das Naheliegende nicht mehr. Also los, was gibt es Neues? Warum habt ihr mich gestern gesucht?«

Er blätterte in einem Stapel von Zeitschriften und Zetteln und Manuskripten auf seinem Schreibtisch, reichte ihr dann einen Brief und wartete, bis sie ihn gelesen hatte.

»Das ist das Schreiben eines Anwalts, der Henrik Kaestlin vertritt. Er will aufgrund deiner ersten Andeutungen den Abdruck eines Leserbriefs, in dem steht, daß der brave Mann bereits 1978 seine Geschäftsbeziehungen zu Romy Schneider abgebrochen hat, also die von Romy zu seiner Firma Cinecustodia, und daß sie sich gegen seinen Rat in Frankreich ein Haus gekauft hat und damit ja wohl bewiesen sei, daß er nicht mitschuldig ist an ihren Steuerschwierigkeiten.«

Anna nickte nachdenklich, und dann begann sie zu lächeln. Sie stand auf und wedelte mit dem Brief vor seinem Gesicht herum. »Aber das ist ja wunderbar, das ist ja endlich mal etwas Handfestes, das ist ja geradezu eine Sensation, auf die Idee wäre ich ja nie gekommen, nie.«

»Das mußt du mir erklären«, knurrte Schuler, »ich sehe darin nur einen juristischen Quatsch, den wir vielleicht sogar drucken müssen und der keine Sau interessiert.«

»Aber Karsten, genau das Gegenteil. Denn ich kann beweisen, daß er sowohl 1979 als auch noch 1980 mit Romy Schneider in Geschäftsverbindung stand. Und wie. In beiden Jahren wurden Gagen auf das Konto der Cinecustodia überwiesen, und zwar nicht zu wenig. 1979 waren es etwa 300 000 französische Francs und 1980 fast 600 000. Das muß ich noch genau nachschauen. Wenn er nun angeblich bereits 1978 die Beziehungen beendet hat, dann verschweigt er etwas, oder er wird uns wohl die Frage beantworten müssen, warum er auch noch zwei Jahre später Geld bekommen hat und was mit diesem Geld geschehen ist.«

»Er muß nicht, denk dran, er muß gar nicht. Du bist nur eine lästige Journalistin und kannst ihn nicht zwingen, mit dir zu reden. Allerdings wird man ihn öffentlich mal fragen können, wo dieses Geld geblieben ist und warum er in den beiden Jahren noch kassierte, als angeblich der Vertrag ja schon erloschen war. Jetzt ruf ihn mal an und versuch, einen Termin in Zürich zu bekommen. Erzähl einfach, daß du soviel Gutes von ihm gehört hast und deshalb mit ihm über seine Freundschaft zu Romy Schneider reden willst. Vielleicht fällt er darauf herein, kannst dich ja unter anderem Namen anmelden.«

Anna steckte den Brief in ihre Manteltasche und schmatzte Schuler einen Kuß auf seine nur noch von wenigen Haaren umkränzte Glatze. »Danke«, sagte sie, »danke für dieses Gespräch« und rannte fast aus dem Zimmer, als warte Kaestlin schon draußen auf sie. Verblüfft rieb sich Schuler über seine Stirn, nahm dann ein Papiertaschentuch und wischte sich über den Kopf. Betont angewidert betrachtete er die Reste von Lippenstift und warf den Fetzen in den Papierkorb. Als seine Sekretärin kam, wunderte sie sich, daß ihr Chef so gute Laune hatte. Sogar den morgendlichen Telefonanruf von Kaptiva aus dem Auto nahm er geradezu strahlend entgegen.

»Nein, wir haben noch nichts aus Bonn, das man drucken könnte. Ja, leider. Nein, vielen Dank für das Angebot. Aber falls es etwas gibt, schaffen wir das auch allein. Wir wollen doch immer daran denken, daß wir Verlag und Redaktion fein säuberlich trennen, nicht wahr? Haben Sie doch neulich erst wieder in einem Interview gesagt, warten Sie, irgendwo hier muß es liegen...«

»Hören Sie auf mit dem Quatsch. Ich weiß, was ich gesagt habe«, antwortete Kaptiva ärgerlich und legte ohne Gruß auf. Schade, sagte Schuler in die tote Leitung, schade, daß du nicht mehr dran bist, ich hätte doch so gern auch mal gewußt, was an den anderen Gerüchten aus Bonn dran ist. Daß du irgendeine Politnase aus dem Fernsehen engagiert hast. Fürs Image. Dann zuckte er mit den Schultern und dachte, am Ende ist es egal, wer die *Frankfurter Illustrierte* macht. Nach Meinung von Kaptiva gab es eh nur einen, der es wirklich konnte. Kaptiva. Schuler ging ins Vorzimmer und ließ sich den Zettel mit der neuesten Auflage geben. Dann brummte er zufrieden. Na bitte, läuft doch, unsere Romy, läuft doch.

Anna Wendtlin war nach Hause gefahren, hatte sich heiß geduscht und dann umgezogen. Noch einmal ordnete sie alle Papiere und Aufzeichnungen, noch einmal las sie alle Zettel und Briefe durch. Sie machte sich Notizen und schrieb die Fragen auf, die sie noch klären und mit Laurent besprechen wollte. Zum Beispiel, welche Tabletten außer Optalidon und Staurodorm sie noch geschluckt hatte und wie die Nebenwirkungen waren und ob ihr Bruder, der ja Arzt war, davon gewußt hatte, und...

Das Telefon klingelte. Laurent. Vorwurfsvoll, er hatte sie gesucht. Sie erzählte von ihrem Ausflug nach Quiberon und nach Belle-Ile, aber nichts von ihren seltsamen Träumen und auch nichts von ihren Zweifeln, je die Wahrheit zu finden. Ja, heute abend bin ich wieder da, bestimmt, ich ruf' dich an. Sie packte die Papiere zusammen und legte den Brief, den Schuler ihr gegeben hatte, oben auf den Stapel. Die Sache mit Kaestlin war die einzige Spur, die sie noch verfolgen mußte, aber auch da konnte es ja eine ganz einfache Erklärung geben, die alle Spekulationen beendete. Sie wußte zwar, daß Romy Schneider ein paar Wochen vor ihrem Tod in Zürich gewesen war, und Laurent, der sie begleitet hatte, erinnerte sich genau an ein Treffen mit einem Anwalt namens Kaestlin. Sie hatte vor dieser Begegnung in Zürich ihr Testament gemacht, und in dem standen ihre Tochter Sarah und Pétin als einzige Erben. Nein, eine Todesahnung kann sie nicht gehabt haben, dachte Anna. Es war wohl mehr eine Laune des Augenblicks. Aber warum hatte sie ihr Testament ausgerechnet in Zürich gemacht?

Sie rief in der Kanzlei von Kaestlin an und verlangte den Anwalt. Er war bei einem Termin, aber die Sekretärin versprach, ihm eine Nachricht zu hinterlassen.

»Wo können wir Sie erreichen und zurückrufen?«

Anna Wendtlin zögerte einen Moment lang und gab ihr dann die Telefonnummer des Hotels in Paris, in dem sie abends wieder eintreffen würde. Dann wählte sie die Nummer des Reisebüros und ließ sich einen Platz reservieren für die Nachmittagsmaschine. Rückflug offen.

»Du blöde Kuh«, sagte sie laut zu sich selbst, »Rückflug offen. Du hoffst ja immer noch, daß irgend etwas passiert und du doch noch deine Sensation bekommst.«

XX

Über Romy Schneider und ihr Verhältnis zu Deutschland ist viel spekuliert worden. War es immer noch jenes dumpfe deutsche Gefühl, verraten worden zu sein, weil Sissi nach Paris gegangen war? War es immer noch jene seltsame Dolchstoßlegende, die sogenannte Heimatfront im Stich gelassen zu haben? War es immer noch die angebliche Verletzung einer angeblichen sittlichen Ordnung, weil sie sich auf der Leinwand nackt gezeigt hatte? Aber so spießig war doch das Land gar nicht mehr, auch in Deutschland war Anfang der achtziger Jahre kein Tabu mehr so heilig, daß man es nicht lustvoll und öffentlich attackiert hätte. Die Republik hatte sich in den Jahren der sozialliberalen Koalition in ihrem Mittelmaß eingerichtet, und von Extremisten ging in Wirklichkeit trotz aller Schlagzeilen ja keine Gefahr für den Staat aus. Hatte man nicht sogar diese Herausforderung durch den Terrorismus ohne Verluste an bürgerlicher Freiheit überstanden? Na gut, die Radikalenerlasse, Deutschland im Herbst, Urteile gegen gefaßte Terroristen, die man sich in ihrer Härte gewünscht hätte, als es um Naziverbrecher ging, aber das betraf schließlich nur eine Minderheit. Satt waren sie geworden und bequem, die meisten Deutschen, aber mit ihrer Sehnsucht nach Ruhe konnte zumindest das Ausland leichter leben als mit der völkischen Sehnsucht nach mehr »Lebensraum« der vorigen Generation. Die Zeiten, da Filmstars mit Politikern gemeinsam die Nächte durchmachten und Prominente sich für eine ganz bestimmte Partei öffentlich engagierten, weil mehr Demokratie gewagt wurde, waren allerdings auch vorbei. Wer wollte mit Helmut Schmidt tanzen gehen? Und wer mochte sich Romy Schneider im trauten Tête-à-tête mit dem Bürgerkönig aus der Pfalz vorstellen, der bald an der Spitze des Biedermeier-Deutschland regieren sollte?

Aber es gibt ja noch »Fossile aus der *Sissi*-Zeit« (Romy Schneider) wie Will Tremper, der nach wie vor zu den Herren der öffentlichen Meinung gerechnet werden will und dafür hart knechtet. Etwa, wenn er sich zum Sprachrohr deutschen Wesens macht und in der *Bunten* jenes Bild von Romy Schneider heraufbeschwört, dem sie gemeinerweise nicht mehr entsprechen will. In seinem sogenannten offenen Brief mit dem Titel »Wir lieben Dich, dumme Liese« gibt er zwar zu, den Star aus Frankreich schon seit vielen Jahren nicht mehr gesprochen, geschweige denn getroffen zu haben, aber das hindert ihn nicht daran, dem fernen Objekt seiner journalistischen Begierde klarzumachen, worin ihre wahre Bedeutung besteht: »Die ersten Deiner siebzehn Filme – so viele sind es, meinen Aufzeichnungen nach –, die Du zwischen Deinem 14. und 20. Lebensjahr in Deutschland und in Österreich gedreht hast, kamen uns damals unerträglich fad und süß vor... Doch inzwischen sind wir nicht nur älter geworden, wir leiden auch alle unter der geballten Tristesse, der Unlust am Leben, die uns die Medien täglich vermitteln. Wenn das Fernsehen uns heute diese ersten Filme von Dir vorführt... schalten Millionen ein, um für einen Augenblick Atomkraftwerke, Hausbesetzer und politische Krisen zu vergessen. Und das geht nicht nur den Deutschen, Schweizern und Österreichern so, das habe ich auch in New York gehört, wo *Sissy* lief... Was haben wir nur gegen Dich gehabt – vor einem Vierteljahrhundert? Wenn schon lange keiner mehr von diesem feministischen Machwerk *Eine einfache Geschichte* Deines Lieblingsregisseurs Claude Sautet spricht, werden *Sissy* und *Sissy, die junge Kaiserin* und *Sissy, Schicksalsjahre einer Kaiserin* immer noch gezeigt werden, denn diese Filme von Ernst Marischka sind in ihrer Art glänzend gemacht, sie sind bereits Klassiker...« Er wirft ihr vor, den Hörer aufzulegen, statt »mit den Leuten zu reden, die Deinen Namen weltberühmt gemacht haben«, als ob Romy Schneider Tag für Tag dankbar sein müßte für all die deutschen Journalisten, die sich ihr in nur bester Absicht näherten, und gibt ihr dann »als Freund« noch den Rat auf den Weg: »Für eine Frau von Deinem Format, mit diesen ganzen Filmen hinter sich, für eine Frau in Deinem Alter, für eine Mutter von zwei Kindern, sind solche Spannungen mit der Presse einfach unwürdig.« Keiner beherrscht so virtuos wie

Will Tremper die deutsche Kunst, aus Opfern Täter und aus Tätern Opfer zu machen.

Die unwürdige Deutsche beschäftigt sich zu dieser Zeit, wenige Wochen nach dem Interview in Quiberon, schon wieder mit dem anderen Deutschland. Sie liest, ihr Gipsbein auf dem Bett bequem auf Kissen gelegt, ein Drehbuch, das nach Motiven aus Joseph Kessels Roman *Die Spaziergängerin von Sans-Souci* entstanden ist: Max Baumstein, Präsident einer internationalen Vereinigung für Menschenrechte, erschießt in Paris, wo er von seiner Frau nach einer langen Reise erwartet wird, den Botschafter von Paraguay. Beim Prozeß bekennt er sich zwar schuldig, aber um sein Motiv verständlich zu machen, erzählt er dem Gericht die Hintergründe seiner Tat. Als zwölfjähriges Kind ist er von einer SA-Bande in Berlin zum Krüppel geschlagen worden, weil er Jude war. Seine Eltern wurden ermordet. Er lebte bei dem Ehepaar Wiener, das sich um ihn kümmerte. Als auch deren Situation im faschistischen Deutschland gefährlich geworden ist, flüchtete Elsa Wiener mit dem Jungen ins Exil nach Paris. Elsas Mann, der Verleger Michel Wiener, sollte baldmöglichst nachkommen, wurde aber im Zug verhaftet und ins KZ eingesperrt. Szenen in Paris, im Rückblick ein Hauptteil des Films: die verzweifelte Frau, die sich erst als Sängerin und dann als Animierdame in einem Nachtclub durchschlägt, versucht alles, um ihren Mann zu retten. Ein Legationsrat an der deutschen Botschaft verspricht ihr die Freilassung ihres Mannes, wenn sie mit ihm ins Bett geht. Sie wehrt sich lange, aber als sie davon überzeugt ist, daß dies die einzige Chance ist, jemals ihren Mann wiederzusehen, gibt sie nach. Ihr Mann wird freigelassen und darf nach Paris ausreisen. Elsa holt ihn auf dem Bahnhof ab, sie fahren gemeinsam mit dem Taxi zum Emigrantencafé Sans-Souci. Dort werden beide von den Nazikillern des Legationsrats auf offener Straße ermordet. Und dieser Legationsrat, der den Krieg und seine Verbrechen überlebt hat, der wie so viele andere Nazis nach Südamerika geflüchtet war, ist der Botschafter Paraguays geworden, den der verkrüppelte Junge von damals, inzwischen Vorsitzender einer Versicherungsgesellschaft und bekannter Anwalt der Menschenrechte, erkannte und erschoß.

Romy Schneider soll die Rolle der Elsa Wiener von damals spielen, also die Frau, die sich vor den Deutschen nach Frankreich rettet, und die Frau des Todesschützen (Michel Piccoli) heute. Wieder eine Doppelrolle, aber das hat sie ja gern, solche Herausforderungen stimulieren sie. Sie träumt davon, daß David den verkrüppelten zwölfjährigen Max spielt, zeigt ihrem Sohn sogar das Drehbuch. Der findet es zwar spannend, kann aber mit dieser Geschichte nichts anfangen. Das faschistische Deutschland ist ihm fremd und bleibt es auch, als seine Mutter ihm erzählt, daß sein Vater Harry Meyen von den braunen Schergen verhaftet und ins KZ gesteckt worden ist, daß viele Naziverbrecher mit Hilfe der Organisation ODESSA nach Südamerika geflüchtet sind und daß die Mehrheit der Deutschen, die sogenannten braven Bürger wie seine Großmutter Magda, im Dritten Reich geschwiegen und nach dem Dritten Reich vergessen haben. Er will nichts von dieser Vergangenheit wissen, ihn beschäftigen zu sehr die privaten Probleme der Gegenwart. Er fühlt sich zerrissen zwischen Daniel Biasini, der ihm ein Vater ist, und seiner Mutter, die er liebt. Daß die beiden sich scheiden lassen, weiß er, aber er kann und will es nicht begreifen.

David lebt bei seinen Großeltern und geht auch dort zur Schule. Romy Schneider wird in Paris von Laurent Pétin umsorgt, der sie mit seiner unendlichen Liebe fast erstickt. Aber auch er schafft es nicht, sie aus ihren Depressionen zu reißen, als die Scheidung endlich eingereicht ist. Der gebrochene Fuß ist verheilt, doch ihr geht es schlechter denn je. Noch mehr Tabletten und noch mehr Alkohol und immer wieder Schmerzen in der Niere. Sie wird in einer psychiatrischen Klinik behandelt. Dort zeigt sie dem Arzt das *stern*-Interview, das in Frankreich von *Paris Match* nachgedruckt wurde, und bittet ihn, alles zu lesen: »Da steht vieles drin, was ich noch nie gesagt habe über mich.« Aber der Arzt will nicht mit ihr reden und versuchen zu erfahren, was sie bedrückt. Seine Methoden sind von dieser Welt. Er verschreibt Romy Schneider schwere Psychopharmaka, um sie erst einmal ruhig zu stellen. Weiß man doch, was diese verrückten Filmstars für ein Leben führen und daß sie hysterische Anfälle haben. Dagegen gibt es doch hervorragende Mittel. Nein, keine Gespräche. Tabletten.

Romy Schneider wehrt sich anfangs nicht. Wieder einmal will sie niemanden verletzen, denn Laurent Pétin und seine Mutter haben ihr diese Klinik empfohlen und ihr dort ein Zimmer besorgt. Erst als sie nach zwei Wochen Veränderungen an sich bemerkt, die sie nicht für eine Besserung ihres Zustandes hält, Sprachstörungen und Vergeßlichkeit – vergebens versucht sie zum Beispiel, sich an alte Rollen oder Filme zu erinnern –, bricht sie die Behandlung ab und kehrt zurück nach Paris. Die letzten Vorbereitungen für die Dreharbeiten von *Sans-Souci* beginnen, es wird eine deutsch-französische Koproduktion mit Schauplätzen in Berlin und Paris. Sie freut sich auf die Rolle und übt mit eiserner Disziplin die Chansons, die sie als Elsa Wiener im Film singen soll, das Lied der *Spaziergängerin von Sans-Souci* auf französisch und ein paar Verse aus Heinrich Heines *Buch der Lieder* auf deutsch:

Du bliebest mir treu am längsten,
Und hast Dich für mich verwendet,
Und hast mir Trost gespendet
In meinen Nöten und Ängsten

Du gabest mir Trank und Speise,
Und hast mir Geld geborget,
Und hast mich mit Wäsche versorget
Und mit dem Paß für die Reise.

Mein Liebchen! daß Gott dich behüte
Noch lange, vor Hitz und vor Kälte
Und daß er dir nimmer vergelte
Die mir erwiesene Güte.

Daß Romy Schneider für die Rolle der Elsa Wiener ausgesucht wurde, liegt nicht nur daran, daß sie, vor allem zusammen mit ihrem alten Partner Michel Piccoli, als Kassenmagnet in Frankreich gilt. *Die Spaziergängerin von Sans-Souci* sollte ja auch ein politischer Film werden, nicht nur spannende Unterhaltung. Vielleicht sogar große Kunst (was es dann später nicht wurde): »Der Faschismus kommt wieder«, erklärt Max Baumstein einmal dem Gericht, vor dem er sich wegen der Todesschüsse verantworten muß, und die Zuschauer klatschen, genauso wie bei der Zeugenaussage einer ehemaligen inzwischen alt gewordenen Freundin von Elsa Wiener: »Meistens ist es so, daß die Scheißkerle im Bett sterben. Diesmal hat's endlich einen erwischt. Danke, Max.« Das Thema der unbewältigten deutschen Vergangenheit ist in vielen französischen Filmen behandelt worden, und in vielen dieser Filme spielt die Deutsche Romy Schneider mit, die Frau, die ihre ganz persönliche Vergangenheit mit Deutschland ebenfalls noch nicht bewältigt hat. Für die Franzosen ist es weniger die Deutsche, die da spielt. Ihr Filmstar Nummer eins ist längst eine Französin, die sie als eine der ihren akzeptieren, auch weil sie fast ohne Akzent ihre Sprache beherrscht (Fehler machte Romy Schneider nur im Schriftlichen), ein Kind der Grande Nation, die so sehr unter den Deutschen gelitten hat. Romy Schneider spielt solche Rollen mit besonderem Engagement, als gelte es jedesmal, auch ein Stück der eigenen Biographie darzustellen – und zu verarbeiten. Was sie in Worten über Deutschland nicht sagen kann, weil sie glaubt, unpolitisch zu sein, drückt sie in ihren Rollen aus. »Alle, die mit denen zusammenarbeiten, sind Lumpen. Es sind Bestien, die Nazis, Bestien und Mörder«, sagt Elsa Wiener im Film. Und Romy Schneider: »Ich habe anfangs nicht viel gewußt vom Faschismus, nicht genug darüber nachgedacht. Aber inzwischen weiß ich sehr viel mehr und weiß, daß sich im Grunde nicht viel geändert hat.« Auch ein Grund, warum ihre Filme im anderen Land, aus dem sie emigriert war, keine so großen Erfolge waren wie in Frankreich? Artur Brauner, der deutsche Koproduzent der *Spaziergängerin von Sans-Souci*, sieht das anders: »Wir haben mit diesem Film in Deutschland immerhin eine Million Zuschauer ins Kino gelockt, was bei dem Thema ein großer Erfolg ist. Allerdings wären es ohne das traurige Ableben von Romy Schneider sicher nur die Hälfte gewesen, ihr Tod hat den Film doch sehr interessant gemacht.«

Doch bevor nun endlich die Dreharbeiten beginnen können, bricht Romy Schneider wieder einmal zusammen. Sie hat unerträgliche Schmerzen in der Niere. Pétin fährt sie ins Krankenhaus, ins Amerikanische Hospital nach Neuilly. Sie hat Angst. Ist nicht in diesem Krankenhaus Onassis gestorben? Komme ich da je wieder raus, oder ist es das, wovor ich mich immer gefürchtet habe, Krebs? Die Unsicherheit dauert einen halben Tag, dann stellen die Ärzte fest, daß es kein Krebs ist, sondern ein gutartiger Tumor, aber ihre rechte Niere entfernt werden muß, wo der faustgroße Abszeß sitzt. Am 22. Mai 1981 wird der Filmstar operiert; es verläuft alles den Umständen entsprechend gut, aber sie wird lange brauchen, um wieder arbeiten zu können. Laurent Pétin informiert die Filmproduktion und erzählt seiner Geliebten, kaum daß sie aus der Narkose aufgewacht ist, voller Stolz, daß man wieder auf sie warten werde, der Drehbeginn so lange verschoben werde, bis sie wieder gesund ist: »Siehst du, so wichtig bist du ihnen.«

Am Flughafen holt er Romys Mutter und ihren Bruder Wolf ab und bringt sie ins Krankenhaus. Magda Schneider schildert später, auf die ihr eigene Art, in der *Bild*-Serie »Leb wohl, Romy« den Besuch im Krankenhaus: »Ich war erschüttert, als ich Romy sah. Sie war – zwei Tage nach der Operation – noch sehr schwach. Aber ich war auch gerührt. Mit den wachen Augen einer Mutter sah ich, wie dieser Laurent Pétin Romy sehr liebevoll, unendlich behutsam half, aufzustehen – als wäre sie die größte Kostbarkeit der Welt. Dann war ich schockiert. Romy zeigte mir die Operationsnarbe. Sie zog sich – wie mit einem Schwert gehauen – von der Brust bis auf den Rücken, um den halben Körper.« Diese Narbe übrigens störte Romy Schneider am wenigsten. Jetzt sei es endlich vorbei mit den Nacktrollen, erklärte sie lakonisch, was in ihrem Alter ja schließlich normal sei, nicht wahr?

Eine der Krankenschwestern, die damals Romy Schneider umsorgten, erinnert sich an eine ängstliche, kleine Frau, die mit bandagierten Beinen – gegen die Gefahr einer Thrombose – im Bett lag und nichts von den Sträußen hergeben wolllte, die von Simone Signoret und Alain Delon und Herbert von Karajan geschickt worden waren, weil die alle anschauen sollten, die sie besuchten. Die Meldung, daß man dem Filmstar eine Niere hatte entfernen müssen, war in den Fernsehnachrichten ausgestrahlt worden. In den Zeitungen gab es ärztliche Bulletins zu lesen wie bei der Behandlung eines bedeutenden Politikers. Die Vorhänge im Zimmer wollte die Patientin immer halb geschlossen haben, sie traute dem Einfallsreichstum ihrer liebsten Gegner, der Fotografen, alles zu. Und ein Foto der im weißen Nachthemd krank im Bett liegenden Romy Schneider würde gutes Honorar bringen.

Laurent besucht sie natürlich jeden Tag, auch ihre Freundin Christiane Höllger kommt aus Berlin. Nur mit ihrem Sohn David ist sie noch so zerstritten, daß sie ihn nur einmal sehen will, ansonsten lediglich mit ihm telefoniert. Wenn sie darüber sprach, wie sehr sie ausgebeutet worden war, berichtet Pétin, geriet sie jedesmal in Rage und konnte nur mühsam beruhigt werden. Die Drohung der französischen Steuer mit ihren Millionenforderungen scheint sie nicht mehr so ernst zu nehmen, irgendwie wird man sich da schon rausreden können. Wahrscheinlich hat sie nie richtig erkannt, daß sie im klassischen Sinne pleite war, obwohl in dem Brief an Monique Biasini sehr deutlich steht, daß sie die 30 000 Francs von Daniel dringend benötigt.

Noch lebt der Rest der Familie, also Sarah mit dem Kindermädchen, in der Wohnung in der Avenue Bugeaud, aber Romy Schneider will dort wegziehen, nicht nur wegen der Erinnerungen an die gemeinsame Zeit mit Biasini, sie will ganz raus aus der Stadt. Wenn das Geld für eine Anzahlung nicht reicht, muß man halt einen Kredit aufnehmen, ist ja kein Problem, schließlich wird sie mit den nächsten Filmen wieder genügend verdienen. Davon, daß sie eigentlich mal Pause machen wollte und nicht mehr so viel arbeiten, ist keine Rede mehr. Das halbe Jahr Pause, bedingt durch den gebrochenen Fuß und die Nierenoperation, hat ihr gereicht. Es soll endlich wieder losgehen.

Zunächst aber nur im Filmstudio von Boulogne-Billancourt für den Thriller *Das Verhör*. Leichte Arbeit. Romy Schneider muß ein paar Sätze nachsychronisieren. Ihr Sohn David kommt vom Haus seiner Großeltern in die Stadt und verbringt den Tag mit seiner Mutter. Ganz stolz auf sein gutes Französisch gibt er ihr Tips für die richtige Aussprache mancher Wörter, und Romy Schneider läßt sich das gern gefallen. Sie wiederholt, die Brille auf der Nase balancierend, seine Vorgaben, bis er zufrieden ist. Anschließend gehen sie gemeinsam in die Kantine des Studios. Sie sprechen über die nächsten Ferien und beraten, wohin es gehen soll. Wäre Griechenland nicht schön? Oder mal gemeinsam in die Vereinigten Staaten? Lieber nach Südfrankreich? Von dieser Szene gibt es Fotos, sehr innige, sehr private Fotos. Nähe zwischen Mutter und Sohn, eng beieinander sitzend, David mit geschlossenen Augen zärtlich seine

Mutter küssend. Sie scheinen sich wieder vertragen zu haben. Es ist der 24. Juni 1981, ein friedlicher, warmer Sommertag. Es ist der Tag, an dem sich Romy Schneider und David zum letztenmal sehen.

Als David am 5. Juli vom Spielen nach Hause kommt, und zu Hause ist für ihn das Haus seiner Großeltern in der Rue Lorraine im Pariser Vorort St.-Germain-En-Laye, öffnet auf sein Klingeln niemand. Seinen Schlüssel hat er vergessen, das Tor ist verschlossen. Was macht ein Junge in seinem Alter, sportlich und trainiert? Er klettert auf die Mauer, um das Tor zu übersteigen. Doch David rutscht ab und stürzt in die schmiedeeisernen Spitzen des Zauns, der den Garten umsäumt. Wie ein Pfahl bohrt sich einer dieser Spieße in seinen Unterleib, er schreit vor Schmerzen, hängt hilflos am Zaun. Nachbarn hören sein Schreien und rufen den Notarzt und die Polizei. Er wird mit schweren inneren Blutungen ins Krankenhaus gebracht. Die Großeltern und sein Stiefvater Daniel Biasini suchen Romy Schneider und erreichen sie an diesem Sonntag schließlich im Landhaus von Pétins Eltern, wo sie sich nach ihrer Nierenoperation erholen soll und wohin David sie eigentlich hätte begleiten sollen. Sie eilt ins Centre Hospitalier, Laurent fährt sie hin. Auch Daniel Biasini ist gekommen, auch er bangt um den Jungen, der sich stolz David Biasini genannt hat, der ihn liebt und den wohl auch er liebt. Sie warten stumm. Romy Schneider weint, betet um ihren Sohn. Die Ärzte können ihm trotz einer Notoperation nicht mehr helfen; David Christopher, vierzehneinhalb Jahre alt, stirbt kurz nach Mitternacht.

Das klackende Geräusch der Schuhe des Arztes auf dem Krankenhausflur, der auf sie zukommt und ihr die Todesnachricht überbringt, begleitet sie fortan in ihren nächtlichen Alpträumen bis zum eigenen Tod. In dieser Nacht beginnt das lange Sterben der Romy Schneider.

Ihren Schmerz kann Romy Schneider nicht benennen. Bei der Beerdigung einige Tage später, organisiert von Alain Delon und von seinen Leibwächtern rigoros vor allen Neugierigen und Fotografen abgeschirmt, ist sie noch wie gelähmt, stumm und ohne Begreifen. Außer den Biasinis, die sich Vorwürfe machen und sich die Schuld geben an dem fürchterlichen Unfall, ist ihr Bruder Wolf gekommen, der sie stützt und schweigend tröstet. Magda Schneider, die am Telefon die Nachricht vom Tode ihres Enkels erhielt, liegt mit einem Herzanfall im Krankenhaus. Vor dem Friedhof lauern die Fotografen, sie folgen den großen schwarzen Limousinen von Delon und seinen Leibwächtern in halsbrecherischer Fahrt zurück nach Paris. Ein Foto der trauernden Mutter muß es doch geben. Die liegt inzwischen zusammengekrümmt auf dem Boden des schwarzen Golf von Laurent Pétin, den keiner beachtet. Er bringt sie ins Haus von Verwandten und dann auf Anraten des Arztes erneut ins Amerikanische Hospital, wo sie unter schweren Beruhigungsmitteln einschläft.

Das Foto des toten David, bedeckt von einem Handtuch des Krankenhauses, in dem er gestorben ist, wird meistbietend versteigert. Solche Fotos, bei denen sich der Leser erschaudernd fragt, woher haben die das bloß?, wird es immer wieder geben, weil in dieser Welt allgegenwärtiger Medien auch ein Krankenpfleger weiß, was es wert sein kann, im richtigen Moment auf den Auslöser zu drücken. Oder weil niemand als Krankenpfleger verkleidete Fotografen kontrolliert. In Deutschland druckt es die *Bunte*, die sich für ihre spärlichen Informationen auf ein Gespräch mit Magda Schneider stützen kann. Wieder einmal, so sieht es aus, merkt Romy Schneiders Mutter nicht, wie ihre naive Lust, alles zu erzählen, benutzt wird. (Laurent Pétin wird viel später Magda Schneiders Lebensgefährten Horst Fehlhaber in einem harschen Brief auffordern, er möge ihr endlich klarmachen, daß sie über sich alles, über ihre Tochter Romy Schneider aber nichts mehr erzählen solle.)

Freunde in Frankreich haben nach dem Tod von David Angst, daß Romy Schneider sich etwas antun könnte. Sie verschickt noch vom Krankenhaus aus Briefe, in denen sie ihnen versichert, sie werde nie Selbstmord begehen, schon Sarahs wegen nicht, die jetzt besonders ihre Mutter brauche. Sie schreibt von dem Kummer, den sie nie vergessen wird, aber sie schreibt auch, daß sie ihre ganze Kraft zusammennehmen wird, um diese Schmerzen zu überstehen. Sie bekommt Hunderte von Beileidsschreiben, auch eines von Frankreichs Staatspräsidenten François Mitterand.

Wieder werden die Dreharbeiten für *Sans-Souci* verschoben,

diesmal auf den Oktober 1981. Zunächst zieht sie sich in das Château ihres alten Freundes Jean-Claude Brialy zurück, um den lauernden Fotografen zu entgehen. Begleitet wird sie von ihrer Tochter Sarah, dem Kindermädchen Bernadette und natürlich von Laurent Pétin, dem einzigen Halt in ihrer tiefen Verzweiflung. Brialy, bei Dreharbeiten in Italien, ruft jeden Tag an, um zu hören, ob alles in Ordnung sei. Er erinnert sich: »Da war zwar ein großer Kummer in ihr, aber da war auch eine große Wut über diese Ungerechtigkeit. Sie sagte, wenn Gott existiert, ist er wirklich gemein zu mir, weil er mir meinen Sohn genommen hat. Das ist nicht gerecht.« Auch im Schloß ihres besten Freundes wird sie entdeckt, wieder flieht sie zurück in die Stadt, dann in ein Landhaus, das Verwandten von Pétin gehört. Während die Fotografen vor dem Haus von Laurents Eltern in den Bäumen sitzen – bei Brialy hatten sie sogar automatische Kameras in den Zweigen versteckt, um ja den goldenen Schuß nicht zu versäumen –, ist sie dort endlich ungestört. Wenn auch nicht allein.

Die beiden Journalisten, die sie in Quiberon interviewt hatten, lädt Romy Schneider ein zu einem Besuch. Aber Laurent Pétin mißtraut erst einmal allen Journalisten, egal, woher sie kommen, und egal, ob Romy Schneider sie sehen will. Er verabredet sich mit den beiden an einem markanten Punkt des kleines Ortes, sie erfahren nicht die genaue Adresse des Hauses. Um Mitternacht holt er sie dort ab und bringt sie in der Dunkelheit zu Romy Schneider. Man redet die ganze Nacht miteinander, immer wieder unterbrochen von ihren Tränen und ihren nicht zu beantwortenden Fragen. Sie trinkt wenig, ein bißchen Rotwein, sehr viel Wasser. Nach der Nierenoperation muß sie mit Alkohol vorsichtig sein, Weißwein und Champagner sind sogar ganz verboten. Laurent Pétin achtet auch darauf, daß sie keine Tabletten schluckt, aber sie hat ihre kleinen Verstecke. Die Besucher aus Deutschland – »euch habe ich lieb, so wie die paar ganz wenigen Freunde« – übernachten in einem Gästezimmer und verbringen auch den Sonntag mit Romy Schneider und der Familie Pétin. Nachts schreibt Romy Schneider ihnen einen Brief, den sie am anderen Morgen unter der Tür finden. »Mes Amis – was ich nicht sagen kann, schreibe ich euch diese Nacht... Ich bin nicht mehr dieselbe Frau. Ich bin nicht mehr dieselbe Mutter. Je suis la petite mère courage ou la grande, wie mein DAVIDsohn es mir sagte. Ich glaube ihn zu hören und höre ihn so oft! Und sehe, sehe, sehe ihn – da – ... Manchmal glaube ich, daß ich so ruhig und so schön und so unbeschmutzt da liege und schlafe wie mein armes Kind – aber ich muß doch wieder aufwachen, und das ist oft noch recht hart, wohl forever! ...« Sie schreibt noch viel mehr in dieser schlaflosen Nacht, und irgendwo steht auch »Mein Liebling Laurent. Er hat und hatte es schwer mit mir.«

Am anderen Tag erzählt sie voller Empörung, daß sich ihr ehemaliger Mann Daniel Biasini, um zu trauern, wie er sagte, für zwei Wochen in die letzte gemeinsame Wohnung in der Avenue Bugeaud zurückgezogen habe. »Und stellt euch vor, anschließend fehlten Fernsehapparat und Videorecorder, gleich zwei, und natürlich jede Menge Kassetten.« Sogar ein kleines Sofa sei verschwunden. Natürlich bestreitet Biasini, daß er irgend etwas geklaut habe. Laurent habe alles dem Anwalt übergeben, der soll sich auch kümmern um die beiden Autos, den Ferrari und den Rover. Sie habe jetzt anderes zu tun. Sie muß jetzt lernen für ihren nächsten Film, die Dreharbeiten sollen in wenigen Wochen beginnen. Sie hat Angst davor, weil sie mit einem zwölfjährigen Jungen spielen muß, aber sie freut sich auch auf ihre Rolle, denn Arbeit, viel Arbeit, ist jetzt die einzige Therapie, die ihr einleuchtet. Und Laurent Pétin bestärkt sie darin. Er tut instinktiv das Richtige und kümmert sich bereits jetzt um den nächsten Film, um Drehbücher, um Gagenverhandlungen.

Bei einer anderen wichtigen Verhandlung sitzt er meist stumm dabei, schreibt aber sorgfältig alles mit. Die Steuerschulden sind so bedrohlich geworden, daß mit Filmgagen allein dies alles nicht mehr zu bezahlen sein wird. Er hat zusammen mit Romy Schneiders Agenten die Idee von Romy Schneiders Memoiren, einer Autobiographie des berühmten Filmstars, konzipiert. Der Vertrag zwischen einem großen deutschen Medienkonzern und Romy Schneider wird in Paris unterschrieben. Mit dem Abgesandten dieses Verlages spricht sie über ihre Kindheit, weil sich herausstellt, daß beide in Schönau in dieselbe Klasse gegangen waren. Erinnerungsfetzen, die von Zöpfen und kurzen Hosen und unendlich langen Sommern handeln, in denen man barfuß gehen konnte.

Eine Million Mark soll das Honorar für Romy Schneider betragen, und als Ghostwriterin ist ihre Freundin Christiane Höllger im Gespräch. Womit Pétin nicht einverstanden ist, er hat andere Vorstellungen. Und da Romy Schneider auf ihn hört und seinen Ratschlägen vertraut, beginnen Verhandlungen mit möglichen Autoren. In einer langen Drehpause, die sie vor einem geplanten Film mit Alain Delon (und nach der *Spaziergängerin*) haben wird, soll damit begonnen werden, ihr Leben aufzuschreiben. Es wird nicht mehr dazu kommen, immer wieder verschiebt sie den Termin. Sie weiß, daß sie eigentlich nicht reden kann, weil sie Angst davor hat, sich mit ihrem Leben *en détail* zu beschäftigen – auch wenn Laurent Pétin sie drängt, auch wenn sie das angebotene Honorar gut brauchen kann, auch wenn man ihr versichert, abschließend hätte sie endlich ihre Ruhe vor den Journalisten, weil alles gesagt wäre. Und zwar von ihr und nicht über sie. Eine Million Mark scheint dem Verlag kein zu hohes Honorar, denn aus einem solchen »Stoff« wie Romy Schneider werden Legenden gewoben, und die sind, wie man ja weiß seit Marilyn Monroe, einfach unsterblich. Das will man lesen, die Geschichte des Filmstars, dem scheinbar alles zufiel, Ruhm und Geld und Luxus, und dem doch nichts geschenkt wurde vom Leben. Glanz im Kino, Tragödien in der Wirklichkeit, Romy Schneider geschminkt und Romy Schneider ungeschminkt...

In der Öffentlichkeit sieht man sie zum erstenmal knapp zwei Monate nach dem Tod ihres Sohnes bei der Premiere von Alain Delons neuem Film *Pour la peau d'un flic* am 8. September. Sie trägt ihre Haare lockig lang, das Gesicht ist schmaler geworden, Fragen von Journalisten beantwortet sie nicht. Später beklagt sie sich, daß sie nach der Filmpremiere verfolgt worden sei und Laurent Pétin wie ein Rennfahrer habe rasen müssen, damit »die Schweine« nicht herausbekommen, wo sie wohnt. Sie wechselt die Wohnungen, mal bei Freunden, mal auf dem Land, mal zieht sie auch für Wochen in ein Hotel. Einmal trifft sie sich mit Alain Delon in dessen Pariser Wohnung, es gibt ein offizielles Foto von den beiden, sie in schwarz, er in weiß, beide lachend und gelöst. Es sind Werbeaufnahmen für ein neues Parfum, das die Delon-Company vertreibt, und Mireille Darc, damals Lebensgefährtin von Delon und Managerin seiner Firmen, hat dieses Treffen arrangiert.

Selbst der ruhige, starke Laurent Pétin ist am Ende seiner Kraft, weil er nachts die verzweifelte Romy Schneider zu beruhigen versucht, tagsüber aber in seinem Job hart arbeiten muß. Außer an den wenigen Wochenenden, an denen Sarah ihren Vater Daniel Biasini besucht, der zwar kein Sorge-, aber Besuchsrecht hat, ziehen Romy Schneiders kleine Tochter und ihr Kindermädchen mit um. Sarah wird unruhig, aber sie ist noch zu klein, als daß man ihr diese ständigen Fluchten erklären könnte.

Im Oktober muß Romy Schneider wieder mit der Arbeit beginnen, die Dreharbeiten zur *Spaziergängerin von Sans-Souci* können nicht noch einmal verschoben werden. Artur Brauner hält das für die beste Therapie nach Davids Tod, und er glaubt auch, daß sie es schaffen wird. Sie ist ja ein Profi. Einem Freund in Frankreich schreibt sie vor der Abreise nach Berlin, daß sie nicht weiß, wie es weitergehen soll, daß sie manchmal das Gefühl hat, einfach nicht mehr zu können, daß sie aber nie wieder in ein Krankenhaus geht, nie wieder. Und wie soll ich mit dem Schmerz fertig werden, dem nicht faßbaren? Es sind halt so ganz andere Schmerzen als die, mit denen sie gelernt hat, umzugehen. Das Schlimmste ist, schreibt sie, in meinen Nächten ist David nicht tot, da spreche ich mit ihm, da sitzt er neben mir. Und am Morgen weiß ich dann, daß ich mir das alles eingebildet habe, daß er wirklich tot ist. Und sie hat Angst vor Berlin, weil sie nach Davids Tod ausgerechnet in der Stadt zum erstenmal wieder arbeiten muß, in der er geboren ist und in der sie mit ihm und Harry Meyen gelebt hat, die »glücklichsten Jahre meines Lebens«, wie sich ihr die Erinnerung verklärt.

Regisseur Jacques Rouffio muß sich in Berlin in der Hauptsache um Romy Schneider kümmern und die anderen Schauspieler vernachlässigen. Am schlimmsten sind die Einstellungen, die sie mit dem im Film zwölfjährigen Max zu spielen hat, den sie zum Beispiel ins Bett bringen oder zärtlich umarmen soll. Als eine Dinnerszene gedreht wird, bei der Max, gespielt von Wendelin Werner, als Geigensolist brilliert und dabei vor ihr am Tisch steht, weint sie hemmunglos. Selbst dem väterlichen Rouffio gegenüber ist sie sprachlos, sie schreibt ihm ihre kleinen Zettel, wenn sie Vorschläge hat, wie man diese oder jene Szene gestalten könnte. Er verliert nie die Geduld mit ihr. Ihr Hotel verläßt Romy Schneider fast nur zu den Dreharbeiten, sie telefoniert viel, berichtet jeden Abend Laurent in Paris, wie der Tag verlaufen ist, und lügt ihn überzeugend an, daß sie keine Tabletten schlucke und nur ganz wenig trinke. Manchmal, wenn sie das Alleinsein nicht aushält, empfängt sie Besuch in ihrer Suite. Aus einer langen Nacht mit Romy Schneider macht später Maria Schell, die in dem Film eine kleine Nebenrolle spielt, rührselige Erinnerungen einer angeblich lebenslangen »mütterlichen Freundin« (»Sie erzählte mir von ihrer großen Liebe, von Laurent, zeigte mir, wie aufgeschnitten ihr armer Körper war durch die Nierenoperation...«).

Diese Erinnerungen erscheinen selbstverständlich nach Romy Schneiders Tod. Nicht nur Maria Schell, auch andere notieren da, was an Bruchstücken von Romy Schneiders Leben noch vage in ihrer Phantasie herumgeistert. Hildegard Knef erinnert sich unter dem Titel »Weißt Du noch, Romy?«, was wiederum Magda Schneider in ihrer Serie »Leb wohl, Romy« wütend kommentiert, weil ihr da angeblich Unrecht widerfahren sei. Biasini lehnt zunächst alle Angebote ab, seine Erinnerungen aufzuschreiben, er plant langfristiger. Noch viele Jahre nach Romy Schneiders Tod verlangt er für ein Interview rund 15 000 Mark, natürlich in französischen Francs und *cash down* auf den Tisch. Schließlich weiß er selbst am besten, wie es ist, wenn man die Steuer auf dem Hals hat. Auch das »letzte Interview«, das nach Romy Schneiders Tod der Schriftsteller Curt Riess verschiedenen Magazinen anbietet, paßt in diesen Reigen der Fleddermäuse. Es hat nie stattgefunden, weil an dem Tag, an dem es angeblich geführt wurde, und zwar in Zürich, Romy Schneider Paris nicht verlassen hat. Später wird er behaupten, er habe sie schon am 10. Mai in Zürich interviewt, aber erst, als er liest, daß sie an diesem Tag in Zürich ihr Testament gemacht hat. Auch diese Behauptung ist falsch.

Artur Brauner und seiner Frau gelingt es während der Berliner Dreharbeiten von *Sans-Souci* ein paarmal, Romy Schneider zu einem Abend im privaten Kreis zu überreden; da werden dann Erinnerungen wach an die Zeiten, als die Meyens und die Brauners in Berlin noch Nachbarn waren und ihre Kinder gemeinsam in den jüdischen Kindergarten gingen. Auch Christiane Höllger versucht, Romy Schneider aus der selbstgewählten Isolation zu reißen, aber ihre Ausbrüche ins Leben bleiben selten. Bei einem dieser Ausbrüche in den Alltag lernt sie eine Frau kennen, mit der sie zeitweise mehr verbindet als das übliche Bis-zum-Nächstenmal.

Die Dreharbeiten in Berlin und in Paris läßt sie trotz aller professionellen Disziplin auf dem Set und trotz aller Routine eher mechanisch über sich ergehen. Nach all diesen schlaflosen Nächten braucht sie ihre letzte Kraft, um wenigstens nicht physisch zusammenzubrechen, und es kommt ihrem äußeren wie inneren Zustand entgegen, daß die Rolle der Elsa Wiener selten Fröhlichkeit verlangt. Wieder lebt Romy Schneider so in diesem fremden, ausgedachten Leben, daß die Zeit der faschistischen Menschenjagd, die sie als Elsa Wiener durchleidet, auch ihre Gegenwart beeinflußt. Einem Freund in Hamburg, den sie auch nachts anruft, schildert sie nicht nur ihre Verlustgefühle. Stell dir vor, mit dem Matthias Walden soll ich mich treffen, für ein Interview. Ausgerechnet mit einem Springerjournalisten, wo ich doch auch diese Erklärung gegen diese Art von Presse mitunterschrieben habe. Das würde mir Böll nie verzeihen. Stell dir vor, die haben den Schluß geändert, diese Idioten. Zum letztenmal dreh' ich in diesem Land, zum letztenmal, das schwör ich dir. Es sind immer noch zu viele Nazis hier. Gegenargumente läßt sie nicht gelten, die erreichen sie gar nicht. Sie sieht Deutschland aus der Sicht einer Französin, sie hat die Geschichte ihrer neuen Heimat so adaptiert, daß sie zur eigenen wird. Deutsche sind in dieser Geschichte immer unheimliche Nachbarn gewesen, Eroberer, kriegslüstern, Besatzer, menschenverachtend.

Für ein drehfreies Wochenende am 7. und 8. November baut sie sich einen Schutzwall gegen den schmerzenden Kreislauf ihrer Gedanken. Sie lädt ihre Mutter Magda und ihren Bruder Wolf nach Berlin ein. Aus Paris ist Sarah mit dem Kindermädchen gekommen, auch Laurent Pétin ist da, alles wird arrangiert für ein harmonisches Familentreffen. Man erzählt sich Alltagsgeschichten, Romy Schneider spielt die starke Frau im Kreise der Familie, weiß natürlich gleichzeitig, wie brüchig das Eis ist, auf dem gerade sie und Mutter Magda sich bewegen. Sie berichtet von ihren Plänen, mit Laurent bald zu verreisen und bald ein Haus für die Famile zu suchen und bald ihre Memoiren zu schreiben und bald einen Film mit Delon zu drehen und bald... Dann weint sie wieder, als könne das alles nicht mehr wahr werden, als habe das alles in Wahrheit doch nichts mehr mit ihr zu tun. Nicht einmal Pétin kann sie dann beruhigen, selbst er ist dann nichts als ein weiteres Bruchstück in ihrem Leben. Sie diskutiert mit ihm eine geplante (und später auch beschlossene) Änderung im Drehbuch des Films, eine Szene, die Romy Schneider als verlogen und falsch empfindet. Ursprünglich sollten nämlich auch Max und seine Frau am Ende des Films von antisemitischen Rechtsradikalen im Paris von heute erschossen werden. Die Botschaft war klar – es hat sich seit damals, als Elsa und ihr Mann im Exil starben, eigentlich nichts geändert. Die Produktion aber besteht auf einem zumindest optischen Happy-End zwischen Romy Schneider und Michel Piccoli. Jacques Rouffio erklärt sich damit einverstanden, seine Hauptdarstellerin beschimpft ihn wütend. Man einigt sich schließlich darauf, daß über dem Standbild des sich umarmenden Paares Lina und Max Baumstein am Schluß des Films eine Schrift läuft, die vermeldet, daß die beiden wenige Wochen nach dieser Szene vor ihrem Haus ermordet worden seien und man keine Spur von den Tätern habe.

Es ist nicht nur der Schmerz um den für immer verlorenen Sohn David, der Romy Schneider in den letzten Monaten ihres Lebens (»Cette vie douloureuse«) so »unlebbar« macht für andere. Sie beginnt über das nachzudenken, was man Karriere nennt, und über all die unbeantworteten Fragen, die sie auch in früheren Lebenskrisen immer wieder beschäftigt haben, die sie aber schnell wieder verdrängt hat. Radikaler ist sie geworden, radikaler mit sich, sie betrachtet das Produkt Romy Schneider, ihr Image sozusagen, mit kritischer Distanz. Was erwarte ich vom Leben noch und nicht mehr, wie früher, wie kann ich die Erwartungen erfüllen, die andere in Romy Schneider setzen? So sind die immer wieder auftauchenden Bekundungen, bald nur noch mit Frauen leben zu wollen, Zeichen dafür, daß sie wirklich beginnt, alles in Frage zu stellen, was bisher ihr Leben ausgemacht hat und worum sich alles drehte. Sie zweifelt am Sinn ihrer Arbeit überhaupt und macht sich, in gnadenloser Ehrlichkeit, an ein seltsames Spiel. Kreuzt unter ihren achtundfünfzig Filmen die an, die nach ihrer Meinung gut waren, und kommt auf nur zehn Titel. Die Filme von Visconti sind dabei und die Kafka-Verfilmung von Orson Welles, aber keiner der Filme, mit denen sie einst berühmt wurde. Billy Wilder hat leider nie angerufen und Max Ophüls auch nicht. Und aus der Visconti-Idee, das wahre Leben der Elisabeth von Österreich zu verfilmen, ist nichts mehr geworden.

Dann verschwindet sie mal wieder, mitten in der Nacht, irrt durch Paris, freut sich, wenn sie keiner erkennt. Klingelt bei Freunden. Als die einmal nicht zu Hause sind, läßt sie sich von einem Taxifahrer zurückbringen in die Wohnung, in der sie gerade lebt. Merkt, daß sie kein Geld dabei hat, aber der Mann hat Mitleid, es regnet draußen, er fährt sie trotzdem. Er hält sie für eine Hure, die keinen Kunden mehr gefunden hat, und voller Lust am Spiel richtet sich Romy Schneider sofort in dieser Rolle ein. Als er sie an einer feinen Adresse absetzt, die er ihr nicht zutraut, fragt er, na, doch noch einen Kunden? und grinst. In solchen Nächten sucht Laurent Pétin nach ihr, macht sich Sorgen, klappert alle Bekannten und Freunde ab. Tobt auch vor Eifersucht, weil er nicht weiß, ob Romy Schneider vielleicht doch noch irgendwo jemanden hat, dem sie näher ist als ihm. Beruhigt sich erst, wenn sie detailliert erzählt, wo sie war. Zwei Frauen in Paris, die zusammenleben und die sie kennen, sind so etwas wie Freundinnen geworden. Wenn er sie bei denen findet, ist er beruhigt und nicht mehr eifersüchtig.

Dieses plötzliche Verschwinden von Romy Schneider ist ihm fremd, und er kann damit nicht umgehen. Bezieht ihre Fluchten immer nur auf sich, fühlt sich verletzt, weil er doch alles für sie tut. Dabei hat sie das schon früher gemacht, als es ihr scheinbar noch gut ging. In Hamburg, bei einem Abendessen mit Meyen und Freunden, war sie einmal plötzlich aufgestanden und hatte geschrien, warum mache ich das eigentlich hier für euch? Warum sitze ich eigentlich mit euch hier herum? Ist doch alles nur Scheiße, was hier abläuft. Hatte den Raum verlassen, die Tür hinter sich zugeschlagen und war verschwunden. Drei Tage lang haben Meyen und andere sie gesucht, haben alle Krankenhäuser angerufen, haben sich Sorgen gemacht und nicht gewußt, was passiert war. Dann kam sie wieder, als ob nichts geschehen wäre. Sie hatte sich bei einer Freundin einquartiert, und auch die durfte keinem erzählen, daß Romy Schneider bei ihr schlief.

Wochen verbringt sie mit Sarah und dem Kindermädchen im Hotel Royal Monceau, weil die Wohnung, in der sie gerade leben, nach Romy Schneiders Meinung schon wieder mal entdeckt worden ist. Ihre Angst vor Journalisten wird fast manisch. Doch den angebotenen Ausweg, weit weg zu fahren und endlich mit den Gesprächen für ihre Memoiren zu beginnen, lehnt sie auch ab. In dieser Situation ihres Lebens eine Bilanz ihres Lebens zu ziehen, scheint ihr unmöglich und über ihre Kraft gehend. Die Wochenenden mit Laurent Pétin und seiner Familie auf dem Land sind zwar so etwas wie Inseln in ihrer Hektik, aber schon nach wenigen Stunden wird sie auch dort unruhig, versucht durch Betriebsamkeit und dauerndes Telefonieren die Gedanken zu übertölpeln, denen sie doch nicht entfliehen kann. Die einzige Zeit der Ruhe ist der Schlaf, aber den erreicht sie nur noch mit vielen Tabletten. Wenn Laurent ihr die wegnimmt, weil er glaubt, diese Sucht bekämpfen zu müssen (was richtig gedacht und dennoch falsch war, denn nur eine Entziehungskur hätte ihr helfen können), ist sie die ganze Nacht wach und schreibt. Auch Briefe an David. Mit ihrem Exmann Daniel Biasini gibt es noch heftige Auseinandersetzungen, vor allem, wenn Sarah von einem Besuch bei ihm und seinen Eltern nach Hause kommt, obwohl, wie sie notiert, Sarahs Vater nicht allzuoft Interesse am Besuch seiner Tochter gezeigt hat. An den ihm zustehenden Wochenenden habe er seine Tochter manchmal nur am Sonntag zu einem kurzen Spaziergang abgeholt. »Armer Liebling«, schreibt sie einmal resigniert in einem Brief (»Pour le père de Sarah – DANIEL Biasini –«), in dem sie sich beschwert, daß Sarah plötzlich mit Äußerungen kommt, die sie nur gehört haben kann bei den Biasinis, »armer Liebling. Benutzt genauso wie mein DAVID.« Ihr Haß auf die Familie ihres ehemaligen Mannes wächst, seinen Bruder Charles findet sie besonders widerlich, der habe ihr immer nachspioniert und alles Daniel Biasini berichtet. Oft muß Laurent Pétin, der nun wahrlich nichts von Biasini hält, seine Geliebte in ihrem Haß bremsen, weil er Angst hat, daß sie unbedachte Briefe schreibt. Es gibt wichtigere Probleme. Er braucht nicht nur seine emotionale Kraft für Romy Schneider, sondern auch einen klaren Kopf, wenn er endlich »Licht am Ende des Tunnels« entdecken will. Mit Tunnel umschreibt er die Angelegenheit mit den nicht abgeführten Steuern und die immer drängender werdenden Forderungen der französischen Finanzbeamten. Er macht Romy Schneider klar, daß durch die letzten Erschütterungen in ihrem Leben ihr Marktwert gestiegen ist, vor allem durch den Tod ihres Sohnes, und er meint dies nicht zynisch. Er will sie mit seiner gewollt brutalen Offenheit nur dazu zwingen, sich den Realitäten zu stellen, nicht ein Glück zu suchen, das es nicht gibt, weil diese Suche sie erst recht zugrunde richtet und seiner Meinung nach nur in einer Art Wahnsinn enden kann. Er kann nichts dagegen setzen, außer liebevoller Geduld, wenn sie nachts allein sein will, um mit »meinem David zu reden«. Laurent Pétin gewöhnt sich daran, daß sie noch lange wach bleibt, während er längst schläft. Und er wundert sich nicht, wenn er aufwacht und sie nicht neben ihm liegt. Auch nicht am Morgen ihres Todes.

Wenn sie grübelt, ob »die da«, also Produzenten und Regisseure, sie überhaupt noch haben wollen, wenn sie erst älter ist, dann kontert er, daß sie sich erst recht nicht mehr ausnützen lassen dürfe in der Filmwelt, die zwar Stars macht, sie aber genauso schnell fallen läßt. Dann macht er ihrem Agenten klar, daß in Zukunft höhere Gagen zu fordern sind. Und solange sie so gefragt ist, muß sie am Erfolg ihrer Filme beteiligt werden. Wie die anderen Stars ihrer Größenordnung auch. Man braucht Geld, denn nur mit Geld läßt sich die äußere Ruhe erkaufen, zum Beispiel ein Haus auf dem Lande, die für Romy Schneider so wichtig geworden ist und aus der heraus dann die innere Ruhe sich entwickeln kann, die überlebensnotwendige. Laurent Pétin bekommt in seiner Firma ein normales Gehalt, und das reicht nicht für ein verschwenderisches Leben in selbstverständlichem Luxus, wie es Romy Schneider gewöhnt ist seit den Tagen von *Sissi*. Er will keinen Franc von ihr, nichts, das läßt sein Stolz nicht zu. Er kann sogar streng sein mit ihr, fast drohend, wenn er merkt, daß sie heimlich etwas trinkt, obwohl seit der Nierenoperation fast alles verboten ist. Dann behandelt er sie so, wie ein Vater sein Kind behandeln würde, das noch nicht weiß, was ihm schadet und was nicht. Und Romy Schneider läßt sich das von dem zehn Jahre jüngeren Mann gefallen. Der baut behutsam, Stück für Stück, eine neue Welt für sie auf, er weiß, daß die Zeit vorbei ist, als sie die Trümmer verlorener Lieben noch mit Dreharbeiten, mit immer neuen Filmen zudecken konnte. Man ißt lieber gemeinsam zu Hause statt wie früher in den Restaurants der Prominenten. Pétins Familie stellt sich voller Verständnis auf sie ein, lernt voller Zuneigung, daß man Geduld braucht, bevor Romy Schneider redet. Daß sie bei Fragen einmal schweigt und nachdenkt und vielleicht erst nach fünf Minuten darauf antwortet. Alle unternehmen vorsichtige Schritte, um sie aus ihren Depressionen herauszuführen, denen sie manchmal tagelang im verdunkelten Zimmer nachgibt. Alle bemühen sich behutsam, sie an die Hand zu nehmen und herauszuholen aus ihrer Verzweiflung. Denn es reicht jetzt nicht mehr, ihre vielen unbewältigten Vergangenheiten aufzuarbeiten. Es muß ja auch so etwas wie ein Ziel geben für sie, und dieses Ziel kann nicht mehr nur der nächste Film sein.

Laurent Pétin, Sarah und Romy Schneider reisen auf die Seychellen – ist doch besser, als im kalten Januar in Paris herumzusitzen und zu grübeln. Es scheint ihr gut zu gehen, denn an ihre Mutter und an Freunde schickt sie Postkarten voller Lebenslust. Doch kaum in Paris zurück, holt sie der Alltag wieder ein. Streit mit Biasini. Besuch an Davids Grab. Sorgen wegen der Steuer. Wieder ist es Pétin, der die richtige Idee hat und beginnt, ein Haus auf dem Land zu suchen, sie so zu beschäftigen und abzulenken. Sie schauen sich viele Angebote an, und endlich, im April, finden sie das Haus, in dem »ich alt werden will« (Romy Schneider). Es liegt fünfzig Kilometer außerhalb von Paris, in Boissy Sans Avoir; und es gibt keine prominenten Nachbarn, sondern es sind ganz normale Menschen, die in dem Dorf wohnen. Knapp vierhundert Einwohner, eine Kirche und ein Friedhof, auf den bald David überführt werden soll. Seine Mutter will ihm nahe sein. Der Name des Ortes bedeutet übersetzt soviel wie Boissy ohne Besitz; Romy Schneider tauft ihn um in Boissy Avec Avoir, Boissy mit Besitz. Sie will es noch einmal versuchen, ihr Leben. Mit Laurent Pétin eine neue Familie gründen, vielleicht sogar ein Kind von ihm, obwohl sie schon dreiundvierzig ist. Sie spricht überzeugend von ihrer Überlebenskraft, und sie überzeugt alle, die ihr das eigentlich nicht glauben und die dann, nach ihrem Tod, die anderen fragen, warum sie nicht besser auf sie geachtet haben. Jeder kennt später einen, der eigentlich noch ein Stückchen schuldiger ist als er selbst.

Gemeinsam fliegen Romy Schneider und Laurent Pétin am 9. Mai 1982 nach Zürich, um mit ihrem Finanzverwalter Kaestlin und dessen Sohn zu reden, denn sie brauchen Geld für den Kauf des Hauses in Boissy (die Gage von *Sans-Souci* soll verwendet werden, um einen Teil der Steuerschulden zu bezahlen). Sie haben sich am Abend mit dem deutschen Anwalt von Romy Schneider verabredet, der sie im Hotel Baur au lac erwartet. Erst gegen dreiundzwanzig Uhr treffen sie ein. Man bespricht, wie die Verhandlungen am nächsten Tag zu führen sind, trinkt gemeinsam, also zu dritt, eine Flasche Rotwein. Das Gespräch wird auf dem Zimmer fortgesetzt, als das Restaurant schließt. Gegen ein Uhr morgens, nach einigen Whiskys, die Romy Schneider trotz Pétins Vorwürfen aus der Minibar nimmt und pur trinkt, beschließt sie pötzlich, ihr Testament zu machen. Sie sucht Papier, denn das Briefpapier des Hotels will sie nicht benutzen für ihren Letzten Willen. Pétin versucht, sie davon abzuhalten – wenn sie es unbedingt machen wolle, hätte das doch auch noch Zeit bis morgen. Man muß doch nicht plötzlich mitten in der Nacht und auch noch in dem Zustand ein Testament aufsetzen. Aber Romy Schneider bleibt stur bei ihrem impulsiven Entschluß, sie will nicht bis morgen warten. Schließlich nehmen sie Papier aus der Kanzlei ihres Anwalts. Sie verschreibt sich einmal, zweimal, trinkt dazwischen immer wieder kleine Whiskyfläschchen aus der Bar. Als die in ihrem Zimmer leer ist, wechseln sie in das Zimmer des Anwalts. Pétin legt sich schlafen, er will am anderen Tag wenigstens einigermaßen wach sein für das geplante Gespräch über ihre finanzielle Situation.

Schließlich, gegen halb fünf am Morgen des zehnten Mai, hat Romy Schneider ihr Testament, das noch heute beim Nachlaßgericht in Berlin-Schöneberg liegt, geschrieben: »10.5 1982 – Zürich – Ich bitte, alles was ich – Romy Schneider –, besitze,: an Laurent Pétin und meine Tochter Sarah zu überweisen –, – ich meine: es ist, nochmals gesagt, mein Testament – all mein Besitz, gehört, ist bestimmt für MR. Laurent Pétin und Sarah! Dies ist mein Wille und bleibt meine Entscheidung – –. Romy Schneider.« Als Testamentsvollstrecker bestimmt sie ihren Hamburger Anwalt, aber der nimmt, wie man beim Nachlaßgericht in Berlin nachlesen kann, dieses ihm übertragene Amt nicht an, unter anderem auch deshalb, weil er bezweifelt, daß die Umstände, unter denen das Testament zustandekam, für die Wirksamkeit ihres letzten Willens sprechen.

Das bezweifelt auch Henrik Kaestlin, allerdings aus ganz anderen Gründen. Es wird ihm nach Romy Schneiders Tod viel zuviel darüber spekuliert, wo denn ihr ganzes Geld geblieben sei. Als ihm später die recherchierenden Journalisten zu nahe kommen, wird er plötzlich schweigsam, dieser Mann, der laut Bericht des Züricher Magazins *Bonus* ein »ehrenwerter Mann« ist: »Wer behaupten wollte, Romy Schneiders posthume Schulden hätten etwas mit ihm zu tun, der müßte das schon hieb- und stichfest beweisen können.« In der Tat, denn Henrik Kaestlin ist nicht nur ein ehrenwerter Anwalt, sondern auch ein reicher Mann mit Einfluß. »Niemand soll sagen«, schreibt das Züricher Magazin, »Dr. Kaestlin sei raffgierig. Er besitzt Ländereien in Brasilien, Kaffeeplantagen in Mittelamerika, ein Schloß am Bodensee und jede Menge Liegenschaften in und um Zürich. Er führt eine gutgehende Anwaltskanzlei in Zürich, zusammen mit seinem Sohn, der einen Doktortitel aus Österreich hat... und unter ihm residiert die Übersee-Bank, die ihm auch zu einem guten Teil gehört. Daß er Multimillionär ist, wird niemand ernsthaft bezweifeln.«

Daß zum Beispiel noch 1979 und 1980 insgesamt 881 000 Francs auf das Konto der Cinecustodia, Sitz Chur, überwiesen wurden (unter anderem Teile von Romy Schneiders Gage für *Eine einfache Geschichte*), wo doch nach Angaben seines deutschen Anwalts (»Der Vertrag der Frau Schneider mit der Cinecustodia begann im Jahre 1973. Er endete mit Ablauf des Jahres 1978.«) bereits 1978 die Verbindung zwischen Romy Schneider und der Schweizer Firma beendet worden ist, lag angeblich daran, daß noch Restzahlungen aus den Filmen zu leisten waren, da Cinecustodia die Verträge für Romy Schneider machte. Das aber sagte er erst in einer Gerichtsverhandlung am 22. Juli 1991 in München, als er einige Passagen dieses Buches per Einstweiliger Verfügung verbieten lassen wollte. Sein Antrag wurde abgelehnt. Bis zu diesem Verfahren war er auch stumm geblieben auf die Frage, was denn am 10. Mai 1982, also nach der Testamentsnacht, in Zürich mit ihm, seinem Sohn, Romy Schneider und Laurent Pétin besprochen wurde. Und ob es da vielleicht schon um die verschwundenen Summen ging, die Romy Schneider einen Tag vor ihrem plötzlichen Tod in einem Brief an die Schweizer Bankgesellschaft moniert hat? Den Brief hat sie aber nicht mehr abschicken können. Und ob Romy Schneider während dieses Gesprächs deshalb immer wieder so fassunglos war, weil sie nicht verstehen konnte, wo die Millionen geblieben waren? Nicht einmal die nötige Anzahlung für das Haus in Boissy konnte geleistet werden. Um diese Summe aufzutreiben, muß Laurent Pétin seine Aktien verkaufen und bei seiner Firma einen Kredit aufnehmen. Ist es bei diesem Gespräch in der Kanzlei von Kaestlin am Limmatquai nicht vielmehr so gewesen, daß Romy Schneider versprochen wurde, innerhalb einer bestimmten Frist genaue Abrechnungen vorzulegen, die sich aber durch den plötzlichen Tod von Romy Schneider sozusagen von selbst erledigt haben?

»Erst in seiner Eidesstattlichen Versicherung am 5. Juli 1991 lüftet Kaestlin das Geheimnis – danach war es an jenem Tag nur und ausschließlich um die Steuerprobleme von Romy Schneider in Frankreich gegangen. Dem allerdings widerspricht die Eidesstattliche Versicherung eines Zeugen, der an der Besprechung vom 10. Mai 1982 teilnahm.

Wirklich schade, daß Henrik Kaestlin zu beschäftigt ist, um sich an den Fall Romy Schneider zu erinnern, wo sich doch die Tätigkeit seiner Firma ganz legal nur erstreckte auf »Wohltaten, die sich aus dem zwischenstaatlichen Doppelsteuerungsabkommen ergeben«. Schließlich hat man ja über Jahre neun Prozent aller überwiesenen Romy-Schneider-Gagen »ausschließlich zur Deckung des notwendigen Verwaltungsaufwandes« benutzt. Aber wenn man so viel Geld für die eigene Leistung berechnet, müßte eigentlich ja auch eine Leistung erbracht werden (sagt sich da der Laie). Man hätte so gern mehr erfahren über diese Wohltaten, von denen ja am Schluß nur eine Neun-Millionen-Francs-Nachforderung der französischen Steuer übriggeblieben ist. Nur soviel teilt er mit, daß nach »einem Urteil des obersten französischen Gerichts« viele Jahre nach Romy Schneiders Tod festgestellt worden sei, aus den »vertraglichen Beziehungen und deren Handhabungen« zwischen der Cinecustodia und Romy Schneider ließen sich keine Steueransprüche Frankreichs für ihre Gagen ableiten. Lapidar zieht er

Bilanz: »Die Steuer- und Finanzprobleme, die Romy leider hatte, hatten andere Ursachen.«

Nach der Rückkehr aus Zürich ist Romy Schneider, allen Bemühungen von Laurent Pétin zum Trotz, physisch und psychisch wieder in einem klinikreifen Zustand, aber sie will ja nie mehr ins Krankenhaus, und mit ein paar Wochen Diät in Quiberon ist es diesmal nicht getan. Sie hat sich von einer Freundin Harry Meyens beschreiben lassen, wie der sich gefühlt hatte und wie schlecht es dem gegangen war, als man ihn in der Psychiatrie in Hamburg behandelte. Nein, mit mir nicht, niemals. Sie trinkt nicht nur zuviel, sondern auch das, was ihr die Ärzte verboten haben, unter anderem eben Whisky. Sie hat sich geheime Verstecke für ihre Tabletten gesucht, die Laurent Pétin noch nicht kennt. Im Innersten glaubt sie nicht mehr, daß sie je davon loskommt. Will sie sich am Ende selbst kaputtmachen? Keiner kann das heute sagen, denn Romy Schneider ist eine viel zu gute Schauspielerin, um ihre mögliche Todessehnsucht andere merken zu lassen. Sie spielt ihnen etwas vor, um sie zu beruhigen. Wenn keiner etwas merken kann, muß keiner sich Vorwürfe machen. Daß es so nicht mehr lange weitergehen kann, muß sie geahnt haben. Nur so ist zu erklären, daß sie plötzlich, mitten in der Nacht, in Zürich auf die Idee gekommen ist, ihren Letzten Willen aufzuschreiben. Ein Muster ohne Wert, nicht nur im juristischen Sinne. Sie hat ja auch nichts mehr, was sie hinterlassen könnte, obwohl sie das noch nicht weiß, als sie ihr Testament schreibt. Gut, ein bißchen Schmuck und ein paar Möbel, aber kein Bargeld, keine Aktien, keine Immobilien. Und daß sie sich auf den nächsten Film freut, auf die Arbeit mit Delon, glauben nur die anderen. Vordergründig geht es noch um Einwände gegen das inzwischen in der Rohform vorliegende Drehbuch von *Einer gegen die anderen* (Arbeitstitel), das ihr nicht gefällt. Ob man nicht zunächst mal an das Projekt *Misia* gehen sollte? Die Lebensgeschichte der Coco-Chanel-Freundin Misia Sophie Olga Godebski, eine der aufregendsten Frauen der Belle Epoque in Paris, Muse vieler Künstler, Geliebte vieler Prominenter, einer Frau, die ihrer Zeit weit voraus war.

In Wahrheit zweifelt sie an sich, glaubt nicht, daß sie noch oder schon wieder stark genug ist, eine große Produktion zu überstehen. Sie weiß ja selbst am besten, wie es ihr ergangen ist bei ihrem letzten Film, der *Spaziergängerin von Sans-Souci*, dessen Premiere in Paris sie nicht einmal besucht hat und für den sie nur widerwillig bereit war, Reklame zu machen. Ein einziges Fernsehinterview hat sie gegeben, dessen Abschrift unter harschen Bedingungen auch verschiedenen Zeitschriften angeboten wird (»keine Privatfotos, jede Bildunterschrift, jeder Titel muß vorgelegt werden, gez. Romy Schneider«). Als ob ihr schon egal sei, wie der Film läuft und wie man über sie urteilen wird... »Wir wissen, daß der Film für Romy Schneider mehr als nur ein Film ist. Für uns ist er es auch. Wir lieben Sie, Romy Schneider«, schreibt ein Kritiker in *Jour de France*. Auch durch das Drängen des Verlages, endlich mit ihren Memoiren zu beginnen, für die ja ein Vertrag unterschrieben ist, fühlt sie sich unter einem Druck, den sie nicht aushält. Sie ist klug genug zu wissen, daß es nicht mehr lange gut gehen kann mit ihrer Art, dem Leben zu widerstehen. Nie würde sie Selbstmord begehen. Nicht nur aus Feigheit nicht oder gar, weil sie noch Reste ihrer katholischen Erziehung in sich hätte. Nein, an Gott glaubt sie nicht mehr, allenfalls, daß er schlecht sein muß, weil er ihr Davids Tod angetan hat. Aber sie weiß sehr genau, daß auch das, was sie ihrem Körper antut, eine Art Selbstmord sein kann. In dem Buch, das sie in den letzten Monaten liest, den Erinnerungen der Schauspielerin Eleonora Duse, hat Romy Schneider einen Satz des italienischen Dichters Gabriele D'Annunzio unterstrichen: »Ich weiß, was der Ruhm bedeutet und was das Nahen der Nacht.«

Und die Nacht ist nahe.

Ein warmer Frühling in Paris. Die Wohnung, die ihr ein marokkanischer Freund zur Verfügung gestellt hat, Tarak Ben Amar, wird ihr oft zu eng. Aber bald ziehen wir ja nach Boissy. Kindheitssehnsucht soll sich dort erfüllen. Eine Familie. Ein Haus. Rückkehr in Geborgenheit nach Dreharbeiten. Bis es soweit ist, nächtliche Spaziergänge durch Paris, ziellos. Wochenendfluchten aufs Land mit Sarah und Laurent. Aber sich selbst kann sie nicht mehr entfliehen. Die gewohnten Fluchthelfer – Alkohol, Tabletten, ein wenig Haschisch – sind verbraucht, weil sie zu oft gebraucht wurden. Im nachhinein machen sich einige, die sie schon lange kennen, Vorwürfe. Sie erinnern sich an alltägliche Gesten, die wohl doch mehr waren, Zeichen ihrer Stimmungslage. Wie der Starfriseur Alexandre, bei dem sie sich wenige Tage vor ihrem Tod eine neue Frisur machen ließ. Sie hat ihm ein goldenes Armband des Juweliers van Cleef geschenkt. Trag es in meinem Andenken.

Warum eigentlich Andenken?

Oder nachgetragene Erinnerungen eines anderen alten Freundes, der bei Régine zum Essen war. Plötzlich erschien Romy Schneider, allein. Umarmung. Überraschung. Man hatte doch gehört, daß sie meist zu Hause blieb, kaum mehr ausging wie früher. Beim Abschied ein Adieu statt des üblichen Au Revoir.

Warum eigentlich Adieu?

Müde sei sie ihm vorgekommen, aber doch irgendwie optimistisch, sagt Jean-Claude Brialy. Am Telefon habe sie gelacht und sich gefreut über den neuesten Klatsch, den er ihr von den Filmfestspielen in Cannes erzählte. Und sich mit ihm für ein Abendessen in Paris verabredet, so um Pfingsten herum. Am Morgen des 28. Mai, einem Freitag, haben sie noch einmal telefoniert, wieder viel gelacht. Also gut, dann bis morgen abend.

Es gibt auch neue Freunde in den letzten Monaten ihres Lebens. Laurents Bruder Jérôme und dessen Frau Claude zum Beispiel. Die sehen Romy Schneider als eine kranke, verzweifelte Frau. So ganz verschieden von dem Star, den sie natürlich auch kennen von der Leinwand. Sie haben noch nicht resigniert wie andere, die Romy Schneider jahrzehntelang irgend etwas geraten und irgendwann aufgegeben haben, weil sich nichts änderte. Claude und Jérôme und Laurent sind überzeugt, stark genug zu sein, um ihr zu helfen. Wir haben ja Zeit.

Aber die Nacht ist zu nahe.

Am Abend des 28. Mai sitzen alle in der Wohnung von Claude und Jérôme um den großen Tisch und essen gemeinsam. Sie schauen Fotos vom Haus in Boissy an. Das wird ein schöner Sommer werden, das wird ein gutes Jahr, das wird ein ganz neues Leben sein, Romy.

Morgens um zwei Uhr verabschieden sich Laurent Pétin und Romy Schneider. Die paar Schritte in die Rue Barbet-de-Jouy gehen sie zu Fuß, die Luft ist warm. Sie freuen sich auf das kommende ruhige Wochenende und das Treffen mit Jean-Claude Brialy.

Weil Laurents Schwägerin Claude sie zu einem Fototermin mit einer französischen Frauenzeitschrift nicht begleiten kann, will Romy Schneider noch einen Brief schreiben und den Termin absagen. Laurent legt sich schlafen, er ist einfach zu müde. Wie immer, wenn sie spät nach Hause kommt, schaut Romy Schneider noch auf ihre schlafende Tochter. Alles in Ordnung.

Am anderen Morgen findet Laurent Pétin sie im Salon, in tiefem Schlaf, wie er glaubt. Aber niemand wird sie mehr wecken. Romy Schneider, dreiundvierzig, hat endlich ihr Leben besiegt.

XXI

Sie saßen im Garten, unter Apfelbäumen, und sie sprachen über den Tod. Am Grab von David und Romy hatte Laurent Pétin die Schultern hochgezogen und den Kopf gesenkt, wie jemand, der friert oder sich duckt unter seinen schwarzen Gedanken. Anna hatte schweigend neben ihm gestanden und hatte sich dann bei ihm untergehakt, als sie die paar hundert Meter vom Friedhof zum Haus gegangen waren.

Zwischen ihnen stand eine Flasche Wein im Gras, in irgendeinem Küchenschrank hatte Laurent auch Gläser gefunden, zurückgelassen vom vorigen Besitzer. Eine alte Untertasse benutzten sie als Aschenbecher.

»Glaubst Du eigentlich daran, daß es so etwas gibt wie ein Leben nach dem Tod, so etwas wie ein Paradies oder so etwas wie eine Hölle?« fragte Laurent. Bevor Anna Wendtlin antworten konnte, fügte er hinzu: »Und wo ist Romy jetzt?«

Anna dachte nach und blickte Pétin an, ohne ihn wahrzunehmen. Dann trank sie einen Schluck Wein und drückte ihre Zigarette aus, langsam und gründlich.

»Ich weiß nicht, ich weiß es nicht. Ich will dir eine Geschichte erzählen, Laurent. Als meine Mutter starb, vor ein paar Jahren, da ging ich nach der Beerdigung mit meinem Vater spazieren. Es war Sommer, wie jetzt. Hinter dem Friedhof begannen weite Wiesen. Wir setzten uns ins Gras und sprachen über die Tote, und sie war bei uns, und wir haben gemeinsam gelacht. Ich glaube, erst dann ist ein Mensch wirklich tot, wenn man nicht mehr an ihn denkt, wenn er vergessen ist. Solange die Erinnerung lebt, stirbt er nicht wirklich, da ist er halt nur in einer anderen Form bei uns. Anders kann ich das nicht erklären. Verstehst du, was ich meine?«

Laurent nickte.

Wieder schwiegen sie, manchmal lächelte Laurent. Die Uhr der

Kirche in Boissy schlug dreimal. Automatisch blickte Anna Wendtlin auf ihre Uhr.

»Willst du heute abend schon zurückfliegen?« fragte Laurent, aber er fragte es ohne Vorwurf.

»Ich habe den Rückflug offengelassen, weil ich immer noch hoffte, irgend etwas Neues zu erfahren. Aber ich fürchte, wir sind am Ende angelangt. Im Hotel lag eine Nachricht, daß Kaestlin nicht daran denkt, mit mir zu sprechen. Und zwingen kann ich ihn ja nicht. Also kann ich nur öffentlich fragen, ob mit ihrem Geld in der Schweiz wirklich alles mit rechten Dingen zugegangen ist... Ja, wahrscheinlich fliege ich heute abend zurück nach Frankfurt.«

Wieder nickte Laurent, und Anna wunderte sich, daß er so ruhig blieb. Als hätte er schon immer insgeheim damit gerechnet, daß der »Fall Romy Schneider« nie gelöst werden würde.

»Wir haben wirklich alles versucht, Laurent. Aber weiter kommen wir nicht. Ich habe am Anfang gedacht, wir müßten sie rächen, müßten alle die Typen anprangern, die ihr weh getan haben, so oder so. Erst recht, als ich diese verlogenen Nachrufe gelesen habe, von wegen ›Im Morgengrauen brach ihr Herz‹ oder ›Einsamer Tod nach einem aufregenden Leben‹. Das ist ja erst der Anfang. Was glaubst du, was alles in den nächsten Jahren noch kommen wird... Zu jedem Todestag und zu jedem Geburtstag von Romy werden sie in die Tasten greifen, bis sie gegenseitig ihre Erinnerungen abschreiben und sich am Schluß selbst zitieren. Nein, für Romy können wir nichts mehr tun. Aber die, die ihr was getan haben, werden mit ihrer Schuld weiterleben müssen. Vielleicht ist das auch eine Strafe...«

Sie nahm einen Umschlag aus ihrer Tasche und reichte ihn Laurent.

»Das sind noch Briefe und Zettel und Aufzeichnungen von ihr. Du willst sie sicher aufbewahren. Ich habe dir auch den Monolog aus der *Frau am Fenster* abgeschrieben, kannst du dich erinnern?« Und sie blätterte den Stapel mit Papieren durch, bis sie den Text gefunden hatte. Dann las sie, erst leise, dann lauter, und achtete nicht darauf, daß Laurent weinte:

»Ich träume immer von einem Mann, der sich mehr und mehr entfernt. Ich bin immer acht Jahre alt und immer bei meiner Mutter in Wien. Meine Mutter sagte mir, daß mein Vater uns verlassen hat, weil er andere Frauen liebte. Frauenzimmer. Und plötzlich kommst du, lächelst mich an, aber ich bin noch immer acht Jahre alt, und du bist vierzig...«

Und du, dachte sie, du mußt das nicht auf dich beziehen, denn als sie den Text sprach, kannte sie dich noch gar nicht. Du hättest der Mann sein können, bei dem sie geblieben wäre. Weil du so verdammt anständig bist, so verdammt ehrlich, so verdammt normal. Du hättest sie retten können, wenn sie an Rettung geglaubt hätte. Aber sie wollte nicht mehr, sie konnte nicht mehr, sie hat sich verabschiedet. Ganz diskret. Und du wirst irgendwann mit einer anderen Frau leben und Kinder haben, und vielleicht wirst du sogar in diesem Haus wohnen, aber einfach wird das für die Frau auch nicht sein, denn vergessen wirst du Romy nie. Aus deiner Erinnerung wird sie keiner mehr vertreiben können. Vielleicht ist das die Antwort auf deine Frage. Vielleicht ist am Ende das Paradies nur die Erinnerung, die uns keiner nimmt.

»Wie geht es eigentlich Sarah?« fragte sie.

»Sie lebt bei ihren Großeltern und mit ihrem Vater«, antwortete Pétin leise. »Ich habe immer gehofft, es gäbe eine Chance, daß ich mich um sie kümmern könnte. So, wie Romy es gewollt hat. Aber ich habe keine Rechte, sagt der Anwalt, ich bin ja nur der Geliebte gewesen. Biasini ist nun mal der Vater, und er bekommt das Sorgerecht. Ob er anständig ist oder nicht, das interessiert das Gesetz nicht. Dafür gibt es keine Paragraphen. Vielleicht kann ich sie ab und zu besuchen, wenn sie bei Romys Bruder ist, wenn sie da mal in den Ferien hinfahren darf. Ich weiß es nicht. Im Moment ist es sicher besser für sie, dort zu sein und nicht bei mir. Außerdem sorgt ja Bernadette für sie, und die liebt sie sehr. Ich muß erst einmal zurückfinden in mein Leben, weißt du...«

Und das wird noch lange dauern, dachte Anna. Die Weinflasche war leer, und sie saßen im Gras, als ob alles gesagt sei. Nach einer Weile stand Pétin auf und steckte den Umschlag in seine Jackettasche.

»Ich fahr' dich zurück, Anna. Eigentlich wollte ich heute nacht hierbleiben, bei Romy. Aber du hast recht, es ist egal, wo ich an sie denke und wo sie bei mir ist.«

Als sie ins Auto stiegen, glaubte Anna, an einem der Fenster eine Gestalt zu sehen. Sie wollte spontan Laurent am Arm packen, schau mal, dann schüttelte sie den Kopf. Wahrscheinlich nur ein alter Vorhang, der sich in irgendeinem Windstoß bewegt hat. Ich sehe schon Gespenster. Es wird Zeit, daß ich zurückfahre.

Im Hotel holte sie ihren Koffer ab, den sie vor der Fahrt nach Boissy gepackt hatte.

»Irgendeine Nachricht für mich?« fragte sie automatisch.

Das Mädchen an der Rezeption schaute in das Fach, an dem Anna Wendtlins Zimmerschlüssel hing, dann schüttelte es den Kopf.

»Falls jemand für Sie anruft, Madame, sollen wir etwas ausrichten? Wann kommen Sie denn diesmal wieder?« fragte sie. Sie hatte sich daran gewöhnt, daß diese blonde Deutsche in den letzten Wochen immer mal wieder auftauchte und immer mal wieder verschwand, aber immer als erstes nach irgendwelchen Nachrichten fragte.

»Vielen Dank, nicht nötig. Es wird niemand mehr anrufen. Ich bin fertig mit meiner...« Anna Wendtlin zögerte und beendete den Satz nicht. Womit war sie fertig? Mit ihrer Arbeit? Mit ihrer Reise in die Vergangenheit? Fertig mit Romy? »Ich wollte sagen, ich bin zwar noch nicht fertig, aber ich weiß noch nicht, wann ich wiederkomme.«

Es hörte ihr niemand mehr zu. Das Mädchen hatte sich längst einem anderen Gast zugewandt.

Am Flughafen hielt Laurent Pétin in der zweiten Reihe. Anna stieg aus und wartete, bis er um das Auto herumgekommen war. Sie umarmten sich.

»Ruf an, Laurent, wenn irgendwas ist. Oder wenn ich kommen soll, hörst du? Egal wann. Ich schicke dir so schnell wie möglich eine Übersetzung der ganzen Geschichte.« Ob du noch mit mir sprichst, wenn du die gelesen hast, dachte sie, und nahm ihren Koffer. Als sie fast schon an der automatischen gläsernen Tür war, hörte sie, wie jemand hinter ihr herlief, und drehte sich um. Laurent.

»Denk dran, Anna, was Zulawski gesagt hat. Das paßt so sehr auf Romy. Filme machen heißt einen Pakt mit dem Teufel schließen, und am Ende verliert man immer.« Er zögerte einen Moment, als habe er noch etwas vergessen, und ging dann, als sie wortlos nickte, abrupt zurück zu seinem Wagen. Ein Polizist stand schon daneben und wartete auf ihn.

Anna Wendtlin legte ihr Flugticket am Schalter vor; die nächste Maschine nach Frankfurt flog in zwei Stunden.

»Wenn ich nur wüßte, welche der vielen Wahrheiten, die ich erfahren habe, wirklich die Wahrheit ist«, sagte Anna Wendtlin, aber sie erwartete keine Antwort. Karsten Schuler saß ihr gegenüber, draußen war es dunkel, die Lichter der Bankpaläste waren erloschen. Als sie in sein Büro gekommen war, hatte er seinen Plattenspieler ausgemacht und ihr wortlos zugehört. Sie sah müde aus, und einen Moment lang fühlte er sich schuldig, weil er sie in den letzten Wochen so gehetzt hatte. Aber sie ist ja noch jung genug, so was muß sie aushalten, dachte er. Müde sein darf man allenfalls in meinem Alter.

»Gib mir mal eine Zigarette«, sagt er mitten in einen Satz von Anna hinein. Die erzählte gerade, wie Harry Meyen einmal einen Journalisten der *Frankfurter Illustrierten* bei einer Theaterpremiere in Hamburg kräftig in den Arsch getreten habe, und zwar mit Anlauf quer durchs Foyer, weil der irgend etwas über Romy Schneider geschrieben hatte, was ihm nicht gefiel.

»Ich denke, du rauchst nicht mehr, du darfst doch gar nicht mehr rauchen?« sagte sie verblüfft und wollte automatisch ihre Zigarettenschachtel vom Schreibtisch nehmen.

»Habe ich auch gedacht. Aber manchmal vergißt man ja seine Vorsätze, kennst du das nicht? Gib schon her, du mußt es ja keinem sagen.« Er steckte sich die Zigarette an und inhalierte voller Genuß den ersten Zug.

»Ist irgend etwas passiert?« fragte Anna Wendtlin mißtrauisch und sah ihn prüfend an.

»Jetzt schau mich nicht so an, nein, nichts ist passiert, gar nichts. Mach kein Drama draus, es ist doch nur eine Zigarette, und es bleibt auch bei dieser einen, versprochen... Also, erzähl weiter. Wie ging es denn in Paris zu Ende? War Laurent enttäuscht?«

Sie schüttelte den Kopf. »Nein, eigentlich nicht. Ich hatte Angst vor dem Gespräch, kannst du dir ja vorstellen, aber er blieb ganz ruhig, ganz gelassen. Wahrscheinlich hat er im Innersten nie daran geglaubt, daß wir es schaffen. Oder er hat begriffen, daß er auf andere Weise mit Romys Tod fertig werden muß. Nicht als Racheengel. Und daß er das nur ganz allein schaffen kann.«

»Aber du bist enttäuscht, du hast dir mehr erwartet, eine richtige Enthüllung, stimmt's?«

Anna zuckte die Schultern. »Erwartet ja. Aber ob ich enttäuscht bin, weiß ich gar nicht mal. Einerseits bin ich sicher, daß sie auf mieseste Art und Weise ausgebeutet wurde, und ich bin auch sicher, daß es genau diese Typen waren, die wir beschreiben. Aber mir fehlen die letzten Beweise für deren Schuld. Und Romys Schuld? Das Wort Schuld ist ganz falsch, sagen wir mal, sie hat vieles von dem selbst verursacht, was schließlich zu der Nacht führte, in der sie starb. Am Anfang war ich sicher ein bißchen naiv, so ähnlich wie Laurent. Es gibt in dieser Geschichte keine ganz strahlenden Helden, aber ein paar ganz böse Buben. Manchmal war einer sogar beides. Es gibt nicht nur eine Wahrheit. Vielleicht ist das überhaupt der Grund, warum die Romy-Biographie so verdammt schwer zu schreiben ist. Wer will schon Zwischentöne hören...«

»Also, Gewissensbisse mußt du dir wirklich nicht machen. Bei wem deine Sympathie liegt, das merkt man ganz deutlich, und das ist auch gut so. Wir wollen ja schließlich keinen Report drucken oder eines dieser seltsamen Protokolle, die jetzt überall so in Mode gekommen sind. Manchmal habe ich den Verdacht, da haben sich ein paar Faulpelze die bequemste Form gesucht und dies zur Kunst erklärt. Egal, so lange ich hier noch was zu sagen habe, werden Geschichten geschrieben von Reportern und nicht nur Tonbänder abgeschrieben.«

»Was soll das heißen, solange du noch was zu sagen hast? Ist doch etwas passiert, hat man dir...«

»... Nichts hat man mir. Das heißt nur, daß ich nicht mehr der Jüngste bin, und darüber wird man ja wohl noch laut nachdenken dürfen, oder?«

Anna schaute ihn nachdenklich an. Aber Karsten Schuler hielt diesem Blick lächelnd stand.

»Weißt du, am Anfang habe ich mir noch vorgenommen, in der Biographie nicht mit ihrem Tod aufzuhören, weil mir das einfach zu üblich war, einfach zu naheliegend. Aber als ich dann soweit war, schien es mir plötzlich doch sinnvoll. Was ich jetzt noch schreiben könnte, sind allenfalls Vermutungen über die Todesursache. Manche wollen ja wissen, daß es eine Harnvergiftung war, aufgrund von Alkohol und Tabletten und weil sie ja nur noch eine Niere hatte. Andere schwören, es sei doch Selbstmord gewesen, aber das halte ich für unwahrscheinlich. Es gibt viele Theorien, aber auch viele Rätsel. Nach meinem Geschmack zu viele. Ich hasse Fragezeichen. Oder hast du noch eine Idee für mich, du hast ja auch alles gelesen? Schließlich bist du der Chefredakteur, und der muß immer eine Idee mehr haben als wir, dafür wird er ja so gut bezahlt.«

Sie lachte, nicht sehr fröhlich. Schuler lachte nicht mit, aber dann nickte er ihr zu.

»Da ist sicher was dran. Obwohl in meinem Vertrag nichts davon drinsteht. Kann allerdings auch sein, daß ich den Paragraphen überlesen habe.«

Er drückte die Zigarette aus und stand auf. Dann ging er ans Fenster und schaute hinaus, den Rücken zu Anna gewandt. Ein paar Minuten lang blieben beide ganz still. Schuler fühlte sich ausgebrannt und erschöpft und ohne Kraft, was allerdings auch eine Reaktion sein konnte auf Kaptivas Ankündigung ein paar Minuten vor Annas Ankunft. Wieder einmal hatte der aus dem Auto angerufen und den Triumph in seiner Stimme nur mühsam unterdrücken können:

»Ich habe den anderen einen guten Mann weggeschnappt, wird Sie sicher freuen.«

Und dann hatte er erzählt, daß er einen Herausgeber für die *Frankfurter Illustrierte* gefunden hatte, in seiner Sprache hieß das akquiriert, als ob es um ein Anzeigengeschäft ging und nicht um Menschen, und daß der Neue schon in drei Monaten anfangen würde. Ein junger Mann, kaum vierzig, erfahren im Umgang mit den Mächtigen und ganz sicher eine Verstärkung für die journalistische Kompetenz des Blattes. Schuler hatte ihm viel Glück für die Zukunft gewünscht und dann einen Termin erbeten, um über seine eigene Zukunft zu sprechen. Falls er die nach dieser Ankündigung nicht schon hinter sich hatte.

Aber das wußte Anna Wendtlin natürlich nicht, und das wollte er ihr auch nicht sagen, denn morgen würde es sicher schon in den Zeitungen stehen. Schuler war auch nicht sicher, ob er morgen abend noch in diesem Büro sitzen würde. Ein Gedanke, der ihm plötzlich ganz reizvoll erschien, auch wenn er gestern noch undenkbar für ihn gewesen wäre. Undenkbar. Denn das hier, dieses Blatt, das war doch sein Leben. Oder vielleicht doch nicht?

Er drehte sich wieder um, setzte sich an seinen Schreibtisch, blätterte in einem Buch, bis er eine ganz bestimmte Seite gefunden hatte, und begann zu schreiben, schnell und ohne Unterbrechung. Als er fertig war, reichte er ihr den Bogen Papier.

»Das könnte auch noch ein Schluß sein, lies doch mal.«

»Was ist das?«

»Als ich von dem Zettel mit dem Max-Reinhardt-Zitat las, das Romy Schneider angeblich oder vielleicht sogar wirklich von ihrem Vater bekommen hatte, habe ich mir ein Kreuz an den Rand des Manuskripts gemacht. Irgendwas war da in meiner Erinnerung, aber ich kam erst gestern dazu, selbst nachzuschauen. Es gibt nämlich noch ein ganz anderes Zitat in der Rede von Max Reinhardt. Natürlich auch über Schauspieler. Und das habe ich dir aufgeschrieben.«

Anna Wendtlin las:

»Wir können heute über den Ozean fliegen, hören und sehen. Aber der Weg zu uns selbst und zu unseren Nächsten ist sternenweit. Der Schauspieler ist auf diesem Weg. Mit dem Licht des Dichters steigt er in die noch unerforschten Abgründe der menschlichen Seele, seiner eigenen Seele, um sich dort geheimnisvoll zu verwandeln und, Hände, Augen und Mund voll von Wundern, wieder aufzutauchen.«

Sie nickte nachdenklich, sagte aber nichts.

Als Anna Wendtlin ging, stand Schuler wieder am Fenster. Sie zögerte noch einen Moment, als ob sie etwas vergessen hätte, dann winkte sie seinem Spiegelbild im Glas zu und schloß leise die Tür hinter sich.

Im Fahrstuhl schaute sie noch einmal auf den Zettel und wiederholte halblaut: »Aber der Weg zu uns selbst und zu unseren Nächsten ist sternenweit.«

Für Romy Schneider war er zu weit, dachte sie. Viel zu weit.

FILME

Die Filmographie ist eingeteilt nach den Jahren, in denen die Filme entstanden sind, unter Nennung des Regisseurs und unter Nennung der wichtigsten Schauspieler (falls für die Biographie Romy Schneiders interessant, auch Nennung von Cutter/in, Drehbuchautor/in, Bühnen- oder Kostümbildner/in).

1953

Wenn der weiße Flieder wieder blüht. Regie: Hans Deppe. Mit Romy Schneider-Albach, Magda Schneider, Willy Fritsch, Hertha Feiler, Paul Klinger u.a.

Feuerwerk Regie: Kurt Hoffmann. Mit Romy Schneider, Lilli Palmer, Karl Schönböck, Claus Biederstaedt, Werner Hinz, Rudolf Vogel, Liesl Karlstadt u.a.

1954

Mädchenjahre einer Königin. Regie: Ernst Marischka. Schnitt: Hermann Leitner. Mit Romy Schneider, Adrian Hoven, Magda Schneider, Karl-Ludwig Diehl, Paul Hörbiger, Rudolf Vogel, Peter Weck u.a.

1955

Die Deutschmeister. Regie: Ernst Marischka. Mit Romy Schneider, Siegfried Breuer jr., Hans Moser, Paul Hörbiger, Josef Meinrad, Susi Nicoletti u.a.

Der letzte Mann. Regie: Harald Braun. Mit Romy Schneider, Hans Albers, Joachim Fuchsberger, Rudolf Forster, Michael Heltau, Camilla Spira u.a.

Sissi. Regie: Ernst Marischka. Mit Romy Schneider, Magda Schneider, Karlheinz Böhm, Gustav Knuth, Vilma Degischer, Josef Meinrad, Peter Weck u.a.

1956

Sissi, die junge Kaiserin. Regie: Ernst Marischka. Mit Romy Schneider, Karlheinz Böhm, Magda Schneider, Gustav Knuth, Josef Meinrad, Vilma Degischer, Walther Reyer u.a.

Kitty und die große Welt. Regie: Alfred Weidenmann. Drehbuch: Herbert Reinecker, nach einem Manuskript von Emil Burri und Johannes Mario Simmel. Mit Romy Schneider, Karlheinz Böhm, O.E. Hasse, Ernst Schröder, Paul Dahlke, Peer Schmidt, Charles Regnier, Alice Treff u.a.

Robinson soll nicht sterben. Regie: Josef von Baky. Drehbuch: Johannes Mario Simmel und Emil Burri. Regieassistenz: Rudolf Noelte. Mit Romy Schneider, Horst Buchholz, Magda Schneider, Erich Ponto, Gustav Knuth, Mathias Wiemann, Rudolf Vogel, Gert Fröbe, Elisabeth Flickenschildt, Siegfried Lowitz, Mario Adorf, Rudolf Rhomberg u.a.

1957

Monpti. Regie: Helmut Käutner. Drehbuch: Helmut Käutner, nach dem Roman von Gabor von Vaszary. Mit Romy Schneider, Horst Buchholz, Boy Gobert, Mara Lane, Joseph Offenbach u.a.

Scampolo. Regie: Alfred Weidenmann. Mit Romy Schneider, Paul Hubschmid, Viktor de Kowa, Georg Thomalla, Eva-Maria Meineke, Walter Rilla, Willy Millowitsch u.a.

Sissi – Schicksalsjahre einer Kaiserin. Regie: Ernst Marischka. Mit Romy Schneider, Karlheinz Böhm, Magda Schneider, Vilma Degischer, Gustav Knuth, Josef Meinrad, Walther Reyer u.a.

1958

Mädchen in Uniform. Regie: Geza Radvanyi. Mit Romy Schneider, Lilli Palmer, Therese Giehse, Sabine Sinjen, Christine Kaufmann, Adelheid Seeck u.a.

Christine. Regie: Pierre Gaspar-Huit. Nach Schnitzlers *Liebelei.* Mit Romy Schneider, Alain Delon, Jean-Claude Brialy, Micheline Presle u.a.

Die Halbzarte. Regie: Rolf Thiele. Mit Romy Schneider, Gertraud Jesserer, Carlos Thompson, Magda Schneider, Josef Meinrad, Rudolf Forster, Helmut Lohner, Erni Mangold u.a.

1959

Ein Engel auf Erden (Mademoiselle Ange). Regie: Geza Radvanyi. Mit Romy Schneider, Jean-Paul Belmondo, Henri Vidal, Michèle Mercier, Margarete Hagen, Erika von Thellmann, Ernst Waldow u.a.

Die schöne Lügnerin (La Belle et l'empereur). Regie: Axel von Ambesser. Mit Romy Schneider, Jean-Claude Pascal, Helmut Lohner, Charles Regnier, Hans Moser, Josef Meinrad, Helmut Qualtinger, Willy Maertens, Fritz Eckardt u.a.

Katja – die ungekrönte Kaiserin (Katia). Regie: Robert Siodmak. Mit Romy Schneider, Curd Jürgens, Pierre Blanchar, Senta Berger u.a.

Nur die Sonne war Zeuge (Plein soleil). Regie: René Clement. Winziger Auftritt für Romy Schneider neben Alain Delon, Maurice Ronet, Marie Laforêt.

1961

Boccaccio '70 (Boccace 70). Episodenfilm. Regie der zweiten Episode »Il Lavoro«: Luchino Visconti. Drehbuch nach einer Novelle von Guy de Maupassant. Mit Romy Schneider (deren Kostüme von Coco Chanel), Thomas Milian, u.a.

Der Kampf auf der Insel (Le Combat dans l'île). Regie: Alain Cavalier. Mit Romy Schneider, Jean-Louis Trintignant, Henri Serre u.a.

1962

Der Prozeß (Le Procès). Regie: Orson Welles. Drehbuch nach Franz Kafkas Roman. Mit Romy Schneider, Anthony Perkins, Jeanne Moreau, Elsa Martinelli, Madeleine Robinson, Orson Welles, Akim Tamiroff, Michael Lonsdale, Thomas Holtzmann, Wolfgang Reichmann u.a.

Die Sieger (The Victors). Regie: Carl Foreman. Mit Romy Schneider, George Hamilton, George Peppard, Eli Wallach, Melina Mercouri, Jeanne Moreau, Elke Sommer, Senta Berger, Albert Finney, Peter Fonda, Peter Vaughan, Albert Lieven u.a.

1963

Der Kardinal (The Cardinal). Regie: Otto Preminger. Regieassistenz: Hermann Leitner. Mit Romy Schneider, Tom Tryon, Raf Vallone, John Huston, Peter Weck, Wolf Albach-Retty, Josef Meinrad, Vilam Degischer, Rudolf Forster, Matthias Fuchs u.a.

1963/64

Leih mir deinen Mann (Good Neighbour Sam). Regie: David Swift. Mit Romy Schneider, Jack Lemmon, Edward G. Robinson, Anne Seymour u.a.

1964/65

Was gibt's Neues, Pussy? (What's New Pussycat?). Regie: Clive Donner. Drehbuch: Woody Allen. Mit Romy Schneider, Peter Sellers, Peter O'Toole, Capucine, Paula Prentiss, Woody Allen, Ursula Andress, Richard Burton u.a.

1965

Halb elf in einer Sommernacht (10.30 P.M. Summer). Regie: Jules Dassin. Mit Romy Schneider, Melina Mercouri, Peter Finch u.a.

1966

Schornstein Nr. 4 (La Voleuse). Regie: Jean Chapot. Mit Romy Schneider, Michel Piccoli. Hans-Christian Blech u.a.

Spion zwischen zwei Fronten (Tripple Cross / La Fantastique Histoire vraie d'Eddie Chapman). Regie: Terence Young. Mit Romy Schneider, Christopher Plummer, Gert Fröbe, Trevor Howard, Claudine Auger, Yul Brynner, Harry Meyen u.a.

1968

Otley (in Deutschland nie im Kino gezeigt). Regie: Dick Clement. Mit Romy Schneider, Tom Courtenay, Alan Badel u.a.

Der Swimmingpool (La Piscine). Regie: Jacques Deray. Mit Romy Schneider, Alain Delon, Maurice Ronet, Jane Birkin, Paul Crauchet u.a.

1969

Inzest (My Lover, My Son). Regie: John Newland. Mit Romy Schneider, Donald Houston, Dennis Waterman, William Dexter u.a.

Die Dinge des Lebens (Les Choses de la vie). Regie: Claude Sautet. Mit Romy Schneider, Michel Piccoli, Léa Massari, Gérard Latigau u.a.

1970

Die Geliebte des anderen (Qui?). Regie: Léonard Keigel. Mit Romy Schneider, Maurice Ronet, Gabriele Tinti u.a.

Bloomfield. Regie: Richard Harris. Mit Romy Schneider, Richard Harris, Kim Burfield u.a.

La Califfa. Regie: Alberto Bevilaqua. Mit Romy Schneider, Ugo Tognazzi, Roberto Bisacco u.a.

Das Mädchen und der Kommissar (Max et les ferrailleurs). Regie: Claude Sautet. Mit Romy Schneider, Michel Piccoli, Bernard Fresson, Michel Creton, Philippe Léotard, Danielle Durou u.a.

1971

Das Mädchen und der Mörder – Die Ermordung Trotzkis (L'Assassinat de Trotsky). Regie: Joseph Losey. Mit Romy Schneider, Alain Delon, Richard Burton, Valentina Cortese, Peter Chatel u.a.

1972

Ludwig II. (Le Crépuscule des dieux, Ludwig). Regie: Luchino Visconti. Mit Romy Schneider, Helmut Berger, Trevor Howard, Silvana Mangano, Gert Fröbe, Helmut Griem, Umberto Orsini, John Moulder-Brown, Folker Bohnet, Gernot Möhner, Hans Elwenspoek u.a.

César und Rosalie (César et Rosalie). Regie: Claude Sautet. Mit Romy Schneider, Yves Montand, Sami Frey, Umberto Orsini, Isabelle Huppert, Eva-Maria Meineke, Carlo Nell u.a.

1973

Le Train – Nur ein Hauch von Glück (Le Train). Regie: Pierre Granier-Deferre. Drehbuch: Pascal Jardin. Mit Romy Schneider, Jean-Louis Trintignant, Serge Marquand, Regine, Jean Lescol, Maurice Biraud u.a.

Sommerliebelei (Un Amour de pluie). Regie: Jean-Claude Brialy. Mit Romy Schneider, Nino Castelnuovo, Philippe Castelli, Jean-Claude Brialy u.a.

Das wilde Schaf (Le Mouton enragé). Regie: Michel Deville. Mit Romy Schneider, Jean-Louis Trintignant, Jean-Pierre Cassel, Jane Birkin, Florinda Bolkan u.a.

1973/74

Trio Infernal (Le Trio infernal). Regie: Francis Girod. Mit Romy Schneider, Michel Piccoli, Mascha Gonska, Andrea Ferreol u.a.

1974

Nachtblende (L'Important c'est d'aimer). Regie: Andrzej Zulawski. Mit Romy Schneider, Fabio Testi, Jacques Dutronc, Klaus Kinski, Roger Blin u.a.

Die Unschuldigen mit den schmutzigen Händen (Les Innocents aux mains sales). Regie: Claude Chabrol. Mit Romy Schneider, Rod Steiger, Paolo Giusti, Jean Rochefort, Hans-Christian Blech u.a.

1975

Abschied in der Nacht (Le Vieux Fusil). Regie: Robert Enrico. Mit Romy Schneider, Philippe Noiret, Madeleine Ozeray, Joachim Hansen, Jean Bouise, Karl-Michael Vogler u.a.

1976

Die Frau am Fenster (Une Femme à sa fenêtre). Regie: Pierre Granier-Deferre. Mit Romy Schneider, Philippe Noiret, Victor Lanoux, Umberto Orsini, Carl Möhner, Joachim Hansen u.a.

Mado. Regie: Claude Sautet. Mit Romy Schneider, Michel Piccoli, Ottavia Piccolo, Jacques Dutronc, Bernard Fresson u.a.

1976/77

Gruppenbild mit Dame (Portrait de groupe avec dame). Regie: Aleksandar Petrovic. Nach einem Roman von Heinrich Böll. Mit Romy Schneider, Brad Dourif, Vadim Glowna, Richard Münch, Witta Pohl u.a.

1978

Eine einfache Geschichte (Une Histoire simple). Regie: Claude Sautet. Mit Romy Schneider, Bruno Cremer, Claude Brasseur, Eva Dalan, Francine Berge u.a.

1979

Blutspur (Bloodline). Regie: Terence Young. Mit Romy Schneider, Audrey Hepburn, Ben Gazzara, James Mason, Irene Papas, Maurice Ronet, Omar Sharif, Gert Fröbe, Wolfgang Preiss u.a.

Die Liebe einer Frau (Clair de femme). Regie: Constantin Costa-Gavras. Mit Romy Schneider, Yves Montand, Heinz Bennent, Catherine Allegret u.a.

Der gekaufte Tod (Death Watch). Regie: Bertrand Tavernier. Mit Romy Schneider, Harvey Keitel, Max von Sydow, Vadim Glowna, Eva-Maria Meineke, Bernhard Wicki u.a.

1980

Die Bankiersfrau (La Banquière). Regie: Francis Girod. Mit Romy Schneider, Jean-Louis Trintignant, Jean-Claude Brialy, Claude Brasseur, Marie-France Pisier u.a.

1981

Das Verhör (Garde à vue). Regie: Claude Miller. Mit Romy Schneider, Lino Ventura, Michael Serrault, Guy Marchand u.a.

1982

Die zwei Gesichter einer Frau (Fantasma d'Amore). Regie: Dino Risi. Mit Romy Schneider, Marcello Mastroianni, Eva-Maria Meineke, Wolfgang Preiss u.a.

Die Spaziergängerin von Sans-Souci (La Passante du Sans-Souci). Regie: Jacques Rouffio. Mit Romy Schneider, Michel Piccoli, Helmut Griem, Mathieu Carrière, Maria Schell u.a.

THEATER

Auf der Bühne stand Romy Schneider nur zweimal, und beides waren französische Produktionen, sie mußte also ihre Rolle auf französisch lernen.

1961

Schade, daß sie eine Hure ist. Elisabethianisches Inzest-Drama von John Ford, das unter dem französischen Titel *Dommage qu'elle soit une p...* am 29. März 1961 im Théâtre de Paris Premiere hatte (Regie: Luchino Visconti) und 120 Aufführungen erlebte. Partner von Romy Schneider war Alain Delon.

1962

Die Möwe. Von Anton Tschechow. Regie: Sacha Pitoëff. Romy Schneider spielte die Hauptrolle und war mit diesem Stück von Januar bis Mai 1962 für insgesamt 100 Aufführungen auf Tournee in Frankreich, Belgien, der Schweiz und Luxemburg. Einmal, für die französische Garnison, trat sie dabei auch in Baden-Baden auf.

FERNSEHEN

1960

Die Sendung der Lysistrata. Regie: Fritz Kortner. Mit Romy Schneider, Barbara Rütting, Ruth-Maria Kubitschek, Wolfgang Kieling, Willy Reichert, Karl Lieffen u.a. Wurde nicht von allen deutschen Fernsehanstalten gezeigt (»moralische Gründe«), lief kurzfristig auch im Kino.

1966

Romy – Porträt eines Gesichts. Regie: Hans-Jürgen Syberberg. TV-Dokumentation. Wurde von Romy Schneider und Harry Meyen nur nach Schnitten und juristischen Auflagen für eine einmalige Sendung freigegeben.

1976

Tausend Lieder ohne Ton. Fernsehfilm von Claudia Holdack. Romy Schneider trat ihrer Freundin Christiane Höllger zuliebe, der Mitautorin des Films, für eine kurze Sequenz auf.

Außerdem gibt es mehrere Schallplattenaufnahmen mit Chansons von Romy Schneider aus verschiedenen Filmen, die aber alle vergriffen und nur noch antiquarisch erhältlich sind. Es handelt sich um Lieder aus den Filmen *Monpti*, *Die schöne Lügnerin*, *Das Mädchen und der Kommissar*, *Die Dinge des Lebens*, *César und Rosalie*, teils auf Deutsch, teils auf Französisch.

BILDNACHWEIS

S. 1, 2, 3, 4 Bilderdienst Süddeutscher Verlag
S. 5 Emil Perauer, Transglobe
S. 6 Emil Perauer, Transglobe
S. 7, 8 Helga Kneidl
S. 9 oben Lebeck, stern syndication
S. 9 unten privat
S. 10 privat
S. 11 oben Lebeck, stern syndication
S. 11 unten Helga Kneidl
S. 12–16 Lebeck, stern syndication

Die Seitenzahlen bezeichnen die Abfolge
der Fotos im unpaginierten Bildteil